Considérations
sur les pathologies religieuses

Questions contemporaines
*Collection dirigée par Jean-Paul Chagnollaud,
Bruno Péquignot et Xavier Richet*

Chômage, exclusion, globalisation… Jamais les « questions contemporaines » n'ont été aussi nombreuses et aussi complexes à appréhender. Le pari de la collection « Questions contemporaines » est d'offrir un espace de réflexion et de débat à tous ceux, chercheurs, militants ou praticiens, qui osent penser autrement, exprimer des idées neuves et ouvrir de nouvelles pistes à la réflexion collective.

Dernières parutions

Mohamadou BA, *L'école sénégalaise face aux enjeux de la modernité. Un défi lancé à l'État et aux populations*, 2021
Mohamadou BA, *Le maître d'école, quelles ressources pour un enseignement-apprentissage de qualité ? De l'implicite à l'explicite*, 2021
Gabriel RAMIREZ MORALES, *Le fameux télétravail. Pièges, dangers et surtout les bienfaits*, 2021.
Charles-Édouard LEROUX, *L'avenir d'une déception, Vivre des temps incertains*, 2021.
Seungman BAEK, *Écosystème urbain et architecture en Asie orientale*, 2021.
Michel BOSC, *Le jouet, miroir de la France. 1900-2000*, 2021.
Christiane LOPEZ, *Des élus locaux face à la collusion des égoïsmes. NIMBY (Not In My Back Yard)*, 2021.
Mohamed DJERIOUAT, *L'intégration par la langue. L'impact du contrat d'intégration républicaine (CIR) sur les réfugiés*, 2021.
Sébastien JANICKI, *Postmodernité et éthique appliquée. Société, Travail et Politique*, 2021.
Benjamin GERMANN, *Les obstacles de la pensée religieuse à l'apprentissage des sciences,* 2021.
Laurent GODMER, *Le travail électoral, Ethnographie d'une campagne à Paris*, 2021.
Paul JACQMARCQ, *Tirer au sort les délégués ? Une question de démocratie à l'école*, 2021.
Maxime TEPPAZ, *Le néolibéralisme est un totalitarisme. L'impasse politique de la mondialisation*, 2021.
Charles-Édouard LEROUX, *Réparer les mémoires*, 2021.
Daniel LAGOT, *La guerre et la paix dans l'histoire contemporaine*, 2021.
Philippe REYT, *La ville face au vide, Une nouvelle lecture du déclin*, 2021.
Etienne ALLAIS, *SOS Préjugés !*, 2021.
Marine CREUZET, *Corps sous influence. Les réseaux sociaux, entre carcan et émancipation*, 2021.

André Borowski

Considérations sur les pathologies religieuses

Contra religiones

Préface de Pierre Conesa

FARSIPP
FA lsifiabilité
R épétabilité
SI mplicité
P robabilité
P rédictibilité

Sur le site Internet **contra-religiones.com** :
Forum de discussion (avec système de modération)
Possibilité de prise de contact avec l'auteur
Liens vers tous les sites mentionnés en notes de fin d'ouvrage

© L'Harmattan, 2021
5-7, rue de l'École-Polytechnique, 75005 Paris

http://www.editions-harmattan.fr

ISBN : 978-2-343-22889-1
EAN : 9782343228891

SOMMAIRE

Préface, par Pierre Conesa 11
Préambule 13
Avant-propos 15
L'importance centrale de l'épistémologie 18
Un examen de la religion qui considère les spécificités des différents niveaux du réel 20
Un retour à la raison nécessaire 22
Une nouvelle approche du phénomène religieux 24
Les limites du présent livre 30
Quelques autres remarques préliminaires 31

1. LES FONDEMENTS

Qu'est-ce qu'une religion ? 39
Qu'est-ce que la science ? 42
Le premier fondement de la méthode scientifique : la falsifiabilité 44
Et la lumière fut... au bout d'un long chemin 52
La non-falsifiabilité de la croyance 53
La répétabilité : un critère important, mais non universel 56
L'importance du critère d'Occam, simplicité et réductionnisme 57
Les probabilités pour trier, classer et éliminer les hypothèses 61
L'invraisemblable invraisemblance des croyances, l'erreur des agnostiques 64
La prédictibilité, critère ultime. Les applications, critères annexes. 71
Les critères essentiels de l'épistémologie scientifique : FARSIPP 73
Accumulation des connaissances, puissance explicative 77
Comment les modélisations scientifiques sont testées, se combattent, vivent et meurent 78
Y a-t-il une épistémologie religieuse ? 82
Qu'en est-il de l'application des critères de sélection de la « vraie religion » ? ... 86
Les critères de la pathologie religieuse 87
Sciences « dures », sciences humaines et recherche de scientificité 90
Sciences humaines et règles FARSIPP 94
Le cas particulier de la psychiatrie 101
La science et la religion existent-elles dans des univers séparés ? 102
Critères de preuve et voies de recherche 103
Qu'est-ce qu'une preuve scientifique, quelle qualité en attendre ? 103
Relativité du savoir scientifique, attentisme ? 106
La grande toile explicative 106
Les limites du savoir scientifique 107
Une évaluation de la qualité des savoirs biaisée depuis longtemps 108
Tableau comparatif des épistémologies scientifique et « contes de fées » 110
Il n'y a pas que l'épistémologie... 113

2. FACE AUX CRITIQUES ÉPISTÉMOLOGIQUES

La méthode scientifique et ses critiques (post)modernes 115
Le Cercle de Vienne 116
« La structure des révolutions scientifiques » 119
Que pouvons-nous considérer comme « la vérité » ? 124
Y a-t-il un seul critère de vérité ? Les critères sont-ils relatifs, dépendants du locuteur ? 130

3. SOCIOLOGIE DES SAVANTS, RELATIVITÉ DES SAVOIRS ?

Construction sociale de la science ou prétentions sociologiques sans limites 131
Les limites des possibilités de connaissance absolue du réel 134
Quelle est la part de la réalité décrite par la science ? 134
La hiérarchie des savoirs 143
Le cas Feyerabend 146
Rôle de la croyance religieuse, un silence « sociologique » assourdissant 154
Histoire des sciences ou histoire culturelle des scientifiques 155
Ce que sont les « Science Studies » 161
Faut-il « interdire » l'analyse de texte aux historiens des sciences ? 165
Une histoire du rapport entre science et religion qui esquive l'essentiel 167
La sociologie des sciences face à ses effets boomerang 171
Les limites de la science, une évaluation qualitative 176
Cadre général d'application des règles FARSIPP 178
De l'importance de l'usage généralisé de l'épistémologie scientifique, des savoirs
    scientifiques et techniques, comme éléments décisifs du progrès humain 180

4. LES PROBLÈMES DE LA COMMUNAUTÉ SCIENTIFIQUE

Les prétentions, parfois exagérées, de certains scientifiques à la connaissance du monde ...185
Savoir scientifique et attentes déraisonnables du public 188
Le soutien défaillant de ceux qui sont peu soutenus 190
Scientifiques contre religieux, un combat des épistémologies inégal 191
Les liens des scientifiques peuvent ligoter la science 192
Les deux magistères, le principe de NOMA 193
Comment est-il possible que certains scientifiques soient croyants ? 202
Peut-on s'allier avec le « diable » ? 203
Est-il possible de concilier adhésion à FARSIPP et croyances personnelles ? 204
Connaissances formelles, personnelles, artistiques 205
L'importance des contes de fées 206
Le scepticisme scientifique 206
L'épistémologie scientifique amène-t-elle automatiquement
    à nier l'existence d'une entité divine ? 207
Les multiples facettes de l'épistémologie 208

5. LES CROYANTS, ET LES AUTRES...

Les prétentions épistémologiques des croyants et autres affabulations ... 213
Recherche scientifique ou découverte spirituelle ... 216
Liens cachés, vertus imaginaires ... 217
Bonne épistémologie, bonne personne ? ... 218
Spécificité et gravité de la violence religieuse ... 219
Une religion peut-elle survivre sans violence ? ... 220
La connaissance est-elle démocratique ?
    Devons-nous respecter les majorités politiques arithmétiques ? ... 223
Droits de l'homme, droit à la liberté religieuse, laïcité ... 228
« Préjugés » contre les religions ... 233
Les avantages des religions pour les individus ... 234
Il n'y a pas « la religion », mais « les religions » ... 235

6. LA MORALE ET LA SPIRITUALITÉ

Il n'y a pas vraiment d'humain moral en tant que tel,
    car il n'y a pas d'humain ni de grand singe sans morale ... 237
Une « justice » très morale et très explosive ... 239
Un magistère moral ? ... 241
Relativisme moral ou valeur absolue de la vie humaine ? ... 241
Éthique et morale, quels comités d'éthique ? ... 242
Faut-il enseigner une morale, des règles de comportement ? ... 243
Quelles règles morales ? ... 247
Comment définir la spiritualité ? ... 249

7. LES MULTIPLES FACETTES DES RELIGIONS

La religion comme description « rationnelle » et esthétique du monde ... 251
La religion face à la science ... 253
Une compétition honnête ? ... 255
La science doit-elle réfuter chaque discours religieux ? ... 258
Science et croyance en opposition frontale comme mode d'appréhension du monde ... 259
Que serait une religion « scientifiquement correcte » ? ... 259
Certains aspects économiques des religions ... 260
Les coûts directs des religions, le personnel spécialisé ... 262
La religion comme pathologie sociale et politique ... 263
L'humanité est-elle inguérissable de la pathologie religieuse ? ... 264
La « lutte contre l'extrémisme » comme paravent pour l'inaction et l'impuissance ... 266
L'extrémisme ne se limite pas aux bombes ni aux musulmans ... 270
Guantanamo, lieu exemplaire des limites de la lutte contre l'« extrémisme » ... 274

8. LES IDENTITÉS PATHOLOGIQUES

Un autre danger lié aux pathologies religieuses :
le renforcement des identités géographiques...277
La croyance religieuse comme fondements des lois..280
Aide dangereuse aux identités géographiques (nationales) et linguistiques................280
Justification pathologique de la séparation avec les autres groupes humains,
spécialement les voisins, justification des guerres..281
L'identité religieuse, simple masque de l'identité de groupe?.......................................281
Le droit à l'identité?...284
Les langues, autres marqueurs forts et potentiellement dangereux de l'identité........286
Le droit à l'autonomie politique?...288
La compétition accrue entre organisations sociales exacerbe le rôle de la croyance
dans le maintien et l'affaiblissement des groupes humains.......................................290
L'identité (religieuse), cache-sexe de la pauvreté et de l'inefficacité économique......294
L'identité (religieuse), refuge de combats utopiques visant la suppression des inégalités....299
Actions cruelles, démonstratives et vaines pour soutenir
les revendications des pauvres et des opprimés...300
Quelques exemples des effets néfastes des croyances religieuses
dans le monde contemporain...301

9. COMBATTRE LE RISQUE RELIGIEUX

L'athéisme, un autre phénomène religieux?..309
Comment ne pas combattre les religions..310
Un État peut-il être encore passivement laïque?..312
La lutte contre toutes les croyances comme seule alternative au racisme de masse....315
Défendre l'Occident au nom du christianisme?..317
L'antiracisme et l'anticolonialisme, vaches sacrées et impuissantes............................318
Stabilité inter-religieuse et définition «correcte» du blasphème..................................320
Guerre perpétuelle ou gestion des conflits interhumains..322
Une réponse à la mesure de l'enjeu...322
Comment combattre les religions..326
Les obstacles évidents, une nouvelle discipline...329
Conclusion...331

ANNEXES

Des pistes pour l'action..333
Bibliographie sélective par auteur...345
Index...353
Notes avec liens HTML...362

PRÉFACE

par Pierre Conesa
Agrégé d'histoire
Auteur de *Avec Dieu, on ne discute pas !*

L'ouvrage d'André Borowski est une tentative ambitieuse d'embrasser le phénomène religieux dans une approche épistémologique, à un moment historique où non seulement le retour déjà ancien du religieux, mais surtout, depuis quelques décennies, la poussée des radicalismes, obligent à s'interroger de façon scientifique sur la dimension pathologique du processus. Le titre lui-même, *Considérations sur les pathologies religieuses*, éclaire la démarche. L'approche adoptée oblige l'auteur à un long retour sur l'épistémologie en général, pour traverser la morale et aboutir au phénomène religieux. L'analyse synthétique des multiples facettes des religions lui permet d'aborder ensuite le cœur de son propos, à savoir « les identités pathologiques ». L'analyse est continuellement fouillée et éclairante pour qui peut maîtriser l'ensemble de la matière.

Sa dernière partie, « Combattre le risque religieux », conclut de manière convaincante la démarche, surtout à une époque où le relativisme culturel ouvre la porte à de multiples concessions. Comme le dit Régis Debray, « le droit à la différence aboutira sans aucun doute à la différence des droits ». Le religieux est dans notre pays, mais aussi dans nombre de démocraties, le point d'appui essentiel de cette revendication de droits différents. Les propagandistes religieux se prévalent des droits et libertés républicaines, criant volontiers à la dictature, pour réclamer des statuts différents. Il était temps de reprendre le phénomène religieux comme une totalité, et non comme une somme de différences, chacune respectable dans son originalité, alors qu'elles répondent toutes à un même besoin, et que la laïcité, plus critiquée que ces démarches sectaires, devrait apparaître comme un précieux héritage à défendre.

PRÉAMBULE

De Zanzibar à Anchorage, le spectre de la croyance religieuse hante le monde. Beaucoup la pensaient morte ou inoffensive, apprivoisée et contrôlée. Le 11-Septembre a eu raison de ces illusions. La croyance religieuse surgit derrière chaque conflit entre les groupes humains pour conforter les « droits à la justice ». *« L'infâme »* (dixit Voltaire) ressort derrière chaque ignominie à grande échelle, derrière chaque oppression.

Pour la combattre, beaucoup veulent l'attaquer à coups d'arguties sentimentales et humanistes (*« ce n'est pas bien d'oppresser les femmes »*). Ces grandes âmes ne s'en prennent cependant généralement, de fait, qu'à une seule religion, ou à un groupe religieux, qui se sent alors attaqué par une autre croyance issue du « faux dieu ». Et la perception d'agression renforce souvent la cohésion interne du groupe.

Un des principaux obstacles rencontrés par ceux qui veulent limiter les risques liés à la croyance religieuse est la façade innocente de celle-ci, son apparence positive et compassionnelle. Que d'efforts pour faire comprendre que les religions, tout comme les sodas, sont des produits dangereux qu'il faut éloigner des enfants!

Un des socles importants de la croyance religieuse est l'acceptation très répandue d'un thème « moral » rabâché bien avant sa publication en 1879 par Dostoïevski dans son roman *Les Frères Karamazov* : *« si Dieu n'existe pas, alors tout est permis »*. Une idée à la fois courante et aberrante, reprise, hélas, implicitement par beaucoup. Or, la réalité du fondement « moral » de multiples comportements humains est plutôt le suivant : *« Notre dieu existe, alors tout nous est permis »*. Nous pouvons en voir l'effet pratique au travers de cette nouvelle de décembre 2014, la BBC annonçant alors : *« Jihadist attacks killed more than 5,000 people in just one month. »*[1]

Il n'y a pas d'échappatoire. Il faut traquer partout les croyances – mais non les croyants. Agir au travers de la défense de l'épistémologie scientifique, de la méthode de connaissance utilisée par la science, n'est pas la voie la plus facile ni la plus simple, mais cette approche est universelle et clarificatrice. La méthode d'acquisition des connaissances – et non son contenu actuel (le savoir scientifique) – forme le critère de démarcation de la science. La généralisation de cette méthode, basée sur une épistémologie forte, sera sur le long terme un outil essentiel de la guérison.

Ce livre se veut d'abord une boîte à outils pour tous ceux qui comprennent les dangers des croyances religieuses et identitaires, mais qui font face à un obstacle de taille : la méthode scientifique pousse toujours à plus d'esprit critique, y compris sur elle-même. Or, la croyance religieuse, même celle destinée aux « clairvoyants », vise à anesthésier cet esprit critique. En face de ce brouillage massif, intrinsèque, multiséculaire, rétablir une perception correcte de la réalité des méthodes de connaissance est une tâche ardue.

AVANT-PROPOS

La conflictualité interhumaine n'a jamais été également répartie sur la planète. Longtemps, l'Europe, agitée par des tensions nationales volcaniques, a été un théâtre guerrier très chaud. De fortes tensions entre nations agitent encore un Extrême-Orient non pacifié, mais l'essentiel de la conflictualité a maintenant changé de place, une aire particulière attirant l'attention.

Depuis les années 1980, certains analystes politiques et militaires emploient régulièrement la notion d'arc des crises, *Crescent of Crisis*, qui tente de décrire, en termes géographiques, la réalité d'un espace qui, grossièrement, va du Pakistan à la Mauritanie. Chacun de ces spécialistes a naturellement sa propre version des limites de cet espace en ébullition, sans cesse agité par des événements guerriers de tous ordres. Les flots de réfugiés qui atterrissent dans les pays développés sont, dans leur grande majorité, issus de ces régions troublées. Le cœur de la zone couvre toujours le Moyen-Orient, mais les extensions sont variables vers l'est ou vers l'ouest.

La composante religieuse des conflits qui embrasent cette zone est évidente. Les identités religieuses sont une des racines majeures des affrontements qui s'y déroulent et des formes qu'ils prennent. Il est également évident qu'aucun de ces conflits n'a des causes exclusivement religieuses et que d'autres oppositions d'intérêt et d'identités fortes sont en jeu dans chacun d'eux.

À l'échelon mondial, cette région est actuellement la source la plus importante de conflictualité. Conflictualité qui a des effets mortels directs dans le monde entier, des tours de New York aux rédactions et aux rues parisiennes.

Le présent ouvrage ne vise pas à une description détaillée des conflits, plus ou moins visibles, qui touchent cette zone et d'autres parties du monde à des titres divers. Il cherche plutôt à en comprendre les racines profondes, au travers de l'examen des méthodes d'appréhension de l'univers qu'utilisent les humains pour comprendre leur situation dans l'univers qui les entoure. Une bonne description des multiples conflictualités mondiales liées aux croyances religieuses est contenue dans un ouvrage de Pierre Conesa, *Avec Dieu, on ne discute pas* (2020, op. cit.*).

Ce n'est qu'en débusquant et en analysant les aberrations de perception qui affectent massivement les acteurs de ces zones en guerre (et les autres habitants du globe), les aberrations épistémologiques qui occultent gravement la perception de la réalité des habitants de la Terre, et en combattant les croyances religieuses qui sont souvent à la base d'espoirs impossibles et dénués de sens, que nous pouvons espérer diminuer, contrôler, cette conflictualité, et lui trouver des débouchés réalistes, même s'ils peuvent être difficiles à accepter.

Contrairement à beaucoup d'autres ouvrages portant sur ces thèmes, nous refuserons de concentrer notre attention exclusive sur l'islam et les musulmans. La plus grave erreur en la matière serait de croire que seul ce courant religieux serait porteur d'aberrations graves qui épargneraient les autres croyances.

Ce que certains ont pu nommer l'« arc des crises » touche effectivement plus particulièrement les régions où vivent des populations musulmanes, mais la compréhension des difficultés amenées par la croyance religieuse n'est pas à rechercher seulement dans cette aire. C'est l'ensemble des habitants de la planète qui doivent gérer leurs problèmes de la façon la plus rationnelle possible, et donc s'extraire des aberrations/satisfactions liées à la croyance. La règle fondamentale, c'est qu'*il n'y a pas de bonne croyance*.

Pour nous aider dans notre démarche de compréhension de la croyance religieuse, nous nous appuierons parfois sur les ouvrages récents de deux scientifiques remarquables, qui nous fourniront certains éléments factuels.

D'une part, Frans de Waal a publié en anglais, en 2013, un livre intitulé *The Bonobo and the Atheist* (op. cit.). Les différents chapitres de ce livre sont une excellente illustration d'un fait : « la religion » n'est pas la composante essentielle du comportement « moral » des individus qu'elle prétend être, mais une « surcouche » ayant d'autres fonctions.

S'appuyant sur un examen scrupuleux et très bien informé du comportement des bonobos et des chimpanzés, l'auteur démontre brillamment l'existence d'une « morale » très forte chez ces deux populations de *grands singes* (*Homo sapiens* appartient également à ce groupe de singes sans queue). Le lien « indispensable » souvent affirmé entre la croyance religieuse (sans doute peu usitée chez nos cousins hominidés…) et le comportement « moral » apparaît en pleine lumière comme ce qu'il est : une prétention marketing sans fondement.

L'auteur examine brièvement les fonctions des religions telles qu'il les conçoit, essentiellement comme instruments de réconfort psychologique et social. Il omet toutefois certaines fonctions importantes de ce type de

---

* La mention « op. cit. » fait référence à des œuvres figurant dans la bibliographie, en fin d'ouvrage.

croyances, ce qui n'est pas sans conséquences sur l'évaluation qu'il fait de leur dangerosité. Nous essaierons d'être plus complets dans cet examen.

D'autre part, Jared Diamond, auteur bien connu du livre *De l'inégalité parmi les sociétés* (*Guns, Germs & Steel*, 1999, op. cit.), a publié un autre ouvrage remarquable intitulé *The World until Yesterday* (2012, op. cit.), qui traite de manière synthétique des différences entre les sociétés ayant des structures politiques développées (plutôt de type occidental) et celles qui n'ont pas franchi ce pas. Il donne une description plus complète que celle de Frans de Waal des différentes fonctions des religions. Nous examinerons sa « liste » et tenterons de la compléter pour mieux comprendre le rôle des religions dominantes dans les sociétés contemporaines.

Une question sous-jacente sera fréquemment soulevée : la religion est-elle simplement un substitut, une apparence sans importance par elle-même (qui pourrait être aisément remplacée par une autre) ou une cause explicative importante pour une multitude de comportements et d'attitudes dommageables à l'échelon global ? Cette « apparence » recèle-t-elle intrinsèquement un grave danger ?

Le plus délicat pour ces deux livres comme pour le présent ouvrage est de présenter une vision d'ensemble des effets de la croyance sur la vie des humains vivant sur la *troisième planète* (en partant depuis le soleil : Mercure, Vénus, la planète bleue, Mars...). Beaucoup d'auteurs limitent leur champ de vision à leur entourage (universitaire), à leur zone géographique ou à leur éventail de relations personnelles (universitaires aussi). Nous allons décrire un nombre d'aspects et de points de vue suffisant pour acquérir une vision « globale » du phénomène religieux dans le monde contemporain, ses effets, et les manières de le combattre.

Nous voulons également examiner, de manière plus succincte, les « avantages » des religions. Ces « avantages », bien que relatifs, sont réels et ils constituent sans doute un fondement de la persistance des religions. Ne pas les examiner de la manière la plus objective possible nous empêcherait d'aller vers la guérison des pathologies religieuses. L'omission de cette facette de la réalité est une erreur malheureusement partagée par beaucoup de ceux qui ont écrit sur les dangers des croyances religieuses.

Il est difficile d'acquérir une vision globale du phénomène religieux, qui a tellement de tentacules, à l'image d'une pieuvre insaisissable, que chaque spécialiste n'en voit qu'un aspect, à l'image de l'éléphant légendaire, palpé par un groupe d'aveugles puis décrit séparément par chacun d'eux. L'un des risques liés à cet examen « multi-facettes » est celui des répétitions et des chevauchements, qui, malheureusement, forment une part inévitable du présent ouvrage. Un autre danger : le traitement incomplet et inégal des angles de vue. Faute de place, nous ne pourrons complètement échapper à cette limitation.

Cet examen en multiples contextes séparés, tant du phénomène religieux que des attitudes de certains acteurs sociaux, surtout universitaires et scientifiques, vis-à-vis de la croyance, donne au final une vision un tant soit peu cohérente des pathologies religieuses, de certains de leurs effets et des aberrations épistémologiques qui leur servent de point d'appui.

Cet ouvrage n'est qu'une étape dans un travail d'éclaircissement. Il couvre un grand nombre de champs de savoir et ne les examine que de manière ponctuelle et limitée, à l'aide de considérations qui ne couvrent que partiellement ces domaines, mais qui sont suffisantes pour permettre une première appréhension de la problématique centrale qui est en jeu. Il est une suite de considérations sur le même sujet central, mais il n'est pas un traité universitaire qui se devrait, lui, de rendre compte en détail de ses sources d'inspiration et de l'histoire du champ de connaissance. Les descriptions historiques sont utilisées comme des exemples de cas éclairants. Il n'y a ici délibérément aucune tentative d'écrite une histoire des sciences, de l'athéisme ou de produire une vision globale, complète, du champ de l'épistémologie.

L'importance centrale de l'épistémologie

La science et la religion sont deux activités humaines. Elles visent à décrire l'univers des humains et à permettre l'action en son sein. Pour comprendre ce qui les sépare, nous devons choisir un point de vue qui ne soit pas basé sur des préférences personnelles, des attirances ou des antagonismes. Un des points de vue les plus éclairants, mais tragiquement négligés actuellement dans les discussions publiques, est celui de l'épistémologie.

> *L'épistémologie serait, selon la « tradition philosophique de la francophonie », une branche de la philosophie des sciences qui « étudie de manière critique la méthode scientifique, les formes logiques et modes d'inférence utilisés en science, de même que les principes, concepts fondamentaux, théories et résultats des diverses sciences, afin de déterminer leur origine logique, leur valeur et leur portée objective ». Dans la tradition philosophique anglo-saxonne, l'épistémologie se confondrait avec la théorie de la connaissance, et ne porterait donc pas spécifiquement sur la connaissance scientifique.*
>
> https://fr.wikipedia.org/wiki/%C3%89pist%C3%A9mologie#Dans_la_tradition_philosophique_francophone

De manière plus générale, on peut dire que l'épistémologie est la discipline qui examine, dans un ou plusieurs domaines de savoir, les possibilités d'acquisition des connaissances et les règles à suivre pour y parvenir efficacement. Il y a donc une grande diversité d'approches dans la définition de ce qu'est spécifiquement l'épistémologie.

Pour les besoins de notre sujet, nous cherchons à éclairer les différences abyssales qui séparent la croyance religieuse de la méthode scientifique. Nous postulons donc que :

AVANT-PROPOS

> *L'épistémologie d'une activité humaine est d'abord un champ d'étude qui vise à analyser et à comprendre les possibilités et les limites de l'acquisition des connaissances dans cette activité. Elle est, principalement, un ensemble de règles issues de ce champ d'étude scientifique. Ces règles doivent être suivies pour déterminer/délimiter/éliminer les connaissances acceptées (ou refusées), à un instant donné, dans le corps de cette branche des sciences, ainsi que la définition des méthodes avec lesquelles les acteurs de la branche peuvent, par la suite, accroître, supprimer ou modifier le contenu de ces connaissances.*

De manière encore plus simplifiée, l'épistémologie est *l'ensemble des règles à suivre pour acquérir des connaissances.*

D'autres champs de connaissances peuvent, légitimement, avoir l'utilité de définitions spécifiquement en phase avec les besoins de leur discipline. Des domaines de savoir comme la géographie définissent leurs épistémologies en commençant par choisir leur objectif général, qui est :

> *la recherche de régularités dans l'organisation de l'espace, et leurs outils particuliers (paysage, terrain, photographie…) permettent d'interroger l'espace en se fondant sur ce qui a du sens afin de construire une interprétation de cet espace [géographique].*
> https://fr.wikipedia.org/wiki/%C3%89pist%C3%A9mologie_de_la_g%C3%A9ographie

L'importance politique des méthodes de validation des connaissances du réel en tant que telle commence à être perçue par certains journalistes, tel David Roberts, qui, dans un long article pour *Vox.com*, paru le 22 mars 2017 et titré « Donald Trump and the rise of tribal epistemology » (« Donald Trump et la montée d'une l'épistémologie tribale », trad.), doit constater qu'il n'existe plus de dénominateur commun de validation des savoirs entre les différentes parties de la société américaine. Cette base commune a été détruite par des années de propagande identitaire conservatrice.

> *Over time, this leads to what you might call tribal epistemology: Information is evaluated based not on conformity to common standards of evidence or correspondence to a common understanding of the world, but on whether it supports the tribe's values and goals and is vouchsafed by tribal leaders. "Good for our side" and "true" begin to blur into one.*

> TRAD.* – Au fil du temps, cela conduit à ce que vous pourriez appeler une épistémologie tribale : les informations sont évaluées non pas en fonction de leur conformité à des normes communes de preuve ou de la correspondance avec une compréhension commune du monde, mais en fonction de leur conformité aux valeurs et aux objectifs de la tribu et de leur garantie par les chefs tribaux. « Bon pour notre camp » et « vrai » commencent à se confondre.

Le constat est correct, mais il s'agit aussi de se poser des questions sur le soutien historique qu'ont apporté certains universitaires bien-pensants aux

---

* Les traductions sont de l'auteur. Elles sont accompagnées de la mention « TRAD. ».

populations autochtones dans la défense de leur identité. Quand on approuve la vision d'Amérindiens qui pensent être issus des profondeurs de la Terre, alors comment refuser les mêmes droits aux mineurs de charbon climatosceptiques ?

Un examen de la religion qui considère les spécificités des différents niveaux du réel

Traiter de l'importance de l'épistémologie en tant que telle ne signifie pas nier l'ancrage de la croyance religieuse dans une réalité sociale large. Cela n'entraîne pas non plus un refus de considérer le rôle de la psychologie et de la neurologie dans la compréhension de l'attrait des individus pour la croyance. Cette attirance a été examinée à de multiples reprises par plusieurs auteurs, comme récemment Boris Cyrulnik dans sa *Psychothérapie de Dieu* (2017, op. cit.).

Cyrulnik traite de la religion, de la croyance, avant tout comme des phénomènes individuels dont il analyse les mécanismes, avec bien plus de détails que dans notre bref sous-chapitre *Les avantages des religions pour les individus*. Son approche trouve malheureusement ses limites quand il aborde la question de la croyance et de la non-croyance essentiellement sous l'angle psychologique et neurologique :

> *La religion est un phénomène humain majeur qui structure la vision du monde, sauve un grand nombre d'individus, organise presque toutes les cultures... et provoque d'immenses malheurs ! Pour comprendre cette terrifiante merveille, il faut associer des disciplines différentes comme la psychologie développementale, la clinique de l'attachement, les expériences psychosociales et les découvertes récentes du fonctionnement cérébral. Ces données hétérogènes, en s'harmonisant, créent une nouvelle affectivité : l'attachement à Dieu.*
>
> Boris Cyrulnik, *Psychothérapie de Dieu*, p. 39, op. cit.

Cet examen du lien des *individus* à la religion ne débouche cependant pas *directement* sur une compréhension des effets sociaux et politiques *globaux* de la croyance religieuse, des guerres sans fins et des aberrations épistémologiques, dont l'examen est au cœur de notre ouvrage. Le fonctionnement d'une société ne résulte pas simplement de la somme apparente des actions, des attirances et des pulsions de chacune de ses parties. Il y a des effets globaux, qu'on appelle émergents, pour souligner le fait que l'examen, même détaillé, de chaque action individuelle ne nous permet pas de comprendre vraiment ce qui se passe à large échelle.

Dans un domaine comparable, si nous décrivons les mécanismes de l'attirance des humains pour le sucre, cela nous amènera naturellement à une compréhension des bases de certains comportements, mais nous ne saurons pas ce que la société dans son ensemble considère comme valorisant et quelle «vérité» sur le sucre est acceptée globalement. Aujourd'hui, la consommation de sucre est vue plutôt avec méfiance, à cause des effets délétères d'une consommation importante de sucre sur l'appareil dentaire et la régulation de l'appétit, entre autres.

Comprendre l'attractivité individuelle pour le produit n'est donc pas suffisant. Pour saisir ses effets globaux, son acceptation sociale, il est nécessaire de comprendre les règles de *validation* des connaissances partagées par l'humanité, l'épistémologie dominante, qui à la fin peuvent se révéler plus décisives que l'attrait *individuel* pour un produit entraînant des dépendances.

Par ailleurs, considérer l'importance intrinsèque de la croyance religieuse ne signifie nullement un refus de considérer l'ancrage social des croyants et des croyances, mais, entre autres, accepter le fait que transformations sociales et croyances religieuses n'évoluent souvent pas de concert suivant la même logique et les mêmes temporalités.

Les croyances religieuses sont souvent créées, ou plutôt recyclées, dans des moments historiques particuliers, suivant une causalité spécifique, en général lorsque les populations sont dans une situation de domination ou d'essor politique. Elles sont ensuite réutilisées dans d'autres situations, parfois très différentes.

Les racines réelles des bouleversements économiques et sociaux négatifs ne sont souvent pas vraiment compréhensibles par les peuples dans un cadre mental religieux (à part naturellement au travers de l'invocation sempiternelle des péchés), mais la croyance religieuse est souvent le dernier rocher où s'accrocher pour éviter un changement social redouté. La croyance peut donc devenir, par elle-même, la cause d'une partie du retard social des populations ; elle a donc fréquemment une vie et une importance propres.

Cela ne signifie pas que la croyance n'a pas de déterminations sociales fortes, mais que l'analyse des effets, des aberrations épistémologiques, intrinsèques à la croyance et au refus valorisé de l'approche scientifique, est importante et souvent déterminante. C'est le cœur de ce livre.

Il est vrai que les racines immédiates, apparentes, de la croyance religieuse sont souvent sociales, politiques et militaires. Elles sont liées aux relations des humains entre eux. Ces liens, par exemple familiaux, permettent la transmission des mêmes religieux. Il convient cependant de saisir d'abord ce qui est le moins évident, à savoir l'aberration épistémologique à la base de la croyance. Celle-ci est si forte qu'elle en perd souvent son caractère flagrant.

Si un roi tout-puissant et vénéré décidait de proclamer son cendrier favori comme créateur et maître de l'univers, ses sujets refuseraient probablement de prendre au sérieux cette croyance parce que les critères de validation épistémologique leur apparaîtraient violés. Ces critères, le plus souvent implicites, sont l'assise réelle des croyances, l'ancrage qui les rend possibles. Ce n'est que si nous sommes capables de les comprendre et de combattre le danger intrinsèque des mécanismes qui facilitent la validation des révélations, toujours à la base des croyances, que nous pourrons combattre ce qui représente un danger mondial systémique pour l'humanité.

Un retour à la raison nécessaire

Les tendances dominantes des perceptions globales de la place des sciences dans la connaissance humaine ont été très différentes à l'issue des deux grands conflits mondiaux. Les tentatives du Cercle de Vienne (voir infra) pour donner à la démarche scientifique une assise logique et expérimentale extrêmement forte ont dominé les lendemains du premier conflit mondial, alors que les « déconstructions » successives des fondements épistémologiques « classiques » de la démarche scientifique se sont succédé peu après le second.

Un exemple parmi mille de cette tendance contemporaine à l'éparpillement, le brillant essai d'Aurélien Barrau, *De la vérité dans les sciences* (2016, op. cit.). L'auteur, astrophysicien actif, est également docteur en philosophie. Son livre est étincelant d'érudition, de connaissance des auteurs passés et contemporains, mais il a un gros défaut : il considère que la spécificité de la démarche scientifique, son épistémologie, ne sont nullement des problématiques centrales décisives qui doivent être défendues avec force. Bien au contraire, son essai est une glorification de la diversité des approches humaines de la vérité, un refus net d'affirmer la supériorité intrinsèque de l'approche scientifique sur les autres démarches de connaissance, par exemple l'approche poétique.

L'auteur confronte Popper et Feyerabend (voir infra). D'un côté, Popper est l'« inventeur » du critère décisif de la nécessaire possibilité de falsification des théories : une thèse scientifique ne peut jamais être prouvée (par des tests expérimentaux), mais on peut démontrer sa fausseté. De l'autre, Feyerabend, le trublion déclaré, conteste l'existence de critères décisifs en matière d'épistémologie et défend l'« anarchisme épistémologique », voulant démontrer qu'en réalité, toutes les règles « absolues » ont été violées à telle ou telle occasion. Barrau défend plutôt la thèse de Feyerabend : les critères absolus n'existent pas, plusieurs visions du monde peuvent coexister, la science ne doit pas chercher à imposer son point de vue.

L'auteur ne se rebiffe devant les conséquences logiques de son approche que lorsqu'il examine les thèses créationnistes et révisionnistes, mais même là, il refuse à la méthode scientifique un quelconque droit à imposer ses vues et compte plutôt sur la mise en avant des faiblesses et des incohérences des thèses créationnistes pour en démontrer la fausseté.

Cette vision, qui ne tient pas compte des contingences humaines contemporaines, est malheureusement largement partagée par certains milieux. Du point de vue des priorités de l'heure, terrestres, scientifiques, politiques, sociales, économiques, elle représente un danger éminent parce qu'elle dilue la méthode scientifique dans l'océan des multiples visions du monde, ce qui pourrait lui faire perdre toute efficacité comme vision globale, unique, partagée par l'humanité avancée.

Cette dilution a des conséquences pratiques importantes, tant sur les plans politiques sociaux qu'économiques. Cela impacte grandement les avantages évidents, mais de fait trop méconnus de cette méthode de connaissance :

- Il y a un lien fort entre l'efficacité de la méthode scientifique, du savoir scientifique, avec les immenses progrès techniques, médicaux, sociaux qu'a connus l'humanité au cours des derniers siècles. Ce lien lui donne un prestige, controversé, mais incomparable, à l'échelle mondiale. Sans méthode rigoureuse de sélection des meilleures (des moins mauvaises) théories, ces progrès n'auraient très probablement pas existé. Sans la découverte de l'électron par J. J. Thomson à la fin du XIXe siècle, dans quel monde vivrions-nous ?
- La méthode scientifique tend à la convergence, sur le long terme, des points de vue. La réalité quotidienne de l'activité scientifique est celle de la lutte de chaque scientifique pour défendre sa vision particulière. La dure confrontation avec la réalité expérimentale est le point clé qui permet, sur la durée, la convergence, au niveau mondial, de ces points de vue et la consolidation des connaissances. Elle donne à la science sa force énorme, même si elle est parfois peu visible, parce que, dans les domaines de pointe, ceux qui cherchent sont constamment dans le doute et la confusion ; les « certitudes » viennent bien après.
- A contrario, les croyances, religieuses en particulier, sont par nature fragmentées, propres à chaque groupe humain, puisque rien ne permet jamais de sélectionner sur la base d'arguments rationnels les « bonnes » et les « mauvaises » croyances. Elles ne peuvent être que multiples et ennemies. En définitive, elles jouent un rôle décisif dans le renforcement des oppositions, des guerres, entre les humains. Il n'est pas possible de décrire vraiment l'opposition millénaire et mortelle entre sunnites et chiites seulement par des oppositions d'intérêts rationnels.

Que penserait-on d'un cancérologue aux idées « larges » qui déclarerait ne pas vouloir imposer l'usage de la chimiothérapie et ne pas refuser toute valeur thérapeutique de fond à l'usage de l'imposition des mains pratiquée par une infirmière ou un sorcier, au risque de voir ses patients tenter d'éviter la lourdeur des traitements vraiment efficaces ? Certes, ce discours hypothétique contiendrait sa part, faible, de vérité, mais le rôle des scientifiques doit d'abord être d'éviter la confusion, d'agir comme des défenseurs intransigeants, des promoteurs affirmés de leur méthode de connaissance, même si cela fait tache dans les dîners en ville.

Noyer la science dans un grand tout, ne pas affirmer la nécessité d'utiliser la force spécifique extraordinaire de la méthode scientifique pour sélectionner les meilleures théories permettant à l'humanité de comprendre sa situation

et les solutions possibles à ses problèmes est une erreur aux conséquences funestes, en particulier dans deux domaines :
- La compréhension de l'histoire de l'univers dans lequel vivent tous les humains, et celle de la place de l'humanité dans cet univers.
- La compréhension des racines des inégalités sociales, politiques, économiques, entre groupes humains.

Si le domaine de connaissance de l'épistémologie n'est pas capable de fournir des outils simples et efficaces pour évaluer la qualité des réponses à ces questions importantes, alors ce domaine n'a aucune utilité pratique. Il est donc nécessaire, non de revenir à une vision « impérialiste » de la science maîtrisant tous les points de vue et les savoirs, mais à une vision où les spécificités, l'efficacité, l'unicité de la science comme méthode font l'objet d'une valorisation à grande échelle qui lui permette de jouer un rôle décisif dans un monde qui se fragmente sous les coups d'une globalisation chaotique.

Une nouvelle approche du phénomène religieux

Des auteurs prestigieux et talentueux ont, il y a peu, renouvelé la critique de la croyance religieuse. Citons Richard Dawkins et son livre *The God Delusion* (2006, op. cit.) ainsi que le *Traité d'athéologie* (2005, op. cit.) de Michel Onfray (quelles que soient ses dérives ultérieures). Leurs ouvrages sont d'une haute tenue et il n'est pas nécessaire de répéter ce qu'ils ont déjà écrit brillamment : une critique impitoyable du contenu des croyances religieuses.

Plus récemment, un brillant biologiste américain spécialiste de l'évolution, Jerry Coyne, a publié un ouvrage important, *Faith Versus Fact* (2015, op. cit.), qui commence par dénoncer les dangers sanitaires (refus de vaccination, entre autres horreurs) et climatiques liés aux croyances, car beaucoup de politiciens américains « refusant » l'origine anthropique du réchauffement climatique utilisent des arguments de foi liés aux pratiques religieuses américaines. Plus généralement, il s'attaque de manière très efficace à la thèse du *conciliationnisme*, qui voudrait que la science et la religion soient des approches « conciliables » (voir NOMA, infra). Il expose clairement certains éléments importants de la méthode scientifique, mais esquive généralement l'analyse des conséquences politiques à l'échelle mondiale des croyances religieuses et des distorsions qu'elles amènent, en particulier les effets liés aux identités fortes. Il s'en tient au constat des dégâts « locaux » des croyances, mais, prudemment, ne s'attaque pas aux possibles méthodes de lutte à large échelle contre celles-ci, que nous esquissons dans le présent ouvrage.

Plusieurs autres auteurs américains sont en train de renouveler la panoplie des livres s'attaquant à la croyance religieuse. Citons Peter Boghossian, qui, en 2013, a fait paraître un ouvrage remarquable : *A Manual for Creating Atheists* (op. cit.). Ce livre expose de manière très pratique comment s'attaquer aux croyances religieuses, et plus précisément à la *foi*. Il est surtout centré sur le cas américain et vise plutôt l'action auprès des individus. Dans d'autres parties du monde, ce sont bien les religions avec leur aspect de groupes identitaires s'opposant souvent violemment entre eux qui sont le principal problème, et s'attaquer à la « seule » foi comme le propose Boghossian semble peu praticable à cette échelle.

D'Épicure à Bertrand Russell en passant par Julien Offray de La Mettrie et Carl Vogt, sans oublier Karl Marx et Richard Dawkins, ainsi que tant d'autres, l'histoire de la lutte contre la croyance n'est pas née d'hier, pas plus que la recherche d'une compréhension rationnelle, scientifique, des problèmes humains. David Hume a sous-titré son livre le plus important, *Traité de la nature humaine* (1739-1740), d'*Essai pour introduire la méthode expérimentale dans les sujets moraux*. Nous allons plutôt tenter d'explorer d'autres terrains que ces auteurs dans un certain nombre de domaines, en suivant la règle de Diderot : « *Il faut tout examiner, tout remuer, sans exception et sans ménagement.* »

Une part significative de l'énergie critique des auteurs anciens vise les *spécialistes religieux* (prêtres, imams, brahmanes, rabbins...). Il y a souvent une approche *bouffeur de curés* dans leur démarche. Nous visons plus les croyances en tant que telles que les croyants, même professionnels. Il n'est pas toujours facile, en matière de croyance, de séparer les victimes et les bourreaux. Une fois injecté, le « mal » religieux revient souvent à la figure de ceux qui l'ont instillé.

Le principal thème qui réunit beaucoup de ces auteurs est le refus de l'oppression religieuse exercée par le pouvoir politique et clérical. Le lien entre l'épistémologie scientifique et l'athéisme leur paraissait déjà, pour l'immense majorité, évident. Les phases de développement intense des mouvements anticléricaux et athées sont souvent liées aux attaques ponctuelles, étatiques, cléricales et populaires contre l'« incroyance ».

De multiples ouvrages ont traité des dégâts immenses créés par les religions. Ajouter un nouveau livre sur le sujet serait pesant et inutile. Le présent ouvrage traite des racines épistémologiques des religions et de l'usage de leur compréhension pour aller vers leur éradication.

La nouvelle approche amenée par le présent ouvrage ne porte donc pas sur une énième critique de la religion, mais sur la nécessité de placer l'épistémologie comme différenciateur principal entre la croyance religieuse et la connaissance scientifique, seul outil de connaissance universel, ainsi que sur la mise en évidence des dangers politiques et sociaux intrinsèquement liés au mode d'acquisition des « connaissances », à la base des croyances. Il ne porte pas non plus sur les racines psychiques individuelles des croyances, qui sont examinées dans de nombreux autres ouvrages.

Il est temps d'échapper aux cycles d'actions-réactions entre les « calotins » et les « libertins », pour professionnaliser la lutte contre la croyance autour de plusieurs axes qui forment l'ossature de ce livre. Cette liste est quelque peu verbeuse, mais elle permet une première approche du contenu du livre :

- Caractérisation de toute croyance, organisée et structurée à large échelle, comme intrinsèquement dangereuse, comme pathologie sociale, indépendamment du détail de son contenu, parce qu'issue d'une révélation et donc intrinsèquement ni réfutable ni modifiable. Il n'y a donc pas de bonnes croyances. Toute règle de comportement issue d'une croyance, même en apparence la mieux intentionnée, est dangereuse à cause de sa source.
- Affirmation de l'impossibilité d'utiliser une caractérisation moins dérangeante pour les croyants que «pathologie», accompagnée d'un refus d'interdiction des croyances. Les croyances ne s'emprisonnent pas.
- Définition de la science essentiellement comme méthode de sélection des meilleures modélisations, d'élimination des connaissances erronées ou dépassées, et ne s'imposant pas de limites dans la recherche de sa connaissance de l'univers.
- Définition de l'opposition entre science et religion essentiellement comme une opposition d'épistémologies radicalement différentes. Opposition à l'idée absurde de «magistères séparés» décrivant un univers unique. Toute religion est, inévitablement, basée sur une ou plusieurs révélations ou sources incontrôlables. La science ne se réfère, elle, ultimement, qu'à une méthode de connaissance cherchant constamment à éliminer, améliorer, en se basant sur les règles FARSIPP (voir infra), les précédentes modélisations de l'univers humain.
- Nouvelle synthèse de règles connues en matière de validation/sélection des modélisations scientifiques. Création de l'acronyme FaRSiPP (FAlsifiabilité, Répétabilité, SImplicité, Probabilité, Prédictibilité), qui désigne les règles, déjà connues, qui permettent la sélection des moins mauvaises modélisations de l'univers des humains. Clarification du rôle de ces règles comme règles techniques issues de l'expérience, et non comme impératifs logiques absolus définissables scientifiquement. Mise en avant de l'acronyme FARSIPP comme outil de ralliement pour les défenseurs de l'approche scientifique.
- Usage de la notion de dettes de crédibilité pour expliquer certains cheminements tortueux de la connaissance scientifique.
- Utilisation des règles FARSIPP pour estimer la valeur de vérité des croyances religieuses. Refus de traitements séparés pour les croyances et les connaissances scientifiques. Démonstration de l'inanité factuelle et logique des croyances à l'aide des règles FARSIPP.
- Passage d'une laïcité défensive (refus d'un État *lié* à une croyance) à une laïcité offensive (nécessité d'un État *combattant* toutes les croyances). L'ensemble des États ne doivent plus limiter leur rôle au refus de se lier à une religion, à une position d'impartialité entre les bonnes et les mauvaises croyances. Ils doivent les traiter toutes comme des pathologies. La lutte contre l'oppression religieuse garde naturellement tout son sens. Refus d'une neutralité étatique entre les fabricants de cigarettes et les anti-tabac, entre les personnes atteintes de croyances et celles qui ont la chance d'être moins touchées, mais organisation de vastes campagnes contre le tabac et les croyances.

- Professionnaliser cette lutte, la transformer en une discipline à part entière, plus complexe par ses aspects multiples que celles liées aux autres addictions, étendre son action à un grand nombre de domaines allant de l'éducation primaire à la santé reproductive.
- Refus de considérer la question des croyances religieuses, des règles épistémologiques, comme des préférences individuelles privées, mais au contraire les traiter comme des enjeux publics importants, des questions politiques centrales au niveau national et international.
- Prise en compte de la dimension politique internationale, intraétatique et interétatique de la lutte contre les croyances identitaires et religieuses. Élucidation du lien entre ces deux pathologies pour mieux les combattre. Les croyances, identités fortes, liens sociaux claniques traditionnels et autres habitudes de pensées jouent un rôle plus déterminant dans le retard de développement de certains pays que l'oppression des ex-colonisateurs.
- Examen particulier, mais absolument non exclusif, de l'irruption de l'islam dans les sociétés développées, qui oblige celles-ci à traiter les croyances religieuses comme problème politique influençant la vie de tous : croyants et non-croyants. La méthode de contrôle qui a donné des résultats avec le catholicisme au début du XXe siècle en Europe ne fonctionnera plus cette fois. Il faudra traiter le problème des croyances religieuses au fond.
- Mise en avant de l'importance des méthodes de connaissance du monde, de l'épistémologie, comme différenciateur *central* entre la connaissance scientifique et la croyance. Insistance sur les racines épistémologiques des conflits interreligieux indépassables et sur l'importance de faire de l'épistémologie, des méthodes de connaissance, plus que du contenu des connaissances, un thème politique permanent, ce qui implique une formation spécifique à vaste échelle portant sur les critères de validation épistémologiques employés dans la pratique scientifique.
- Exposition de l'importance à faire de l'épistémologie scientifique la seule épistémologie acceptable pour l'ensemble des sociétés développées, car seule voie de connaissance universelle. Mettre en avant son adoption généralisée comme facteur décisif de la paix entre les humains et les nations. Faire de la liberté de croyance un outil pour lutter contre les croyances qui, toutes, sans exception et comme ensemble, menacent la coexistence interhumaine.
- Refus du pseudo-respect des multiples croyances, habitudes de pensées et identités existantes. Aucune n'est sacrée, toutes sont critiquables.
- Refus de la notion d'islamophobie. Introduction des notions de christianofolie, islamofolie, hindoufolie, etc.
- Examen « clinique » des « avantages » multiples des religions. Refus de se contenter d'explications sur ce que sont les dangers des religions et les raisons de les combattre, mais tentative d'explication des raisons de la persistance de ce type de « connaissances » du monde et de l'appétence aux mythes persistante à large échelle. L'incapacité, relative, de beaucoup de penseurs non croyants à cerner la réalité de l'attractivité de la croyance représente l'un des plus grands freins à l'efficacité de leur action, et ce, depuis des centaines d'années. Le présent ouvrage est un modeste pas dans le sens d'une correction de ce biais.

- Éloignement de la logique du *Traité des trois imposteurs,* livre mythique, qui aurait été écrit au Moyen Âge, et qui est apparu en plusieurs versions au début des temps modernes. Les ouvrages de ce type décrivent les mensonges intéressés *du prophète juif Moïse, du prophète musulman Mahomet et du messie chrétien Jésus.* Cette approche soutient, indirectement, implicitement, l'idée que si ces prophètes, et leurs successeurs, avaient été sincères, la croyance religieuse deviendrait acceptable. De même, l'angle d'attaque central doit être dirigé contre la croyance, pas contre ceux qui la propagent et la défendent. Le combat contre les péchés et la débauche des prêtres est, de fait, un combat religieux. La prédominance séculaire de l'alcoolisme ne provient pas, essentiellement, de l'action des vendeurs d'alcools, mais de la dépendance biologique de beaucoup d'humains à ce type de breuvage.
- Focalisation de l'attention sur un constat simple : la particularité de notre époque tient à l'énormité du savoir scientifique et technique à disposition de l'humanité. Ce savoir est essentiellement le fruit de l'efficacité, relative, de la méthode scientifique, parce qu'elle est sélective et permet une réelle accumulation des savoirs. A contrario, une bonne part des problèmes lancinants qui taraudent l'humanité sont le fruit des aberrations cognitives, des modes de pensée liés aux croyances religieuses et à la force des identités de groupe qui tirent l'humanité en arrière.
- Combat contre les tentatives de *relativisation* de la valeur du savoir scientifique menées par une horde de « littéraires », « sociologues des sciences » et philosophes, sans buts clairement définis. En science, caractériser celui qui parle n'est pas le plus important. Ce qui compte d'abord, c'est la qualité de la démarche de validation des connaissances. Le but des études sur la science doit être de soutenir et de développer, y compris par l'usage de la critique, la démarche scientifique et sa large diffusion.
- Changement de priorité des démonstrations sur les « origines » de l'univers. Il ne s'agit plus essentiellement de prouver que le monde a pu apparaître sans « créateur », mais de démontrer que l'hypothèse d'un « créateur » hypercomplexe ne répond à aucun des critères essentiels de validation des hypothèses scientifiques que sont la possibilité de falsification, de réplication, de simplicité, de probabilité et de prédictibilité. Ne pas se limiter à exposer la possibilité de comprendre le monde et l'histoire du monde sans passer par une très improbable intervention divine, cette possibilité étant devenue relativement « évidente » pour ceux qui veulent comprendre, mais transformer une opposition de goût ou d'opinion en une question de salubrité publique.
- Non-limitation de l'étude des effets directs des croyances religieuses sur leurs victimes, mais élargissement aux effets indirects, essentiellement les distorsions de perception de la réalité complexe du monde des humains dans les domaines politiques, sociaux, médicaux... au travers, par exemple du renforcement des identités fortes et des thèmes de justifications de l'action politique.
- Refus de promesses de bonheur universel et de justice aux populations qui se libéreraient de la croyance, mais exposition claire des difficultés intellectuelles liées au refus global d'une prétendue distinction entre le « bien et le mal », entre les bons et les méchants, « obliger » les individus à utiliser leur intelligence à la

place de leurs instincts ou des récits de leurs parents, pour choisir les conduites à tenir. Insistance sur des objectifs chiffrés et mesurables.
- Insistance sur la mise en place de mécanismes institutionnels pour défendre et propager l'épistémologie scientifique. Généraliser pour les scientifiques l'enseignement des dangers des croyances (et de bien d'autres aberrations épistémologiques). La persistance dangereuse d'un fort mouvement créationniste montre que ce combat pour l'indépendance scientifique n'est pas terminé. Il faut cependant aller plus loin et s'attaquer *scientifiquement* au phénomène religieux en tant que tel.
- Nécessité du passage de la *critique des dogmes* religieux au nom de l'humanisme et de la connaissance scientifique à une analyse, une *compréhension scientifique multifacettes* incluant les dimensions économiques de la croyance religieuse, et à la mise en place de *stratégies globales de traitement* à grande échelle.
- Esquisses de « recettes » pour mettre en place la lutte contre la croyance religieuse au niveau pratique.

Le combat contre la croyance ne peut pas se limiter à la lutte contre ses pires excès. La lutte contre l'alcoolisme ne se limite pas aux contrôles, les lendemains d'accidents, à la sortie des boîtes de nuit. Il n'y a pas d'usage « raisonnable » des identités fortes ni de la croyance. Il y a par contre, dans la pratique, une marge de tolérance inévitable (de la même manière qu'il est nécessaire de laisser une place aux fumeurs, malgré les dégâts du tabagisme) de ces produits mentaux dangereux, sous peine de se retrouver dans le clan honni des « purificateurs ». A contrario, ceux qui croient que la simple modération en la matière est la règle principale de sagesse risquent fort de se retrouver dans la même situation d'impuissance que les partis socialistes européens au début de la Première Guerre mondiale, tous membres d'une même « Internationale socialiste » et pacifistes, mais « obligés » de soutenir leurs armées nationales dans le carnage des tranchées, car incapables de lutter contre les sentiments irrationnels, identitaires, de leurs adhérents et sympathisants, sentiments qu'ils n'avaient que mollement combattus avant les hostilités, de peur de se « couper du peuple ». La psychologie doit aider l'action, elle ne doit pas la guider.

Nous visons à promouvoir, entre autres, le « monopole » dans le débat public pour les discours, infiniment divers, fondés sur une argumentation non identitaire, et dont la méthode de connaissance de la réalité repose seulement sur l'épistémologie scientifique telle que définie au travers de l'acronyme FARSIPP.

La démarche de ce livre n'est pas centrée sur la critique textuelle des dogmes religieux, mais a une visée d'ingénierie sociale et politique. Cet ouvrage recherche les bases opérationnelles d'une action d'éradication des croyances à large échelle, géographique et temporelle.

Nous n'essaierons évidemment pas un seul instant d'être vraiment *politiquement correct* au sens défini par le Larousse *« d'un discours, d'un comportement visant à bannir tout ce qui pourrait blesser les membres de catégories ou de groupes minoritaires en leur faisant sentir leur différence comme une infériorité ou un motif d'exclusion ».* Toutes les croyances seront critiquées sans exception, mais sans doute inégalement.

Ceux qui ressentiraient une forme d'exclusion dans le fait de n'être pas assez critiqués pour leur appartenance religieuse et qui regretteraient le manque de remèdes spécifiques proposés pour l'élimination de leurs formes d'identité spéciale peuvent, cependant, sans autres contraintes, s'ajouter par eux-mêmes et gratuitement à la liste des personnes victimes de croyances absurdes...

Les limites du présent livre

Nous devons nous poser la question de savoir s'il est possible de présenter une thèse sur les dangers des religions et l'importance de la défense de la méthode scientifique de manière équilibrée, argumentée et aisément falsifiable. Ce n'est que partiellement possible, hélas.

Ce livre est-il une thèse scientifique académique ou un pamphlet? Il est une défense argumentée de l'importance de considérer tous les systèmes de pensée basés sur la révélation comme des dangers importants qui doivent être combattus. Est-il possible de prouver ce point? Au sens strict, plutôt non, car il faudrait pour cela accéder à la méthode expérimentale et faire varier à volonté la quantité de croyances religieuses chez les individus et la progression de l'usage de la méthode scientifique, et démontrer que la régression des croyances permet un progrès notable sur le long terme. De telles conditions expérimentales n'existent naturellement pas chez les humains.

Il est alors nécessaire de s'en remettre à l'examen des caractéristiques et des histoires des sociétés humaines sur la troisième planète et de démontrer l'existence de liens hautement probables entre les croyances, les identités fortes et des maux importants qui affectent l'humanité. La démonstration la plus frappante, à l'échelon mondial, de ces liens porte sur ceux qui affectent les sociétés musulmanes aujourd'hui, mais il est évident que les autres croyances ont eu et ont encore des effets tout à fait comparables.

Dans tous les cas, les thèses défendues ici sont conçues pour être précises, critiquables, et en partie (autant que possible) falsifiables. Il n'est pas possible dans le cadre d'un livre de taille raisonnable et qui ne vise pas l'excellence académique de détailler plus encore chacun des points qui soutiennent les thèses défendues.

AVANT-PROPOS

Quelques autres remarques préliminaires

Ce livre est divisé en deux grandes parties : la première constituée du premier chapitre, *Les fondements*, explique le sens, l'importance et le fonctionnement de la méthode scientifique et son usage dans le démantèlement des croyances. Dans un second temps, la suite du livre examine et répond, dans une mesure restreinte à chaque fois, aux critiques qui visent, à un titre ou à un autre, à limiter ou dévaloriser l'importance et l'universalité (à savoir son utilité et son utilisation par l'immense majorité de l'humanité) de cette méthode de connaissance.

Seules les principales tendances, facettes « critiques » et relativistes sont examinées, soit celles qui paraissent dangereuses pour les défenseurs de la méthode scientifique. Quant au nombre de facettes examinées, il est impossible d'éviter le reproche du trop ou trop peu.

L'examen de la réalité des pathologies religieuses forme une part centrale du corps du livre, ainsi que celui des mesures palliatives ou des remédiations plus fondamentales qu'elles nécessitent. Ces mesures sont reprises en fin d'ouvrage.

Le corps de ce livre comporte neuf grandes sections qui encadrent, incomplètement, notre tentative d'examen multifacettes du phénomène religieux et de défense de la méthode scientifique. Les titres des sections et une brève description de leur contenu permettent une première approche :

Les fondements – Quels sont les critères de validité des connaissances scientifiques et religieuses ?

Face aux critiques épistémologiques – Quelles sont les critiques épistémologiques faites à la méthode scientifique et comment répondre à ceux qui tentent de relativiser sa valeur intrinsèque au profit implicite de visions « alternatives » ?

Sociologie des savants, relativité des savoirs ? – Quelles sont les critiques sociales faites aux scientifiques, à l'activité scientifique et quel cadre, quelles limitations, de la puissance explicative de la science sont acceptables ?

Les problèmes de la communauté scientifique – Comment les scientifiques tentent-ils de (ne pas) se positionner par rapport à la croyance et au reste de la société en général, et en quoi cela pose-t-il problème ?

Les croyants et les autres... – Comment les croyants tentent-ils de valoriser leur méthode de connaissance, comment situer le savoir scientifique par rapport à ces tentatives et à l'attitude des majorités arithmétiques face à la science ?

La morale et la spiritualité – Qu'est-ce réellement que la « morale », de quoi est-elle issue et à quoi sert-elle, que peut-on appeler spiritualité, quel cadre lui poser ?

Les multiples facettes des religions – Examen de facettes significatives du phénomène religieux insuffisamment examinées par ailleurs.

Les identités pathologiques – Les origines des identités fortes et leurs liens avec la croyance religieuse. Examen de leurs usages divers et variés dans le monde.

Combattre le risque religieux – Esquisses de propositions sur les moyens de combattre le risque religieux à large échelle, et conclusion.

Les traductions de l'anglais ont été réalisées par nos soins. Les notes mènent en fin de volume vers les liens HTML des sources originales. La vérification de ces liens a été effectuée à l'automne 2020.

Nous aurons l'occasion de mettre en avant beaucoup d'auteurs et de sources nommément citées. En général, les citations sans mention d'auteur sont soit des prises de position explicites de l'auteur, soit des définitions issues d'extraits, avec ou sans modifications, de Wikipédia. Ces citations de Wikipédia ont été choisies pour leur caractère peu polémique. Le critère de la large portée et du caractère généralement consensuel de ces définitions semblait plus important que le critère de l'excellence académique (privilégiant les comparaisons de sources savantes), pour l'usage qui en est fait ici.

La méthode scientifique, de par son importance, sa force immense, devient si omniprésente qu'elle semble disparaître, tel l'oxygène, indispensable à la vie mais que l'on peut oublier tellement il existe « naturellement ». Expliciter le rôle de la science, défendre sa méthode d'acquisition du savoir n'est plus une aventure pionnière comme celle des individus créant les académies des sciences au XVIIe siècle. Il redevient nécessaire de mettre en lumière une activité qui est tellement répandue qu'elle en devient invisible. Elle est si présente qu'elle gêne en permanence la « créativité » de ceux qui ne peuvent la manipuler à leur aise, et est donc un frein à leur ascension sociale.

La science a donc besoin de défenseurs explicites. Nous esquissons dans le présent ouvrage certaines lignes de la lutte contre les adversaires principaux de l'approche scientifique, sans prétendre naturellement à une illusoire exhaustivité.

La science est le corps de connaissances *formalisées* (c'est-à-dire visant à décrire la réalité au moyen de descriptions structurées *transmissibles* allant au-delà d'une perception personnelle) le plus important dont disposent les humains, mais ce n'est pas le seul. Une des plus anciennes méthodes de description *formalisée* du monde employée par les humains, du moins depuis qu'ils sont doués de parole, est le récit religieux. Ce type de récit, dont la structure se retrouve dans les contes et légendes, explique le monde par l'intervention de divinités ayant la forme d'humains hors normes, aux pouvoirs surnaturels, en général surpuissants et invisibles (timides ?), dont les existences, les envies, les histoires (et éventuellement la mort) permettent de comprendre certaines caractéristiques du monde dans lesquels vivent les humains. Nous appellerons *épistémologie contes de fées* ou *épistémologie mythique*, par opposition à une réelle épistémologie, l'« épistémologie » qui est issue de ce mode de pensée. La valeur des contes de fées tient dans la *qualité du récit* et non dans la *vraisemblance du contenu*. C'est là tout le problème.

La science est une méthode de connaissance relativement récente pour l'humanité. Certains de ses fondements ont été posés pendant les périodes de gloire de la Grèce antique (parallèlement, et ce n'est pas un hasard, à l'instauration du questionnement philosophique), particulièrement durant la période hellénistique, durant laquelle a commencé sa séparation d'avec la croyance religieuse. Elle a repris massivement un essor explicite depuis quatre siècles, d'abord dans un Occident sortant péniblement de la gangue de la pensée chrétienne/aristotélicienne, puis du fait de ses immenses succès dans l'ensemble des pays ayant adopté l'attitude rationaliste des États occidentaux.

Afin de défendre l'épistémologie scientifique, nous n'aurons d'autre choix que de définir ses méthodes, de comprendre les fondements de sa puissance et d'en décrire les limites. Cet examen servira d'abord à mieux appréhender le sens de l'opposition frontale qui existe entre l'épistémologie scientifique et la croyance religieuse. Il ne pourra qu'être incomplet, mais permettra de positionner la connaissance scientifique comme le cadre structurant de la pensée humaine contemporaine.

La compréhension des critères de validation épistémologique d'un champ de connaissance est de plus en plus requise dans de nombreux domaines qui ne seront pas abordés ici, mais l'approche épistémologique pour mieux comprendre les différences essentielles entre les méthodes de connaissances rationnelles et religieuses, si elle n'est pas complètement nouvelle, est encore peu développée à l'époque contemporaine. Sa dimension politique est quasi inexistante.

La base de toute religion, de son « épistémologie », est le récit mythique. Ce récit prend des formes diverses depuis le récit des amours de Zeus jusqu'au reportage décrivant la transmission des Tables de la loi à Moïse sur le mont Sinaï.

Théologie et marketing

Les théologies, *investigations rationnelles sur les substances divines*, prétendent réfléchir sur ces entités divines ; elles se targuent de pouvoir énoncer, expliciter les dogmes à la base des religions dont elles sont issues. Leur examen des dogmes est parfois extrêmement sophistiqué, mais un livre de théologie ne fabrique pas un croyant, alors qu'un bon manuel de physique peut fabriquer un physicien.

La base de la croyance religieuse est le récit et l'affirmation (invérifiable) de la véracité de ce récit. C'est la confrontation de héros humains (ou divins) en contact direct avec des entités (ou des forces) supérieures qui leur dictent leur comportement et énoncent la vérité sur le monde et sur les exigences de ces entités par rapport aux humains.

Ces récits sont des réécritures constantes d'autres récits à succès, se basant sur des techniques marketing très anciennes. Par *marketing*, nous entendons *l'ensemble des actions ayant pour objectif de prévoir ou de constater, et, le cas échéant, de stimuler, susciter ou renouveler les besoins du consommateur, en telle catégorie de produits et de services, et de réaliser l'adaptation continue de l'appareil productif et de l'appareil commercial d'une entreprise aux besoins ainsi déterminés*. Ce qui signifie que la définition du produit, « la sainte doctrine » n'est nullement figée une fois pour toutes, mais s'adapte, subrepticement, aux évolutions de la clientèle.

De nombreuses instances religieuses acceptent maintenant ouvertement de considérer leur croyance comme devant répondre à des impératifs marketing. Voir par exemple l'étude marketing des Églises chrétiennes anglaises (*Mapping Practising Christians*)[2]. Il ne manque plus que leur reconnaissance du fait que les besoins marketing forment le *fondement* réel de leurs croyances pour que la boucle soit bouclée...

La science n'a pas cette flexibilité, elle n'est pas faite pour plaire : seule la présentation peut changer, mais la loi de la gravitation universelle est la même pour tous les publics. On ne peut « simplifier » ses équations pour « assurer de meilleures ventes ».

L'usage du terme marketing accolé à *religion* n'est nullement une nouveauté. Ce lien fait l'objet d'études universitaires multiples, par exemple dans un ouvrage récent, *Religions as Brands* (Jean-Claude Usunier, Jörg Stolz, 2013, op. cit.), qui expose certaines de ces recherches peu connues du grand public.

L'importance centrale de l'épistémologie au début du XXIe siècle ne saute pas aux yeux. Les tenants de la foi religieuse ne tentent pas, en général, de recommander la lecture des Écritures comme méthode alternative aux tests de laboratoire et les scientifiques sont rarement sur le devant de la scène pour défendre la généralisation de la méthode scientifique d'investigation du monde.

En réalité, les deux méthodes de connaissance du monde sont en opposition frontale constante. Une large partie des modèles implicites ou explicites perçus par les acteurs de conflits interhumains reposent sur des perceptions influencées par une épistémologie de type religieuse. Rien n'est plus dangereux que de combattre pour le « bien » sans réflexion approfondie et surtout sans accepter de tenir compte des effets réels de son action sur le terrain. La validation a posteriori lors du passage au paradis n'est pas une méthode acceptée par les manuels de contrôle qualité...

Complotisme

Parmi les mécanismes « explicatifs » utilisés par les croyants, le complot des « forces obscures » ou diaboliques joue un rôle significatif depuis des temps immémoriaux. Celui qui pense être victime d'un sombre complot, ourdi par les forces du mal, contre son groupe identitaire aura beaucoup de peine à comprendre l'intérêt de l'investissement dans une éducation scientifique poussée pour ses enfants. Pire, celui qui pense que ses « droits » accordés par la « puissance divine » sont bafoués par les ennemis de la vraie révélation devient vite dangereux.

Le complotisme est une des formes modernes de la superstition religieuse, c'est la science des simples d'esprit et c'est un des principaux ennemis épistémologiques, qui doit être combattu pour permettre aux populations d'accéder à une compréhension rationnelle du monde.

Les exemples de cette dérive complotiste abondent. L'épisode du crash d'un avion russe le 31 octobre 2015 dans le désert du Sinaï illustre clairement ce type d'aberration cognitive et ses victimes typiques.

La Grande-Bretagne et les États-Unis ont été les premiers pays à évoquer l'hypothèse d'un acte terroriste (d'ailleurs revendiqué par ses auteurs probables) pour expliquer ce crash. Le quotidien égyptien *Al-Ahram* a vu, lui, dans ces explications occidentales *« un complot [...] impliquant les Britanniques et les Américains contre le président Sissi et l'État »*, alors que la présence d'une bombe était jugée probable à 90 % par les enquêteurs internationaux sur place.

Les explications causales doivent toujours essayer de partir des éléments de réalité physique, puis sociale, puis politique, et non utiliser l'ordre inverse comme le fait le journal *Al-Ahram* (Cf. « Les médias égyptiens et la théorie du "complot" », *Le Matin*, 10 novembre 2015)[3]. Les États-Unis ne sont pas épargnés par cette *science des pauvres d'esprit* qui contamine l'Amérique (Damien Leloup, Grégor Brandy, « QAnon : aux racines de la théorie conspirationniste qui contamine l'Amérique », *Le Monde*, 14 octobre 2020)[4].

L'utilisation des règles de l'épistémologie scientifique comme seules acceptables à large échelle n'est pas seulement importante pour permettre aux populations de comprendre correctement les sciences « dures » comme la physique ou la chimie, mais surtout pour permettre au plus grand nombre d'appréhender, dans leur complexité, l'influence des formes d'organisation sociale, les racines réelles des différences de destins, de ressources et d'avenir qui affectent les groupes sociaux et géographiques peuplant la planète.

Les oppositions entre groupes religieux (vrais croyants/infidèles), identitaires (indigènes/étrangers), sociaux (exploités/exploiteurs) ne reposent pas sur du vide ou de simples erreurs factuelles, mais leur compréhension est largement distordue par une lecture religieuse, morale et identitaire du monde. Le défaut de ce type de lectures est qu'elles ne peuvent évoluer. Comment le pourraient-elles, puisqu'elles ne reposent pas sur des éléments de réalité, mais sur des croyances préétablies (sans réfutation possible)? Lorsque nous examinerons certains effets des croyances religieuses sur l'environnement humain, ce sont toujours ces biais épistémologiques qui seront à l'arrière-fond de l'évaluation de l'impact des religions.

Buts

Il ne s'agit pas, en déniant à la foi religieuse toute valeur intrinsèque et avec l'aide d'une baguette magique scientifique, de supprimer les oppositions entre groupes humains pour faire de chaque humain un scientifique zélé, mais il est nécessaire de généraliser à l'ensemble du domaine politique et économique l'épistémologie scientifique comme seule méthode d'analyse du monde et de fondement aux débats, qui soit acceptable à large échelle pour permettre l'existence d'un espace partagé par l'ensemble de la communauté humaine et des États qui l'organisent.

Il est nécessaire de cesser d'avoir une attitude défensive envers la méthode scientifique et de tenter de justifier sa coexistence à côté de l'« honnête » croyance religieuse. C'est l'absurdité de la croyance qui doit être constamment attaquée.

La *tolérance religieuse*, entre religions, d'une part, et entre croyance religieuse et non-croyance, d'autre part, a été une grande conquête de l'humanité. On pourrait dès lors logiquement penser que la tolérance épistémologique, l'acceptation de différentes épistémologies parallèles, devrait être aussi la règle, mais cela n'est pas possible. Dans l'épistémologie sont contenues les règles du jeu, celles qui permettent la compétition des idées.

Si, lors d'un examen universitaire, certains étudiants n'ont pas droit aux documents et d'autres ont le droit de consulter des livres de référence simplement parce qu'il est écrit « sacré » sur la couverture, l'examen n'a plus de sens. Dans un monde interconnecté, il est nécessaire qu'une même règle sur les sources de connaissances admises soit imposée à tous pour que le débat soit possible.

La seule règle épistémologique qui soit pratiquée, à des degrés divers, par tous les habitants de la planète est l'épistémologie scientifique, qui a une portée universelle, qui est partagée par la grande majorité des humains et que nous synthétisons par l'acronyme FARSIPP (voir infra). Aucun autre type de règles ne peut être utilisé sans être imposé par un arbitraire total, ou de mauvaises habitudes. Si la révélation peut être utilisée comme moyen d'*argumentation*, les bases du dialogue sont détruites.

Cette reconnaissance de la nécessité d'une épistémologie collective *unique* permettra de traiter les conflits et les problèmes interhumains sur une base de connaissances rationnelles, poussant à la définition d'objectifs mesurables, bien préférables à des buts eschatologiques inatteignables et donc pourvoyeurs de conflits « éternels ».

Qu'une épistémologie commune, scientifique, unique soit nécessaire à l'humanité ne signifie pas que son adoption soit le remède universel à tous les maux humains. Il s'agit de poser une base solide au progrès ; il faut ensuite construire sur ses fondements.

1

Les fondements

Dans ce chapitre, nous commencerons par définir certains termes et concepts employés fréquemment dans cet ouvrage. Nous examinerons ensuite les bases de la méthode scientifique et les différences intrinsèques qui la différencient des croyances religieuses. Chaque élément des règles FARSIPP sera utilisé pour expliciter, par contraste, les failles des croyances religieuses. Nous examinerons également certaines des limites intrinsèques du savoir scientifique. Nous examinerons ensuite les difficultés épistémologiques propres aux sciences humaines, et nous finirons par comparer les épistémologies scientifique et religieuse dans un tableau synthétique.

Qu'est-ce qu'une religion ?

Cette question divise les spécialistes depuis longtemps. Wikipédia est obligé de constater simplement qu'« *une religion est un système de pratiques et de croyances en usage dans un groupe ou une communauté* », et qu'« *il n'y a pas de définition qui soit reconnue comme valable pour tout ce qu'il est permis aujourd'hui d'appeler religion* ». La définition que nous employons est basée sur une compréhension des bases épistémologiques des croyances religieuses et répond au besoin de délimiter un phénomène humain nuisible pour pouvoir le combattre efficacement.

La délimitation entre religion et croyance philosophique ou simple croyance magique (le rôle maléfique des chats noirs) est parfois difficile. Celle qui suit semble la plus pertinente :

> *Une religion, un système religieux, est d'abord une représentation du monde des humains à l'aide d'éléments et de forces imaginaires, à l'existence non falsifiable, mais appréhendables par les croyants, car animés de pulsions et de volontés de type humain ou animal.*

Une religion soutient des affirmations arbitraires sur le sens de la vie des humains, sur les règles qu'ils doivent suivre et sur les groupes humains particuliers qui doivent être privilégiés. Ces affirmations sont fondées sur la transmission d'informations (révélations) émanant d'entités invisibles ou inaccessibles. Le mode de contagion interhumain de la croyance religieuse passe fréquemment au travers d'un lien familial.

Les entités ou forces invisibles et incommensurables invoquées sont souvent censées avoir des pouvoirs significatifs sur des parties ou sur tout l'univers. Elles exigent fréquemment de la part des humains des comportements sociaux particuliers, l'application de « règles morales » et d'interdits, et des vénérations périodiques qui servent tous de soutien aux structures sociales existantes et aux identités des populations concernées.

L'origine arbitraire de chaque religion, liée à des révélations non répétables et non falsifiables, est à la racine d'oppositions souvent violentes avec d'autres religions portées par d'autres groupes humains attachés à des identités concurrentes ainsi qu'à des résistances aux changements sociaux et, fréquemment, à des refus obstinés face à la progression de la démarche scientifique.

Une croyance religieuse peut parfois se passer d'une entité suprême de type suprahumaine dotée de pouvoirs énormes (comme celles employées dans les religions monothéistes), mais pas de mécanismes cachés qui régissent l'univers ou pour le moins la destinée des humains et de leurs esprits comme le samsara (le cycle des renaissances) bouddhique. Ce qui est déterminant, c'est la capacité de la croyance à structurer la compréhension de l'univers des humains au travers de ces mécanismes cachés, échappant à toute possibilité de falsification. Le bouddhisme, par exemple, s'appuie sur un certain nombre de textes sacrés appelés sutras, qui ne peuvent pas être réécrits ou améliorés par les fidèles.

La *foi*, que l'on pourrait caractériser comme la partie individuelle de la croyance religieuse, a été définie excellemment par Peter Boghossian dans *A Manual for Creating Atheists* (2013, op. cit.). Il est sans doute parti de la définition Wikipédia : « *a belief not based on proof* » (« une croyance non basée sur une preuve », trad.). Il la redéfinit alors comme : « *pretending to know things one doesn't know* » (« prétendre savoir des choses que l'on ne sait pas », trad.). Cela permet de clarifier certaines définitions : par exemple, un *homme de foi* devient un *homme qui prétend savoir des choses qu'il ne sait pas*. Définition plutôt appropriée.

Les croyants, et nous retrouverons ces tentatives tout au long du livre, essaient constamment de brouiller la distinction claire entre les croyances religieuses et l'approche scientifique. Par exemple, Matt Emerson, dans *The Wall Street Journal* du 3 mars 2016 (« *At Its Heart, Science Is Faith-Based Too* » ; « Fondamentalement, la science est aussi basée sur la foi », trad.) s'appuyant sur une ambiguïté linguistique liée au mot « faith », part de l'affirmation du physicien Paul Davies, qui a écrit :

LES FONDEMENTS

> *Just because the sun has risen every day of your life, there is no guarantee that it will therefore rise tomorrow. The belief that it will – that there are indeed dependable regularities of nature – is an act of faith, but one which is indispensable to the progress of science.*
>
> TRAD. – Ce n'est pas parce que le soleil s'est levé chaque jour de votre vie qu'on peut garantir qu'il se lèvera demain. La croyance qu'il se lèvera – qu'il existe des régularités fiables dans la nature – est un acte de foi, mais il est indispensable au progrès de la science.

Il détourne le sens de cette affirmation, d'ailleurs contestable, car trop sommaire, pour affirmer que :

> *Recognizing the existence of this kind of faith is an important step in bridging the artificial divide between science and religion, a divide that is taken for granted in schools, the media and in the culture. People often assume that science is the realm of certainty and verifiability, while religion is the place of reasonless belief. [...] The fundamental choice is not whether humans will have faith, but rather what the objects of their faith will be, and how far and into what dimensions this faith will extend.*
>
> TRAD. – Reconnaître l'existence de ce genre de foi [scientifique] est une étape importante pour réduire la fracture artificielle entre la science et la religion, une fracture qui est considérée comme acquise dans les écoles, les médias et la culture. Les gens supposent souvent que la science est le domaine de la certitude et de la vérifiabilité, alors que la religion serait le lieu de la croyance déraisonnable. [...] Le choix fondamental n'est pas de savoir si les humains ont une foi, mais plutôt ce que seront les objets de leur foi, et dans quelle mesure et dans quelles dimensions cette foi s'étendra.

La manœuvre est évidente, son argumentation cache l'essentiel et ne répond pas à la question fondamentale : les croyances sont-elles falsifiables ? Sont-elles soumises à la sélection impitoyable de la « méthode » FARSIPP (voir infra) et donc susceptibles d'évoluer ? C'est le cas des « croyances » scientifiques, soumises au test de la réalité, jamais de celles utilisées par les « vrais » croyants. La foi des croyants est bien une *prétention à savoir des choses qu'ils ne connaissent pas et surtout qu'ils ne pourront jamais connaître.*

À part la fragilité fondamentale de ses assises, une des différences les plus visibles entre la croyance et le savoir que notre brillant éditorialiste aurait pu relever s'il n'était aveuglé par sa docte ignorance (pardon, sa foi) est le type d'explications fournies par la science et la religion. La religion, comme d'autres philosophies idéalistes, part du « haut » pour expliquer le « bas ». La science part du « bas » pour expliquer le « haut ».

Par exemple, pour expliquer la résistance aux chocs et la brillance d'un métal, la science part de ses composants atomiques, des caractéristiques du nuage d'électrons qui entoure le noyau et des conséquences de la configuration de ce nuage sur les liens entre atomes, puis, sur la base de ces liens, elle décrit les structures cristallines du métal, y compris la limitation de leur taille, et enfin elle explique la brillance et la solidité du métal. Que penser de celui qui décréterait «Que le métal soit brillant et solide!» en priant les atomes de s'y conformer?

La religion part de la volonté divine, de la «cause finale»: *que la lumière soit*, pour décrire la formation de l'onde lumineuse. Les atomes n'ont qu'à bien se tenir et s'adapter à la volonté divine (qui ressemble, comme par hasard, à celle de ses représentants terrestres). Ils sont donc priés d'être discrets lorsqu'il s'agit de comprendre la transsubstantiation de l'hostie en corps (réel) du Christ.

Un journaliste qui ne comprend pas la différence de qualité des explications entre croyance religieuse et savoir scientifique ferait mieux de ne plus se considérer comme journaliste, mais comme propagandiste de la foi.

Nous excluons volontairement de notre champ d'étude le cas marginal des *religions sans dieux ni entités magiques*, comme «The Sunday Assembly», qui a ouvert ses portes en Angleterre en janvier 2013. Ces religions sont comparables aux vins sans alcool, elles ne sont pas dénuées d'intérêt, mais elles ne sont pas au cœur des problèmes posés par les pathologies religieuses dans le monde.

Il est possible de décrire une religion comme un «mème», *«élément culturel reconnaissable, reproduit et transmis par l'imitation du comportement d'un individu par d'autres individus»* (Wikipédia). Le point important à retenir, c'est que les religions sont soumises à une pression sélective pour se maintenir et se développer. Une croyance religieuse peut avoir les formes les plus bizarres et les plus éloignées de la réalité, mais elle doit nécessairement trouver son public et s'y accrocher. On peut penser à une loi de la physique inconnue de tous; peut-on penser à une religion inconnue de tous?

Qu'est-ce que la science?

Cette question divise également les spécialistes depuis longtemps. Plusieurs philosophes se sont acharnés, dangereusement, au cours du siècle passé à démontrer le caractère illusoire de la séparation entre science et non-science. La définition commune (Wikipédia) de la science nous donne une première indication des enjeux:

> *[...] ce que l'on tient pour vrai au sens large, l'ensemble de connaissances, d'études d'une valeur universelle, caractérisées par un objet (domaine) et une méthode déterminés, et fondés sur des relations objectives vérifiables [...].*

La grande difficulté est de définir les mots *vrai*, *vérifiable* et de préciser la *méthode*. Nous nous attacherons naturellement à donner du sens à ces mots. Il est cependant évident qu'il n'est pas complètement possible de définir *scientifiquement* ce que doit être la science, à cause des pièges de l'autoréférence. Il est donc inévitable de passer par des choix, plus ou moins arbitraires, mais qui reflètent la réalité des pratiques de nombreux scientifiques depuis plusieurs siècles. La complexité de l'univers qui nous entoure et la difficulté de son étude sont trop importantes pour pouvoir vraiment tester sur une échelle intéressante et significative des méthodes efficaces d'acquisition des connaissances qui seraient alternatives à celles pratiquées actuellement à large échelle (en supposant que cela soit possible). Notre définition de la science sera la suivante :

> *La science est la méthode que les humains utilisent pour disposer de la meilleure connaissance, différente à chaque époque, des régularités observables dans la réalité qui les entoure en systématisant, autant que possible, ces régularités et en employant la meilleure méthode de sélection et de validation des connaissances à leur disposition.*
>
> *Actuellement, les règles de validation suivies par les acteurs de cette méthode, basées sur les bonnes pratiques généralement observées, suivent des règles exigeantes utilisant les critères de falsifiabilité, reproductibilité, simplicité, probabilité et prédictibilité (résumées par l'acronyme FARSIPP). La pratique d'accumulation sélective et révisable des connaissances utilisant ces critères est la clé de la puissance extraordinaire de la méthode scientifique.*
>
> *Le terme science désigne également l'énorme corpus de connaissances validées et accumulées depuis plusieurs siècles sur l'univers qui entoure les humains et sur les humains eux-mêmes. Il est raisonnable d'y inclure, partiellement, ses utilisations philosophiques, sociales et techniques. Nous devons aussi y ajouter, dans certains cas, la communauté des scientifiques en tant que telle.*

que nous compléterons par celle du rationalisme (Wikipédia) :

> *[...] doctrine qui attribue à la seule raison humaine la capacité de connaître et d'établir la vérité [...] le raisonnement consiste à déterminer que certains effets résultent de certaines causes, uniquement à partir de principes logiques ; à la manière dont les théorèmes mathématiques résultent des hypothèses admises au départ. De plus, et en particulier, les principes logiques eux-mêmes utilisés dans le raisonnement ont été connus par déduction.*

du positivisme (Wikipédia) :

> *Auguste Comte construit une philosophie des sciences qui part des mathématiques pour aller jusqu'à la sociologie et la science politique, et une philosophie de l'histoire qui conçoit le processus historique comme une avancée vers davantage de rationalité scientifique (« positive ») et moins de théologie et de spéculation métaphysique sur les réalités transcendantes [...] Le positivisme s'en tient aux relations entre les phénomènes, et ne cherche pas à connaître leur nature : il met l'accent sur les lois scientifiques, et refuse la notion de cause.*

et de l'empirisme (Wikipédia) :

> *[...] désigne un ensemble de théories philosophiques qui font de l'expérience sensible l'origine de toute connaissance ou croyance et de tout plaisir esthétique. L'empirisme s'oppose en particulier à l'innéisme et plus généralement au rationalisme « nativiste » pour lesquels nous disposerions de connaissances, idées ou principes avant toute expérience.*

Le positivisme comme l'empirisme sont, de fait, des doctrines qui sont éloignées des réalités de la science. Les deux plus importantes percées de la physique du XXe siècle, la relativité et la mécanique quantique, toutes deux passées par le cerveau d'Einstein, sont issues de réflexions abstraites sur les fondements des mécanismes de l'univers. L'empirisme pur ne fonctionne pas, car il est impossible de faire progresser la connaissance scientifique sans chercher à connaître la nature des faits «purs», sans modélisation des causalités. Les hypothèses einsteiniennes ont naturellement dû être vérifiées (non falsifiées) par des tests empiriques. Ce ne sont cependant pas ces tests qui ont induit les théories.

Si on adoptait le positivisme comme méthode de connaissance, on tomberait plus facilement sous l'emprise de la critique croyante. Constater que le soleil s'est levé pour la dix millième fois est effectivement insuffisant, mais connaître les règles de la mécanique céleste, celles de Newton ou, mieux, celles d'Einstein, donne une vraie assise aux connaissances scientifiques.

La science utilise plutôt la *méthode hypothético-déductive* (adaptée de Wikipédia) :

> *Méthode généralement utilisée dans toute recherche scientifique. Celle-ci débute par la formulation d'une hypothèse sous une forme qui pourrait être falsifiée par un ou plusieurs tests sur des données observables.*

Le premier fondement de la méthode scientifique : la falsifiabilité

Les discussions n'ont pas cessé depuis des siècles sur les fondements épistémologiques de la science et les différences essentielles qui la séparent de la religion et des autres enseignements «littéraires». Un éclairage très puissant sur la question est celui apporté par Karl Popper (1902-1994) : un énoncé scientifique ne peut être prouvé en tant que tel – une telle preuve demanderait un nombre infini de vérifications –, mais il peut être réfuté (réfutabilité, falsifiabilité). Alternativement, un énoncé religieux ne peut être réfuté puisqu'il est basé sur une révélation, un écrit «sacré» par nature non testable et non répétable. Cela signifie d'abord que la méthode scientifique refuse le principe d'autorité personnelle qui donnerait à un individu, même extrêmement doué, un droit spécial à décider de «la vérité».

Cela signifie également qu'il ne saurait exister d'activité scientifique sans possibilités de critiques entre spécialistes du domaine, et donc sans controverses. Cela signifie enfin que seuls les processus décrivant les actions de la matière (prise au sens large) sur la matière peuvent être pris en considération. Il est impossible de falsifier une hypothétique «action immatérielle».

Par falsifiabilité, il faut entendre la possibilité de réfuter ou de valider (par l'absence de réfutation) une hypothèse scientifique par une expérience ou parfois un raisonnement. Si un scientifique propose un modèle du noyau atomique qui comporte des neutrons, il doit proposer des expériences qui permettent de les mettre en évidence. Plus précisément, il doit proposer des expériences dont l'examen des résultats permet de falsifier, ou non, le plus spécifiquement possible l'existence des particules décrites dans l'hypothèse comme neutrons alors que les autres modélisations (y compris les plus établies) auront une moins bonne adéquation avec les résultats.

Exemple classique de tentative de falsification : la série d'expériences menées par Robert Millikan en 1915 aux États-Unis pour falsifier la théorie einsteinienne de l'effet photoélectrique. Einstein avait prédit que l'extraction des électrons hors d'un métal était soumise à un effet de seuil (quantum), ce qui impliquait l'absence de tout courant si la longueur d'onde de la lumière excitatrice était trop longue (énergie individuelle des photons insuffisante quelle qu'en soit la quantité). Après de nombreux tests, Robert Millikan a dû admettre, contre son souhait, que la théorie einsteinienne décrivait parfaitement la réalité. Cela a été l'élément décisif qui a valu le prix Nobel de physique à Einstein en 1921.

Dans cet exemple, tous les éléments d'une épreuve de falsification sont réunis : l'*hypothèse* d'Einstein qui déborde les données expérimentales disponibles ; l'expérimentateur qui veut *falsifier* l'hypothèse ; enfin, la *non-falsification* de l'hypothèse, qui transforme celle-ci en théorie *provisoirement acceptée* comme faisant partie du corpus de la physique.

Cependant, de la même manière qu'il est impossible de décider qu'une théorie est définitivement acceptée parce qu'elle peut être réfutée à tout moment, il est nécessaire d'admettre qu'une hypothèse ne peut jamais être définitivement réfutée sans lui donner la moindre chance, dans une nouvelle version, à l'avenir.

Un élément central lié à la falsifiabilité est la possibilité de *réplication* (voir infra *Répétabilité*) des expériences par d'autres chercheurs. Parfois, les résultats sont cruels (une vue biaisée avait faussé la première expérience), mais c'est le cœur de la méthode scientifique.

Dans de nombreux cas, il est nécessaire d'admettre que les théories sont effectivement falsifiées au moment où elles sont remplacées par d'autres théories. Il faut donc souvent qu'il y ait plusieurs théories en compétition pour que le mécanisme de falsification soit vraiment mis en place. Cela peut sembler étrange et être le signe d'un manque d'honnêteté de la part de la communauté scientifique, qui refuserait d'invalider des théories falsifiées alors qu'elles ont montré leurs limites, mais cela correspond en fait à des contraintes pratiques relativement simples :

a) Les théories existantes, celles qui ont survécu à trois siècles de réfutations, sont déjà très solides et décrivent bien la plus grande part de la réalité mesurable. Il devient de plus en plus difficile de proposer de nouveaux modèles à cause de la qualité de ceux qui sont en place.

b) Comme les théories en jeu sont complexes, elles dépendent de beaucoup de considérations auxiliaires qu'il est plus facile d'« accuser » en cas de problèmes, à la place de la théorie principale.

c) Les informations sur les expériences pertinentes, les paramètres à mesurer pour falsifier l'ancienne théorie sont le plus souvent contenues seulement dans la nouvelle théorie.

d) La « nature », en fait les scientifiques, a *horreur du vide théorique*. Pourquoi jeter un bon modèle s'il n'y a rien pour le remplacer ?

e) Enfin, il est important de ne pas confondre la propriété générale de falsifiabilité des théories avec la manière précise, la procédure effective qui sera employée pour procéder à cette falsification.

Les théories scientifiques sont effectivement falsifiables, contrairement aux « vérités » théologiques qui ne le sont jamais explicitement. Il n'existe aucun domaine scientifique, hormis peut-être les mathématiques, qui n'ait vécu un ou plusieurs bouleversements de ses fondements théoriques au cours des derniers siècles. Les théories scientifiques sont donc effectivement – pas seulement en théorie – falsifiables.

Cependant, la falsification effective des théories ne peut survenir que si l'expérience ou la mesure qui semble invalider l'ancienne théorie ne contredit pas directement les expériences passées sur le même sujet, utilisant les mêmes paramètres, sans apporter rien de nouveau. Il faut bien plus qu'une mesure isolée.

L'exemple du cas des « neutrinos subluminiques » permet de comprendre cette règle effective : une expérience destinée à observer et étudier le phénomène d'oscillation des neutrinos menée en 2011 entre le Cern (Genève) et le Gran Sasso (Italie) semblait montrer que des neutrinos se déplaçaient plus vite que la vitesse de la lumière. Ce résultat préliminaire d'expérience n'a pas été vécu comme une révolution devant entraîner une refonte complète de la relativité einsteinienne, qui affirme l'impossibilité de ce genre de résultats ; une forme simpliste de falsifiabilité n'a donc effectivement pas fonctionné. Après de multiples rebondissements, il est apparu qu'un connecteur mal enfiché avait entraîné une erreur de mesure des distances, à la source de l'erreur de mesure de la vitesse.

La révélation publique de cette anomalie apparente n'est intervenue que parce que des journalistes curieux et cherchant le scoop ont écrit des articles. Si cela n'avait pas été le cas, le fait aurait été divulgué seulement après la découverte de la cause de l'aberration. Il n'y a rien à cacher, mais les scientifiques savaient qu'ils devaient d'abord « faire le ménage » des erreurs techniques avant de lancer le pavé dans la mare.

Le passage de la mécanique newtonienne à la relativité générale permet d'illustrer les règles de substitution effectives entre théories. Le seul élément poussant à la falsification de la théorie newtonienne entre les mains des physiciens de la fin du XIXᵉ siècle était l'aberration du périhélie (changement de position, non conforme aux calculs newtoniens, du point de l'orbite le plus proche du soleil) de Mercure, mais il y avait l'espoir de découvrir une planète cachée, proche du soleil, qui aurait expliqué cette déviation apparente au cadre newtonien classique. Il y avait donc là un problème sérieux, bien que marginal, que la théorie en vigueur ne couvrait pas. La nouvelle théorie permettait d'expliquer le phénomène et elle expliquait aussi pourquoi seule cette partie de la théorie newtonienne était en défaut (la gravité étant plus forte près du soleil). La substitution était donc possible et pertinente.

En 1919, dirigé par l'astronome anglais Eddington, un test expérimental portant sur la déviation, dont l'ampleur était prédite précisément par la relativité générale, de la position apparente d'étoiles due à la présence massive du soleil (courbant le trajet des photons) lors d'une éclipse a été favorable à la nouvelle théorie relativiste. Cet élément expérimental s'est ajouté à l'explication relativiste de l'aberration du périhélie de Mercure. La relativité einsteinienne avait donc montré qu'elle pouvait donner une explication valable à un phénomène déjà connu que l'ancienne théorie newtonienne ne pouvait décrire correctement et que, de plus, elle avait prévu l'ampleur d'un phénomène (la déviation des photons d'une étoile par la masse du soleil) qui n'avait jamais été mesuré auparavant. Elle répondait donc aux critères de falsification et de prédiction. La communauté scientifique s'est alors majoritairement, mais lentement, décidée à déclarer l'ancienne physique newtonienne *falsifiée*.

L'exigence de falsifiabilité implique que les modélisations soient pensées, optimisées, pour pouvoir être réfutées (c'était le cas de la relativité générale avec le test d'Eddington). Les bonnes théories sont les théories qu'il est possible de falsifier le plus simplement possible. Un indice des progrès d'une théorie par rapport à une autre est la présence d'éléments falsifiables en plus grand nombre. Une bonne théorie n'affirme formellement rien en fait sur les mécanismes naturels «permis», elle annonce des *interdictions* liées à son modèle. Plus le nombre d'interdictions et plus leur étendue sont grandes, plus la théorie est précise, plus grande est sa valeur, à condition de pouvoir envisager des situations réalistes de test.

La thèse de Rousseau «*L'homme est naturellement bon et c'est la société qui le déprave*» (*Discours sur l'origine et les fondements de l'inégalité parmi les hommes*, 1755) n'a pas de sens. Aucun humain ne pouvant exister sans contacts avec une société (à part les enfants-loups), on ne voit pas comment le test pourrait être effectué. A contrario, la thèse disant que les porteurs d'une combinaison génétique XYY (avec 47 chromosomes au lieu de 46) ont des comportements plus agressifs peut être falsifiée : il «suffit» de faire des statistiques.

Certains ont voulu utiliser la résistance fréquente des scientifiques à la falsification des théories existantes comme la preuve de l'absence de réelle possibilité de falsification. Globalement, c'est totalement faux, mais il faut bien admettre que la possibilité effective de falsification est soumise à des critères pratiques (existence d'une meilleure théorie...) ainsi qu'à des contraintes sociologiques. Dirait-on que les méthodes de construction des bâtiments n'évoluent pas parce que les praticiens du bâtiment sont souvent assez conservateurs (parfois à bon escient) ?

Ce modèle falsificationniste s'oppose, partiellement, à un autre plus spontané et ancien, basé sur l'*induction*, c'est-à-dire sur l'idée que la découverte des lois est basée sur la simple observation attentive et répétée de la réalité, qui induirait une compréhension de son fonctionnement chez l'observateur. Or, ce n'est pas parce qu'une voiture démarre des centaines de matins successifs qu'elle démarrera le lendemain. En général, l'observation n'est pas suffisante pour « découvrir » les lois de la nature. Il est nécessaire de formuler des hypothèses plus ou moins arbitraires, de supposer des mécanismes « cachés » et de valider (ou d'invalider) ces hypothèses par l'expérience, ou l'observation dirigée dans des domaines comme l'astronomie. Sans compréhension fine des mécanismes internes d'une voiture, il est impossible de s'essayer à une prédiction sérieuse sur ses chances de pannes quand il fait froid.

La déduction simple de lois basées sur les expériences (empirisme pur) n'est pas possible, car il serait nécessaire d'effectuer un nombre infini d'expériences pour arriver à des conclusions « sûres ». Les expériences qu'il est, en pratique, possible d'effectuer sont un nombre limité de tests ciblés visant à *invalider*, ou non, la (les) moins mauvaise(s) hypothèse(s) disponible(s). Cela ne diminue en rien l'intérêt de multiplier les tests diversifiés de falsifiabilité pour accroître la confiance dans les théories.

Le falsificationnisme s'oppose également, frontalement, au simple « bon sens », qui est un piège fatal dans beaucoup de cas. *Le Monde* du 24 février 2015 nous apprend que *« Selon un essai clinique dont les conclusions ont été publiées lundi 23 février [2015] dans le* New England Journal of Medicine, *les nourrissons qui ont goûté aux cacahuètes ont 81 % de risques en moins de ne pas les tolérer en grandissant. »* (« Les arachides remède aux allergies aux... arachides », *Le Monde*, 24 février 2015)[5]. Ce résultat est par certains côtés contre-intuitifs. La connaissance scientifique va souvent à l'encontre de l'intuition. Malheureusement, *« le bon sens est la chose la mieux partagée au monde »* (Descartes). Cela ne signifie pas que le bon sens de nombreuses personnes n'ait aucune valeur, par exemple quand il faut évaluer simplement la possibilité de réaliser telle ou telle construction sociale utopique, comme : *le même revenu pour tous les habitants de la planète.* Le principal danger du « bon sens », c'est précisément son efficacité relative, qui empêche ses utilisateurs de comprendre ses limites et d'apprécier le moment où la puissance de la connaissance scientifique devient indispensable.

En pratique, souvent, la science se doit d'être « conservatrice » avec les thèses « menacées » d'une falsification. Si un problème survient entre des théories reconnues et la réalité des tests, il ne faut remettre en question que le minimum de théories reconnues, sinon, en pratique, aucun progrès réel ne serait possible, puisque l'on construirait constamment sur du sable.

Aucune expérience, aussi bien conçue soit-elle, ne peut éviter de se situer à l'intérieur d'un cadre de savoirs, de théories, de modèles préexistants. Chaque expérience ne vise à falsifier qu'une partie, en général infime, des connaissances existantes ou en développement. Cela reflète simplement le fait que l'humanité ne dispose pas, et ne disposera pas à court terme d'une (ou de deux) *théorie(s) du tout* permettant de décrire l'ensemble du réel et qui pourrai(en)t dès lors être falsifiée(s) globalement. L'humanité ne dispose donc que de modélisations partielles de la réalité, qu'elle « sculpte » patiemment en leur enlevant des morceaux pour leur en adjoindre d'autres. Elle ne peut que partir de morceaux de sculptures existantes pour leur en adjoindre de nouveaux.

Dans ce sens, il est possible de dire que toutes les expériences sont *imprégnées de théorie* : « *[...] observations are said to be "theory-laden" when they are affected by the theoretical presuppositions held by the investigator [...]* » (Wikipédia) (« les observations sont dites "imprégnées de théorie" quand elles sont affectées par les présupposés théoriques défendus par l'expérimentateur », trad.). Comment serait-il possible de repartir d'un hypothétique vide théorique à chaque expérience pour démontrer une modélisation complètement nouvelle (sans aucun préjugé sur le fonctionnement de l'univers) et de l'opposer à toutes les modélisations (nécessaires à la réalisation des expériences) existantes ? Les expériences ne peuvent que départager des modélisations complexes et totalement imprégnées de théories, basées sur un grand nombre de modélisations « connexes » existantes. Demander des expériences « sans préjugés » revient à interdire toute expérimentation scientifique.

La *theory-ladenness* ne deviendrait un biais inacceptable que si elle empêchait définitivement (lorsque c'est nécessaire, mais pas à chaque instant) la remise en cause de toutes les bases scientifiques existantes. L'histoire des sciences récentes nous montre largement que ce blocage n'existe pas et que des remises en cause d'importance sont possibles.

Nous devons d'emblée accepter de décrire les sciences, telles qu'elles existent dans leurs réalités aujourd'hui, comme des descriptions/modélisations limitées du monde, imparfaites, incomplètes, changeantes, provisoires. Ce sont ces limites, acceptées, perçues, qui font leurs forces (du moins jusqu'à la fin improbable des découvertes scientifiques...).

Les cœurs des croyances religieuses sont, par définition, totalitaires et dogmatiques (rien d'important n'existe en dehors d'eux), complets (aucune adjonction n'est possible à la révélation, puisqu'il faudrait pouvoir valider cette nouvelle révélation) et immortels (du moins avant qu'ils ne meurent faute de succès commercial ou de combattants...).

Ces caractéristiques ne sont en rien liées au caractère des personnes impliquées dans la croyance : prophètes, prêtres, ou simples croyants. Elles sont au contraire liées aux *racines épistémologiques* de ces croyances. Tout bon article scientifique se finit (plus ou moins implicitement) par la phrase rituelle « d'autres recherches seront encore nécessaires » et aucun scientifique ne se sent déstabilisé par cette injonction à continuer dans le perfectionnement du savoir scientifique. Il sait que l'épistémologie scientifique permettra (en principe) de sélectionner les bonnes adjonctions aux travaux qu'il a lui-même effectués.

Pour le religieux, la situation est complètement différente. Imagine-t-on un *journal des révélations divines* paraissant trois fois l'an et dans lequel chaque prophète pourrait faire part des dernières révélations divines reçues par lui et corrigerait, falsifierait, ses fausses révélations passées ? Qui prendrait au sérieux une telle « révélation » ?

Il existe bien des espaces de travail dans lesquels les spécialistes de l'exégèse s'acharnent à trouver le « vrai » sens des « révélations ». Mais cela n'a aucun rapport avec les pratiques de la physique. Les physiciens ne passent pas leur vie à analyser le « vrai » sens des textes d'Aristote sur la physique.

Traiter les religions de totalitaires, dogmatiques et complètes n'est donc en rien une *appréciation* portant sur les croyants, mais un *simple constat* sur la nature des « connaissances » religieuses.

À l'opposé, la puissance explicative de la science est prodigieuse, massive, mais évidemment pas sans limites. Ses limites sont généralement celles de la connaissance humaine, qui a des faiblesses temporaires ou définitives.

Beaucoup s'imaginent « dépasser » les limites de la science avec des « explications » issues des récits légendaires. Si le toit d'une maison a des tuiles manquantes (des trous dans la connaissance scientifique du monde), on ne peut les remplacer par un joli papier journal, ou plutôt si... jusqu'à ce qu'il pleuve.

La force principale de la science est de pouvoir évoluer et progresser en accumulant (et en éliminant beaucoup) de connaissances/modélisations. Cette accumulation n'est possible que grâce à un mécanisme de *sélection impitoyable* des meilleures de ces modélisations.

Un exemple classique de nettoyage de théorie surannée : l'élimination de la modélisation du phénomène du feu par la théorie dite du *phlogistique* (substance hypothétique qui, dans la conception du XVIIe siècle, était censée imbiber subtilement les matériaux inflammables). Cette élimination a été effectuée au XVIIIe siècle par le chimiste Lavoisier qui, à l'aide d'expériences répétées et précises, a démontré l'inanité de cette description de la réalité et la supériorité de la description du feu comme réaction chimique où l'oxygène et l'oxydation rapide (combustion) jouent un rôle fondamental.

Cette démonstration, basée sur des mesures très précises de la masse des produits faisant l'objet de l'expérience, y compris celle des gaz, a permis de valider une modélisation nouvelle de la réalité, parce qu'elle permettait d'expliquer, de prédire, les valeurs de poids qui seraient mesurées lors de chaque étape d'expériences répétées plusieurs fois.

Elle n'a cependant convaincu que les « savants » de l'époque ouverts aux méthodes de la science moderne. Certains défenseurs du phlogistique ont inventé des thèses comme celle de la *masse négative* pour leur substance favorite. La falsification d'une thèse n'est donc pas une affaire simple. Elle implique de vérifier non seulement la thèse principale en jeu, mais également de contrôler des points « secondaires » qui pourraient influencer les résultats. Tout cela demande du temps et beaucoup d'efforts.

Il est toujours possible, avec un peu de mauvaise foi et beaucoup de contorsions, de défendre une vieille thèse jusqu'à l'absurde, mais à un certain moment, on perd toute crédibilité. La probabilité qu'il existe des masses négatives est faible et la puissance explicative de ce phénomène, quasi nulle. Le « rating » FARSIPP du phénomène d'oxydation est évidemment bien meilleur.

Cela ne signifie pas pour autant qu'il soit à jamais impossible de décrire le phénomène feu à l'aide d'un concept comme le phlogistique (même si cela est hautement improbable), mais que, dans une vision testée par des expériences portant sur le phénomène feu, la description par le modèle de la combustion permet une compréhension large et cohérente des faits d'expériences. La théorie de la combustion n'est pas prouvée définitivement (elle ne le sera probablement jamais), mais la théorie du phlogistique a été invalidée (falsifiée) par l'expérience (à l'aide de balances de précision permettant de peser les résidus, entre autres). Ses auteurs, Becher et Stahl, ont donc produit une théorie dotée d'un minimum de forme scientifique, puisque Lavoisier a pu l'invalider, la nier. Le développement de la chimie organique et inorganique qui s'en est suivi au XIXe siècle a pu et dû s'appuyer sur cette couche vitale de connaissance.

D'un point de vue purement logique, abstrait, la répétition d'une expérience qui ne falsifie pas la théorie qui l'a motivée n'apprend rien aux expérimentateurs, puisque la théorie n'est pas falsifiée et reste donc valable. En pratique, à l'opposé de cette vision en noir ou blanc, la simple répétition (voir infra *Répétabilité*) donne plus de force à une théorie, parce que certains biais seront probablement démasqués par une nouvelle expérience. À la répétition pure et simple d'une expérience précédente, on préfère d'ailleurs souvent une expérience un peu différente qui permet d'éviter le maximum de biais systémiques.

Une validation utilisant une autre voie expérimentale renforce une théorie encore mieux que sa pure répétition, surtout si elle emploie des voies les plus éloignées possibles de celles utilisées lors de la première validation. Par exemple, la « théorie » de la rotation de la Terre s'est vue renforcée par l'expérience du pendule de Foucault, qui utilisait des moyens de test (très grand pendule oscillant dans un bâtiment élevé) *totalement indépendants* de ceux de l'astronomie classique.

Et la lumière fut... au bout d'un long chemin

Qu'une théorie soit réfutable ne signifie pas automatiquement qu'elle permette de décrire *l'ensemble* de la réalité, qu'elle dévoile automatiquement l'ultime « vérité », mais, simplement, cela donne l'assurance de la possibilité de s'appuyer sur elle pour modéliser utilement une partie des phénomènes et continuer à développer les connaissances sur une base utilisable. La réalité de la science est bien illustrée par cette histoire : une voie imparfaite, mais utilisable, à opposer aux voies « parfaites », mais en fait sans valeur.

Nous allons voir, en étudiant les théories de la lumière, que les connaissances avancent plus en zigzag qu'en ligne droite. À chaque étape, la méthode FARSIPP permet d'éliminer les mauvais modèles, mais rien ne garantit que celui qui n'est pas éliminé décrive parfaitement *l'ensemble* des phénomènes observés.

La nature des phénomènes lumineux est restée longtemps mystérieuse. La théorie ondulatoire (la lumière est une onde) et la théorie corpusculaire (la lumière est une particule) se sont combattues pendant des siècles. La « lutte » a commencé au XVIIe siècle entre Christian Huygens, partisan des *ondes*, et Isaac Newton, défenseur des *corpuscules*.

À la fin... les deux théories ont gagné (*généralisation de la dualité onde-corpuscule*, Louis de Broglie, 1924), ce qui signifie que les deux théories sont utiles pour décrire certaines facettes de la réalité du phénomène lumineux. Elles ont pu chacune susciter des prédictions amenant à des tests expérimentaux de qualité qui n'ont pas falsifié les prédictions des aspects de la réalité qu'elles décrivaient. La science a donc eu besoin de valider séparément, chacune de leur côté, ces théories, mais le chemin a été rude et complexe.

Une des étapes significatives qui a permis la montée en force de la théorie ondulatoire est une prédiction du physicien français Siméon Poisson, au début du XIXe siècle. Poisson était opposé à la théorie ondulatoire, mais il a déduit (dans le but de l'invalider) à partir de la modélisation mathématique de Fresnel (qui en était partisan) que, si l'on plaçait un disque opaque derrière un petit trou à travers lequel émergeait de la lumière, le centre de l'ombre créée par le disque serait aussi brillant que s'il n'y avait pas de disque. Ses collègues réalisèrent l'expérience et confirmèrent – *ne falsifièrent pas* – cette prévision étonnante, qui fut cependant un important élément de relativisation de l'ancienne modélisation dominante, newtonienne, corpusculaire, de la lumière. (« Tache de Fresnel », Wikipédia)[6]

Le triomphe moderne de la nouvelle théorie corpusculaire de la lumière viendra, lui, au début du XXe siècle avec les expériences sur l'effet photoélectrique validant les théories d'un certain Albert Einstein, par l'expérimentateur Robert Millikan. La confirmation de la *dualité onde-particule, étendue à l'électron*, pressentie par Louis de Broglie, qui généralise cette dualité à l'ensemble des particules, viendra de deux expérimentateurs américains, Davisson et

Germer, qui ont observé le résultat d'une de ses prédictions, à savoir la diffraction d'un flux d'électrons par un cristal (phénomène à la base de grands progrès dans le domaine de la cristallographie, et bien d'autres).

La modélisation « finale » des phénomènes lumineux n'est pas encore à disposition. L'ancienne opposition entre partisans de Newton et de Huygens n'a plus de sens, mais la compréhension de la signification à donner à la dualité onde-particule, à la physique quantique, est loin d'être évidente et va probablement continuer d'occuper nombre de physiciens pour un certain temps.

La non-falsifiabilité de la croyance

La croyance religieuse ne possède, elle, pas de mécanisme de falsification. Elle ne fait que raconter, à l'aide de *schémas narratifs* comparables à ceux des épopées nationales, des contes et de la propagande politique moderne. Elle ne sait pas trier. La croyance ne propose *jamais* de version falsifiable de ses thèses. A-t-on jamais entendu un religieux promettre la dissolution de son Église, ou même la simple réfutation d'un dogme, si tel ou tel événement ne se produisait pas ? La *fin du monde* est souvent promise (cela ne coûte rien)... mais pas celle de son culte préféré. Il y a toujours une séance de rattrapage. Ou, comme le dit si bien Jerry Coyne, *« lorsqu'une vérité révélée est infirmée par la science, elle devient une métaphore »*... (« *Emperor Has No Clothes Award* », 2011)[7]

Les affirmations religieuses ne se présentent à aucun moment comme falsifiables (Pourquoi prendre des risques ?), mais les religions qui fonctionnent vraiment (avec des clients) centrent leurs dogmes sur des descriptions de faits qui devraient l'être, comme lorsqu'elles décrivent les caractéristiques de leur dieu.

Paradoxalement, de manière superficiellement semblable aux règles liées aux contraintes de falsifiabilité scientifique, les religions doivent, pour être crédibles, énoncer des *règles d'interdiction* significatives. À l'opposé des « interdictions » liées aux théories scientifiques, il ne s'agit pas de règles permettant d'invalider des « théories » religieuses, mais de règles de comportement infligées aux humains victimes de ces croyances. Sans règles plus ou moins « dures », une religion se dilue dans le grand moule des pratiques habituelles et la croyance tendra à disparaître faute d'ancrage marketing suffisant. Interdiction du porc et du mariage homosexuel, même combat.

Certains théologiens modernes, rémunérés par des universités, peuvent se permettre de décrire des dieux éthérés, mais qui peut faire prospérer une Église en pratiquant le culte d'un dieu « virtuel », à la Spinoza ? Les caractéristiques des divinités sont extrêmement plastiques et dépendent des humains qui les inventent. Les divinités et leurs caractéristiques sont faites sur mesure et rien n'est testable, falsifiable, même après plus d'un millénaire, comme le montre l'histoire des conflits sur la Trinité dans le christianisme.

Dans la tradition chrétienne, le concept de Trinité est ancien, avec une première définition formelle au concile de Nicée (IVe siècle). Il est défini ainsi : *« La Trinité (ou Sainte-Trinité) est le Dieu unique en trois personnes : le Père, le Fils et le Saint-Esprit, égaux, participant d'une même essence divine et pourtant fondamentalement distincts »* (Wikipédia). Au VIIIe siècle, sous l'impulsion, entre autres, de Charlemagne, le concept du *Filioque* a été introduit au cœur de la théologie catholique (par une adjonction au *symbole de Nicée*, serment de fidélité chrétien). La question ouverte par la discussion autour du Filioque (« et du Fils ») est de savoir si le Saint-Esprit procède du seul Père ou du Père et du Fils, avec plusieurs variantes possibles. On le voit, les « dieux suprêmes » ne deviennent utilisables et vendables que s'ils ont des histoires de famille bien terrestres.

Cette querelle est toujours d'actualité, aucun accord n'ayant pu être trouvé à son sujet entre ceux qui se réclament du christianisme[8]. La permanence de cette querelle millénaire s'explique simplement : les concepts chrétiens de *Père*, *Fils* et *Saint-Esprit* sont des concepts marketing, issus du contact d'un récit hébreu avec la philosophie grecque, destinés à donner un semblant de consistance, pour un public non juif, aux fables qui décrivent les actions de ces entités imaginaires.

Si les concepts de *Père*, *Fils* et *Saint-Esprit* (tels que pensés dans la théologie chrétienne) avaient même un semblant de réalité, il serait possible de concevoir et d'effectuer des tests de validité au sujet de leurs liens. En réalité, le concept de Trinité (où la « nature » du Christ est disputée depuis, au moins, les conciles œcuméniques convoqués par l'empereur romain Constantin) n'est là que pour résoudre un problème marketing important pour ceux qui se réclament du christianisme : comment paraître monothéiste à la mode abrahamique (monothéisme dont les racines doivent sembler anciennes, comme les meubles vieillis à la chevrotine) tout en *se différenciant* des concurrents qui ont élaboré les textes s'y rapportant, à savoir les juifs.

La volonté chrétienne de se rattacher au *corpus abrahamique* relève de la perception d'un mécanisme de valorisation consciente/inconsciente effectuée par les clients potentiels de croyances religieuses. À défaut de tests expérimentaux, les religions sont évaluées et valorisées par leur âge. Les plus anciennes sont jugées les meilleures, tout simplement parce qu'il n'existe pas d'autre instrument d'évaluation pour le croyant. L'« hérésie » marcionite (christianisme, IIe siècle) ne tenait pas compte de cet impératif : elle voulait supprimer toute référence à l'Ancien Testament (remplis d'histoires « barbares et cruelles »). Elle a donc rapidement été éliminée.

Les *Pères de l'Église* inventent ainsi, pour effectuer ce rattachement/cette différenciation avec le judaïsme, un assemblage improbable dans lequel Jésus est à la fois dieu (il faut absolument le différencier des autres prophètes de l'Ancien

Testament hébraïque) et humain, car cette figure de sauveur divin sacrifié, avec une mère, fait toute la différence en termes d'approche commerciale.

On doit donc se rattacher à cette tradition apparemment ancienne (en tout cas considérée comme telle dans le monde romain) tout en s'en différenciant nettement (c'est toute la difficulté de l'exercice). Le concept du fils, égal, semblable à dieu, partie de la Trinité *trois en un* avec le Saint-Esprit, est central. Il permet de se rattacher au « monothéisme » judaïque tout en s'en séparant, de se proclamer monothéiste mais en utilisant trois figures bien humaines (la Sainte Vierge remplace souvent l'Esprit saint comme cible de prière, mais c'est un détail...) à vénérer.

Le prix à payer est la division des chrétiens, parce qu'il existe plusieurs manières de procéder à cette acrobatie hasardeuse, et aucun critère pour trancher entre elles. De fait, c'est le succès commercial de chaque version (ou la force de l'épée) qui assure la prééminence relative de la version catholique classique, mais nullement une preuve issue d'expériences.

Le rattachement à des textes anciens est évidemment une méthode de validation très employée, mais elle permet en général de justifier tout et son contraire. Un conte de fées n'est pas un manuel de management ou un texte de loi qui possèdent une certaine structure logique (mais un faible impact marketing). Un texte sacré est par nature une auberge espagnole, sauf, dans une mesure limitée, pour les cas où les prescriptions sont plutôt explicites, « réglementaires » (prescriptions alimentaires du Deutéronome ou des textes « légaux » du Coran).

De manière générale, les religions constituées ne considèrent pas *sérieusement* l'hypothèse de la présence d'autres êtres intelligents ailleurs dans l'univers et de leurs « besoins spirituels ». Cela ne correspond simplement pas à une demande de leur clientèle, qui accepte encore de se centrer sur les problèmes de famille du « dieu local ». Si les chrétiens avaient le moindre sens de la « fraternité cosmique », ils réclameraient une présence de leurs *frères en Dieu* sur chaque planète habitable de l'univers, et évidemment la visite d'un rédempteur de péchés pour chaque population « humaine » (ou assimilée) du ciel. Quel égoïsme dans la proclamation : Dieu nous a envoyé son fils, son fils *unique* (ou son *dernier* prophète) pour racheter *nos* péchés ! Qu'en penseraient leurs hypothétiques frères martiens ou ceux de TRAPPIST-1 d (la planète « habitable » la plus proche de nous)... à moins de songer à une tournée de crucifixion cosmique ?

Les croyants juifs refusent de dire que leur croyance est falsifiée, réfutée, par l'apparition du christianisme (proclamation par les chrétiens d'être le *Verus Israël*) et les chrétiens refusent à leur tour de déclarer leur croyance falsifiée par les proclamations musulmanes (Mahomet est le sceau des prophètes). Il n'y a *aucun* critère sérieux qui permette de décider qui a tort ou raison en la matière. Il s'agit donc là de l'exemple princeps du non-rapport de ces croyances avec la réalité et de l'immense supériorité, à large échelle, d'une modélisation scientifique *falsifiable* par rapport à ces créations «littéraires».

Les croyances religieuses ne disposent pas d'outils leur permettant de se démarquer vraiment entre elles. Si on admet que tel prophète est ressuscité par la volonté de Dieu, sans passer par la case falsification de cette hypothèse, car Dieu peut tout et peut tout cacher, alors toutes les croyances ont le droit d'utiliser les mêmes arguments. Il n'existe donc aucun élément déterminant permettant de valider ou d'invalider telle ou telle croyance.

Un des buts centraux d'une action résolue contre les croyances religieuses devrait être d'obliger les discours des politiques et autres orateurs publics à répondre aux critères de falsifiabilité. Pratiquement, cela veut dire obtenir des populations qui se sentent opprimées (et quelle population n'a pas ce ressenti?) qu'elles décrivent leur situation, les racines de leur oppression dans des thèses réfutables, falsifiables. Ce serait un énorme progrès politique à l'échelon mondial.

La répétabilité : un critère important, mais non universel

La répétabilité évalue la capacité à reproduire une action ou une série d'actions (d'expériences) par un même groupe humain ou un autre groupe humain (doté généralement d'un autre équipement).

Le critère de la répétabilité des expériences est important, mais il n'est pas applicable dans tous les cas. Répéter une éruption volcanique est compliqué (mais repérer les mêmes phénomènes dans plusieurs éruptions volcaniques est tout à fait possible). Cependant, la répétition des expériences est un élément de base de toute pratique scientifique sérieuse, de toute validation. Le but essentiel est d'éviter de donner de la valeur à des conclusions scientifiques basées sur des expériences non reproductibles.

Un élément évident de la répétabilité est l'*universalité* des lois scientifiques. La loi de la gravitation universelle est la même à Melbourne et à Stockholm. Les savoirs religieux étant «orientés clientèle», ils varient en fonction des lieux géographiques et des audiences. La présence télévisuelle mondialisée du pape est un exercice difficile. Lors des fêtes chrétiennes, il faut offrir à tous le même spectacle sans fâcher personne. On y arrive en ne disant presque rien.

Le danger principal que l'on cherche à éviter au travers de la répétabilité n'est pas le manque d'honnêteté des expérimentateurs, mais les biais systémiques qui peuvent s'introduire dans toute expérience et qui sont difficiles à déceler. La reprise de l'expérience par un autre groupe, travaillant dans des conditions différentes, ayant d'autres points de repère méthodologiques, est un élément important de validation. En pratique, on ne répète jamais parfaitement la même expérience, ce qui ne diminue en rien l'intérêt de ces «deuxièmes» expériences – au contraire.

Le plus souvent, on ne répète des expériences que dans le but de falsifier. Le prestige de celui qui falsifie est plus grand que celui qui répète « bêtement ». Le but de la consolidation des connaissances est donc bien atteint, même de manière imparfaite.

Le manque de moyen et de prestige lié à la répétition d'expériences met en danger la qualité des savoirs. Les résultats les plus improbables sont ceux qui nécessitent absolument des tests (multiples) de reproductibilité. Un des freins le plus importants à la reproductibilité pratique des expériences est la difficulté à publier, dans une revue à fort facteur d'impact, par une équipe désirant reproduire une expérience précédente, ayant déjà elle-même fait l'objet d'une publication. Le monde scientifique, particulièrement le monde de l'édition scientifique, devrait être régulé pour rendre obligatoires les publications portant sur des répétitions d'expériences, mais également des rapports d'expériences ne décelant aucun des effets espérés. Cela éviterait des duplications inutiles.

L'*épistémologie mythique* utilise la répétabilité d'une manière très particulière. Il n'y a aucun des *phénomènes spéciaux* que décrit la croyance qui soit répétable. On peut parler de zéro pointé à ce sujet. Elle est naturellement incapable de répéter les expériences de miracles dont sont farcis les *textes sacrés*, mais elle remplace cette carence évidente par la célébration rituelle de ces « miracles ». Comme on ne peut pas retester, et pour cause, l'assomption de la Vierge Marie, c'est-à-dire son départ pour le paradis par la voie « premium », sans attente et sans passer par la mort du corps physique, on célèbre l'événement tous les 15 août (en l'absence de la principale intéressée). Toutes les « répétitions » religieuses sont du même acabit.

L'importance du critère d'Occam, simplicité et réductionnisme

Le critère de la falsifiabilité est un pivot central de l'épistémologie scientifique, mais il n'est pas le seul et il n'est pas toujours facile à évaluer. Un autre critère largement utilisé pour départager les théories scientifiques entre elles est celui dit du *rasoir d'Occam* (Guillaume d'Occam, 1285-1347) – dont la version moderne est *« les hypothèses suffisantes les plus simples, nécessitant le moins d'hypothèses connexes, sont les plus vraisemblables et doivent être préférées »* – ou principe de parcimonie.

L'exigence de simplicité, d'économie des hypothèses, doit être reliée à l'exigence de falsifiabilité. Moins il y a d'hypothèses, plus il est facile de réfuter celles-ci. Cette règle n'est en rien une règle rigide et absolue. La chimie doit travailler avec un tableau périodique des éléments de Mendeleïev comprenant plus de cent atomes différents, sans compter les milliers d'isotopes (atomes comportant le même nombre de protons, mais un nombre différent de neutrons). Il n'est pas possible de « simplifier » ce tableau, de réduire le nombre d'« hypothèses », et d'annoncer que seuls cinq éléments existent vraiment (air, terre, eau...). La simplicité des éléments d'explication, des hypothèses, intervient au niveau du nombre des composants stables de chaque atome (protons, neutrons, électrons) et des règles de « composition » de ces atomes.

Il faut dans tous les cas éviter au maximum les hypothèses ad hoc, c'est-à-dire les hypothèses spécifiques répondant seulement au problème particulier posé. Sinon, il n'existerait plus de théories générales, mais seulement une suite de cas particuliers expliqués par une hypothèse isolée sans portée générale (semblable aux *vertus dormitives* de l'opium).

Un exemple classique de théorie inutilement complexe, comprenant de multiples hypothèses inutiles, est celle de la théorie géocentrique (terre au centre), ptoléméenne, qui, jusqu'à la fin du Moyen Âge, servait à décrire le « système solaire » comme formé d'une Terre au centre de l'univers, avec le soleil et les autres planètes tournant autour d'elle dans un ballet très compliqué de larges mouvements circulaires additionnés d'épicycles (rotations circulaires des planètes, de plus petite ampleur, centrées autour de leur trajectoire circulaire principale).

La version de Copernic, avec le soleil au centre, était naturellement plus simple, plus conforme à la règle d'Occam, mais cela ne signifie pas qu'elle ait été aisée à départager du géocentrisme intrinsèquement plus compliqué, par l'observation astronomique. En fait, Copernic a dû rajouter des épicycles à son modèle héliocentrique parce qu'il utilisait toujours une modélisation comportant des orbites *circulaires.*

Kepler, au début du XVIIe siècle, a résolu le problème des épicycles avec ses trois lois décrivant le détail des orbites elliptiques des planètes. La valeur de simplicité de l'hypothèse héliocentrique devenait alors évidente.

Le cardinal Bellarmin (1542-1621), éminent membre de la curie romaine et du *Collegio romano*, relégua la théorie copernicienne au rang d'*hypothèse utile aux calculs*. La simple comparaison du nombre d'hypothèses, d'épicycles imbriqués, nécessaires à la mécanique céleste issue des écrits de Ptolémée (l'auteur grec du IIe siècle « inventeur » des épicycles), corrigée par Tycho Brahe (avec un soleil au centre de certaines planètes, mais tournant, lui, autour de la Terre), et de celles nécessaires à Galilée (un mouvement circulaire, devenu elliptique avec Kepler) aurait dû suffire à l'inciter à une plus grande prudence dans le choix entre les deux théories.

La combinaison des résultats des mesures du mouvement de la planète Mars contenue dans *Astronomia Nova* (Kepler, 1609) et des lois de l'inertie découvertes par Galilée, qui permettaient de comprendre que le mouvement de la Terre ne pouvait pas aisément être perçu par ses habitants, montrait la direction à suivre.

Un élément plus subtil aurait aussi dû intervenir : quelle était la probabilité de voir une planète (celle abritant les humains), parmi cinq autres planètes connues (non sources de lumière très forte), disposer d'un « emplacement spécial » au milieu du monde, alors que le soleil, d'une « nature » très chaude, clairement différente, et probablement plus massif que les autres planètes, ne serait pas au centre du tout ? D'autre part, les mesures de parallaxe disponibles tendaient à indiquer une énorme distance aux étoiles (cependant non réellement mesurable sans instruments optiques). Dès lors, quelle probabilité accorder à l'idée que toutes ces étoiles tourneraient, à une vitesse prodigieuse, en un jour autour de la Terre ?

Une autre manière de mettre en pratique la règle d'Occam est de proclamer que des phénomènes apparemment différents doivent autant que possible être expliqués par une cause unique (réductionnisme). C'est une tendance lourde de la démarche scientifique, qui connaît de grands succès et est aussi confrontée à certaines limites. Expliquer la psychologie des bébés phoques en ayant directement recours à la mécanique quantique n'est pas vraiment efficace, en tout cas pas aujourd'hui.

L'exemple princeps de réductionnisme efficace est la découverte par Newton de la loi de la gravitation universelle. Il décrivit cette force d'attraction entre les objets massifs comme la cause *commune* responsable à la fois de la trajectoire de la lune autour de la Terre *et* de la chute d'une pomme sur cette même Terre. Les deux corps « tombent » ensemble sur la Terre, attirés par la même masse terrestre.

Il importe de souligner que ce critère d'unicité n'est pas suffisant. Il faut lui ajouter le critère de la puissance explicative et du pouvoir de prédiction. Expliquer par exemple le mouvement des planètes et la chute de la pomme par une volonté divine donne l'apparence de la simplicité et de la limitation du nombre de mécanismes causaux à faire entrer en jeu, mais cela n'explique rien et cela ne permet aucune prédiction, aucune validation. Quelle va être la trajectoire de la planète Mars « dictée par la volonté de Dieu » autour du soleil ? Nul ne le sait. Ce type d'explications est donc à bannir.

Ce refus d'explications à base de prétendues « causes finales », métaphysiques (issues des écrits d'Aristote), a été l'une des bases de la démarche scientifique de Galilée et Descartes. Il importe donc peu que Newton ait pensé, personnellement, à la volonté divine comme moteur, comme régulatrice ultime, du mouvement des planètes ; ce qui importe, c'est qu'il n'évoque pas cette vision comme *argument* de démonstration pour *valider* les lois qu'il va énoncer.

Pour décrire les trajectoires des planètes, Kepler a énoncé trois lois empiriques, géométriques, décrivant l'orbite elliptique des planètes autour du soleil, qui ont représenté un progrès significatif de la connaissance humaine au début du XVIIe siècle, des dizaines d'années avant l'intervention newtonienne.

À la fin de ce même siècle, Newton précisément énonce, en 1687, dans *Philosophiæ Naturalis Principia Mathematica*, une règle unique, une équation, qui décrit la force de l'attraction des corps entre eux comme le produit de leurs masses divisé par leur distance au carré (avec une constante dépendant des unités de mesure). La démonstration foudroyante contenue dans *Principia* est que, de cette loi d'attraction, *proportionnelle au carré*, peuvent être *déduites mathématiquement* les lois (vérifiées par l'observation) de Kepler qui décrivent les trajectoires des planètes comme des ellipses le long desquelles elles se déplacent à des vitesses variables, mais calculables.

L'énoncé de cette loi newtonienne marque une étape importante, parce qu'un grand nombre de phénomènes astronomiques peuvent s'expliquer simplement, par une *chaîne causale unique*. Le pouvoir explicatif de ce mécanisme est décisif. Cela ne signifie pas que tout est compris. Par exemple, les causes de cette attraction ne sont pas décrites. *« Hypotheses non fingo »* (« Je n'avance pas d'hypothèses »), dit Newton (la phase explicative ne commencera vraiment qu'avec la relativité générale d'Einstein), mais le tableau général du mouvement des astres devient beaucoup plus clair. La prédiction précise de la trajectoire de ces planètes devient possible (bien que pas simple).

La fécondité d'une modélisation joue un rôle important dans le succès de celle-ci. L'héliocentrisme de Galilée n'est pas devenu l'hypothèse favorite de nombreux chercheurs simplement parce qu'elle était plus moderne. Elle faisait partie d'un « package » qui incluait l'usage intensif des mathématiques pour décrire les lois de la physique (une nouveauté pour l'époque). Elle n'a cependant vraiment triomphé que lorsque les prédictions spécifiques des lois newtoniennes sur le mouvement des planètes ont été vérifiées.

A contrario, l'hypothèse de l'intervention « divine » comme explication des « mystères » possède les apparences de la simplicité : un seul mécanisme pour tout expliquer, quel rêve ! C'est bien sûr une illusion. A contrario, quand on invoque la gravitation universelle (ou la courbure de l'espace relativiste) pour expliquer le mouvement des planètes, on amène une grande puissance explicative, parce que les forces en jeu sont calculables, mesurables et compréhensibles.

Que dire de la « puissance divine » : est-elle simple, mesurable, prédictible ? À l'évidence, non. Elle se targue généralement d'être incommensurable et incompréhensible. Elle est donc un ensemble qui se targue lui-même d'être infiniment complexe. Si complexe que les humains ne peuvent même pas envisager d'en appréhender le fonctionnement. Elle est donc en termes de simplicité, de pouvoir explicatif, à écarter complètement.

À l'opposé, certains croyants annoncent que le dieu infiniment bon et omnipotent est simple. Des outils de simulation, certes encore insuffisants, existent. Nous attendons un modèle virtuel de *puissance divine* qui réponde à l'ensemble du « cahier des charges » permettant une modélisation facile.

Les probabilités pour trier, classer et éliminer les hypothèses

Il y a un corollaire « naturel » de la règle d'élimination des hypothèses inutiles énoncée par Occam : la sélection basée sur les probabilités. Chacune des hypothèses indispensables à une modélisation doit être évaluée sur son degré de probabilité, et ce n'est pas seulement le nombre d'hypothèses qui sera comptabilisé dans l'évaluation occamienne, mais la vraisemblance de leur total combiné.

Si un événement, un processus, est très improbable, il est nécessaire de fournir en contrepartie des preuves très fortes pour en démontrer l'existence. Si ce phénomène est *hautement improbable* et que son existence n'est pas attestée par des expériences *très probantes*, alors il n'existe pas, du moins pas encore. L'expression courante de cette règle, en anglais, s'énonce ainsi : «*Extraordinary claims require extraordinary evidence*» («Les affirmations extraordinaires nécessitent des preuves extraordinaires», trad.).

Pour pouvoir effectuer cette évaluation de la force d'une preuve, il est nécessaire que la théorie improbable offre une large palette de mécanismes *interdits* qui puissent faire l'objet d'une expérimentation, d'une *falsification*. Forte improbabilité et manque d'éléments de test sont l'équivalent d'une élimination.

Les bases des estimations de probabilités sont apparemment relativement simples : pour estimer la probabilité d'un événement, il est nécessaire d'évaluer l'ensemble des conditions nécessaires à son occurrence (par exemple, sélection des six « bons » numéros de la loterie). Il faut ensuite évaluer le nombre d'autres cas possibles (tous les cas de sélection de « mauvais » chiffres). Il faut ensuite quantifier le rapport entre les cas favorables et défavorables.

Pour prendre le cas d'un jeu de dés avec deux dés, si l'on veut estimer la probabilité d'une somme de 7 de la valeur des deux dés, il faut évaluer les probabilités pour chaque dé d'afficher chaque valeur (équiprobable de 1 à 6) et utiliser l'addition de tous les cas de *combinaison* entre toutes les valeurs pour déterminer quelles combinaisons donnent un 7. On divisera le nombre de *cas favorables* par le nombre de *cas totaux* (ici, la valeur est de 6 cas *favorables* sur 36 *cas totaux*, soit 0,166).

Cela ne signifie pas qu'une théorie scientifique contenant des éléments hautement improbables ne puisse être prise en considération, mais que l'explication qui l'utilise ne sera retenue que si les autres explications ont un moins bon « score global » que cette explication apparemment improbable.

Dans les faits, une des principales difficultés liées aux probabilités est que la probabilité qu'un non-spécialiste sache utiliser efficacement les calculs probabilistes est faible, et donc que les chances pour un non-spécialiste de dire quelque chose de sensé sur l'évaluation de cas particuliers dans ce domaine sont également faibles. (Voir l'exemple du cas, contre-intuitif, présenté par Marilyn vos Savant : «*The Time Everyone "Corrected" the World's Smartest*

Woman»[9]; «Quand tout le monde "corrigeait" la femme la plus intelligente du monde», trad.) Nous sommes souvent obligés d'accepter la «dictature» des probabilistes.

Il est important de distinguer les règles de séparation entre l'hypothèse zéro (Cela signifie que le phénomène décrit dans l'hypothèse préalable n'existe pas, ne résiste pas au test. La valeur de la marge d'improbabilité (du résultat nul) est supérieure à 5% ($p < 0,05$)) et celles qui comparent les hypothèses entre elles. Le phénomène décrit dans l'hypothèse peut sembler exister, mais elle ne décrit pas forcément ce phénomène de la manière la plus probable par rapport à d'autres voies explicatives.

Les comparaisons de probabilités employées ici partiront d'une évaluation empirique de la difficulté pour une structure complexe (comme un être humain) à exister en dehors de l'*équilibre thermodynamique* (comme celui d'un nuage de gaz sans différence de pression ni de température). Une structure complexe ne peut surgir et se perpétuer que si le système *global* qui l'englobe accroît son entropie (de manière simplifiée, son degré de désordre). Son existence est donc moins probable que celle d'un milieu peu différencié et peu organisé. Il y a donc aussi une tendance vers la limitation de sa taille et de sa durée. Les explications sérieuses sur l'apparition de la vie, par exemple, tiennent compte de ces contraintes.

Supposons, pour prendre un cas «simple» d'usage des probabilités pour éliminer des théories absurdes, qu'un individu affirme pouvoir influencer l'évolution des cours de la Bourse du lendemain, qui dépendraient selon lui de la position d'un lingot d'or en sa possession. S'il le tourne en position nord-sud, la Bourse montera; s'il le tourne en position est-ouest, la Bourse descendra. Il affirme de plus que la force de cet effet dépend de la quantité d'argent qu'il aura reçu pour tourner le lingot dans le «bon» sens. Il accepte (quelle bonté!) tous les dons sur son site Internet. Nous supposons de plus qu'il aura trouvé quelques gogos pour lui donner de l'argent et parier en Bourse sur la base de la position du lingot.

En nous basant sur les caractéristiques connues de notre univers et sur l'examen de ce genre d'hypothèses dans le passé, les probabilités pour qu'il y ait un lien de causalité entre la position du lingot et les cours de la Bourse sont faibles... mais est-il possible de prouver que ce lien n'existe pas?

Si le personnage brouille un peu les pistes, en affirmant qu'au moment des tests, il n'a pas reçu assez d'argent pour agir efficacement et que *l'esprit frappeur de la Bourse* refuse d'intervenir pour si peu, la démonstration risque de devenir compliquée. Cela signifie-t-il qu'il y a une réelle incertitude sur l'existence d'une relation causale entre la position du lingot et le cours de la Bourse?

Il n'existe pas de doute, au sens scientifique du terme, sur l'inexistence de cette relation. La «théorie» présentée par ce personnage farfelu n'est que difficilement falsifiable et il n'est pas nécessaire ni souvent possible que la démonstration absolue de son inexistence soit effectuée. Il suffit que cette relation soit *hautement improbable* pour qu'elle *n'existe pas* au sens scientifique du terme. *N'existe pas* signifie : haute improbabilité, mais pas certitude absolue, car ce genre de certitude n'a pas sa place en science. Il faut souvent passer de hautement improbable à non existant, si ce hautement improbable n'amène rien en termes d'explication.

Cependant, tout peut être remis en question si cela s'avère opportun. En l'occurrence, il serait nécessaire qu'un phénomène boursier incompréhensible et récurrent surgisse, qu'il nécessite une explication totalement nouvelle pour que l'hypothèse extraordinaire soit éventuellement considérée comme devant être sérieusement évaluée, parce que toutes les autres apparaissent à ce moment comme moins probables.

Pour prendre un exemple moins caricatural. Il est arrivé qu'un scientifique reconnu avance une théorie s'écartant du cadre explicatif général. Le médecin et immunologiste Jacques Benveniste a lancé en 1988 le thème de la « mémoire de l'eau », en opposition complète avec les modèles théoriques existants de la physique et de la chimie, mais avec la prétention d'expliquer l'action des médicaments homéopathiques.

Jacques Benveniste aurait dû, pour être crédible, apporter des éléments de preuve très probants. Or, il n'a pas apporté de preuves, de tentatives de falsification, du *niveau de qualité* qui aurait justifié que sa thèse doive être testée plus complètement. Il est probable et correct scientifiquement d'estimer que si sa thèse avait été plus « banale », l'examen aurait été moins sévère. Les examinateurs choisis par la revue *Nature* ont conclu (juillet 1988), à la non-existence du phénomène de *dégranulation des basophiles* (élément de test mis en avant) et dénoncé le laxisme des opérateurs de l'expérience (pas de test en double aveugle, par exemple). La force de la preuve proposée n'était donc nullement *proportionnelle* à l'improbabilité du phénomène.

Même si un phénomène significatif proposé dans cette thèse était devenu plus vraisemblable, la thèse de la mémoire de l'eau n'aurait pas été « prouvée » pour autant. Il aurait fallu pour cela que ses défenseurs et ses adversaires proposent des tests susceptibles de falsifier cette théorie par les moyens les plus vraisemblables (détection d'une erreur de manipulation ou extensions inédites de modélisations existantes). Il aurait fallu ensuite que ces tests de falsification échouent tous. On ne change pas le cadre théorique de la physique comme de chemise. La résistance au changement est une part normale de la démarche scientifique, à condition bien sûr de lui fixer une limite.

L'invraisemblable invraisemblance des croyances, l'erreur des agnostiques

Il n'est pas correct de dire que l'inexistence de telle ou telle divinité ne peut être prouvée scientifiquement. Certes, une inexistence ne peut pas être *prouvée* en tant que telle, mais elle est replacée dans de nombreux cas par une évaluation de très haute improbabilité, qui est *nécessaire et suffisante*. Si l'on n'admet pas qu'une relation d'improbabilité est suffisante, on serait obligé de « prouver » la non-véracité de chaque hypothèse loufoque proposée par n'importe quel quidam. Qu'en est-il de la Théière sacrée ou du Porte-clés magique (au choix) à l'origine de l'univers ? Leur inexistence n'est pas plus prouvée que celle du « Créateur barbu ». Il faut donc retenir que la validité d'une hypothèse hautement improbable est nulle au sens scientifique et que l'hypothèse est donc considérée comme fausse, tant qu'il n'a pas été possible de démontrer qu'elle résiste à tous les tests effectués en vue de la falsifier et qu'elle représente, parmi les autres « candidates », la voie la moins improbable pour expliquer un phénomène.

Toutes les entités qui auront failli à l'épreuve de ces tests de validité, d'improbabilité, doivent être considérées comme non existantes. Si nous qualifions le monstre du Loch Ness d'entité hautement improbable, alors le niveau de preuve demandé pour valider, ou même rendre vraisemblable, l'existence d'une entité « créatrice de l'univers » doit être placée, proportionnellement, extrêmement haut.

Il faut de même éviter la facilité explicative. Quand Victor Hugo affirme *« il y a quelque chose, donc il y a quelqu'un »*, il se simplifie la tâche, mais il oublie un détail : il faut expliquer l'existence du quelqu'un. Tout bien considéré, il vaut mieux dire : *« S'il y avait quelqu'un, alors quelque chose devrait l'avoir créé ou du moins avoir permis son existence. »*

La première difficulté dans un calcul de probabilité est de décomposer la modélisation de l'hypothèse globale en parties clairement séparées, chacune avec son lot propre d'hypothèses. Il faut ensuite comparer ce qui est comparable : en définitive, c'est la *différence* de probabilités des hypothèses qui est le plus facile à évaluer, plus aisément que la valeur *absolue* de chacune. Si, par exemple, nous évaluons les hypothèses de création de l'univers par une entité « intelligente et aimante » contre l'hypothèse « naturaliste », l'analyse pourrait suivre ce type de comparaison :

Hypothèse 1 : L'univers dans lequel existent les humains et les humains eux-mêmes ont été « créés » par des processus spontanés dans lesquels aucune « volonté », au sens où l'entendent les humains, n'est intervenue. L'irruption de cet univers était issue d'une entité existant préalablement, quelle qu'en soit la forme.

La seule difficulté fondamentale, apparente, pour cette hypothèse est l'existence d'un milieu, d'une entité, ou d'un « vide fécond » duquel notre univers est issu. Mais l'existence préalable d'un vide parfait (si cela est possible!) n'est en fait pas plus probable que celui d'un milieu non « vide ». Le vide « parfait » est une hypothèse équiprobable parmi beaucoup d'autres.

Hypothèse 2 : L'univers dans lequel existent les humains a été créé par une entité douée de volonté, au sens où les humains l'entendent, préexistante et omnipotente au sein d'un milieu « initial » ; elle n'est pas directement soumise aux lois de la nature de cet univers. Cette entité est extrêmement complexe, si l'on en juge par ses « pouvoirs » et elle domine tout son (ses) univers. Elle avait la capacité de créer un milieu (notre univers, y compris la Terre) permettant la survie d'êtres intelligents. Cette entité avait également la volonté de créer les humains, d'avoir assez de caractéristiques communes avec eux pour avoir occasionnellement des échanges de type verbaux ayant du sens, mais elle ne veut actuellement pas communiquer ouvertement et fréquemment avec eux, elle choisit de laisser les humains dans le plus grand flou quant à son existence, elle laisse de multiples versions de tentatives de liens avec elle-même coexister en parallèle avec des résultats très variables. Ses hypothétiques interventions ne répondent à aucun schéma rationnel de comportement, mais plutôt à des attentes implicites des croyants.

Cette entité veut cependant surveiller en permanence et juger le comportement des humains (à l'exclusion d'autres espèces animales), elle agit subrepticement à certaines occasions sans laisser de traces claires.

Elle n'installe pas sur les planètes, en proximité spatiale avec celle qui supporte les humains, des êtres évolués de type humanoïdes, ce qui entraîne le maintien des humains dans la « solitude des espaces infinis » sur la troisième planète.

La probabilité pour que cette entité créatrice toute-puissante existe est donc extrêmement faible (cette liste des improbabilités *comportementales* n'est certainement pas exhaustive). Il faudrait, par-dessus tout, en plus de ces improbabilités *comportementales*, d'abord imaginer la création d'un processus, d'un milieu « matériel » composé d'éléments assez complexes et organisés (à un tel degré que cela en devient très hautement improbable) pour lui permettre de faire exister une entité en son sein avec des « pouvoirs » suffisants pour créer ensuite notre univers entier.

Le même type d'improbabilité touche son éventuelle existence depuis l'éternité (au moins...) et ses autres caractéristiques. La différence des « chances » entre un processus « avec dieu préalable » et « naturel » est donc, en grossière approximation, de plus de 1 sur 1 milliard inférieure à celles de la création de notre univers à partir d'un processus « naturel ».

Pour faire mieux comprendre le sens de la comparaison, supposons qu'un hyper-espace contienne tous les univers possibles en parallèle les uns aux autres et qu'il se crée en son sein une énorme multitude d'univers avec des lois de la physique différentes, générées au hasard : l'immense majorité d'entre eux (voire aucun) ne contiendrait d'*entité intelligente suprême* capable de tout décider et organiser. Une proportion faible, mais non nulle, pourrait néanmoins raisonnablement contenir un milieu favorable à l'existence (au bout de 14 milliards d'années) d'êtres complexes comme les humains.

A contrario, une *très improbable* entité universelle, maîtresse des galaxies, devrait dans tous les cas avoir une «forme» et des caractéristiques contradictoires avec son «utilité» pour la majorité des humains. Sa forme serait alors plutôt celle que lui donnent les contemplatifs éthérés, loin des besoins quotidiens des croyants.

Dans *Les métamorphoses du divin*, 2002 (op. cit., p. 270), Xavier de Schutter nous indique que «*le dieu doit également être proche et solidaire de la douloureuse condition humaine, car l'homo religiosus [le consommateur] n'a que faire d'un Absolu aussi inaccessible qu'une étoile... Ce* Tout Autre *n'intéresse que le mystique.*» Il faut donc rattacher l'explication des «phénomènes divins» à la chaîne causale la plus probable, et cette chaîne est *purement humaine*. L'idée même de créateur tout-puissant de l'univers est en réalité le dernier refuge de l'orgueil humain.

Donner à ce qui s'apparente, quoi qu'on en dise, à un super-humain, la faculté de *créer l'univers entier*, voilà qui dépasse les bornes de l'orgueil mal placé et du mépris des règles de probabilité et de plausibilité. Affirmer de plus qu'*Il* connaît l'humanité et qu'il s'en occupe «exclusivement» au point de lui envoyer son fils *unique*, si l'on en croit certains «récits» courants à ce sujet, cela touche à la folie pure et simple. Comment traiterait-on un contribuable américain qui réclamerait le traitement de sa déclaration fiscale par le président américain en personne sous le prétexte «qu'il me connaît» et qu'il a donc droit à un traitement spécial? Que diraient les habitants des myriades d'autres planètes face à un tel traitement de faveur? Ils réclameraient sans doute que «dieu» leur envoie sa fille unique en sacrifice.

Nous n'avons aucun récit sérieux à propos du traitement des autres êtres évolués de la galaxie. Et si nous, humains, sommes seuls dans l'univers, alors comment expliquer cet immense «gaspillage de place»? Le croyant Blaise Pascal peut bien dire: «*Le silence éternel de ces espaces infinis m'effraie.*» (*Pensées*, 1669)

Les limites auxquelles se heurte la science dans la compréhension des mécanismes de la «création» ne sont pas nouvelles. Pendant de nombreux siècles, depuis le Moyen Âge, les meilleurs «savants» considéraient que l'explication des mécanismes du vivant relevait de l'*élan vital* et donc du divin. Les outils manquaient pour aborder sérieusement l'étude rationnelle de la biologie. Il est probable que nous soyons dans une position semblable pour comprendre le processus de création de notre univers, et particulièrement la «chance» nécessaire pour que nous existions.

Si l'on considère la faiblesse des probabilités d'existence de l'espèce humaine (par rapport à rien), on pourrait se dire que tous les processus ayant amené à son existence sont improbables, il est évident que nous vivons dans un univers et un milieu (la Terre) qui permet la vie humaine (principe anthropique faible). Il est aussi clair que des progrès restent à faire dans la compréhension des voies qui ont permis l'apparition de ce milieu favorable. En particulier, il reste à comprendre les contraintes qui relient la détermination des rapports des constantes universelles entre elles au moment de la création de l'univers, au moment où celui-ci s'est « refroidi » après le big bang.

Il est nécessaire, cependant, de considérer avant tout la *différence* de probabilités énorme entre un processus « volontaire » et un processus spontané. Cette différence tient au fait que l'immense majorité des « milieux » qui pourraient exister ont beaucoup plus de chance de permettre la création « naturelle » de notre univers que de créer (ou de faire exister depuis l'éternité) une entité ultra-complexe et hyperpuissante (non soumise aux lois de la physique qui nous sont connues, par exemple celles liées à la vitesse de la lumière), entité qui elle-même aurait été en position de créer « notre » univers. Il faudrait ensuite que cette entité ait eu une bonne raison de créer cet univers et accessoirement le milieu local favorable pour les humains, et enfin les humains. L'ennui, sans doute...

L'échelle temporelle introduit une autre invraisemblance. Mettre plus de 4 milliards d'années pour « peupler » un lieu (la troisième planète) avec ses habitants favoris est tout de même un peu long (plus 10 milliards d'années pour créer cette planète), même pour une entité dotée d'une patience *infinie*. La vraisemblance d'une explication naturaliste de ce délai (contre une explication interventionniste) est, en l'absence de mécanisme alternatif explicatif crédible, beaucoup plus forte.

En fait, à chaque fois que nous découvrons des complications dans les « réglages » nécessaires pour que la vie humaine existe, comme le réglage fin de telle ou telle constante physique, cela ne renforce nullement l'hypothèse surnaturelle, divine, car la probabilité de la création « récente » ou de l'existence depuis l'éternité de cette entité surnaturelle en est diminuée tout autant au moins. En effet, *surnaturel* ne veux pas dire *sans lois*, mais *autres lois*. « Lui » aussi a besoin d'un univers qui lui permette d'exister et de « créer ». De plus, quand nous disons que le réglage de telle loi physique doit avoir telle caractéristique pour permettre notre existence, la difficulté, l'improbabilité de l'explication naturaliste apparaît immédiatement, mais il faut avant tout la comparer avec l'improbabilité d'un mécanisme permettant son réglage « à la main » au moment de sa « création » par un improbable « horloger divin ». La seule hypothèse raisonnable que nécessite cette comparaison est qu'il n'existe pas de mécanisme miraculeux qui supprimerait le lien « linéaire » entre complexité/capacité de « fabrication » et improbabilité d'existence.

Pour mieux comprendre ce *type de différences* de probabilités, supposons que l'on découvre, lors d'une fouille archéologique, une montre mécanique, d'apparence moderne, possédant 100 rouages parfaitement agencés et vieille de 1 000 ans (après analyse au carbone 14). Quelle serait la bonne explication de son existence ? Certainement pas une « explication » basée sur l'existence, encore plus hypothétique, d'une machine à fabriquer les montres, cachée, inaccessible, vieille de plus de 2000 ans, possédant elle-même plus de 1 000 rouages et sans inventeur connu. Il faut donc expliquer l'improbable par le probable, et non l'inverse.

Si l'on objecte que la création/l'existence de cette entité surnaturelle, « pur esprit », dépasse les possibilités de l'entendement humain, alors cela signifie qu'aucun être humain ne peut en tirer de conclusions claires dans un sens ou dans l'autre, et que seule une indication non ambiguë émanant *directement* de ladite entité serait susceptible d'apporter un quelconque éclaircissement. Dans cette attente, il faut considérer l'hypothèse comme impossible, comme non existante.

Pour ce qui est des possibilités de communication avec cette entité improbable, il faut tenir compte du fait évident que les caractéristiques d'une entité capable de créer un univers ou un multivers (groupe d'univers créés par un même processus, mais détachés entre eux de toute relation causale depuis cette création) sont très différentes des caractéristiques humaines, fruits d'une biologie évolutive. Les probabilités de l'existence d'un canal de communications avec cette entité sont sans doute inférieures à un sur un million. Nous autres humains avons quelque peine à parler aux fourmis...

Les chances que cette entité soit, de plus, « timide », obsédée par la sexualité et la diététique humaines, désireuse de ne pas être connue explicitement des humains tout en leur fixant des règles « impossibles » à respecter (qui n'est pas pécheur ?), mais qu'elle désire les « tester » en permanence, sont également très faibles. À l'inverse, les chances que cette pseudo-timidité et ces exigences ne soient que le camouflage d'un processus purement *humain* ad hoc pour cacher sa non-existence hors de la tête des croyants sont supérieures à 1 milliard contre 1.

Comme si cette liste d'improbabilités n'était pas suffisante, considérons le nombre de cultes différents consacrés à des entités « divines » par les humains au niveau mondial. Il est estimé à 10 000 (voir B.A. Robinson, « *Which, if any, of the world's 10'000 religions is the true one ?* », site Internet *Religious Tolerance*, 2005)[10]. Les chances, pour chaque être humain, de pratiquer le « bon culte » (en supposant réglée la question de l'existence d'un « bon dieu »), relié à cette hypothétique divinité timide, sont donc, en première approximation, de 1 sur 10 000, à moins de considérer le succès commercial d'une religion comme un indice de vraisemblance. Les monothéistes sont, en général, d'accord avec le fait qu'il existe un grand nombre de religions malfaisantes, mensongères et sans liens avec une réelle divinité, sauf qu'ils estiment généralement que seulement 9 999 religions (toutes les religions sauf la leur) sont issues de croyances erronées. Petite différence avec les non-croyants, grands effets...

Les probabilités liées aux canaux des « révélations » doivent également être prises en compte. Le bouddhisme est la seule école de type religieux de grande taille qui ait reçu son enseignement par le canal d'un personnage dominant socialement (le prince Siddhârtha Gautama) et donc capable de témoigner directement. Pour les autres courants religieux dominants, le transfert de la « révélation » passe toujours par des personnages marginaux. Quelle est la probabilité que cette caractéristique soit liée à l'intérêt de disposer d'un canal « populaire », mais rendant impossible un contrôle direct des affirmations ? Quelle est la probabilité que la divinité se soit sentie obligée de passer par un individu humble et « incapable » d'écrire un texte signé de sa main ? Où est le brouillon du *Sermon sur la montagne* hypothétiquement prononcé par Jésus ? Le « Fils de Dieu » (et Dieu lui-même) joue-t-il à un *jeu de piste* avec les humains ?

Il est donc, en théorie, possible d'être partisan de l'idée de l'intervention éventuelle d'un être incommensurable dans l'histoire de l'univers et/ou dans des phases particulières de l'histoire de l'humanité tout en admettant que *toutes* les « révélations » connues sont invraisemblables et dangereuses. Il ne resterait alors plus qu'à attendre, prudemment et sans s'impliquer avec aucun « faux dieu », l'éventuelle « vraie » révélation ou mise en relation sérieuse.

En examinant les « qualités » relationnelles des puissances invisibles, les chances que ces innombrables entités « créatrices du monde », ayant manifesté leur présence au travers de contacts divers et variés (toujours éphémères), depuis le néolithique, mais semblables par beaucoup de côtés aux humains qui les vénèrent, ayant des « réflexes » comparables à eux (colère, bonté, volonté d'être vénérées, jalousie), soient le fruit de la seule imagination (très orientée) de ces mêmes humains, sans qu'aucun phénomène empirique ne valide leur existence, sont très élevées, bien plus grandes que 1 milliard contre 1. Cette évaluation portant sur la timidité divine est, en première approximation, indépendante d'une hypothétique intervention non naturelle de ces entités dans l'histoire de l'univers où vivent les humains, car intervention ne veut pas dire automatiquement traces visibles ou révélations (contact). Il faudrait donc justifier, expliquer en plus, sans lien causal automatique, la « révélation » (ou la non-révélation), ses buts et ses formes pour le moins bizarroïdes *indépendamment* d'une éventuelle intervention directe dans l'histoire de la planète et de l'univers.

Nous renoncerons à un calcul détaillé de la combinaison de toutes ces « improbabilités », par la multiplication de milliards de milliards d'improbabilités entre elles. Il est évident que les « chances » d'existence d'une entité « créatrice », au sens où l'entendent les croyants, sont ténues. Cela n'empêche pas ces croyants de brouiller les pistes, d'élever des écrans de fumée, pour cacher ce fait.

Le caractère apparemment improbable de l'existence d'un milieu favorable à la vie humaine dans le bon univers et sur la bonne planète est un fait avéré. Il est aussi vrai que la science est actuellement en défaut d'explications complètement satisfaisantes (mais elle dispose de pistes). Cela n'est nullement étonnant ni nouveau.

Une variable souvent oubliée dans l'estimation des probabilités est le nombre d'essais possibles. Si nous prenons l'exemple d'une loterie, et que nous supposons que nos chances d'un gain de 1 000 fois notre mise de départ sont de 1 sur un million, que nos chances de perte de 10 000 fois la mise sont de 1 sur un milliard, mais que le nombre de tirages (électroniques) est de 1 million par seconde, il devient évident que le retour sur investissement sera rapide et la probabilité de devenir riche très grande, malgré la « faiblesse des chances de gain ». Reste à évaluer le nombre de tentatives parallèles de création des premières molécules du « vivant » sur la terre primitive.

Avant Darwin, l'explication de l'existence des différentes espèces d'humanoïdes – dont *Homo sapiens* n'est qu'une fraction – était très problématique. Nous ne sommes pas au bout de l'aventure scientifique. Proposer, à la place d'une explication rationnelle incomplète, une « explication » ad hoc, avec des entités imaginaires, qui n'explique rien est dérisoire. Il ne faut pas remplacer une explication qui contient des éléments d'improbabilité et des « trous » par une explication finalement beaucoup plus improbable (celle de l'intervention d'un super-humain). On n'explique pas la disparition d'un adolescent, même sans histoires, par l'intervention d'extra-terrestres…

Cette extrême improbabilité de l'existence d'une entité « supérieure » échappe souvent au croyant de bonne foi. Nous pouvons examiner comme exemple, parmi beaucoup d'autres « agnostiques » ou assimilés, anciens et contemporains, un résumé de la pensée de Kant (originellement un protestant piétiste) sur le sujet :

> *Cela signifie concrètement que, pour Kant, devant les questions qui concernent les choses en soi, l'existence de Dieu par exemple, ou la liberté de l'être humain, la raison théorique, en tant qu'elle donne accès à la connaissance, est devant un indécidable.*
>
> *Cela ne signifie pas que Dieu n'existe pas. Cela signifie que l'existence de Dieu est au-delà du registre de la raison en tant qu'elle donne accès à la connaissance. Croyant et incroyant sont donc dans une situation parfaitement symétrique par rapport à la raison. Il n'est pas rationnel de croire, comme il n'est pas rationnel de ne pas croire. La rationalité seule ne peut conduire de manière inéluctable à une conclusion certaine concernant la question de l'existence de Dieu.*

Bernard Feltz, 2009, « Les relations science, philosophie, théologie », in Corbut, G., dir. de pub., *Comprendre l'évolution. 150 ans après Darwin*, De Boeck, Bruxelles, pp. 165-175

Les formules liées à l'*absence de conclusion certaine* et à la *symétrie* prennent tout leur sens, c'est-à-dire leur non-sens, si l'on considère la probabilité des hypothèses (ce qui est occulté par Kant). Si une hypothèse s'avère des milliards de milliards de fois moins probable que l'hypothèse inverse (sans compter les autres violations des règles FARSIPP), on peut toujours dire qu'il n'y a pas de certitude absolue, mais c'est uniquement parce que les preuves de ce genre n'existent pas pour un individu rationnel.

Il n'y a donc aucune symétrie entre les hypothèses naturalistes et religieuses, ce que ne perçoivent pas non plus nombre d'agnostiques modernes, obnubilés par le « manque de preuves ». La seule position rationnelle est de ne pas plus croire en une entité magique créatrice de l'univers que dans le « multiplicateur de billets de banque » dans lequel « il suffit d'insérer un billet pour en avoir deux »[11].

Un élément supplémentaire d'improbabilité doit être pris en considération : le changement brusque d'attitude de cette entité après son intervention, sa *soudaine et récente* timidité. Comment expliquer le rôle massif, énorme, direct d'une entité maîtresse de l'univers au stade de sa création, et en même temps son passage à une action cachée auprès des prophètes, messagers, et autres membres de la famille divine toute faite de dissimulation et de précaution ?

L'explication « psychologique » *les parents (les dieux) ne doivent (ne veulent) pas intervenir directement dans la vie de leurs enfants dès qu'ils ont une existence indépendante* est extrêmement faible. Son pendant évident serait que les enfants ne devraient pas se mêler de la vie des « parents » et donc arrêter de les prier et de leur demander d'intervenir constamment : *chacun sa vie*. Il faut plutôt expliquer pourquoi ces interventions ponctuelles se déroulent toujours au moment optimal du point de vue de l'absence de témoins fiables, lors d'« opportunités commerciales ». Ces actions imaginaires sont l'exemple même d'explications ad hoc totalement improbables et invérifiables.

Les tentatives parallèles de « demi-agnostiques » pour parler d'un dieu « au-delà de la raison », mais hypothétiquement nécessaire à l'équilibre psychique de certains humains, doivent être considérées de la même manière que le cas des alcooliques en mal de dive bouteille. Ce qui peut paraître sympathique à l'échelon individuel se transforme vite en cauchemar à l'échelon collectif. Personne ne doit être privé de son nounours tant que cela ne concerne qu'un individu (accompagné éventuellement de son psychologue de service), mais il importe de ne jamais en faire un phénomène collectif.

La prédictibilité, critère ultime.
Les applications, critères annexes.

Toutes les bonnes théories scientifiques n'ont pas de pouvoir prédictif. Le pouvoir prédictif n'est pas une condition de scientificité, c'est plutôt la cerise sur le gâteau des bonnes théories. Il y a de multiples (bonnes) raisons qui empêchent une thèse scientifique de posséder un réel pouvoir prédictif. En premier lieu, le fort niveau de « bruit » des multiples phénomènes parasites entourant la partie décrite par la théorie ainsi que la présence fréquente d'un *chaos* déterministe au sein des phénomènes décrits. La présence de ce chaos signifie que les possibilités de prédiction sont limitées par une dépendance indépassable à des différences de valeurs de conditions initiales (position, masse...) immesurables en pratique.

Toute prédiction scientifique est forcément un test de falsification. En revanche, tout test de falsification n'est pas obligatoirement une prédiction. Un test de falsification peut porter sur un phénomène connu, déjà mesuré ou du moins en partie. Une prédiction porte sur un phénomène, comme l'existence d'une nouvelle planète, dont l'existence n'a pas encore été vérifiée expérimentalement. Tout test de falsification contient une part de prédiction, mais les prédictions portent plutôt sur des phénomènes dont l'existence ne dépend pas de la mise en place d'une expérience pour les faire exister, mais seulement pour les faire apparaître.

L'astronomie décrit des choses « simples » comme la trajectoire des planètes. On les qualifie de simples parce que le nombre de facteurs qui entrent en ligne de compte dans leur détermination est limité. Cela a donné à l'astronomie la possibilité de décrire avec une grande précision la trajectoire des planètes de notre système solaire après que de nombreuses observations et calculs ont permis de connaître les masses et les positions de celles-ci.

Le triomphe de cette modélisation de la réalité, de la prédictibilité des phénomènes, est advenu avec la confirmation/découverte de l'existence de la planète Neptune en 1846. Sa présence à un certain endroit dans le ciel, à un certain moment, avait été annoncée, sur la base de calculs « newtoniens », quelque temps auparavant.

Ce triomphe n'a pas empêché, un demi-siècle plus tard, le physicien-mathématicien Henri Poincaré de mettre en évidence, après avoir tenté de démonter la thèse inverse, l'impossibilité d'une prédiction de la trajectoire des planètes du système solaire sur le long terme. Ces travaux novateurs seront à la base des théories modernes du *chaos déterministe*.

La prédiction de l'existence de Neptune est l'exemple type de la puissance des possibilités de modélisation et de prédiction de la science. Il en est de même de la découverte de l'existence du chaos déterministe. La méthode scientifique nous permet d'atteindre les limites du savoir accessible aux humains et également de connaître les limites de ce savoir.

En plus du pouvoir prédictif, il est utile de prendre en considération le pouvoir applicatif d'une modélisation scientifique. La mécanique quantique, par exemple, a un énorme pouvoir applicatif dans de très nombreux domaines industriels. Cela n'est pas toujours le critère décisif pour sélectionner la meilleure théorie, mais la qualité de la modélisation a une influence importante sur les possibilités d'utilisation et cette propriété pèse dans la balance. Ces applications sont également des occasions, plus ou moins directes, de mises à l'épreuve, de tests de la modélisation qui peuvent être utiles comme outils de validation et de « mise en danger » de la théorie.

Le pouvoir prédictif d'une théorie est donc parfois un bon élément discriminant pour repérer les meilleures d'entre elles. Les spécialistes de la prédiction religieuse millénariste sont les Témoins de Jéhovah. Ils ont prédit à de nombreuses reprises la venue du Christ ou la fin du monde (au choix). L'absence de réalisation visible de la prédiction a toujours une explication ou une excuse quelconque.

Les religieux usent souvent de pseudo-prédictions sans vergogne et sans la moindre honnêteté intellectuelle, parce que les conditions d'un test honnête, d'une prédiction qui pourrait se révéler fausse, qui pourrait réellement être falsifiée, ne sont jamais réunies. Pour prendre un exemple de prédiction qui n'en est pas une parce qu'elle a 100 % de chance de se réaliser, considérons la prédiction *« Dieu vous punira pour vos péchés »*. Comment pourrait-elle être falsifiée ? Le malheur fait hélas partie de la vie de tous les humains.

Les critères essentiels de l'épistémologie scientifique : FARSIPP

Pris individuellement, aucun des critères de *falsifiabilité, reproductibilité, simplicité, probabilité, prédictibilité*, FA-R-SI-P-P, n'est un critère absolu, un outil imparable, et il faut un certain talent pour les combiner utilement. Il n'y a pas de « procédure » infaillible pour arriver au « bon résultat ». Ensemble, ces critères représentent une redoutable machine permettant de valider nos schémas de compréhension de la nature, et d'abord à éliminer la croyance, lutter contre le complotisme/conspirationnisme, les pseudosciences, la défense des identités « spéciales » et autres tendances irrationnelles.

Nous proposons d'utiliser l'acronyme FARSIPP (utilisable aussi en anglais) comme moyen mnémotechnique simple permettant à tout praticien de la méthode scientifique et à tout pédagogue chargé de l'enseigner de se souvenir de ces règles de base.

Les règles FARSIPP sont comme une pierre à deux coups. Elles permettent de séparer, avec les mêmes outils, les « bonnes » théories scientifiques et les « mauvaises » comme la théorie de l'éther luminifère (XIXe siècle) « mise en danger » par les expériences de Michelson et Morley démontrant qu'il n'était pas possible de mesurer un quelconque mouvement de la Terre par rapport à cet hypothétique éther. C'est Einstein qui a procédé à sa mise à mort lorsque la relativité (restreinte) a mis en avant une nouvelle modélisation qui ne nécessitait plus cet éther... décidément bien éthéré.

Les règles FARSIPP permettent également la caractérisation des théories non scientifiques en les évaluant. Les théories non scientifiques sont, en général, très éloignées des critères FARSIPP, à la différence des théories scientifiques dépassées. Toutes les théories (scientifiques ou non scientifiques), toutes les modélisations ne sont pas à mettre dans le même sac, mais un même outil peut servir à l'élimination de toutes les mauvaises modélisations.

Quant aux fondements de la définition des règles FARSIPP elles-mêmes, il est nécessaire d'admettre qu'il n'est pas possible de définir de manière complètement scientifique quels sont les critères épistémologiques de la science. Il est possible d'examiner, dans une certaine mesure, scientifiquement, quels sont les critères épistémologiques les plus efficaces pour acquérir du savoir sur le fonctionnement de l'univers, mais à la fin, les procédures employées seront des *techniques* basées sur des *pratiques* dont il est impossible de garantir le caractère optimal permanent.

Certains philosophes ont utilisé l'imprécision relative des critères de validité, leur nécessaire plasticité, pour arguer l'absence totale de possibilité de démarcation (*problème de la démarcation*) claire entre science et pseudoscience, ou entre science et croyance. Cette démarche est non pertinente, elle reflète simplement une mauvaise habitude de pensée chez des philosophes qui croient pouvoir organiser le monde à leur convenance. Ils voudraient disposer de critères logiques absolus, comme ceux fournis par les mathématiques, pour délimiter clairement ce qui appartient à la science empirique et ce qui est en dehors. Ces philosophes doivent admettre que la science est une *activité technique* (basée sur des savoirs et des savoir-faire) qui est très puissante, qui débouche sur des connaissances très puissantes, mais qu'elle n'est pas la construction logique et claire, susceptible de fournir le corpus « pur », dont ils pourraient rêver.

Un des critères supplémentaires, additionnels aux critères FARSIPP, utilisables pour effectuer une *démarcation* efficace entre théories scientifiques et non scientifiques est celui de l'organisation « politique » des théories en présence, ou plutôt celle de leurs supporters. Même si une théorie est réfutable, qu'elle semble répondre aux critères FARSIPP, comme pourraient l'être certaines parties des enseignements astrologiques, il reste à examiner si les critères de validation scientifiques sont susceptibles d'influencer, aux yeux des partisans, vraiment, définitivement, l'avenir de leur théorie.

La théorie de l'éther, support hypothétique des ondes électromagnétiques, n'a plus de grands supporters depuis le début du XXe siècle (avec la relativité restreinte, Einstein, 1905). Mais les réfutations nombreuses de l'astrologie n'ont pas fait diminuer le nombre de rubriques astrologiques dans les journaux. La démarcation « politique » est dans ce cas simple et claire.

En parallèle et indépendamment, il est nécessaire de reconnaître qu'à certains moments de l'histoire des sciences, ceux qui sont sur le front de la connaissance doivent choisir la bonne hypothèse sans disposer des outils nécessaires pour valider complètement (selon les critères FARSIPP) leur choix. Ils fonctionnent alors en mode approximation. Cela est possible, et même souvent nécessaire, à condition de ne pas oublier la dette de crédibilité ainsi créée. Cette dette doit être payée le plus vite possible, dès que les instruments de preuve (la technologie, les concepts) deviennent disponibles.

De la même manière, il n'est pas possible de définir scientifiquement quels sont les bons critères de sélection du futur titulaire de l'unique chaire de physique d'une petite université. Doit-il être plutôt versé en physique du plasma, en physique du solide, en astrophysique ou en relativité générale? La marge de choix «libre» des priorités ne signifie pas que le choix soit arbitraire. Dans le cas de cette évaluation, il s'agira toujours d'une personne ayant de hautes capacités en physique. L'évaluation des candidats elle-même pourra se faire sur la base de critères relativement rigoureux, mais il n'est pas possible de décider une fois pour toutes des critères de scientificité (ou de qualité du candidat). Les contraintes liées aux nécessités de l'acquisition et de la consolidation des savoirs, de la séparation de la science avec les autres champs de savoirs et l'histoire des sciences nous donnent cependant de très bonnes indications sur ce qu'il convient de faire si l'on accepte d'enlever de nombreuses couches d'anecdotes pour aller à l'essentiel. Les critères FARSIPP ne tombent pas du ciel.

Chaque discipline scientifique est obligée de combiner les critères à sa manière en fonction des contraintes du champ de connaissance. Elles sont un constat des «bonnes pratiques» actuelles du champ de connaissance, nécessaires pour acquérir des savoirs de qualité.

Un examen détaillé de l'histoire des sciences nous amène à constater que le non-respect, au moins partiel, des normes épistémologiques (telles que résumées dans FARSIPP) est fréquent. Les raccourcis qui évitent le passage par les longues étapes de la validation ne sont pas rares. Ces étapes sont fréquemment remplacées par des validations sur un coin de table par le «spécialiste» du domaine ou un «arrangement entre copains». La science est aussi souvent, dans ses marges, une activité artisanale impliquant des savoir-faire. De la même manière, la construction de grands ouvrages d'art n'implique pas seulement de longs calculs d'ingénierie civile pour vérifier, par la méthode des éléments finis, la solidité d'une structure. Elle nécessite aussi de nombreux *coups de patte* de praticiens travaillant sur le terrain pour faire de bons ouvrages sur la base de bonnes théories scientifiques dotées de fondements solides.

Quand ces *coups de patte* manquent dans les ouvrages d'art ou les expériences, la catastrophe arrive. Le 12 décembre 2000, le puits blindé guidant l'eau sur 1 883 m de descente vers l'usine de Bieudron (Grande-Dixence) en Valais (Suisse) a éclaté, entraînant la mort de trois habitants, de nombreux dégâts et dix ans d'immobilisation des installations. Il semble que le savoir-faire des soudeurs dans la conduite de force était insuffisant, ou les attentes des ingénieurs irréalistes. Les mêmes déconvenues peuvent arriver aux expériences dans lesquelles les savoir-faire manquent.

Il est donc clair que la description des procédures «officielles» n'est pas suffisante pour comprendre complètement le fonctionnement réel de la recherche scientifique ou de l'ingénierie. Cependant, si les calculs d'ingénierie ne sont pas suffisants, ils sont indispensables. Qui voudrait confier la réalisation d'un barrage aux seuls « praticiens de terrain » ?

L'usage d'approximations et des *coups de patte* n'implique pas que « tout est arrangé », mais simplement que la mise en place de la rigueur se fait parfois par étapes. Lorsque le « nettoyage » des approximations et des procédures expérimentales se déroule trop lentement, les drames arrivent.

Quand les critères FARSIPP n'ont, apparemment, pas été respectés dans un champ de recherche, il faut se poser la question : la procédure effectivement employée n'a-t-elle pas été un substitut imparfait et incomplet de la procédure « officielle », aboutissant à une qualité « équivalente », mais à moindre coût et délais ? Ce constat de l'existence de « raccourcis » ne signifie pas que la méthodologie soit erronée ou ne corresponde pas à la réalité, mais simplement que, même en matière de science, les *voies du seigneur* sont parfois impénétrables... Une attitude cavalière peut (parfois) déboucher sur de la bonne science, même si cela est fortement déconseillé.

L'application effective des règles FARSIPP ressemble, dans son rapport à la chose étudiée, aux temps qui sont nécessaires pour que les règles deviennent effectives, à l'hypothèse dite d'*efficience des marchés financiers* (Eugène Fama, 1970), qui dit quelles règles d'équilibre, sur le long terme, s'appliquent à la détermination de la valeur fondamentale des actions. Cette hypothèse, d'ailleurs contestée, permet de comprendre, rétrospectivement, les points d'équilibre de la cotation des actions en Bourse. Elle est également un outil important, mais imparfait, de gestion prospective de portefeuille. Elle ne dit pas quelle sera la valeur d'une action à la cotation de demain, ni quel temps sera nécessaire pour que les « fondamentaux » jouent leur rôle dans la fixation du prix de transaction.

Cela ne signifie nullement que les rapports des modélisations scientifiques à la réalité physique soient fluctuants (contrairement aux cours de Bourse). Au contraire, ils sont très précisément définis et la partie fluctuante, variable, se situe dans la phase d'évaluation de la qualité des modélisations, dans la phase de test. Il y a souvent des incertitudes quant au moment où l'on peut considérer une thèse comme suffisamment validée.

Il est également nécessaire de savoir saisir le bon référentiel temporel pour voir, sur une certaine période, si les règles de sélection FARSIPP ont été effectivement appliquées, et ce, sans tenir compte principalement de ce qu'en disent ou en pensent les acteurs scientifiques d'une activité de recherche.

Apprendre l'art de manier les bons critères épistémologiques dans un certain champ scientifique ne garantit d'ailleurs pas qu'on devienne vraiment apte à les réutiliser dans un autre. Les développements scientifiques de chaque champ de connaissance sont inégaux et imparfaits ; il n'existe aucun domaine où les méthodes purement empiriques, ou pire magiques, non scientifiques, procurent des résultats comparables en efficacité à large échelle. Dans tous les domaines, quelles que soient les difficultés, de manière plus ou moins rapide, les modélisations scientifiques s'adaptent aux variations des découvertes empiriques, aux faits nouveaux, aux progrès des modélisations, aux changements dans des champs connexes.

Accumulation des connaissances, puissance explicative

Tous les critères de qualité des méthodes scientifiques ne se résument pas à FARSIPP. Une particularité très importante caractérise l'acquisition du savoir scientifique, même si elle ne fait pas partie des critères épistémologiques à proprement parler, mais en est la conséquence la plus importante : *la possibilité d'accumuler de manière fiable les savoirs au cours du temps*. Cette accumulation est possible parce que les critères FARSIPP permettent de sélectionner *impitoyablement*, au bout d'un temps variable, les « bons » et les « mauvais » éléments à accumuler ou à éliminer.

La force de la science, c'est l'existence de la corbeille à papier pour les théories dépassées et celles (nombreuses) qui ne verront même pas le jour. Il importe peu, en définitive, de savoir si ce processus de sélection est imparfait. Le fait même qu'il existe et qu'il permette de réelles progressions dans de multiples domaines est décisif. Les domaines où ce processus de sélection ne fonctionne pas ou mal, comme certaines sciences humaines, sont forcément à la traîne. On ne peut bâtir un château sur du sable.

C'est précisément cette possibilité d'accumulation sur des bases solides qui a permis à la science, après la *révolution scientifique* (voir infra), de croître dans des propositions inconnues de toute autre époque et de devenir le support extrêmement efficace, sur le long terme, des révolutions industrielles qui ont façonné le monde moderne.

Un autre pilier de cette accumulation est la puissance explicative des bons modèles scientifiques, à l'opposé de modèles seulement descriptifs. On ne peut parler de modèles scientifiques que lorsque des mécanismes sous-jacents (souvent non mesurables) sont décrits. Si ces modèles manquent, le champ de connaissance doit être considéré comme « en friche » et en attente de travaux plus conséquents.

Cette possibilité d'accumulation sélective d'éléments pleinement qualifiés est utilisable sans réserve dans le domaine mathématique. Les *Éléments* d'Euclide, par exemple, peuvent être servis tels quels dans un cours de géométrie contemporaine ; seul le style de présentation pourra changer.

Dans le domaine des sciences expérimentales, confrontées au réel, l'accumulation est plus complexe. Il arrive que des pans entiers de descriptions scientifiques tombent dans l'obsolescence, mais, en général, les « vieux » éléments sont réutilisables. La mécanique newtonienne est le plus souvent utilisée par la Nasa pour les calculs de trajectoire de ses vaisseaux, alors que les calculs plus rigoureux de la relativité einsteinienne ne sont indispensables que dans des cas restreints.

Malgré les *changements de paradigmes* et les *révolutions scientifiques*, les savoirs tendent plutôt à s'accumuler qu'à se remplacer. Les observations d'hier ne sont pas devenues erronées, mais il peut devenir opportun de réorganiser les modélisations sous-jacentes plus ou moins complètement en fonction des besoins.

Comment les modélisations scientifiques sont testées, se combattent, vivent et meurent

La suite des critères FARSIPP devrait permettre une sélection aisée entre les modélisations, et cette aisance devrait également se voir dans la pratique scientifique courante, ainsi que dans l'histoire des sciences. En fait, il n'en est rien. Il arrive souvent que, pendant des durées significatives, toutes les modélisations en compétition soient en défaut sur un critère FARSIPP ou un autre. Cela est souvent dû à la présence de défauts dans le «réseau» des connaissances «auxiliaires». Dans ces circonstances, il est souvent prudent de suspendre le jugement de ceux qui ne sont pas directement impliqués dans les recherches, et même de ceux qui y sont impliqués.

Un des exemples les plus connus de difficulté récurrente pour démontrer la validité d'un modèle est celui de l'astronomie copernicienne. Au XVIIe siècle, la modélisation copernicienne a dû faire face aux défauts liés à son modèle d'orbites *circulaires* et à la distance énorme, a priori inconcevable, qui nous sépare des premières étoiles. Cette distance prodigieuse empêche qu'on repère à l'œil nu la variation de parallaxe des étoiles entre elles (changement des positions relatives apparentes entre étoiles proches et lointaines) au cours de l'année.

Il aurait à première vue été logique que le mouvement annuel de la Terre autour du soleil fasse apparaître des changements dans le «panorama» des étoiles proches (les plus lumineuses), mais on ne parvenait pas, à l'époque, à repérer ces infimes variations, même en utilisant les instruments énormes et très perfectionnés – mais dépourvus de lentilles optiques – créés par le Danois Tycho Brahe, le maître de l'astronomie de ce temps, à la fin du XVIe siècle.

Les difficultés observationnelles ont toujours été un frein à l'avènement de nouvelles théories. On ne peut donc pas si facilement parler de falsification, ou de non-falsification, des théories avant que les capacités techniques nécessaires, ou les sciences auxiliaires, ou des développements dans la même discipline, mais parallèles au test, soient disponibles. Cela peut prendre des dizaines, voire des centaines d'années.

Un autre exemple de difficultés liées au développement insuffisant de disciplines « connexes », en l'occurrence celui de la thermodynamique appuyant incomplètement les développements de la biologie et la géologie, se déroule à la fin du XIXe siècle.

Les biologistes, ralliés alors massivement aux thèses darwiniennes, ont besoin du modèle de la « Vieille Terre » qui, conformément aux modèles évolutionnistes darwiniens, conjecturait une durée de vie du système solaire (et de la Terre) en centaines de millions d'années et plus. Cette hypothèse était, mollement, appuyée par la communauté des géologues s'intéressant aux durées de formation des couches stratigraphiques qui nécessitaient de très longs temps d'accumulation. Ces géologues avaient en fait plutôt tendance à se désintéresser des modélisations des physiciens et à décréter que les problématiques de la géologie étaient trop compliquées pour pouvoir être comprises par ces derniers.

Le principal défenseur de la « Terre jeune » à la fin du XIXe siècle était Lord Kelvin, chrétien et savant, opposant non déclaré à l'idée de l'évolution des espèces et spécialiste reconnu de la thermodynamique. La Terre était modélisée par lui comme une sphère relativement homogène et solide qui refroidissait de manière uniforme depuis sa période de formation. Lors de cette formation, la Terre était supposée avoir été portée à une température élevée (mais pas au-delà de la température de fusion des éléments).

Le calcul de la durée d'existence de la Terre partait de l'équation de la propagation de la chaleur proposée par Fourier en 1820. Elle supposait, en première approximation, un milieu de propagation de la chaleur uniforme, solide et massif. Kelvin utilisait des mesures de terrain de progression de la température en fonction de la profondeur dans les mines (gradient). Les mesures donnaient une valeur expérimentale déterminée à ce gradient de température au sein de la couche superficielle de la Terre (taux de variation de température par mètre de profondeur). La supposition de base de Kelvin était que la Terre était globalement un bloc solide.

De longs calculs basés sur cette hypothèse permirent à Kelvin d'affirmer que la durée de vie de la Terre (et du soleil) était de l'ordre de 24 millions d'années. Cette valeur, dont Kelvin était très fier au point de s'obstiner à la défendre bec et ongles, s'opposait à celle, en multi-millions d'années, qui permettait aux biologistes évolutionnistes d'expliquer le lent développement de l'immense variété des espèces et de leur histoire « gelée » dans les fossiles parsemant les couches géologiques.

L'hypothèse héliocentrique copernicienne a fini par triompher, entre autres, parce qu'elle a été fortement renforcée par l'hypothèse « auxiliaire » de l'ellipticité des trajectoires apparue à en parallèle au XVIIe siècle (lois de Kepler). Cet ajout a permis de se débarrasser définitivement des épicycles et de répondre clairement au critère de simplicité, d'économie des hypothèses.

La théorie de la Vieille Terre (en multi-millions/milliards d'années) est devenue cohérente avec les autres domaines de connaissances scientifiques après qu'un ex-assistant de Kelvin, John Perry, a, dans un article de *Nature* de 1895, proposé un modèle dans lequel l'intérieur de la Terre n'était plus solide, mais partiellement liquide. Ce modèle permettait de comprendre le pourquoi de la valeur élevée, persistante (après des milliards d'années) du gradient de température dans les couches superficielles de la Terre.

Ce modèle a également servi dans les années 1960 à décrire le fonctionnement de la planète : des plaques tectoniques « flottant » sur une couche fluide extrêmement visqueuse, en mouvement lent. La polémique a donc finalement eu une conséquence heureuse pour la géologie en obligeant la discipline à s'intéresser aux modélisations physiques globales (effectuées par les physiciens) de leur objet d'étude favori.

Dans l'intervalle, entre l'article de *Nature* et 1960, les géologues « mainstream » ont plutôt favorisé un modèle de Terre globalement statique (voir Wegener, infra) et les physiciens ont plutôt cru, à tort, que le problème de la « Terre jeune » avait été résolu par l'intervention dans le débat des découvreurs de la radioactivité : Becquerel, Curie, Rutherford.

Cette vision, encore reprise actuellement par certains médias, se basait, de fait, sur une anecdote racontée à satiété par Rutherford, mais négligeait la vérification détaillée des modèles qui montraient clairement le peu d'influence d'une source radioactive *dispersée* au sein de la Terre (formée d'uranium et autres éléments lourds) dans l'équation de Fourrier caractérisant le globe terrestre et, a contrario, le rôle décisif de la transmission de la chaleur interne par un *fluide*, plus ou moins visqueux, à partir d'une certaine profondeur, dans le calcul de l'âge de notre planète.

Cependant, la découverte de la radioactivité a eu un rôle décisif en permettant une mesure sérieuse de l'âge de la Terre, basée sur la connaissance des demi-vies de plusieurs éléments radioactifs de la table de Mendeleïev. Elle a suggéré également une nouvelle vision du fonctionnement du soleil que les modèles anciens chimiques, utilisant le charbon comme combustible, peinaient à modéliser faute du « carburant » à très haute performance procuré par les changements de configurations dégageant de très hautes énergies au sein du noyau atomique (fission et fusion).

La difficulté de base dans cette longue polémique provient naturellement de l'impossibilité de mesurer *directement* la température et la fluidité des couches internes de la Terre à grande profondeur. Une mesure indirecte est devenue cependant possible par la mesure continue des signaux émis par les tremblements de terre, et réfléchis ensuite par les couches internes de la planète. Ces signaux ont une forme qui dépend de la nature spécifique (entre autres de leur caractère solide ou liquide) de chaque couche lors de leurs trajets à l'intérieur du globe. Une vision cohérente de ces couches existe actuellement, fondée en grande partie sur ces mesures de réflexion-transmission : voir *« Kelvin, Perry and the Age of the Earth »* (Philip C. England, Peter Moinar et Frank M. Richter, *American Scientist*, 2007)[12].

Il y a donc en permanence, dans des champs scientifiques donnés, un « stock » de modélisations en compétition qui font face à des difficultés, des contradictions significatives. Sur le long terme, les « bonnes » théories triomphent. Cela nécessite généralement la « rectification » d'hypothèses auxiliaires, y compris celles en rapport avec les défauts des instrumentations de mesure.

Il n'y a pas toujours, à court terme, de test « final et décisif » d'une modélisation, parce que le chemin vers la meilleure modélisation est semé d'embûches, de complications, de tissage et de ruptures de liens dans le réseau de la connaissance. Les intrusions d'une discipline dans une autre ne doivent pas être refusées sous le prétexte que « ce champ d'étude est trop compliqué à comprendre pour les non-spécialistes ».

Il est également utile de remarquer que certains problèmes scientifiques restent « en l'air » si aucune discipline scientifique n'a d'intérêt direct à clarifier son statut. Le problème de la Vieille Terre était, faussement, considéré comme résolu par les physiciens se référant à Rutherford. Les géologues considéraient que la disparition de Lord Kelvin avait évacué le problème. Bref, ce n'était le problème de personne avant que les besoins de la géologie, dans les années 1960, ne remettent la solution de Perry au goût du jour.

Dans les périodes de « flottement », le repérage de la bonne combinaison de critères FARSIPP permettant de choisir le « bon cheval » n'est pas aisé. Les risques d'erreurs sont évidents. Inutile de nier que, dans ces phases, les préférences « esthétiques » et personnelles jouent un rôle et que les effets de groupes (humains) deviennent significatifs. En fait, ce sont souvent les modèles préexistants « gravés » dans la tête des scientifiques qui sont décisifs dans l'histoire de ces confrontations. Ce n'est ni scandaleux ni arbitraire, si le résultat, toujours provisoire, de la confrontation finit par stabiliser la moins mauvaise des hypothèses.

Il faut refuser l'idée que l'existence de ces périodes de flottement signifie que la subjectivité ou les intérêts personnels des acteurs sont l'élément décisif des évolutions. Cela revient à nier l'essentiel, à savoir que les modélisations en compétition ont *toutes* besoin d'être des modélisations *valides* (avec des défauts différents pour chacune d'entre elles). Les phénomènes psychologiques existent bien, mais seulement à la marge, pour choisir entre les théories plausibles, ayant un bon score FARSIPP, encore en lice.

Si la « psychologie » était l'élément essentiel, il serait possible de montrer que, souvent, la communauté scientifique, devant choisir entre plusieurs théories, a sélectionné la plus mauvaise selon les critères FARSIPP, principalement sur la base de la puissance du groupe qui défendait cette théorie. Et il serait sûrement facile de montrer de nombreux exemples de retard dans le « déboulonnage » d'anciennes théories, comme celle des continents fixes sur la surface du globe. Le temps d'élimination de ces anciennes théories est parfois trop long, mais au moins la voirie existe. Ce n'est pas le cas pour tout le monde...

L'usage des critères FARSIPP permet, en général, de jauger de l'état du « stock » des modélisations scientifiques existantes, de la qualité des modélisations d'un champ de connaissance scientifique. On peut de cette façon évaluer la force des mailles du réseau des théories scientifiques, mais FARSIPP ne permet pas de prédire l'avenir ni de décider les meilleures voies par lesquelles la connaissance scientifique aurait dû passer pour aboutir à l'état présent.

Ces critères « unifiés » permettent une vision globale de la force extraordinaire des connaissances scientifiques. Les différences énormes, tant en quantité qu'en qualité, avec les autres modes de connaissances apparaissent alors évidentes.

En partant du manque, apparent, d'homogénéité des critères effectivement employés pour sélectionner les « bonnes théories » dans la vie courante des sciences, beaucoup de chercheurs contestent l'existence d'une entité appelée *science* en tant que telle. Qu'en serait-il si l'on examinait l'existence d'une entité appelée *religion* ? Qui pourrait prétendre que cette entité est homogène et cohérente ? Bonne chance ! Et pourtant, malgré un manque total de cohésion, personne ne conteste qu'il existe une entité (en fait une pathologie) qui s'appelle religion. Ceux qui participent à l'aventure scientifique doivent cesser d'avoir une mentalité de bon élève qui cherche à être parfait. La science n'est pas parfaite, pas totalement cohérente, mais elle est au centre des progrès (et de certains des malheurs) du monde moderne.

La connaissance scientifique est comme une autoroute : constamment en travaux. Le front de taille est formé de boue et de déchets. Immédiatement derrière viennent les tassements du sol, puis des revêtements de plus en plus sophistiqués qui assurent le confort des utilisateurs. Les critères FARSIPP ne disent pas toujours comment la science aurait dû avancer dans le passé ni comment elle évaluera dans le futur. Ils disent comment jauger la qualité des modélisations et indiquent les améliorations qui devraient être entreprises.

Y a-t-il une épistémologie religieuse ?

Certaines sources considèrent que le terme épistémologie ne désigne que des règles de connaissances applicables au domaine de la science. Nous postulons l'existence d'autres épistémologies en dehors du domaine scientifique.

Ce qui est déterminant, dans chaque champ de connaissance, est l'existence de critères de démarcations, non liés à l'autorité du locuteur, pour séparer les connaissances acceptables de celles qui ne le sont pas. Il est raisonnable de postuler que les limites de la science sont celles des domaines de connaissances qui respectent, en tout cas approximativement, les critères FARSIPP. Cela peut laisser des champs entiers de connaissance en dehors ou à cheval sur cette frontière.

Certains domaines de « connaissances » ne possèdent pas de critères de démarcation forts sans que cela menace leur existence. La littérature en est un exemple particulier. Nous pouvons dire que la littérature est un champ de connaissance, parce que les récits qu'elle contient décrivent une grande part de l'aventure humaine. Cela n'implique pas qu'il faille délimiter strictement ce qui appartient au champ de la littérature et ce qui lui est étranger. Les compositions scolaires des élèves sont des tentatives littéraires d'un certain point de vue. Faut-il les assimiler à la littérature ? Très probablement pas, en général, mais rien ne s'y oppose dans des cas particuliers. Le manque de critères précis n'est pas, ici, un problème insurmontable.

Parler d'*épistémologie contes de fées* est plus parlant que de parler d'*épistémologie religieuse*. Ces deux dénominations d'une épistémologie étrange sont semblables.

Il convient de distinguer fortement l'épistémologie religieuse, liée aux croyances proprement dites, et l'épistémologie pratique utilisée par les croyants, y compris l'épistémologie des théologiens. Les croyants et les théologiens peuvent employer des règles de validation parfaitement rationnelles, voire scientifiques, dans le cadre de la « gestion » des détails des croyances. Cela ne leur est pas possible, en tout cas pas possible jusqu'au bout, pour déterminer les fondements de leurs croyances, car autrement celles-ci s'effondreraient. Nous nous intéressons donc ici aux règles qui traitent du fondement des croyances, et non à la « cuisine interne » très complexe des débats théologiques.

En fait, les fondements des croyances religieuses ne possèdent pas d'épistémologie à proprement parler, de définition *impersonnelle* des lois d'accroissement et de tri des connaissances, mais elles possèdent des règles de fonctionnements pratiques qui sont une sorte d'équivalent, négatif, des règles FARSIPP permettant certaines comparaisons. Ces règles, jamais vraiment explicitées par les acteurs, sont approximatives, tout en étant très strictes et très arbitraires quand cela est jugé nécessaire par les détenteurs commerciaux du dogme. Si ce type d'intransigeance dogmatique n'existait pas, il n'y aurait (presque) pas eu d'excommunication, d'hérésie, de théologie, ni de guerres de religion. Nous pouvons tenter de décrire approximativement certaines des règles de cette *épistémologie mythique* :

- Les « explications » de l'histoire et du fonctionnement du monde des humains issues de l'*épistémologie contes de fées* ont toujours une forme qui décrit les phénomènes comme guidés par des volontés et des oppositions de volontés. Elles fournissent toujours, de ce fait, un cadre compréhensible avec une relative facilité parce que celui-ci décrit l'univers comme une construction humaine ou plutôt super-humaine dans lequel les super-humains ont des intentions, des volontés compréhensibles par un humain. En général, le mystère est complet, par contre, sur les mécanismes d'actions des entités toutes puissantes, qui n'ont qu'à parler ou donner des ordres pour voir s'exécuter leurs volontés. Les lois de la nature n'existent pas à proprement parler. Elles sont « à disposition ».

- L'épistémologie religieuse considère que la croyance est naturellement surplombante, qu'elle englobe naturellement tout. Les savoirs scientifiques doivent donc s'insérer dans la place (modeste et discrète) que veulent bien lui laisser les tenants de la croyance. Malheureusement, la connaissance scientifique ne cherche le plus souvent pas à s'imposer comme seule existante (un vilain défaut dû à la modestie des scientifiques), mais la qualité intrinsèque des modélisations qu'elle produit tend à dominer l'ensemble des champs de connaissances de l'Univers (et même des multivers).
- Les « savoirs » religieux multiples cohabitent au sein des humains, sans critères de vérification. Ces mêmes ne décrivent, pour l'essentiel, que des entités invisibles, impalpables, inaccessibles, immesurables. Cette coexistence contradictoire est rendue possible par l'existence de barrières commerciales créées par des séparations géographiques ou d'appartenance à des groupes structurés. Ces « savoirs » décrivent également les actions visibles ou invisibles de ces entités, ainsi que d'hypothétiques règles et obligations des humains envers ces entités.
- En l'absence de possibilité de tests, il n'existe aucun critère acceptable par tous pour départager des opinions divergentes sur un sujet de doctrine religieuse. C'est généralement la force des partisans de la thèse qui décide du vainqueur, et non la force des arguments.
- Chaque groupe de croyants, partisans d'une forme particulière de croyance, cherche généralement l'appui du pouvoir politique pour renforcer et valider ses formes particulières de croyance. Cette recherche est naturellement liée à l'absence de validation « divine », par nature impossible puisqu'imaginaire. Cela entraîne généralement une compétition féroce entre croyances pour obtenir cet appui.
- Il n'existe généralement pas de mécanismes explicatifs clairs à l'intérieur des croyances pour donner un sens à la multiplication des croyances, à part des pseudo-évidences, comme cette citation bien connue du Coran : « Si Dieu l'avait voulu, il aurait fait de vous une seule communauté » (sourate 5, verset 48). Cette absence de réel mécanisme explicatif est à la source d'innombrables conflits entre religions. La question des rapports entre croyances est pratiquement toujours réglée par l'affirmation de la supériorité de l'une sur les autres.
- Certains écrits ou révélations orales issues d'humains spéciaux, les porteurs de révélations, ont une valeur hors-norme et donnent accès au savoir religieux de façon plus ou moins directe.
- L'accès « réel » au savoir religieux dépend, le plus souvent, en plus d'un enseignement formel, de l'impulsion personnelle des personnes atteintes, appelée généralement « foi », qui donne la sensation, l'illusion, à son porteur d'accéder à une connaissance spéciale.
- Un critère de validation important des « savoirs » religieux est le maintien de l'homogénéité et de la stabilité du groupe dirigeant chargé de préserver les règles de la croyance. Cela n'est pas forcément incompatible avec une intense

activité de développements théologiques employant des critères apparemment scientifiques sur des points particuliers.
- Celui qui parle le plus fort a souvent raison en matière religieuse.
- Le critère ultime de validation du savoir religieux est son succès commercial auprès d'un public. S'il y a deux (ou mille) publics, comme dans l'affaire du Filioque, il y a deux validations contradictoires (ou mille). Cette réussite dépend fortement de la qualité littéraire du récit et de son parcours historique.
- Aucune règle issue du « savoir » religieux ne permet d'infirmer réellement une quelconque affirmation religieuse. Il y a donc potentiellement autant de religions que de publics différents.
- De nombreux éléments de ces croyances n'ont pas de liens logiques avec la réalité et sont souvent contradictoires entre eux, mais cela n'est pas forcément considéré comme important, parce qu'il faut accepter d'emblée que seule(s) la (les) puissance(s) invisible(s) peu(ven)t comprendre l'univers qu'elle(s) a (ont) créé. Il est donc souvent nécessaire d'accepter ces « mystères » tels quels, sans se poser de questions.
- L'introduction explicite de nouveautés est toujours mal vue. *« Je ne suis pas venu abolir la loi de Moïse, mais l'accomplir. »* (Jésus) Cependant, sans le dire explicitement, en cas de perte de contrôle du paysage intellectuel, quand la répression ne suffit plus, face à une situation commerciale changeante, l'apparence de la croyance se modifie pour ne pas paraître ridicule. Ces changements sont naturellement mal perçus par certains, qui se raccrochent aux vieilles formes des dogmes et créent une secte concurrente.
- La croyance religieuse considère que la sagesse vient des anciens, que ce qui est ancien est meilleur que ce qui est plus récent. Elle donne donc une valeur intrinsèque à certains écrits à cause de leur âge (plus ou moins hypothétique). Cela va du *Coran incréé* aux plaques d'or hypothétiquement gravées en 420, dont Joseph Smith affirme en 1827 qu'elles étaient sa source pour la traduction du *Livre de Mormon*. Les mouvements qui n'ont pas d'écrits fondateurs intangibles sont plutôt des philosophies et sont donc tendanciellement moins dangereux.
- La croyance se considère toujours comme naturellement en position intellectuelle dominante, seule capable d'avoir une « vision globale », alors que la réalité de son angle de vision est très étriquée. Seul le manque de moyens des scientifiques les empêche de mettre fin à ces multiples prétentions contradictoires entre religions.
- Enfin, il faut considérer le type d'univers décrit par la foi religieuse, qui est totalement nombriliste.
- L'univers entier du religieux ne peut être construit, pensé, organisé, que pour les habitants de la troisième planète du système solaire, plus particulièrement pour les croyants de la bonne religion, et enfin la croyance doit suivre les priorités de la tribu du coin (il existe même une appellation, « shu'ubiyya », pour les déviants qui, en islam, ne respectent pas la domination arabe).

Il n'est évidemment pas possible, en suivant ces règles, de définir une méthode *accessible à tous* d'accroissement constant des connaissances. Il s'agit donc d'un ersatz d'épistémologie.

La conséquence la plus importante à retenir de ces caractéristiques est que rien de consistant et de sérieux ne décide du contenu des «connaissances» religieuses. Elles sont comme des voitures sans freins. Leur dangerosité dépend complètement du conducteur.

Qu'en est-il de l'application des critères de sélection de la «vraie religion»?

Du côté des croyants, divers et variés, qui utilisent les critères de la foi religieuse et ne disposent donc pas des critères FARSIPP, une plainte constante retentit à longueur d'année: ceux-ci ou ceux-là ont trahi la «vraie religion». Cette plainte a régulièrement été entendue à propos de l'Armée de résistance du Seigneur (LRA, *Lord's Resistance Army*), qui sévit en Ouganda-Congo, et au sujet de Daesh, qui sévit encore, même affaibli, en Irak-Syrie.

À l'appui de leur démonstration, les «vrais» croyants citent maints textes sacrés et référents historiques. Ils n'hésitent pas à réclamer «plus de théologie», en sous-entendant «plus de *bonne* théologie». Malheureusement pour eux, les partisans de ces mouvements (et bien d'autres qui sévissent ailleurs ou ont sévi en d'autres temps) peuvent citer d'autres textes et d'autres références historiques. Les partisans de Dixie (les États esclavagistes du sud des États-Unis d'avant 1865) citaient la *malédiction de Cham* pour justifier, de manière très «convaincante», l'esclavage des Africains.

Les «vrais» défenseurs de la charia, comme Daesh en Irak, ont vendu des femmes et enfants «polythéistes» comme esclaves à leurs combattants, mais n'était-ce pas le comportement de nombre de guerriers musulmans par le passé? Cela est clairement revendiqué:

> *Chacun doit se rappeler que réduire en esclavage les familles kuffars – infidèles – et prendre leurs femmes comme concubines est un aspect fermement établi de la charia, et qu'en le niant ou le moquant, on nierait ou on moquerait les versets du Coran.*
>
> Pauline Verduzier, «Comment l'État islamique justifie l'esclavage des femmes yazidies», *Le Figaro Madame*, 3 octobre 2014[13]

Le point central à retenir est qu'il n'existe aucun critère objectif pour déterminer qui est le vrai ou le faux croyant. Il y a de bons et de mauvais physiciens, mais pas de bons ou de mauvais croyants; il y a de bons et de mauvais humains. Il n'est pas possible de dire qui est bon ou mauvais théologien (on peut déterminer si un théologien est érudit, mais là n'est pas la question). C'est impossible parce que le vrai dieu ou le vrai prophète sont des inventions humaines sans rapport avec une réalité mesurable, sauf dans la tête de ceux qui y croient. Cet arbitraire est la conséquence inévitable de l'utilisation des «règles» de l'*épistémologie contes de fées* décrite plus haut.

Aucun mouvement religieux, quel qu'il soit, n'a vraiment fait évoluer sa doctrine à la suite de la découverte, en tant que telle, de nouveaux faits dans l'histoire religieuse. Si évolution il y a – et il y en a en permanence –, c'est celle de l'évolution des perceptions des besoins de la « clientèle », qui ne désire plus lapider les femmes adultères ou qui le désire à nouveau. Les recherches en théologie, parfois intenses et soutenues, ne peuvent servir qu'à cette fin. Il y a peu de théologiens « mainstream » chrétiens qui vont soudain découvrir les vertus des massacres d'incroyants en relisant le Deutéronome. Dès lors, comment reprocher, *sur la base de critères religieux*, leurs activités criminelles aux groupes « extrémistes » ? Ils emploient les mêmes méthodes globales d'acquisition de « savoir » que ceux qui les critiquent. Ils ne visent simplement pas le même public, le même marché.

Cette limitation intrinsèque des possibilités de preuves, de falsification des théories, est propre aux religions. Il n'existe qu'un seul moyen sérieux de départager les vrais et les faux croyants : demander l'intervention directe, claire, explicite, non ambiguë, du vrai Dieu, et s'abstenir de toutes célébrations, actions, proclamations ou enseignements dans cette attente. Voilà qui serait une sage et utile application du *principe de précaution*.

Les critères de la pathologie religieuse

Le terme *pathologie* possède un double sens : un sens ancien qui est l'étude des maladies, et un sens plus moderne (perçu par certains comme une déformation mais que nous utiliserons ici) qui le lie aux maladies elles-mêmes (par exemple, « une pathologie grave »). Il n'existe pas de définition universelle des critères de démarcation de ce qui est pathologique et de ce qui ne l'est pas, mais il est possible de s'inspirer de définitions existantes dans d'autres champs de connaissances pour caractériser et délimiter la pathologie religieuse.

Les critères employés pour déterminer une pathologie ne sont invariables ni dans le temps et dans l'espace. Ils n'acquièrent leur plein sens que dans une époque et dans des lieux où la connaissance scientifique s'est déployée à large échelle.

La définition de la schizophrénie, par exemple, ne contient aucune *démonstration*, aucune *preuve*, de son caractère pathologique, mais seulement une *caractérisation* de ses symptômes, qui permet de la différencier des autres pathologies. Cette caractérisation n'est donc pas suffisante pour persuader les patients de la nécessité d'une thérapie : un schizophrène n'a pas forcément conscience de sa maladie.

La pathologie religieuse se caractérise d'abord par l'existence, dans l'esprit de nombreuses victimes, de schémas explicatifs (dénués de fondements scientifiques) du fonctionnement de certaines parties de l'univers basés sur l'existence d'entités invisibles dotées de volontés typiquement humaines ou super-humaines. L'acceptation de ces schémas explicatifs se fonde sur un effet d'adhésion et d'imitation à la pratique d'une communauté d'humains proches géographiquement ou culturellement.

Ces schémas explicatifs, ces mèmes, sont pathologiques. En premier lieu parce qu'ils entraînent souvent des déformations, des restrictions, des blocages de l'acquisition et de l'utilisation des meilleures explications scientifiques disponibles pour comprendre et modifier l'environnement humain. De même, ils servent souvent à perpétuer des schémas d'organisation et de stratification sociale non adaptés à l'évolution économique et sociale du monde, mais rassurants pour les personnes qui y adhèrent.

L'autre caractéristique de ces schémas explicatifs est celle d'une large extension sociale et géographique. Leur prégnance au sein de larges communautés fait souvent apparaître les personnes saines d'esprit, cherchant à connaître le monde au travers des seuls outils de la science, comme... socialement déviantes. Cela entraîne fréquemment des blocages techniques, sociaux, politiques et médicaux qui freinent ou empêchent les progrès rendus possibles par les avancées de la connaissance scientifique et technologique.

La croyance religieuse étant basée sur des affirmations improuvables, son développement « naturel » tend vers la multiplication à l'infini de schémas « explicatifs » mutuellement antagonistes (entre religions ou à l'intérieur d'une même école de croyance) et pousse souvent à l'exclusion, la discrimination, la guerre, voire la destruction des personnes non atteintes de la même forme de pathologie religieuse que la majorité (ou la minorité dominante) de la population d'un lieu géographique donné. Cette animosité extrême touche souvent, directement ou non, des personnes n'étant atteintes d'aucune pathologie religieuse.

La croyance crée également, dans certains cas, des effets de dépendance. Les sujets atteints ne peuvent se passer aisément (à des degrés divers) de contacts (imaginaires) avec la puissance divine au moyen de rites individuels ou collectifs comme les prières, les pratiques purificatrices ou les célébrations.

La guérison des pathologies religieuses ne peut employer, dans la majorité des cas, uniquement et simplement les outils de la démonstration scientifique, l'affirmation de la supériorité d'une l'épistémologie rationnelle ; à l'image des autres aberrations mentales qui affectent l'humanité, elle demande le développement d'outils spécifiques complexes pour limiter ses effets ou, dans le meilleur des cas, parvenir à son éradication.

La caractérisation du degré de dangerosité des pathologies religieuses doit tenir compte essentiellement : de la profondeur des effets des aberrations cognitives, de leur fréquence, de leur durée, du nombre de personnes touchées et de leurs spécificités (par rapport à d'autres pathologies cognitives collectives). A contrario, l'examen des hypothétiques effets positifs doit être fait avec la plus grande prudence et ne pas se baser essentiellement sur les affirmations des personnes touchées, pas plus que ce n'est le cas pour les personnes victimes de dépendance alcoolique. L'examen de la spécificité de ces effets positifs (liaison spécifique à la croyance) est essentiel pour un examen objectif.

Une des caractéristiques spécifiques de la pathologie religieuse est qu'elle représente souvent un mode d'adaptation, pathologique mais largement répandu, à un environnement physique et humain donné, et que, parallèlement, cette adaptation lui permet de toucher de nombreuses personnes qu'on peut décrire, avec de sérieuses réserves, comme *porteurs sains* dans le sens où les effets destructeurs directs, sociaux, politiques (et autres) des croyances apparaîtront faibles ou limités chez ces personnes ou dans leur entourage immédiat, mais que ces personnes serviront de vecteurs à une croyance qui atteindra des individus ou de larges populations qui auront, elles, des comportements clairement pathologiques à large échelle. L'existence de ces *porteurs sains*, au taux de contagiosité parfois important, est l'un des plus grands obstacles à l'éradication de la croyance religieuse.

La plus grande difficulté qui gêne la reconnaissance de la pathologie religieuse comme pathologie est son caractère collectif et sa large extension. On pourrait arguer «simplement» que si une pathologie est répandue dans une majorité de la population, alors ce n'est pas une pathologie, mais l'état «normal» des humains, celui qui leur permet de vivre sainement, et que ce sont au contraire les autres humains, non religieux, qui sont atteints d'une pathologie.

Cette manière d'envisager la normalité épistémologique à partir du comportement majoritaire des habitants d'une région est profondément «sociologique» et relativiste, ancrée dans une vision où les relations sociales sont plus importantes que la réalité mesurable. C'est également confondre une vision des priorités politiques, partagée par une majorité de citoyens, qui pourrait éventuellement avoir un sens comme «le gouvernement doit être autoritaire et fort» avec un mode de justification très hypothétique qui proclamerait: «le mode de gouvernement est dicté par le vrai dieu».

Il n'est enfin pas possible d'opposer «les croyants» comme bloc uni, d'un côté, et ceux qui ne le sont pas, de l'autre, puisque tous les croyants sont forcément athées d'une manière ou d'une autre. Les croyants, à cause du caractère intrinsèque de leur pathologie multiforme, s'opposent à tous les autres croyants non semblables à eux (qu'ils jugent souvent autant, si ce n'est plus, «atteints» que les non-croyants).

La bonne manière d'évaluer les croyances religieuses est de considérer le *contenu* et les *effets* des croyances *indépendamment* du nombre de personnes touchées et de déterminer le caractère extravagant, délirant, pathologique (ou non) de ces croyances en les examinant comme si elles étaient le fait d'un individu isolé. Ce n'est qu'ensuite, pour décider de l'urgence du traitement et de sa forme, qu'il faut prendre en considération le caractère collectif de la pathologie.

Affirmer que les symptômes de la schizophrénie en font une pathologie est, partiellement, arbitraire si on considère que cette affection est parfois liée à des accroissements notables de la créativité artistique. Pour la pathologie religieuse, il s'agit également d'un *jugement global* mettant en balance les petits avantages, relatifs, individuels ou collectifs (par exemple, un sens de la communauté renforcé), d'un côté, et les énormes désavantages globaux pour l'humanité, de l'autre.

La catégorisation de la croyance religieuse comme pathologie sociale est importante, parce qu'elle est la condition de toute action de guérison. Avant l'acceptation large de l'alcoolisme comme pathologie, il était difficile d'envisager des actions à large échelle.

Un exemple de pathologie extrême existant en Afrique, liée à la croyance, éclaire cette problématique au-delà du cas particulier. Cette croyance, ancrée dans certaines parties du continent, attribue des propriétés de guérison aux organes du corps des albinos. Les enfants albinos sont chassés, tués, et leurs corps démembrés pour en faire des « médicaments ». Les sorciers usant de magie noire utilisent les reliques de ces personnes afin d'en faire des grigris. Lutter contre ces pratiques demande des moyens drastiques :

> *Lexe Kachama, le tout nouveau commandant de la police malawite, a déclaré que la police ne pouvait pas se contenter de regarder pendant que « nos amis atteints d'albinisme sont tués comme des animaux tous les jours ». Il a ordonné aux policiers de « tirer sur tout criminel pris en flagrant délit d'enlèvement de personnes atteintes d'albinisme », rapportent les médias locaux.*
>
> « Malawi : la police promet d'ouvrir le feu contre les auteurs des crimes contre les albinos », *VOA*, 6 avril 2015[14]

Ces croyances sont un cas extrême de refus des connaissances scientifiques de base sur la réalité de l'albinisme au profit de croyances religieuses/magiques. Faut-il respecter ces croyances si elles sont largement répandues, ou tirer dans le tas ?

Les pratiques des religions plus « sophistiquées » apparaissent moins nuisibles à petite échelle, mais elles ont les mêmes fondements épistémologiques et ne sont donc pas moins dangereuses.

Sciences « dures », sciences humaines et recherche de scientificité

La différence entre les épistémologies contes de fées et scientifique est immense. Mais il est vrai, malheureusement, que toutes les activités se réclamant de la méthode scientifique ne peuvent prétendre au même niveau d'objectivité, d'indépendance avec leur sujet d'étude. La physique peut prétendre décrire les règles qui régissent le fonctionnement d'un atome sans qu'intervienne une part significative d'arbitraire ou de subjectivé de la part du physicien théoricien. Celui-ci ne va naturellement pas être incité à favoriser les neutrons au détriment des protons dans sa modélisation. Il est également évident que ni les protons ni les neutrons ne vont eux-mêmes être influencés dans leur comportement par les nombreuses thèses qui seront écrites à leur propos.

Cette indépendance, cette objectivité «facile», même si elle a des limites, n'est pas à la portée des sciences dites humaines. Ces champs de connaissances voient la qualité de leur possible objectivité, de leur *indépendance* entre sujet étudiant et objet étudié, limitée par au moins trois facteurs :

- D'abord, par le choix des paramètres à étudier pour la description des rapports entre les humains. Ce choix est très large, presque infini. Il intègre donc une bonne part de savoir-faire et d'arbitraire. Ces choix peuvent être plus ou moins pertinents, mais ils ne peuvent que rarement être totalement justifiés par une simple analyse statistique.
- Ensuite, par les effets de l'interaction entre le chercheur et son objet d'étude sur sa compréhension de cet objet. La position de l'ethnologue visitant une tribu yoruba ne peut être la même que celle du physicien face à son accélérateur. L'ethnologue se doit de parler aux membres de la tribu. Il vaut mieux que le physicien n'essaie pas de « dialoguer » avec son accélérateur.
- Enfin, parce que les objets d'étude sont hautement susceptibles d'être eux-mêmes influencés par le contenu des études en question, et plus généralement par la vision qu'ont les autres acteurs sociaux, utilisateurs de ces études, vis-à-vis de leur situation. Les personnes décrites comme schizophrènes, par exemple, ont naturellement le loisir de comprendre et de réagir de manière multiple à la vision des autres acteurs sociaux à leur égard. La vision des chercheurs et des personnes actives dans le champ de la schizophrénie va très probablement influencer celle des personnes décrites comme schizophrènes. Les boucles d'interactions peuvent être complexes et évoluer sur le long terme.

Malgré ces limitations, et bien d'autres, les sciences humaines peuvent être évaluées, non sans difficulté (voir ci-dessous), à l'aide des critères épistémologiques FARSIPP. Les analyses et les modélisations, malgré leurs limites, seront dans tous les cas de meilleure qualité que l'évocation de «valeurs» religieuses ou de mécanismes complotistes/conspirationnistes.

Il est indispensable d'examiner de près les forces et les faiblesses des sciences humaines. Ces sciences sont souvent celles qui sont le plus susceptibles d'apporter des enseignements directement utiles aux humains. Ce sont aussi celles qui, de par la nature de leur objet, ont le plus de difficultés à répondre à des critères de scientificité forts de bonne épistémologie. Il existe une très grande diversité de positions et de tendances dans les sciences humaines, et autant de visions de leur scientificité. La définition de critères rigoureux, issus des règles FARSIPP, est un important chantier qui ne peut être qu'esquissé ici.

Certains chercheurs du domaine, comme Michel Maffesoli, professeur en sociologie de la Sorbonne à la retraite, pensent que la sociologie...

> *[...] n'est pas une science, mais une connaissance [...] qui fait appel à l'intuition, à la compréhension.*
> Manuel Quinon et Arnaud Saint-Martin, « Monsieur Maffesoli, la sociologie est bien une science ! », *Le Monde*, 1ᵉʳ avril 2015 [15]

Ce n'est heureusement pas l'opinion de tous les chercheurs en sciences sociales. La bataille n'est pas gagnée dans ce champ de connaissance « envahi » par des littéraires pour qui l'idée de falsifiabilité est plutôt étrange. Arriver à injecter massivement des critères épistémologiques de type FARSIPP au cœur des sciences humaines est un enjeu majeur pour ces sciences et pour l'humanité entière, qui n'a que ces savoirs pour se guider dans de nombreux domaines.

La recherche du respect des normes FARSIPP est d'autant plus importante dans ce domaine que le relativisme épistémologique (tout se vaut) a souvent un lien avec le relativisme culturel. Les deux composantes font un mélange explosif pouvant amener au soutien par certains « sociologues » de la lutte des « opprimés » porteurs de croyances à composantes réactionnaires au nom de l'égalité de toutes les « visions du monde ».

Pour prendre un exemple frappant de cécité intellectuelle liée à ce relativisme culturel dans lequel « l'autre » est *par nature* une victime à défendre, en 2014 est paru dans la revue *Sociologie* (PUF) un article de Houda Asal, intitulé : « Islamophobie : la fabrique d'un nouveau concept. État des lieux de la recherche »[16].

Cet article cherche d'abord à identifier les détails de la forme de discrimination, de racisme, que représente souvent le refus, par certains « résidants français anciens », de la présence de populations d'origine maghrébine, généralement musulmane ; refus appelé de manière biaisée « islamophobie », alors que ce terme n'est pas approprié, mélangeant préjugés envers les personnes et jugements sur une croyance. À aucun moment l'auteur ne se pose la question des dangers réels liés à la résurgence d'un islam militant à l'échelon mondial. Seules, à ses yeux, les questions liées à l'attitude des populations non musulmanes, à leurs préjugés, à l'histoire du développement de ces préjugés sont légitimes. Les conflits de « valeurs » – en fait de priorités – entre populations, en particulier sur la position et le rôle des femmes, n'apparaissent pas.

Cette sélectivité est un exemple flagrant d'arbitraire, de non-indépendance entre sujet et objet, de biais aberrant dans les choix des paramètres utilisés pour étudier une situation. La part de problèmes liés aux croyances est un angle mort de la compréhension de la problématique sociale utilisée, les dangers liés à la religion elle-même ne semblent pas exister. Les préjugés des Français votant pour le Front National sont étudiés, mais les actions de la monarchie saoudienne pour promouvoir le wahhabisme au niveau mondial (entre autres exemples) sont totalement ignorées. Elles sont hors du champ de la pensée de l'auteur, ce qui représente un manque inacceptable, un aveuglement coupable.

Pour combattre les préjugés raciaux, nombreux et inacceptables, il faut s'attaquer à *toutes* leurs causes significatives sans s'aveugler volontairement, sans détourner le regard. Qui oserait étudier les attitudes populaires envers les personnes dépendantes de l'alcool sans parler des effets bien réels de l'alcool sur les alcooliques et sur les autres membres de la société ?

Cette cécité volontaire sur le danger des croyances est malheureusement très répandue dans une large frange de la population universitaire européenne. Par comparaison, les universitaires qui se sont mis volontairement au service de l'industrie du tabac ont souvent été démasqués et poursuivis. Ils n'ont pas osé traiter leurs adversaires de *tabacophobes*. Il faut de même critiquer l'usage du terme *islamophobe*. Une critique globale doit être exercée contre ceux qui, pleins de bonne volonté, se croient obligés de se faire les défenseurs des croyances les plus dangereuses, celles qui occupent l'espace médiatique mondial.

La défense de l'épistémologie scientifique doit faire partie des missions des chercheurs en sciences humaines. Même s'il n'est pas possible, à cause de la multiplicité infinie des approches, de pratiquer les sciences humaines « sans buts » conscients ou inconscients, il s'agit d'abord de ne pas satisfaire à des besoins de repentances historiques qui ne sont d'aucune utilité, ni pour les « repentants » ni pour ceux qui se représentent comme descendants des victimes. Les humains contemporains réels sont le plus souvent descendants à la fois des opprimés et des oppresseurs.

Cela ne signifie pas que toute théorie traitant des sciences humaines qui se réclame de « la science » ait automatiquement le droit de faire taire ses adversaires. Les théoriciens racistes à vernis scientifique du XIXe siècle ont eu des adversaires antiracistes et croyants valeureux, non scientifiques, tels John Brown, le héros américain magnifié par un chant célèbre, qui a attaqué, armes à la main, le dépôt fédéral de Harpers Ferry en prélude à la guerre de Sécession.

Se réclamer de la science ne signifie pas être scientifique. La position des scientifiques racistes n'était pas seulement le résultat d'une mauvaise science, d'une science mal faite, mais surtout d'une science inconsistante, n'ayant produit aucune théorie, aucune hypothèse réellement falsifiable, aucune expérimentation sérieuse, incapable de procéder à de réelles évaluations des capacités intellectuelles globales des groupes humains (sujet très difficile). Cette « science » cherchait plutôt à justifier, sans fondement sérieux, les attentes sociales des membres honorables de la société auquel les « savants » appartenaient.

Respecter l'opinion de la majorité, voire la traiter avec égard, sans choquer, tout cela est de la mauvaise science. Il est également vrai que c'est, en partie, l'évolution sociale et politique qui a poussé la science à avancer sur le sujet. Le bon mot d'ordre à appliquer est toujours : *no respect*.

Une bonne manière de faire gagner en sérieux, en assise, certaines sciences humaines serait d'augmenter significativement la part de transformations sociales, de réalisations concrètes, qu'elles doivent apprendre à gérer. Par exemple lorsqu'il s'agit de sauvegarder une aire abritant des espèces animales protégées, les spécialistes des sciences humaines devraient collectivement s'atteler à la tâche d'examiner quelle part des populations peuvent raisonnablement rester sur place et profiter des retombées économiques de ces zones, quelle part des populations doit être déplacée pour alléger la pression écologique sur ce milieu, et quelles mesures complémentaires en termes de formation, santé et lutte contre les croyances doivent être entreprises. Un autre domaine d'action utile serait celui de l'amélioration de la rigueur méthodologique des chercheurs dans les sciences biologiques et humaines, comme la psychologie, dans lesquelles de nombreux problèmes de « garantie qualité » se posent.

Une telle implication sur le terrain va évidemment déplaire à nombre de spécialistes des sciences humaines qui veulent avant tout « développer leur sens critique », mais l'implication dans des réalisations pratiques est un bon moyen, relativement simple, pour séparer le bon grain de l'ivraie en termes de qualité de modélisation. Leurs collègues de la *physique du solide* ont depuis longtemps accepté de lourdes responsabilités en matière de réalisations, comme celle du transistor. Le commentaire du commentaire du commentaire, à la fin, cela devrait lasser.

Sciences humaines et règles FARSIPP

Les sciences humaines sont souvent les sciences les plus importantes pour les humains. Elles servent directement à guider leurs comportements, mais l'application des règles FARSIPP y est tout sauf triviale. Les difficultés méthodologiques des sciences humaines les entraînent souvent à restreindre leur champ d'activité à des domaines très limités et qui comportent moins de risques de prêter le flanc à la critique. C'est une erreur profonde. Les sciences humaines doivent répondre à toutes les questions auxquelles les religions apportent leurs « réponses », par exemple celles portant sur les destins individuels, le rôle de la « vertu », du « mérite »... Les réponses ne seront pas forcément satisfaisantes et elles seront forcément incomplètes, non parce que les sciences humaines sont inefficaces, mais parce que certaines questions sont très compliquées et difficiles. La science dans ces cas-là doit dire clairement : nous ne savons pas, et voilà pourquoi nous ne savons pas. Le silence est une erreur profonde.

Une autre erreur est de vouloir éviter explicitement d'introduire une méthodologie rigoureuse dans les sciences humaines. Par exemple, en 1991,

J.-C. Passeron a publié: *Le raisonnement sociologique. L'espace non-poppérien* [ne pouvant utiliser le critère de la falsification] *du raisonnement naturel* (op. cit.). Il y soutient que le lien indéfectible qui relie le raisonnement sociologique et l'évolution historique des humains, *l'histoire*, intrinsèquement non soumise à des règles globalement cohérentes et répétables, empêche d'appliquer aux disciplines sociologiques, anthropologiques et historiques les règles de falsification poppériennes, les tests expérimentaux validant ou invalidant les thèses sociologiques. Il faut selon lui se contenter d'explications, de descriptions, de compréhensions, mais renoncer à la sélection impitoyable des hypothèses qui fait le propre des sciences naturelles.

Passeron souligne le caractère partiellement arbitraire des classifications et des comparaisons de groupes de populations, base du travail sociologique. Il est aisé de décrire le comportement des électrons, qui possèdent tous exactement les mêmes propriétés intrinsèques ; il est possible de décrire celui des cellules eucaryotes, qui possèdent des propriétés communes clairement repérables. La délimitation d'un groupe humain comme «classe dominante» contient forcément une plus grande part d'arbitraire, mais est parfois indispensable pour pouvoir «raisonner sociologiquement». Cette difficulté est intrinsèque aux «objets complexes».

Ce point de vue sur l'impossibilité de falsifications simples en sociologie a été contré, entre autres, par Dominique Raynaud («Le raisonnement expérimental en physique et en sociologie», *HAL*, 2005)[17]. Celui-ci, au travers d'un exemple concret, d'un test effectué à partir d'une règle sociologique issue de la *sociologie des réseaux* et appliquée au cas de l'étude des variations quantitatives de la population universitaire «étrangère» de diverses universités moyenâgeuses européennes, démontre que, dans un cas au moins, une possibilité de test de falsification simple existe.

L'exemple d'un cas isolé, utilisé pour démontrer la possible falsifiabilité des hypothèses utilisée par la méthodologie sociologique, n'est pas suffisant pour décider du sort général des sciences humaines et de la sociologie en particulier. Une évaluation d'ensemble s'impose.

Nous avons examiné (voir infra *Sciences «dures», sciences humaines et recherche de scientificité*) les possibilités d'*indépendance* entre sujets examinés et examinateur. Si nous étudions maintenant les éléments déterminants pour connaître le *niveau de scientificité* potentiel d'une discipline de connaissance, la détermination d'un certain nombre de critères est importante et doit être examinée en préambule:

- *Les phénomènes décrits sont-ils répétables et prédictibles?* Pour cette évaluation, il faut déterminer le degré de complexité minimale des modélisations nécessaires.

À titre de comparaison, on trouve en physique des cas extrêmes de simplicité et de complexité irréductible dans le même phénomène d'émissions radioactives des noyaux atomiques. Le temps *moyen* entre deux émissions radioactives dans un groupe homogène de noyaux atomiques (d'uranium 235 par exemple) peut être prédit avec la plus grande précision, la plus grande simplicité. Il est lié à la *demi-vie de l'élément atomique* considéré. C'est le temps qui sera nécessaire, *en moyenne*, pour que la moitié des noyaux émettent une particule. Un ou deux chiffres suffisent pour tout connaître.

Si l'on cherche par contre à connaître le *moment précis* de l'émission d'une particule par un des quelconques atomes membres du groupe, aucune règle satisfaisante ne peut être utilisée. Cette action, régie par les lois de la physique quantique, est par nature *imprédictible*. Pour un relevé détaillé de chaque temps d'émission, il sera nécessaire d'enregistrer la valeur temporelle individuelle de chaque transmutation. Il n'existe aucun moyen de « résumer » ces données temporelles (au-delà de leur valeur moyenne).

La théorie de la complexité de Kolmogorov définit la complexité d'un objet fini par la taille du plus petit programme informatique (au sens théorique) [équivalent à une loi sociologique] qui permet de produire cet objet. Si l'on suppose les phénomènes humains couverts par la sociologie comme infiniment complexes, non résumables, suites de cas particuliers, alors seule une description factuelle, éventuellement accompagnée de tentatives d'explications locales et circonstancielles de ceux-ci, a un sens. S'il est possible par contre de « résumer », au travers de lois de portée générales, certains traits importants des activités humaines, alors on peut comparer entre eux la qualité de ces « résumés » et une approche scientifique, parce que sélective, critiquable, devient possible.

- Quelle est *la portée dans le temps et dans l'espace des descriptions d'ordre général* que peut produire la sociologie ? Il est évident que si ces descriptions sont de faible portée dans le temps et dans l'espace, et qu'elles concernent, de fait, uniquement des cas particuliers, alors l'espoir de scientificité s'envole.

Plus spécifiquement, nous pouvons tenter de lister certaines des difficultés majeures rencontrées par la sociologie et les sciences humaines en général pour satisfaire aux critères FARSIPP :

- Certaines conditions de falsification propres aux sciences de la nature n'existent pas en sociologie, en particulier le test expérimental ; l'expérience décisive simple ne peut pas exister en sociologie.
- Aucun contexte historique n'est exactement réductible à un autre contexte historique.
- L'explication des causalités sociales, au-delà de la description statistique des faits mesurables, emprunte forcément des parties descriptives au langage commun, sous peine de ne rien dire de significatif, et introduit par là un élément d'arbitraire qu'il est impossible de supprimer. Cet élément d'arbitraire est un des fondements de la non-complétude des modélisations sociologiques.
- La sélection des variables pertinentes pour décrire une situation humaine ne

peut pas faire l'objet d'un consensus facile ni d'une sélection simple, rigoureuse et logique. Elle est donc instable.
- Les sociologues, historiens, économistes, ne peuvent travailler que sur des échantillons jugés significatifs, mais l'échantillonnage ne peut être validé rigoureusement que dans des cas limités (accès aisé à un nombre suffisant de variables sur les populations).
- Le monde humain est trop complexe pour que des définitions de termes génériques (comme *le capitalisme*) ne soient pas, de fait, dépendantes des cas historiques particuliers qui ont motivé la création du concept (comme *le capitalisme européen depuis le XVIe siècle*). Cela n'invalide pas ces concepts, mais en réduit le degré absolu de généralité.
- Le fait qu'une modélisation sociologique soit jugée efficace et pertinente ne suffit pas à *interdire* l'entrée d'une thèse concurrente sur ce même terrain, si elle possède elle aussi une efficacité descriptive et opératoire suffisante. En physique, il y a des chasses gardées. La physique relativiste a chassé la physique newtonienne, mais même une bonne loi sociologique ne saurait remplacer toutes les autres modélisations qui prétendent décrire des variables pertinentes relatives au fonctionnement des sociétés. Cela ne signifie pas qu'elle ne doit pas être préférée, à cause de son bon «quotient», dans les cas où un choix est nécessaire.
- L'extrême difficulté de séparer les effets des causes en matière historique et sociologique. Le développement de la machine à vapeur est-il dépendant du développement du capitalisme anglais, ou le capitalisme anglais s'est-il développé parce que la machine à vapeur (et les mines de charbon) s'est développée en Angleterre? À l'évidence, le lien entre les deux phénomènes est plus complexe que le choc de deux boules de billard. C'est la répétition des phénomènes, dans diverses circonstances, qui peut amener plus de clarté.
- Dépendance des sociétés et des groupes humains à leur passé lointain (ou non): les phénomènes décrits (les sociétés) dépendent-ils d'une histoire passée à chaque fois particulière et irréductible à des raisonnements systématiques qui rendraient illusoire la production de «résumés» généraux?
- Impossibilités de prédictions à long terme sur de grandes durées portant sur des systèmes complexes. Cela fait aussi partie des difficultés intrinsèques aux sciences humaines. Par exemple, les prédictions passées des Hégéliano-Marxistes datant du XIXe siècle sur le «sens de l'histoire» ont suffisamment montré leur faillite pour dissuader les plus téméraires de recommencer avec des ambitions aussi simplistes. Il est probable que beaucoup de sociologues du XXe siècle aient décidé de jeter un peu vite le bébé avec l'eau du bain, car l'impossibilité de prédictions historiques globales à long terme ne signifie pas automatiquement que toute règle, toute loi partielle, toute observation de régularités significatives soit vouée à l'échec. Cela incite simplement à la prudence et à la retenue quant à la portée et à la durée des lois, portant sur des régularités étudiées.
- D'autres difficultés propres aux sciences humaines font partie intrinsèquement de ce champ d'étude. Citons les aberrations de mesure liées aux possibilités de dissimulation des actions: il est difficile de dissimuler un hold-up, il est

beaucoup plus courant de cacher une escroquerie. Les acteurs de ces différentes opérations ne sont pas « neutres » sociologiquement. Il s'ensuivra inévitablement une distorsion considérable de la mesure du taux de criminalité entre couches sociales. De la même manière, les risques de biais d'échantillonnage non triviaux en sociologie sont nombreux. Par exemple, les taux de réussite scolaire des différentes couches sociales ne peuvent simplement être analysés à chaque étape du cursus scolaire, il faut « redresser » les échantillons pour tenir compte du pourcentage de chaque couche dans la société en général, sinon on ne verrait pas que les « basses » couches ne sont plus présentes dans la même proportion que les « hautes » couches dans les formations universitaires.

En définitive, il s'agit d'estimer la possibilité d'effectuer une évaluation sérieuse sur la validité des connaissances, même approximatives, des régularités. S'il n'existe pas de possibilité de falsification, d'accumulation *sélective* des savoirs, tout espoir de scientificité devient illusoire. Si le seul critère de jugement d'une thèse sociologique se trouvait dans les qualités littéraires, dans le talent que ses collègues sociologues veulent bien attribuer à un auteur pour son traitement de cas particuliers, alors il ne resterait plus qu'à réclamer des prix Goncourt pour ces sociologues.

Une des principales conséquences de ces difficultés et limitations de l'application des règles FARSIPP aux champs de la sociologie et des sciences humaines est le grand fractionnement académique de ces domaines, souvent séparés en chapelles plus ou moins isolées et communiquant peu. S'il n'y a pas de possibilité d'élimination des connaissances erronée, il y a croyances et affrontements plus ou moins stériles.

Si un domaine de connaissance est fractionné en de multiples chapelles inconciliables, il ne peut alors se revendiquer que faiblement de la qualité de scientifique. Sans critères de démarcations relativement clairs entre connaissances reconnues et hypothèses, sans épistémologie efficace et donc sélective, un domaine de connaissance ne peut être qualifié de scientifique.

Il y a cependant encore d'autres critères puissants qui permettent de différencier les domaines de connaissances fragmentés rattachés à la science des approches religieuses : le recours exclusif à des entités non supranaturelles comme les *classes sociales* ou l'*intelligence humaine*, qui sont certes parfois peu définies, mais qui sont accessibles à la mesure et à la falsification, à l'opposé des entités magiques comme les dieux, les saints, ou les règles divines. Le non-recours à des arguments d'autorité introduits par des personnages particuliers ou des textes sacrés reste naturellement un facteur de différenciation décisif entre sciences humaines et religions.

De fait, les sciences humaines appliquent souvent, au moins partiellement, les règles FARSIPP sur des segments limités de domaines de savoir. Si elles ne les pratiquaient pas le plus souvent, il n'y aurait plus de confrontation ni de progression possible. Cependant, c'est l'extrême difficulté de regrouper ces segments de savoir dans une théorie générale à large portée qui amène la fragmentation des domaines et l'instabilité des modélisations, changeant au gré de modes plus ou moins éphémères.

Il y a cependant de bonnes raisons de penser que la proportion de régularités repérables dans les comportements humains est suffisante pour pouvoir produire des travaux sociologiques sérieux comportant assez de contenu répondant aux règles FARSIPP pour pouvoir faire l'objet d'une évaluation scientifique.

Encore faut-il chercher à rentrer dans ce moule astreignant en s'intéressant aux aspects de la réalité le plus susceptibles d'être étudiés de cette façon. Il est raisonnable de supposer que les contraintes liées à ce type de démarches peuvent être mal ressenties par ceux qui se considèrent plutôt comme des « auteurs inspirés ».

Cela ne signifie pas non plus que toute description « littéraire » des phénomènes humains soit à rejeter. Il faut plutôt considérer le processus de connaissance sociologique actuel comme un assemblage, une peau de léopard. En « cernant » les descriptions littéraires avec des contenus falsifiables, en rattachant les travaux sociologiques avec des données issues d'autres domaines de la connaissance, il devrait être possible de donner un meilleur ancrage scientifique à ce domaine important. Le mélange, en physique, de lois parfaitement déterministes et de phénomènes non prédictibles peut servir de modèle.

- Nous pouvons indiquer quelques pistes pour améliorer la scientificité et donc l'utilité de la sociologie, renforçant par là même la confiance que les populations peuvent avoir dans la méthode scientifique et dans son usage dans les domaines scientifiques qui les touchent au plus près : Les sociologues et autres praticiens des sciences humaines doivent prendre l'habitude d'employer le critère de la falsification comme élément central de leur démarche de connaissance. Cela signifie qu'ils doivent indiquer dans chacune de leurs avancées théoriques les moyens possibles de leur falsification, même si ces tests sont parfois impossibles à implémenter en pratique pour des questions de ressources.
- Un des premiers critères employables pour évaluer une bonne modélisation sociologique est l'examen de l'efficacité des actions qu'elle permet d'entreprendre. Ce critère est lié à celui de prédictibilité, mais ne s'y réduit pas.
- Il est nécessaire de pratiquer les validations en utilisant le croisement multiple des modélisations sur les mêmes objets ou sur des objets différents. Les théories sociologiques ne peuvent généralement être validées qu'en réseau pour limiter l'effet d'arbitraire dans le choix des variables. D'autre part, l'intervention de spécialistes dans le domaine des statistiques pour valider *préalablement* les actions de recherche doit être systématisée, même si cela aboutit à un bouleversement des pratiques.
- Les sciences humaines doivent reconnaître une hiérarchie des domaines de la connaissance, non en fonction de leur importance respective, mais en fonction

de leurs accès à des connaissances « sûres » induites par les possibilités de réfutations liées aux règles FARSIPP. Ainsi, la sociologie peut prétendre s'intéresser au *rôle social* de la physique, et cette étude sera soumise aux mêmes limitations que les autres travaux sociologiques, mais il est illusoire de critiquer et relativiser le *contenu* des lois de la physique – qui sont assises sur des fondements épistémologiques très solides – en s'appuyant sur des modélisations fragiles comme peuvent l'être les thèses sociologiques. Pour former le réseau en taches de léopard des sciences humaines, il faut commencer par admettre que ces dernières n'ont pas les moyens effectifs de *contester utilement* tous les domaines de connaissances disposant d'un ancrage fort dans la réalité. Elles doivent plutôt chercher à *renforcer* leur ancrage en *s'appuyant* sur ces savoirs.

- L'usage de la règle d'Occam (limitations à un minimum d'hypothèses) est décisif en science en général, mais aussi en sociologie. Les autres règles FARSIPP comme la probabilité et la prédictibilité ne sont pas à négliger.
- La règle d'Occam pourrait valoriser les généralisations englobantes, ce qui, dans le domaine des sciences humaines, peut se révéler potentiellement dangereux, car c'est un domaine où les généralisations abusives foisonnent. Employée rigoureusement, en testant soigneusement le caractère réellement explicatif des généralisations, c'est néanmoins un instrument essentiel de sélection des bonnes modélisations.
- L'examen des probabilités devrait partir en général d'une évaluation de la force explicative des variables utilisées dans une modélisation. Si celle-ci s'est révélée utile dans d'autres contextes, alors la probabilité qu'elle serve à nouveau est plus élevée.
- La prédictibilité est également un critère utilisable. Une modélisation qui permet, au moins partiellement, d'estimer les développements possibles d'une situation sociale sera jugée plus pertinente qu'une théorie qui ne le permet pas.
- Pour permettre la prise en considération de l'immense choix des variables et des modélisations qui rend difficile la comparaison des théories sociologiques, la mise en place d'une classification de type *linnéen* (qui s'occupe des règnes animaux et végétaux) serait une démarche très utile, mais également très difficile. Il ne s'agit pas de créer une métathéorie des sciences sociales, mais de créer un guide permettant de *repérer* les variables considérées par les différentes théories ainsi que les effets décrits, pour permettre, dans certains cas, la comparaison de la puissance explicative de ces théories.

Il n'est pas interdit d'adapter les techniques de preuves à un domaine particulier, dès le moment où elles se révèlent à l'usage sélectives et « impersonnelles ». Il faut cependant se garder de tout triomphalisme. On doit admettre que, dans le domaine historique, et dans les aspects connexes qui le lient à la sociologie, il est probablement impossible de produire des descriptions qui soient totalement englobantes.

Quand un astronome décrit un système planétaire, une liste de la suite des planètes, de leurs masses, de leurs densités, de leurs orbites contient l'essentiel de ce qu'il faut connaître. La part d'arbitraire est faible. A contrario, dans le domaine des sciences humaines, particulièrement de l'histoire, il n'est pas possible d'éviter un certain arbitraire dans le choix des sujets d'étude et des liens de causalité à étudier. Un examen exhaustif serait simplement hors de portée, et en fait sans intérêt. Cela contraint, mais n'empêche pas la définition d'une attitude scientifique en matière de sciences humaines. Scientificité ne rime pas forcément avec exhaustivité. C'est dans la pertinence des approches, des angles d'attaque, que se situe probablement la qualité, le talent sociologique.

Ces limitations ne doivent en aucun cas amener à une quelconque confusion entre des descriptions rationnelles, imparfaites (et complexes) du monde des humains et celles qui font appel à des entités invisibles et magiques pour défendre une vision religieuse.

Le cas particulier de la psychiatrie

La psychiatrie, spécialité médicale traitant de la maladie mentale, semble en crise permanente depuis la Seconde Guerre mondiale, tiraillée entre des exigences sociales qui lui demandent une efficacité totale pour traiter les délinquants multirécidivistes, et les tenants de l'antipsychiatrie qui voudraient abolir les murs de la clinique.

Dans un texte de synthèse, Philippe Courtet («L'âge d'or de la psychiatrie arrive», in Boris Cyrulnik, Patrick Lemoine (dir.), *La Folle histoire des idées folles en psychiatrie*, 2016, op. cit.), président de l'Association française de psychiatrie biologique et de neuropsychopharmacologie (AFPBN), affirme que la crise de la psychiatrie tient essentiellement à l'absence, dans la discipline, d'outils permettant l'usage d'une méthodologie scientifique, mais que l'arrivée des neurosciences devrait, dans un délai raisonnable, lui donner les moyens de disposer d'instruments d'évaluation des diagnostics et de moyens thérapeutiques qui en feront une discipline comparable aux autres branches de la médecine. En bref, le non-usage de critères FARSIPP clairs au sein d'un texte de référence comme le *DSM-5* (*Manuel diagnostique et statistique des troubles mentaux de l'Association américaine de psychiatrie*) est au fondement des difficultés récurrentes de la discipline, avec une remise en cause constante des diagnostics contenus dans ce manuel ou tout autre manuel comparable. Les champs connexes à la psychiatrie, comme la psychanalyse, ont été souvent le théâtre dans lequel des «gourous» pouvaient s'en donner à cœur joie en produisant des textes «de référence» où l'obscurité des formulations permettait de dissimuler l'absence de contenu utilisable. L'introduction graduelle d'outils FARSIPP devrait cependant améliorer significativement la situation et donner à la discipline psychiatrique les moyens de ses ambitions thérapeutiques. Souhaitons que d'autres champs des sciences humaines puissent suivre le même chemin.

La science et la religion existent-elles dans des univers séparés ?

Une tradition intellectuelle, qui date au moins de la Renaissance, voudrait que science et religion n'aient « rien à voir l'une avec l'autre ». Voilà un moyen aisé de limiter les conflits, décréter que science et religion sont dans des univers parallèles qu'il ne faudrait surtout pas mélanger (voir également NOMA, infra).

Une telle séparation pourrait avoir du sens si les croyances religieuses se contentaient de décrire un paradis hypothétique et lointain, et surtout s'abstenaient d'édicter la moindre règle, la moindre prescription, le moindre conseil sur le comportement des humains peuplant la troisième planète. Il est souvent dit que la religion est une discipline « spirituelle » et la science une discipline « matérielle ». Cette distinction est absurde lorsqu'on laisse la religion s'intéresser au fonctionnement du « bas monde », décrire un monde « rempli de péchés », et surtout lorsqu'on la laisse préconiser des comportements à respecter ou, pire, des punitions pour les déviants.

Si les religions veulent s'intéresser à ce bas monde, elles doivent être jugées à l'aide des mêmes outils que ceux employés pour évaluer l'activité scientifique, simplement parce qu'il n'y a pas d'outil alternatif pour évaluer leur valeur et que celle-ci ne saurait échapper à l'examen. La seule échappatoire épistémologique possible pour les religions serait de proclamer que leur « royaume n'est pas de ce monde » et qu'elles renoncent à l'influencer en quoi que ce soit. Libre à elles naturellement de produire, sans contraintes, un règlement sur l'usage des douches au paradis...

Le fondement réel de la pathologie religieuse fait qu'elle ne peut exister sans parasiter la vie des humains et leur comportement terrestre. Il n'est donc pas possible aux humains d'éviter le lourd et dur combat contre les pathologies de la croyance religieuse et celles de la paresse intellectuelle, qui sont des plaies lancinantes de l'humanité, comme exposé dans l'affaire des pseudo-« bananes mangeuses de chair humaine », qui montre bien la difficulté du combat contre les croyances les plus ridicules (voir David Robson, *« Why are people so incredibly gullible ? »*, *BBC Future*, 24 mars 2016)[18].

La science et la religion existent dans le même univers. Un des rôles importants de la science est d'aider à la définition de méthodes pour combattre ce type de croyance.

Critères de preuve et voies de recherche

Les critères de l'épistémologie scientifique, les critères FARSIPP, sont là pour permettre de comparer la qualité de théories/modélisations scientifiques entre elles une fois qu'elles atteignent le niveau de maturité nécessaire pour pouvoir être présentées publiquement (publication) et recevoir la critique de tous les spécialistes.

Ces critères sont, a contrario, d'une faible utilité pour déterminer les *voies de la découverte* menée par chercheur. Un scientifique utilisera *tous* les moyens à sa disposition, l'intuition, la croyance, l'analogie approximative... pour trouver de nouvelles voies, de nouvelles idées. L'émotion joue un grand rôle dans la découverte, dans la recherche d'idées, dans l'intuition créatrice qui *précède* l'argumentation scientifique. Au moment de *prouver*, ces éléments ne sont plus utilisables. La qualité gustative du plat cuisiné a peu de rapport avec la beauté des meubles de la cuisine qui a servi à le concocter. Celle-ci n'influence que le cuisinier.

On parle fréquemment, pour séparer ces phases d'avancée du savoir, de *contexte de découverte* (qui ne répond à aucun critère formel et n'a pas besoin de justification) et de *contexte de justification* (dans lequel la critique des pairs doit s'exercer et tente de détruire les idées mal fondées).

Qu'est-ce qu'une preuve scientifique, quelle qualité en attendre ?

Même en utilisant les critères de falsifiabilité, répétabilité, simplicité, probabilité, prédictibilité, il n'est pas possible de définir simplement ce qu'est une preuve scientifique. Une des complications vient du niveau d'avancement différencié entre les diverses branches de la science.

Dans tous les cas, ce que l'on considère couramment comme une preuve expérimentale validant une modélisation (non-falsification) n'est que la stabilisation temporaire, avec un niveau de certitude acceptable, de théories/modélisations scientifiques considérées comme les meilleures pour une époque donnée.

Une preuve dans le domaine mathématique est quelque chose d'extrêmement fort. Certains considèrent que c'est le seul domaine dans lesquels le mot *preuve* peut véritablement s'employer. Les démonstrations géométriques contenues dans les *Éléments* d'Euclide restent valables 2 400 ans après leur parution. En physique, les tests peuvent être extrêmement rigoureux. *Le Monde* peut annoncer en 2012 que *« les physiciens ont découvert le boson de Higgs (Eglert, Brout) avec 99,9999 % de certitude »* sans paraître ridicule. Ce niveau de qualité de preuve est possible, car la physique traite de choses « simples » comme les particules.

Pour les autres disciplines scientifiques, en fonction de la complexité de l'objet d'étude et de la possibilité de modélisations rigoureuses qui lui est liée, la question de la qualité des preuves est plus compliquée. Dans tous les cas, il faut se souvenir que la théorie définitive et la preuve parfaite n'existent pas. Qu'est-ce qu'une preuve acceptable ? Cela dépend ! Cela dépend des possibilités, du coût des expérimentations, des avancées dans le champ de connaissance impliqué et du niveau des attentes sur l'utilisation du savoir. Il est important de comprendre que l'évaluation de la qualité méthodologique des expériences, de la qualité de leur appareillage statistique, de la valeur de leurs résultats est pratiquement une discipline en soi.

Ce qu'il faut retenir, c'est que la qualité des preuves ne peut pas être égale entre les domaines scientifiques, parce que le niveau de complexité et le rapport qualité/coût ne sont pas les mêmes entre ces domaines. Comment serait-il possible de prouver que 99,9999 % des bébés reconnaissent l'odeur de leur mère dès le premier mois de naissance ? C'est absurde. Il faudrait probablement, pour atteindre ce niveau de certitude, effectuer des expériences sur des milliers et des milliers de bébés !

Le niveau de preuve ne va pas seulement dépendre de la complexité du champ scientifique et de la difficulté des expériences, il va dépendre aussi du niveau d'attente des « utilisateurs ». Par exemple, il est normal que le niveau de preuve attendu du Giec sur la responsabilité des activités humaines dans l'évolution du climat soit plus élevé que celui attendu pour les prédictions météorologiques du week-end. Les sommes en jeu dans cette question se comptent en milliers de milliards d'euros (ou de dollars).

Cela ne signifie pas qu'il soit possible d'apporter des certitudes du même niveau que dans la physique des particules. Il faut parfois prendre des décisions, même très importantes, avec des connaissances incomplètes, voire insuffisantes. Il n'y a pas d'alternative, à moins de vouloir consulter les dieux en demandant leur avis aux aruspices (qui lisaient le futur dans les entrailles des animaux, au temps des Romains). La prudence n'est pas la procrastination.

La tentation de confondre le niveau de qualité des preuves atteignables entre champs de la connaissance ne date pas d'hier. Thomas Hobbes, dans le *Léviathan*, tente de présenter ses thèses en faveur de l'absolutisme politique comme aussi sûres, découlant de la même logique, que les preuves de la géométrie euclidienne. Pataquès garanti.

Que les niveaux de qualité ne puissent être uniformisés entre les sciences ne signifie pas que des remises en cause globale de la qualité des preuves employées dans un champ de connaissance spécifique ne soient pas possibles. À titre d'exemple de remise en cause globale des instruments de validation d'un champ entier de connaissance, on peut citer une polémique complexe dans le domaine des sciences humaines, qui traverse la fin du XXe siècle et le début du XXIe : quelle signification donner à la règle statistique habituelle dite $p < 0,05$? Cette « norme » statistique définit, arbitrairement, une barrière entre un phénomène existant dans la réalité mesurable et *l'hypothèse zéro*, à savoir l'hypothèse postulant qu'il n'y a aucun phénomène significatif. La règle dit qu'on accepte le risque de faux positif (le phénomène n'existe pas, mais semble validé) si ce risque est jugé inférieur à 5 % ($p < 0,05$).

Un célèbre article émanant d'un pionnier des statistiques du domaine de la psychologie datant de plus de vingt ans, « *The earth is round (p < .05)* » (Jacob Cohen, *American Psychologist*, 1994)[19], a représenté une étape de la validation, ou de l'invalidation, ou de la relativisation de cette règle usuelle.

Plus récemment, cette règle a été mise à l'épreuve et a montré ses limites (elle ne permet pas d'éliminer suffisamment de conclusions erronées fondées sur de pures fluctuations statistiques).

> *[...] dans la plupart des disciplines du vivant, le Graal consiste à obtenir une valeur statistique p inférieure à 5 % [p < 0,05, équivalent de 2 sigma (alors que le test de la validité de la découverte du boson de Higgs était soumis au critère 5 sigma, p < 0,003)], seuil sous lequel on estime que l'effet mesuré est significatif, donc avéré.*
> Pierre Barthélémy, « Une étude ébranle un pan de la méthode scientifique », *Le Monde*, 13 novembre 2013[20]

Si on change les habitudes liées à l'usage de ce seuil – surtout utilisé dans les sciences humaines et biologiques –, il sera peut-être nécessaire de remettre en cause de nombreuses pratiques et données préexistantes dans le domaine des disciplines du vivant, et le coût des expériences pourrait grimper. Il y a donc bien un lien entre la qualité des preuves et les attentes de leurs utilisateurs.

Ces polémiques, que nous avons seulement effleurées, difficiles à comprendre et à suivre dans le détail, ne remettent pas en cause la méthode scientifique, mais rappellent que celle-ci s'adresse à une réalité extérieure imparfaitement maîtrisée. Elle est donc incomplète et évolutive.

Ceux qui trouvent la méthode scientifique sans intérêt particulier et qui ne voient pas la différence entre pensée religieuse et scientifique pourront attendre longtemps un article, une critique méthodologique de fond, comparable à l'article de Cohen, dans un journal comme *L'Osservatore Romano* (journal officiel du Vatican) et, très hypothétiquement, titré : « L'efficacité des prières en langues vulgaires jugées insuffisante par des tests (le service de traduction du paradis semble débordé), seules les prières en hébreu ou en grec seront désormais prises en considération par le Ciel. »

Relativité du savoir scientifique, attentisme ?

Le caractère non absolu, révisable, des savoirs scientifiques est utilisé par certains pour décréter que « tout se vaut », que puisque telle théorie aujourd'hui considérée comme correcte sera demain non valide, alors on ne peut se fier à rien et que chacun peut avoir son « point de vue ». Rien n'est plus faux.

En comparant les savoirs et les méthodes de savoir dont a disposé l'humanité, il apparaît clairement que le savoir scientifique moderne est le savoir le plus sûr dont ait jamais disposé notre humanité. La conscience de ses limites est une force, et non une faiblesse. C'est d'ailleurs le premier domaine à reconnaître ses limites. Nulle mention de l'*intervalle de confiance* (marge d'erreur des mesures affichée dans tout bon article scientifique) dans les textes d'Aristote ou dans la Thora.

Les humains doivent confier leur destin à ce savoir, en général, sans la moindre hésitation, alors même que des erreurs, parfois graves, sont garanties. Le thalidomide est le prix à payer pour la pénicilline. Retenir l'action jusqu'à la « certitude absolue » serait simplement suicidaire.

Ceux qui préconisent un tel attentisme utilisent probablement les transports modernes comme l'avion et le train. S'ils étaient logiques, ils devraient rester à quai dans l'attente de la « théorie finale » de la dynamique, la version newtonienne étant si *has been*...

La grande toile explicative

La science offre à l'humanité une toile explicative de grande taille, mais elle n'est pas sans trous, ni même sans contradictions. C'est l'immensité du nombre des pièces du puzzle qui fait sa force impressionnante. La complexité de sa surface rend difficiles à la fois son appréhension globale et la perception de sa relative cohérence.

La compréhension des phénomènes du vivant passe par la description des règles de la chimie moléculaire, dans certains cas directement de la mécanique quantique, de la chimie organique, de la biologie, de la thermodynamique, de l'évolution darwinienne et d'autres disciplines. Le réseau des connaissances est impressionnant, complexe, essentiellement cohérent, mais avec des lacunes et de multiples difficultés. Il forme un réseau explicatif très fort, alors que la croyance ne peut se rattacher qu'à quelques « miracles » éparpillés, avec, pour seule trace, des témoins complaisants.

La compétition est en fait difficile parce que l'on doit comparer le savoir scientifique, monstre unique de la taille d'un paquebot, avec les multiples objets de la croyance qui sont, au niveau de leur puissance explicative, de la taille de maquettes en bouteille. L'immense paquebot fait l'objet de multiples railleries et critiques, mais – ce n'est pas un hasard – personne ne veut créer de bateau alternatif à la « science officielle » nommé « Science N° 2 » qui serait féministe, défenseur des opprimés et des indigènes... Les maquettes, quant à elles, ne peuvent même pas entrer en compétition pour la taille, alors on parle de leurs qualités artistiques... Dans ce cas, il est nécessaire de dire : *la loi de l'explication la plus puissante est toujours la meilleure.*

Les limites du savoir scientifique

Célébrer l'importance et la grandeur du savoir scientifique ne signifie nullement cacher ses limites. La première de ces limites, évidente et essentielle, d'où toutes les autres découlent, c'est son caractère partiel et inachevé. La science ne dispose pas d'une modélisation « simple » du réel décrivant, avec un schéma unique, l'ensemble des différents niveaux de fonctionnement du monde, allant du quark à la psychologie d'un troupeau d'éléphants. Elle n'est pas au bout de son cheminement pour capturer l'ensemble du réel. Il est possible que des pans entiers de ce réel lui échappent à jamais, car inaccessibles aux humains (en supposant qu'il existe des parties de l'univers trop éloignées du soleil, des univers parallèles inconnaissables) ou du fait de phénomènes trop complexes pour le cerveau actuel des humains (nécessitant des modélisations comportant plus de mille paramètres). Certaines modélisations avancées effectuées dans le domaine de la biologie ne permettent d'ailleurs que des représentations incomplètes du fonctionnement des systèmes biologiques et ne sont dans certains cas probablement pas assez solides pour permettre une réelle accumulation sélective des connaissances.

Les limites posées à la connaissance humaine par les règles de la physique quantique sont (ou ne sont pas, selon certains) les limites de la connaissance humaine. La science est simplement le meilleur instrument pour atteindre ces limites, pas une baguette magique pour les dépasser. Cette baguette n'existe pas.

La science, dans son état actuel, modélise des parties « aisément » accessibles du réel, mais a besoin, peu ou prou, d'une large part des lois décrivant ce réel pour modéliser chacune de ses parties (thèse appelée *holisme* par Willard Quine). Ces dépendances sont une fragilité et une force. Une fragilité, parce que la remise en cause d'une partie compromet l'ensemble, et une force, car ces dépendances valident l'existence d'un réseau de connaissances avec un fort degré de cohérence.

On peut dire, par exemple, que si les lois de conservation de l'énergie ne s'appliquent plus, alors celles de la chimie sont remises en cause, celles de la biologie de même, suivies éventuellement des règles de santé liées à la science médicale, et ainsi de suite. Ces liens multiples sont réels, mais il ne faut pas en exagérer la portée et la force. Il faut surtout considérer ces liens comme des entités réelles, complexes et diverses, et non comme de purs liens logiques. Le réseau des liens est large, mais il est relativement résilient. Une petite déchirure ne peut le détruire. Les réorganisations après un séisme (théorique) sont possibles.

Il convient de relever que les liens entre modélisations du réel sont complexes, variables selon les sujets et asymétriques. Si le boson de Higgs n'avait pas été découvert au Cern, cela aurait pu être lié à une multitude de phénomènes non dépendants directement de la théorie standard des particules, de théories «annexes» plus ou moins éloignées entre elles, et également à des défauts dans des liens complexes entre modélisations. Mais dans la majorité des cas, c'est la modélisation du boson lui-même qui aurait été en danger, beaucoup plus que ces théories auxiliaires. Les modélisations des phénomènes électriques décrivant le fonctionnement de l'électronique des capteurs utilisés par les expériences n'auraient probablement pas été remises en question par l'échec de cette série de mesures particulières.

Une évaluation de la qualité des savoirs biaisée depuis longtemps

Les premières tentatives des humains pour décrire et comprendre les méthodes qu'ils utilisent afin d'acquérir des connaissances sur le monde, les premières descriptions des règles épistémologiques, étaient le fait de philosophes majoritairement croyants (les textes grecs sont les plus connus). Ils ont effectué les premières comparaisons de la qualité des systèmes d'acquisition des connaissances. Ces comparaisons supposaient, au moins implicitement, l'existence d'un arbitre suprême, de dieux omniscients ayant un accès direct, une *vision englobante*, sur l'entier de la réalité comprenant les humains et la «caverne platonicienne» qui abrite leur ignorance. Ce point de vue «divin» continue d'influencer durablement les réflexions épistémologiques de l'ensemble des chercheurs du domaine et fausse significativement l'évaluation globale de la qualité des connaissances en possession des humains. Elle tend à dévaloriser, à réduire la valeur des connaissances humaines réelles au profit d'hypothétiques vérités imaginaires sur «la chose en soi», qui n'existent que dans l'esprit de leurs concepteurs.

L'ensemble des théories, modélisations, explications, qui tentent de décrire le monde sont, par nature, partielles et incomplètes. Comment serait-il dès lors possible de dire de manière certaine à quel degré ils reflètent la réalité, la vérité, les faits? À quel niveau de la réalité seraient-ils censés se rattacher? Quels seraient les critères possibles permettant la caractérisation, la réflexion utile, sur ce lien de manière non ambiguë?

Il est évident que les théories scientifiques décrivent, imparfaitement, pour le moins certains niveaux de la réalité, puisque ces théories « fonctionnent » et sont testées chaque jour des millions de fois. La question de leur lien avec la « réalité profonde », la « vraie réalité » n'a pas de solution générale, mais il y a souvent des indices particuliers qui donnent certaines idées sur la profondeur des connaissances actuelles, sans donner de certitudes quant à la distance qui sépare les théories courantes de l'« explication de fond ».

Il existe donc de nombreux cas où cette distance a une réalité connaissable et estimable, mais ce n'est pas le cas général. Il faut répéter ce point : nous ne connaissons pas l'étendue et la profondeur de ce que nous savons.

Il est donc important d'affirmer que, en règle générale, la connaissance de la distance entre une hypothétique modélisation ultime des choses et les meilleures théories actuelles est inconnaissable, donc finalement peu préoccupante. La seule chose qui nous soit accessible est la comparaison de la qualité intrinsèque, du raffinement, de la précision des théories, ainsi que leur efficacité instrumentale. Vouloir entrer dans des éléments de comparaison métaphysique (prises dans le sens courant, discutable, de considérations totalement extérieures à la réalité physique) équivaut à une perte de temps complète, à un nivellement par le bas où tous les chats sont gris. Les seules évaluations qui aient un sens sont celles qui comparent les qualités intrinsèques des outils de compréhensions, théories, modèles, images, récits, entre eux, pour choisir les plus adaptés à chaque usage.

L'accès à la connaissance totale d'un univers serait en fait seulement possible au créateur *très hypothétique* de cet univers (et même, cela n'est pas certain). Les humains ne sont pas des dieux, mais ils sont les créateurs, dans une certaine mesure, de certains univers, les univers géométriques, mathématiques. Dans ces univers, une connaissance *totale et absolue* de certains éléments a un sens. Lorsque l'on affirme par exemple que, si la longueur du segment A égale celle du segment B, et que celle du segment B égale celle du segment C, alors celle de C égale celle de A, on agit comme une divinité omnisciente, car on suppose qu'il nous est possible de déterminer, avec une *précision infinie*, la longueur de chaque segment et de les comparer infailliblement. Cette connaissance totale n'a de sens que parce que nous nous mettons dans la situation de créateurs d'univers.

Fort bien, mais il convient de ne pas oublier qu'une telle opération est impossible dans le monde physique, où une comparaison infiniment précise des longueurs n'existe pas. Les propriétés des objets réels ne se résument pas aux propriétés particulières que nous leur attribuons dans un raisonnement. Nous devons donc vivre dans un univers dont nous ne sommes pas, et dont *personne* n'est, le maître parfait.

Tableau comparatif des épistémologies scientifique et «contes de fées»

Ce tableau synthétise les éléments étudiés dans les chapitres précédents et offre certains compléments.

ÉLÉMENTS COMPARÉS	SAVOIRS SCIENTIFIQUES	«SAVOIRS» LIÉS AUX CROYANCES
Inspiration des connaissances	Phénomènes réels (induction), limitations liées aux modélisations existantes, pure imagination	Textes à valeur spéciale, «révélations» orales, traditions ancestrales
Forme des connaissances	Complexes et formelles, souvent sous la forme de modélisations mathématiques	Généralement sous forme de contes de fées pour adultes, souvent répétitifs, dont sont extraits des «enseignements» formalisés
Âge des connaissances	Les nouvelles connaissances remplacent les anciennes si elles sont considérées comme de meilleure qualité après validation par des tests	Ce qui est ancien est, presque, toujours considéré comme meilleur. Retour constant à la religion (prétendument) originale
Limites des modélisations	Aussi complexes que nécessaire pour une bonne modélisation de l'objet, mais limités par le niveau de compréhension des spécialistes.	Mécanismes de base toujours simplistes et invoquant des scénarios, animés par des sentiments purement (super)humains. Pas d'équations différentielles dans les livres sacrés
Validation des connaissances	Tests approfondis et répétés en vue de falsifier les parties observables des modèles	Succès commercial des mêmes, rattachement arbitraire de phénomènes jugés positifs comme confirmation des mêmes
Validations additionnelles au travers des tests de répétitivité, simplicité, probabilité et prédictibilité	Validations fortes, multiples mais complexes	Pseudo-«validations» apparentes au gré des demandes du marché
Modifications des connaissances fondamentales	Constante remise en question des connaissances seulement limitées par le conservatisme naturel et «artificiel». Recherche permanente de nouvelles formes de falsification	Impossibles en principe. Dans les faits, adaptation constante des mêmes aux besoins commerciaux, accompagné d'une prétention constante de «retour vers la pureté originelle»

ÉLÉMENTS COMPARÉS	SAVOIRS SCIENTIFIQUES	«SAVOIRS» LIÉS AUX CROYANCES
Accumulation des connaissances	Accumulation possible dans le cas général. Nettoyage régulier plus ou moins profond en cas de «changement de paradigme». Accumulation rendue efficace grâce aux mécanismes de nettoyage des connaissances dépassées par la falsification/validation des meilleures versions	Aucune accumulation n'est possible, en théorie, sur le fond. «Prière de fermer la porte de la révélation derrière soi.» D'énormes compilations d'interprétations existent sans moyens de validation reconnus
Progression globale des connaissances	Énorme au cours du temps, mais sans garantie absolue d'adéquation par rapport à une «vérité finale»	Doit souvent se «déguiser» derrière le rideau du retour à la pureté originelle. Est plutôt mal vue par beaucoup de croyants
Possibilité de critiques et de remises en cause des piliers centraux des modèles	Activité ouvertement au centre de l'activité scientifique	Activité prohibée sur le fond. En pratique, recherche pragmatique des meilleures formes de commercialisation de la croyance
Type de concurrences entre des points de vue différents	Féroce concurrence ouverte. Lutte pour faire valoir les points de vue et obtenir les crédits de recherche. Durée limitée des compétitions entre écoles de pensée liées aux possibilités de départager les points de vue par des tests ou par des évolutions dans les modélisations	Guerres ouvertes multiséculaires de tous contre tous avec souvent des millions de morts à la clé. Période de répits liés à l'affaiblissement de l'impact des croyances et à la pacification militaire des opposants. Victoire militaire seul signe de la «volonté divine»
Universalité géographique des connaissances	Les connaissances scientifiques sont universelles par nature. Cependant, existence fréquente d'écoles de pensée temporaires, divergentes, liées à des ancrages géographiques et à des personnalités scientifiques charismatiques	Très forte dépendance des lieux géographiques, des liens ethniques et de l'histoire locale des populations. Liens forts à des coutumes et à des langues. Certaines croyances ont néanmoins de fortes prétentions à l'universalité, les rendant en général plus dangereuses

ÉLÉMENTS COMPARÉS	SAVOIRS SCIENTIFIQUES	« SAVOIRS » LIÉS AUX CROYANCES
Origine ethnique des créateurs de nouvelles connaissances	Considérée comme sans importance, mais des effets de bord ne peuvent être exclus	Le plus souvent, l'origine des dispensateurs de connaissances, leur parentèle, est considérée comme décisive. La « valeur ajoutée » (liens directs avec les divinités) qu'ils donnent au groupe est un critère important
Attitude face au refus de l'universalisme des locuteurs et des connaissances	Le refus explicite de l'universalisme de la science et des scientifiques entraîne la mise au ban du coupable hors de la communauté scientifique	Extrêmement variable, multiples critères de discriminations admis en pratique selon des critères religieux, sectaires, nationaux, claniques, linguistiques, raciaux...
Importance du nombre de supporters des nouvelles connaissances	Peut être considérée comme un « proxy » pour l'application correcte des règles FARSIPP, mais il est admis qu'un scientifique isolé peut avoir raison contre tous. L'originalité n'est pas blâmable	Critère décisif, le succès commercial est le critère ultime. L'originalité est presque toujours mal vue
Efficacité opérationnelle des connaissances	Énorme efficacité opérationnelle déployée dans un très grand nombre de domaines	Aucune efficacité prouvée, à part dans la modification des états mentaux des croyants
Rapport des connaissances à la « réalité ultime »	Très fort ancrage « local », avec les domaines de connaissances précis, validé par des milliards de tests. Pas de garantie sur le lien avec la « modélisation ultime »	Aucun lien avec une « réalité ultime » ne peut être démontré. Le type de modélisation (vision du monde créée pour séduire les humains) rend extrêmement improbable tout lien non trivial avec la réalité
Défense professionnelle de la méthode de connaissance	Aucun professionnel n'est rémunéré pour défendre la méthode de connaissance scientifique en tant que telle, bien qu'elle soit utilisée par des millions de praticiens. Les « professionnels » de la méthode sont payés pour la critiquer (histoire et philosophie des sciences)	Des millions de professionnels (clergé) sont formés et rémunérés pour propager et défendre la foi religieuse comme méthode de connaissance et défendre sa valeur intrinsèque pour les humains

Il n'y a pas que l'épistémologie...

La puissance de la science de type occidental ne réside pas seulement dans une « bonne » épistémologie. Celle-ci est inséparable des formes organisationnelles, sociales, politiques, économiques qui lui donnent sa force. Par exemple, la création d'universités dotées d'une indépendance et d'une stabilité sur le long terme en Europe pendant le Moyen Âge, puis, au cours du XVIIe siècle, la mise en place d'un corps séparé de « savants » à plein temps, non dépendant directement d'un maître puissant ou d'organisations religieuses. Toutes ces actions ont eu pour corollaire le développement (difficile et limité) d'une liberté de pensée, d'une indépendance grandissante envers les croyances religieuses, qui a été la condition indispensable, longue à obtenir et à défendre, du développement de la science moderne (révolution scientifique).

Cette indépendance, relative, a permis la publication des premiers journaux scientifiques (*Le Journal des sçavans*... à partir de 1665), poussant à la *compétition* intellectuelle entre individus et institutions, et entraînant, avec quelques dégâts collatéraux, l'amélioration constante des mécanismes explicatifs.

L'importance du système des brevets et des progrès industriels qu'ils ont permis est malheureusement souvent négligée dans la description de la remarquable montée en puissance des pays occidentaux au cours des trois derniers siècles. Ils sont pourtant un élément essentiel – mais certainement pas au-dessus de toute critique – de la faculté de ces sociétés à mobiliser des énergies et des investissements pour développer de nouvelles techniques, de nouveaux procédés, utilisant souvent des savoirs scientifiques qui, en retour, ouvrent la voie à de nouveaux développements scientifiques.

L'appareil organisationnel qui permet aujourd'hui l'acquisition du savoir et son utilisation à large échelle est complexe et tentaculaire. Il s'étend à tous les continents et représente une part significative de l'activité économique mondiale. L'ensemble du système productif mondial est dépendant, en grande partie, pour son fonctionnement courant, de manière directe ou indirecte, des savoirs scientifiques accumulés.

La constitution de cette « armée du savoir » a permis un énorme développement des connaissances, des techniques et des économies. La division du travail qui en résulte est à la base de tout progrès et est aussi une source de frustrations constantes.

Cette structuration sociale de l'acquisition et de la diffusion du savoir est tout sauf parfaite, mais c'est celle qui a été souvent adoptée par les pays désirant accéder à la modernité. Il est donc probable qu'il ne soit pas facile de dépasser ce modèle, même si le poids des contraintes institutionnelles commence à devenir lourd, sans doute trop.

2

Face aux critiques épistémologiques

Le chapitre précédent a posé des bases claires pour expliquer les différences intrinsèques entre science et religion. Les chapitres suivants examineront plus en détail certains aspects « annexes » de ces différences et définiront de façon plus précise le positionnement de la méthode scientifique afin de combattre les tentatives de « déconstruction » et de relativisation de la valeur du savoir scientifique qui émanent de certains acteurs. Ce chapitre s'occupera principalement des « aventures » récentes de l'épistémologie au XXᵉ siècle et des tentatives récentes d'effacement des frontières entre méthodes de connaissance qui sont le fait de penseurs « post-modernes ». Nous examinerons enfin les critères possibles de validation de « la vérité ».

La méthode scientifique et ses critiques (post)modernes

Depuis les années 1960, une nuée de *déconstructeurs* s'est abattue sur tous les domaines du savoir avec plus ou moins de bonheur. Nous devons considérer ici leurs analyses de « ce qu'est la science », puisque celles-ci ont une influence significative sur la perception de la science par un grand nombre de personnes formées aux sciences humaines, et sont donc susceptibles de gêner significativement la mise en action de la clarification scientifique du rôle néfaste des croyances religieuses et identitaires. Nous traiterons ces écoles de pensée comme un tout. C'est parfaitement injuste de leur point de vue, mais c'est parfaitement justifié dans le cadre de l'examen de leur positionnement épistémologique et des dangers qu'il recèle. Il est important de relever que les scientifiques, les praticiens eux-mêmes, se sentent en général peu concernés par beaucoup de ces approches «critiques».

Nous allons examiner, brièvement, les traits les plus marquants et importants pour notre compréhension de ces écoles de pensée dont les thèses tendent à brouiller les différences énormes entre les sources de savoir. Le plus souvent, la confusion est créée au travers de l'étude détaillée (au niveau des relations entre acteurs) d'épisodes de la progression du savoir scientifique. Ces études ne sont pas dénuées d'intérêt intrinsèque, mais avant d'examiner le comportement de chaque atome de la calandre d'une voiture, il faut s'intéresser au mouvement du véhicule lui-même, sinon, gare à la collision !

Notre démarche ne visera qu'à désenfumer la vision de la réalité obscurcie par les partisans de la «déconstruction» et les rénovateurs «post» : postmodernistes, postcoloniaux, etc. La racine de ces mouvements remonte aux années 1930 et aux péripéties liées au *Cercle de Vienne*.

Le Cercle de Vienne

« Le Cercle de Vienne est un groupement de savants et philosophes qui a fonctionné à Vienne, de 1923 jusqu'à l'assassinat de son chef de file, Moritz Schlick, le 22 juin 1936, après quoi le club se dispersa. » Une des thèses essentielles du Cercle a été : *« Les sciences doivent être unifiées dans le langage de la physique (réductionnisme des sciences empiriques) ou de la logique (logicisme), car toute connaissance est soit empirique soit formelle. »* Une théorie devait pouvoir se résumer à des prédicats empiriques (expérimentaux) et utiliser les outils classiques de la logique formelle. On parle de la philosophie ainsi définie sous le nom d'*empirisme logique*.

L'usage intensif de la logique formelle dans les sciences empiriques (non mathématiques) est un piège dangereux. L'un des partisans de l'*empirisme logique*, Carl Gustav Hempel, l'a d'ailleurs lui-même relevé dans son *paradoxe du corbeau*. On part de l'affirmation : *tous les corbeaux sont noirs*. On inverse l'affirmation : *tout ce qui n'est pas noir n'est pas un corbeau*. Hempel relève que le constat *cette pomme est verte et n'est pas un corbeau* représente, formellement, une vérification de l'affirmation *tous les corbeaux sont noirs*, puisque ce constat vérifie l'affirmation inverse *tout ce qui n'est pas noir n'est pas un corbeau* dans ce cas au moins. La suite logique serait de tester *tous* les objets (non-corbeaux) de l'univers pour vérifier que cette négation s'applique à eux aussi. Ce paradoxe est un exemple frappant soulignant les dangers liés à l'usage *inconsidéré* de la *logique formelle* dans les sciences empiriques.

La logique formelle est un outil très puissant dans le domaine mathématique et certains domaines connexes. Il est possible par exemple d'affirmer, et de prouver, que l'addition de deux nombres entiers positifs donnera toujours un nombre entier positif. Que cette démonstration s'étale sur 2 lignes ou sur 200 pages, elle a du sens, et elle est possible avec un effort «raisonnable». Ce qui rend cette démonstration possible et utile, ce sont les propriétés *générales* des «objets» étudiés. Ces propriétés leur sont données *a priori*, par les axiomes. L'ensemble des nombres entiers positifs est une création arbitraire dont le mathématicien décide, au départ, des propriétés. Il a donc la maîtrise «totale» de ces propriétés (mais pas de leurs conséquences logiques). Celles-ci ayant des propriétés *générales par nature*, elles n'ont pas besoin d'être testées «sur le terrain». Pas d'expérience de laboratoire sur des corbeaux *pairs* ou des pommes *impaires*. C'est ce qui donne du sens aux démonstrations mathématiques. Ces propriétés générales n'appartiennent ni aux corbeaux, ni aux «non-corbeaux» et cette différence de type de propriété fait que ces outils logiques sont d'une utilité relative et doivent donc être utilisés avec beaucoup de circonspection.

Ces difficultés sont comparables à celles que nous avons, brièvement, décrites pour expliquer les limites fortes de l'inductivisme logique. L'usage intensif de syllogismes (tous les hommes sont mortels, Socrate est un homme, donc Socrate est mortel) est une plaie de la pensée. L'affirmation *toute chose a une cause; l'univers étant une chose, il doit avoir une cause qui lui est externe, donc il existe un dieu créateur, qui est esprit* est l'exemple même d'un raisonnement absurde. Il n'existe pas de propriété générale pertinente des objets qui inclurait automatiquement l'univers, à part dans la tête des théologiens (et autres philosophes idéalistes). L'univers est un objet réel dont il faut expliquer les caractéristiques et la création en se basant sur la connaissance, partielle, de ses caractéristiques. Les raisonnements abstraits ne tenant pas compte des caractéristiques de l'«objet» univers ne sont dans ce cas d'aucune utilité.

Chercher à transformer *toute* théorie scientifique en une suite d'affirmations *simples*, testables directement sur des résultats expérimentaux, amène des difficultés comparables. Il est extrêmement problématique de ramener chaque énoncé théorique à des prédicats de résultats d'expériences.

Pour qu'une expérience ait un sens, il est souvent nécessaire, en préalable, qu'un grand nombre de lois de la physique (et d'autres domaines de connaissances) soient considérées comme valides. La vérification ne peut donc pas être isolée et c'est bien la valeur d'un réseau (lâche) de modélisation qui est peu ou prou testée à chaque fois. Ces limites existent également si on utilise, sans autre, les critères de falsification poppériens. Un test isolé n'a que peu de sens. On a toujours un réseau de modèles, même si l'on cherche par tous les moyens à être le plus spécifique possible.

La faillite relative du Cercle de Vienne et les limites reconnues de la falsification poppériennes sont liées à des ambitions démesurées. Le cercle a tenté de sauter un pont trop loin, à l'image de l'opération Market Garden derrière les lignes allemandes, opération surnommée « un pont trop loin », en 1944, qui a échoué car ses buts étaient *hors de portée*. Vouloir examiner et évaluer *l'activité* de la science, qui est une pratique humaine, avec la rigueur des instruments de la logique mathématique et des sciences « dures » est improductif. La camisole éclate vite. Les sciences de la nature ne peuvent être traitées de la même manière que les secteurs de la pensée très formalisés, les logiques binaires qui s'occupent de questions comme celle du barbier qui devrait (ou non) se raser puisqu'il est censé raser tous les hommes ne se rasant pas eux-mêmes. Ces questions sont des pièges typiques de l'autoréférence, de l'application à soi-même des méthodes utilisées sur d'autres entités.

La science ne doit pas copier les prétentions métaphysiques des religions au savoir absolu, au lien direct avec « le monde réel ». Le fondement de la science n'est pas, comme pouvaient le penser les membres du Cercle, un enracinement direct sur « la réalité » ou « la vérité » au travers d'un lien physique et logique immuable avec celle-ci (voir *Que pouvons-nous considérer comme « la vérité »?*, infra). La science est le lien surpuissant des humains avec la part de la réalité qui leur est accessible, c'est un réseau flottant, énorme, qui s'accroche à une partie limitée, variable en profondeur et en taille, de cette réalité qu'elle décrit avec une précision et une puissance explicative inégalées.

La science réelle a d'autres « défauts ». Elle utilise souvent le langage commun et « approximatif » sans rigueur spéciale (voir les remarques de Popper sur les définitions à ce sujet). Il n'est pas possible de savoir d'emblée quelle part de réalité la science décrit, comment elle est reliée ultimement à la réalité globale, avant la découverte, très hypothétique, de la loi finale de la science qui décrirait, de manière démontrée, tout, et le plus simplement possible.

L'épistémologie scientifique est à la fois une science empirique – elle s'intéresse à la manière avec laquelle la science se fait – et une technique normative – elle dit, dans certaines limites, quelles sont les normes de validité qui s'appliquent à la démarche scientifique.

Beaucoup de praticiens de la science pensent que ces « pseudo-règles » n'existent pas et que tout est *vite fait sur le gaz*. Ils ont évidemment tort et seraient vite effrayés si on appliquait vraiment ce type de règles. L'épistémologue doit distinguer deux types de situations : celles dans lesquels de la mauvaise science, ne respectant en rien les règles FARSIPP, produit des résultats douteux, et celles où des « raccourcis » ont été pris, des règles formelles n'ont pas été respectées (généralement par manque de ressources), mais où, pour l'essentiel, la qualité des connaissances reste intacte et les savoirs sont utilisables. L'épistémologie est une activité de terrain où il faut savoir poser des limites. Le fait que ces limites aient aussi leurs limites, leur caractère non absolu et définitif, n'invalide en rien leur valeur ni leur importance. La zone des marées est à partager entre terre et mer. Si cette limite fluctue, cela signifie-t-il qu'il n'y a pas de différences entre terre et mer ?

L'échec du Cercle de Vienne est en définitive lié à l'organisation de l'univers dans lequel vivent les humains. Cet univers n'est pas structuré, en première approche, de manière parfaitement logique, hiérarchique et claire. Les différents niveaux de la réalité ne s'emboîtent pas de manière « mécanique ». Il n'est pas possible de tester simplement, logiquement, le fonctionnement de l'électron, d'en déduire le fonctionnement de l'atome, puis le fonctionnement des molécules, de la chimie, de la vie biologique, et finalement de l'activité sociale. Les liens entre ces niveaux existent bien, mais ils sont complexes à mettre en lumière, et chaque niveau de la réalité à ses propres règles, apparemment disjointes des autres. On parle volontiers des *propriétés émergentes* de chaque niveau. Mettre en évidence un lien direct entre niveaux éloignés représente généralement un exploit pour les humains.

Les mathématiques sont, à l'opposé, une grande toile logique (imparfaite) où chaque niveau possède des liens assez clairs avec les niveaux inférieurs et supérieurs, même si la mise en évidence des liens *transversaux* entre domaines occupe une bonne part de l'activité des mathématiciens. Nous pourrions penser à rédiger une pétition pour changer d'univers, pour disposer d'un univers plus « simple », mais nous ne saurions pas à qui l'adresser...

Cela ne signifie pas que nous ne pouvons rien connaître de très précis sur l'univers qui nous entoure, simplement que ces connaissances, à l'image de la trajectoire des planètes, qui est elliptique et non circulaire, sont « imparfaites », parfois contradictoires. Et alors !

« La structure des révolutions scientifiques »

Après l'effacement, relatif, des partisans de l'*empirisme logique* (Cercle de Vienne), la publication par Thomas Kuhn en 1962 du livre *La Structure des révolutions scientifiques* (op. cit.) a induit dans le domaine de l'épistémologie des sciences une remise en question très significative, par les historiens, sociologues et philosophes des sciences, de la valeur intrinsèque du savoir scientifique.

En résumé, sans que Kuhn l'ait forcément directement cherché, une bonne partie des acteurs extérieurs « supervisant » le champ de la science sont à considérer maintenant comme des *relativistes*, des chercheurs qui pensent que toutes les descriptions de la réalité se valent, c'est-à-dire, pour prendre un cas extrême, comme des gens qui pensent que l'explication par le physicien du fonctionnement du soleil utilisant le mécanisme de la *désintégration bêta* pour modéliser la fusion thermonucléaire et celle du sorcier Yaqui qui décrit la *scène de famille cosmique* ayant présidé à la naissance du soleil sont à mettre sur un même niveau : des affirmations « contextualisées ».

La « brèche » introduite par *La Structure* est la suivante : constatant qu'à certaines occasions, historiquement, la science changeait complètement (aux yeux de Kuhn) de modèle explicatif pour décrire une partie du réel, et postulant qu'il n'y avait ni liens ni continuité entre les anciennes et les nouvelles formalisations, les anciens et les nouveaux « paradigmes », Kuhn et, surtout, ses « descendants » affirment le caractère arbitraire de ces modélisations et, partant, insistent sur la nécessité de leur contextualisation sociale. Ils veulent faire de ces modèles essentiellement les productions typées de certains acteurs du champ de la connaissance, en plaçant les physiciens et les sorciers sur une même étagère.

Le fond de ce relativisme, partant du « constat » de l'existence des changements de paradigmes, est simplement absurde. Il confond plusieurs choses. Il n'aurait de sens que si les modèles scientifiques s'étaient d'emblée présentés comme des *théories du tout* décrivant l'ensemble de l'univers, dans ses moindres détails, et que ces *théories du tout* s'étaient succédé brutalement au cours du temps sans liens entre elles. On pourrait alors parler d'arbitraire et se poser des questions légitimes quant à l'origine sociale et politique de ces revirements théoriques.

Dans la réalité historique, il n'y a, à ce jour, aucune réelle *théorie du tout* remplaçant l'ensemble des autres théories. Il y a plutôt succession/concomitance de théories scientifiques décrivant des parties différentes de la réalité et retenant ces différentes parties de la réalité comme éléments centraux des modèles. La charge électrique (le coulomb) est positive dans le cas de l'électrodynamique de Maxwell, et l'électron, négatif dans la théorie quantique. On voit plusieurs théories coexister ou se succéder dans les mêmes domaines. Par exemple, la mécanique céleste newtonienne, l'électrodynamique maxwellienne, la relativité einsteinienne, la mécanique quantique de Bohr.

La première question qui doit être posée sur ces modélisations est celle de leur adéquation individuelle avec les « normes » FARSIPP. Nous devons constater que, chacune à leur manière, elles répondent à ces normes et sont donc à considérer, sans aucun doute, comme des modélisations scientifiques de grande qualité. Nous devons aussi examiner le caractère « arbitraire » des modélisations contenues dans chaque « paradigme ».

> *Kuhn insiste beaucoup sur le fait que la confrontation de points de vue théoriques lors d'une phase de science extraordinaire n'est que partiellement rationnelle : les opinions et choix des scientifiques sont pour lui tributaires de leurs expériences, de leurs croyances et de leurs visions du monde.*

Il oublie de préciser que cela n'est vrai que *dans le cadre imposé par les données expérimentales* et les zones d'obscurité créées par l'inaccessibilité de certains éléments de la réalité. Dans les faits, si plusieurs modélisations sont possibles, qu'il y a *sous-détermination* des théories par les expériences, qu'il n'est pas possible d'employer les critères FARSIPP pour les départager simplement, alors les considérations de personnes, les forces sociales deviennent des éléments significatifs pour sélectionner le prochain paradigme qui va triompher, momentanément.

FACE AUX CRITIQUES ÉPISTÉMOLOGIQUES

La question suivante est celle de la succession historique des paradigmes. Si nous considérons que la théorie quantique des champs a succédé (partiellement) à l'électromagnétique maxwellienne, et la relativité générale à la mécanique newtonienne, alors comment est-il possible que deux théories, dissemblables et n'utilisant pas les mêmes modélisations, les mêmes éléments de réalité comme éléments déterminants, puissent être « vraies » ?

Cela n'est en fait nullement un paradoxe si l'on accepte le caractère partiel et limité de ces théories. À chaque « version » de la théorie, d'autres éléments de la réalité sont utilisés pour obtenir une bonne modélisation du réel. Si chacune d'entre elles répond aux « normes de qualité », on peut tout à fait concevoir que ces modélisations soient différentes d'une théorie à l'autre. À l'aide des normes FARSIPP, nous pouvons séparer aisément la modélisation du soleil comme plasma en fusion et celle venant du sorcier indien. Le fait que cette modélisation des processus thermonucléaires ne soit pas la modélisation « finale » n'infirme en rien son excellent rapport au réel.

L'examen du lien, du recouvrement, entre diverses modélisations scientifiques du réel est une question qui doit être examinée au cas par cas avant d'en faire un bilan général. Le bilan global de trois siècles d'activité scientifique intense est plutôt positif quant à la continuité des modélisations, à celui des mesures expérimentales et de la cohérence des savoirs. La relativité einsteinienne donne les mêmes résultats de calcul du déroulement des phénomènes que la mécanique newtonienne pour les basses vitesses et les forces gravitationnelles « faibles », même si elle n'emploie pas les mêmes concepts pour modéliser l'univers.

En fait, si l'emboîtement des théories entre elles était « parfait », si le sens du *perfectionnement incessant* était limpide, l'enchaînement des modélisations successives sans failles, cela signifierait que l'univers qui nous entoure est simple, logique, directement hiérarchique. Nous savons que cela n'est pas le cas. Notre compréhension du monde est le reflet de ce monde « imparfait » dont nous ne pouvons percevoir que des parties limitées.

La dernière question ouverte est celle du « progrès » scientifique. S'il y a constat que parfois les théories se succèdent sans lien logique clair et évident entre elles, quel sens donner au « progrès » scientifique ? Y a-t-il une direction globale qui donne une orientation reconnaissable ? Y a-t-il quelque chose qu'on puisse appeler science « en général » ?

Il importe d'abord de distinguer cette question de celle de la séparation entre théorie scientifique et récit mythique. On pourrait admettre que les théories scientifiques se superposent sans grands liens, mais gardent chacune leurs valeurs épistémologiques propres. Elles seraient donc à comparer une à une avec les récits mythiques qui, eux non plus, ne possèdent pas de grande valeur de cohérence. Y a-t-il un chercheur pour refuser un caractère religieux commun aux *kamis* japonais (généralement des éléments invisibles de la nature ou des animaux) et aux visions de Dieu des mystiques du Moyen Âge européen ?

Avoir une vision fractionnée des savoirs scientifiques est cependant exagérément pessimiste. Il y a de nombreux liens entre les théories scientifiques qui se succèdent dans le temps et qui se superposent, partiellement, dans l'espace de la modélisation. En pratique, chaque modélisation qui « succède » à une autre doit être capable de supporter un plus grand nombre de tentatives de falsifications que sa précédente ; il y a donc sur ce point un progrès clair.

La science n'est certes pas une belle pyramide nette et simple avec la physique et la logique en fondement, mais elle représente un réseau de connaissances inégalé dont chaque partie est reliée de manière forte avec une partie de la réalité. Il n'y a aucune égalité, aucun relativisme raisonnable lors de la comparaison entre la connaissance scientifique et les autres formes de « savoirs ». C'est la compréhension intuitive de ce fait « évident » qui fonde (même non théorisé) le dédain des scientifiques actifs envers les *Science Studies* qui prétendent décrire leur domaine.

La supériorité énorme de la méthode scientifique sur toutes les autres ne signifie pas que ceux qui ne maîtrisent pas toutes les ficelles techniques d'un domaine ne puissent l'investiguer utilement sans être des spécialistes à plein temps du secteur, mais il ne faut simplement pas surestimer la hauteur de point de vue que les non-spécialistes sont capables d'atteindre pour surplomber et évaluer ces champs de connaissances. Les « récits » des « sociologues » sont souvent perçus, pour reprendre une boutade de Wolfgang Pauli (prix Nobel de physique et critique irascible) comme « même pas faux ».

En voulant expulser « la vérité » des concepts ayant un sens, les pratiquants des *Science Studies* semblent pratiquer un hold-up sur le champ scientifique où ils veulent apparaître comme les seuls capables de comprendre, à partir de critères sociologiques, l'histoire et la philosophie des sciences.

Ce qui est gênant dans la critique post-moderne, ce n'est pas le fait qu'elle soit critique – les scientifiques le sont en permanence –, mais que cette attitude critique particulière soit un passage obligé de tous les textes de cette école, qu'elle ne considère jamais l'importance de la science en tant que pilier central de la destinée humaine, qu'elle la voit plutôt comme un artefact humain parmi d'autres.

Reste à parler du « sens du progrès ». La succession, relative, des paradigmes est l'indice sûr qu'il n'est pas toujours aisé d'assigner un « sens unique » au progrès scientifique. Il n'est effectivement pas possible de garantir, a priori et de manière générale, que la science va « inéluctablement » vers la « vérité totale » et que les nouveaux paradigmes, qui remplacent un tant soit peu les anciens, sont sur le bon chemin. Il est cependant possible de dégager, souvent a posteriori, des lignes de force, des sens, des régularités dans l'activité de la science au cours des trois derniers siècles.

Il n'est donc pas forcément illégitime, pour faire une histoire résumée, un peu simpliste, de cette période extraordinaire, de limiter sa description à une

« histoire des vainqueurs » qui ne retient que les actions de ceux qui, hasard ou non, se sont trouvés au bon endroit, au bon moment.

Une histoire de la Deuxième Guerre mondiale se limitant aux grandes actions des États-Unis, de l'URSS, de l'Allemagne et du Japon serait certes réductrice, mais c'est parfois tout ce qu'un certain public est en mesure d'absorber dans un temps limité. Il faut parfois insister pour que ce public retienne que la prise de Paris (par les Allemands) précède de cinq ans la prise de Berlin (par les Soviétiques). Ce qui reste important, c'est que ce même public soit conscient de n'apercevoir les choses que par le petit bout de la lorgnette en histoire des sciences et en histoire générale.

Cela n'enlève rien à l'intérêt, pour un public spécialisé, de l'examen détaillé de chaque époque, à la réflexion sur les « chemins finalement sans issue » qu'ont empruntés d'excellents scientifiques. Mais les arbres ne doivent pas cacher la forêt. Si de nombreux colons de l'Amérique du Nord se sont égarés dans des trous perdus durant le XIXe siècle, il n'est cependant pas possible de nier qu'il y a eu un mouvement, l'entraînement dirigé dans une « destinée manifeste » de ces colons, qui sont allés vers l'ouest des États-Unis, quoi qu'on puisse en penser par ailleurs.

De la même manière, il n'est pas possible de garantir que les progrès de la médecine, qui ont permis (en partie) de doubler le temps de vie des habitants des pays occidentaux, soient la voie vers l'immortalité (si cela devait être le but recherché). Il est possible que la recette de l'immortalité ne soit découverte que par des démarches nouvelles, parallèles, sans relation directe avec les travaux médicaux présents. Cela invalide-t-il l'intérêt ou la valeur de ces travaux médicaux? Perdent-ils leurs « sens » ? Est-il vraisemblable qu'aucun savoir-faire médical ne soit réutilisé dans un hypothétique « nouveau paradigme » ? Ne pas pouvoir prédire des « lendemains qui chantent » empêche-t-il de donner une direction au mouvement de la science ? Nullement. De même, l'impossibilité pour les humains de savoir quelle voie les mènera vers la « vérité », le savoir total, ne les empêche pas d'évaluer, de cas en cas et en général, les progrès de la démarche scientifique, même si ces progrès ne sont que « relatifs » par rapport à un objectif final non totalement défini.

Cette pseudo-relativité des savoirs ne signifie pas que nous soyons perdus au milieu d'un immense désert d'ignorance dénué de repères. Nous ne sommes pas obligés de choisir « au hasard », ou sur la base de nos seules convictions personnelles, de notre ancrage sociologique, esthétique, ethnique.

Pour sortir du pseudo-« marais » où tout se ressemble, il faut introduire les probabilités et l'histoire des sciences, qui nous permettent de juger de notre position, de la valeur des alternatives qui nous sont offertes. La science s'est toujours appuyée sur les probabilités pour fonder son action. Ce qui change, c'est l'accroissement de sa puissance explicative, de ses domaines d'expertise et, en conséquence, de la perception plus ou moins explicite de ses limites.

La probabilité que l'ensemble des connaissances scientifiques doivent être complètement réorientées est extrêmement faible. L'éventualité qu'une nouvelle méthode générale d'acquisition des connaissances (basée par exemple sur la révélation...) apparaisse en remplacement de FARSIPP est infime et dérisoire. En définitive, l'action humaine est basée sur les probabilités, sinon il faudrait tenir compte des « chances » que la Terre soit détruite demain par un trou noir surgissant de nulle part. Le bon comportement actuel serait alors peut-être de prier par avance le dieu qui devrait nous *accueillir* de l'autre côté du *trou de ver* familier aux amateurs de science-fiction.

Que pouvons-nous considérer comme « la vérité » ?

David Hume (1711-1776) a professé certaines idées sur les limites à la capacité des humains à comprendre la causalité des événements dans l'univers. Elles peuvent se résumer de la manière suivante (Wikipédia) :

> *Le problème demeure de savoir ce qui justifie notre croyance en la connexion causale et en quoi cette connexion consiste. Pour Hume, cette croyance est une sorte d'instinct, fondé sur le développement de nos habitudes et de notre système nerveux. Cette croyance est donc impossible à éliminer, et ne peut être ultimement prouvée par aucune sorte d'arguments (déductifs ou inductifs).*

Certains chercheurs contemporains professent, dans la même veine, que toutes nos connaissances, qui reposent sur des modélisations causales de la réalité, ne sont que des illusions et doivent toutes être considérées comme non totalement fondées (Barry Stroud, *Understanding Human Knowledge*, Oxford university Press, 2002). Le fait qu'un million de tests avec le neutron aient montré que celui-ci se désintègre, en moyenne, au bout de quatorze minutes en un proton, un électron et un antineutrino électronique n'est pas suffisant à leurs yeux. Peut-être existe-t-il un neutron qui, à l'état libre, ne se désintègre pas du tout et reste stable.

En définitive, la multiplication des expériences n'est pas l'élément décisif qui nous donne réellement confiance dans nos capacités d'appréhension du réel. C'est plutôt notre modélisation de l'*interaction faible* (une des quatre forces fondamentales à l'œuvre dans notre univers) qui nous fait réellement comprendre les mécanismes derrière la désintégration du neutron et nous donne pleine confiance dans la portée de notre mesure « empirique » de sa durée de vie.

Ce type de modélisation nous permet d'estimer le plus correctement possible les liens de causalité à l'œuvre dans la réalité complexe qui se présente à nous et nous évite, autant que faire se peut, les confusions courantes entre *corrélation* et *causalité* : le fait qu'un phénomène apparaisse toujours avant un autre, comme le coq qui chante avant le lever du jour, ne signifie pas que c'est le coq qui provoque l'apparition du soleil. Le lever du jour et le chant du coq sont reliés à l'apparition du soleil. Apparition reliée à la rotation de la Terre.

Sans modélisation scientifique de tous ces phénomènes, nous serions complètement perdus dans la jungle de «faits» apparemment corrélés. Nous devons également accepter l'idée que la description des causalités à l'œuvre derrière un phénomène est l'objet de limitations en partie arbitraires.

Quel phénomène se trouve à l'origine de l'existence du soleil et de la rotation de la Terre? Cela ne sera probablement pas décrit dans notre explication la plus simple du chant du coq, mais ce n'est pas une erreur: il y a forcément un moment où l'explication s'arrête. Le choix du point d'arrêt de la description de la chaîne de causalité est arbitraire et basé sur la notion de pertinence; pertinence par rapport aux besoins particuliers de celui qui fournit ou demande l'explication.

Nous devons cependant accepter l'idée que, d'un point de vue formel, la thèse humienne est correcte. Une preuve *absolue* du caractère essentiellement régulier du réel (condition de sa connaissance) ne peut être démontrée.

Cela nous laisse ouvertes, en gros, quatre possibilités de penser l'accès des humains à la vérité du monde, que l'on peut comparer, mais qu'il est impossible de départager empiriquement de manière absolue. Nous devons donc partir d'un choix axiomatique postulant quelles sont nos possibilités de connaissance de la réalité, de description réelle des régularités de l'univers qui nous entoure.

Les options générales ainsi définies doivent nous servir d'abord à clarifier les points de vue adoptés par les humains sans qu'une école de pensée particulière doive directement se rattacher à chacune d'elles. Ce sont des repères géométriques semblables aux points cardinaux, définis par leur cohérence logique propre. Personne n'habite le pôle Nord, mais c'est un point de repère indispensable.

Les classifications schématiques proposées ici sont donc un peu caricaturales, mais elles permettent de s'y retrouver parmi des positions philosophiques diverses et variées, pour ensuite juger de leur valeur sur la base de leurs conséquences sur nos capacités de connaissance de l'univers, ainsi que sur leurs autres effets pratiques:

- Le réalisme scientifique:

    La réalité qui nous entoure est en grande partie connaissable et possède des régularités que les humains peuvent comprendre. Ils peuvent saisir partiellement les liens de causalité entre éléments de réalité sur la base des modélisations qu'ils développent. La science est l'instrument privilégié de cette connaissance.

Les partisans de cette thèse peuvent développer une activité scientifique sans contradictions insurmontables.

- Le déisme humble :

La réalité qui nous entoure est en partie connaissable, mais seul Dieu (choisi au hasard parmi dix mille « candidats ») a une vraie compréhension des lois de sa création. Nous ne devons pas prétendre à appréhender vraiment l'univers.

Les partisans de cette thèse peuvent développer une activité scientifique limitée et utiliser un « joker » quand cela les arrange.

- Le relativisme culturel :

Chaque locuteur énonce des vérités valables seulement dans son système de référence culturel. Aucune vérité n'est testable en dehors de ces systèmes.

Les partisans de cette thèse devraient donc logiquement accepter, à parité avec la version newtonienne, la valeur de la physique aristotélicienne (qui ne comprend pas la notion d'inertie des masses), issue d'un peuple avancé, les Grecs, et soutenir son usage pratique « équitable » dans les dispositifs de transport modernes, par égard pour « ceux qui y croient ». Rendez-vous au fond du ravin.

- Le relativisme absolu :

Rien n'est connaissable, tout est illusions et points de vue.

Les locuteurs défendant ces thèses feraient mieux de se taire, car les livres qu'ils lisent sont encore moins sûrs que les lois de la physique, et ceux qu'ils écrivent seront probablement transformés subrepticement par les actions mystérieuses et incontrôlables de la nature ou des divinités.

L'affirmation que la connaissance du monde est possible est à la base de la démarche scientifique. Dans un texte titré « Faut-il croire la science ? » (Études 2013/1)[21], Étienne Klein récuse les affirmations de ceux qui nient cette possibilité en énonçant simplement cette question : « Si vous ne croyez pas à l'existence de la vérité, quelle cause votre désir de véracité servira-t-il ? »

La confusion habituelle sur ce qu'est la vérité a son fondement dans une confusion courante, celle qui mélange *vérité scientifique* et *explication ultime*. Une vérité scientifique modélise une partie du réel de la façon la plus efficace et simple pour le niveau de connaissances d'une époque donnée. L'explication ultime de cette réalité ne sera peut-être accessible que dans des temps lointains, ou jamais, pour les humains.

Il est néanmoins important de remarquer que les défenseurs du « relativisme » scientifique, qui passent leur temps à souligner l'importance du « locuteur » et de ses préjugés dans la définition des lois de la nature, n'ont jamais été capables de proposer une seule loi physique alternative, même hypothétique, qui refléterait un autre point de vue culturel, sexuel (il paraît qu'il y a des lois de la physique machistes), racial ou national...

Il est donc raisonnable de penser que l'idée de relativité culturelle du savoir n'est en fait qu'une fadaise universitaire occidentale « idéaliste » qui doit absolument être remplacée par la mise en valeur de l'*universalité* du savoir scientifique, socle incontournable de la culture humaine. Cet universalisme est bien sûr fondé sur la force de la méthode FARSIPP, qui permet de définir les voies de résolution des différends scientifiques.

Si les « relativistes » étaient un tant soit peu sérieux, ils ne se contenteraient pas de parler de la relativité de la description de la réalité physique, liée au « contexte » du locuteur, ce qui pose des difficultés insurmontables pour les praticiens des sciences « dures », les neutrons existant pour *tous* les humains. Ces « relativistes » devraient logiquement aussi s'attaquer à la relativité de l'existence du locuteur lui-même, dont la conscience de l'existence (en une ou plusieurs parties distinctes, sans doute illusoirement unifiées) et le « positionnement social » ne sont qu'apparence et doivent naturellement être relativisés et « contextualisés », ce qui (hasard ?) poserait des problèmes pratiques insurmontables à ces mêmes sociologues « idéalistes ». Y a-t-il un ancrage « absolu » à la notion de *classes dominantes* ?

Les sociologues des sciences devraient s'assigner plutôt la tâche de liquider les préjugés des dirigeants politiques à faible culture scientifique qui ont refusé, pendant des années, d'employer des antirétroviraux contre le sida en Afrique du Sud, car leur culture médicale était « différente ».

Il est parfaitement exact de dire que la science ne donne pas un accès immédiat et sans condition à « la vérité ». Par exemple, la description scientifique des phénomènes électriques a utilisé successivement plusieurs modélisations. Une de ces étapes a été la théorie électromagnétique de Maxwell en 1864. Dans cette modélisation, qui traite des champs magnétiques et électriques, le courant électrique est décrit comme allant du pôle positif au pôle négatif. Un demi-siècle plus tard, le support dominant du courant électrique, les électrons, sont mis en évidence dans de nombreuses expériences. Les électrons ont une charge négative. Le support physique le plus habituel du courant électrique va donc en sens opposé, du négatif au positif, contrairement au sens conventionnel maxwellien.

Nous pouvons cependant affirmer que l'électrodynamique maxwellienne est vraie et que la mécanique quantique, qui décrit le comportement des électrons, est également vraie. Aucune des deux descriptions n'a la prétention d'être la modélisation ultime de la réalité. Cela ne les empêche pas d'être des théories scientifiques parfaitement utiles et efficaces pour décrire le monde des humains.

S'il est vrai que la connaissance totale et complète de la réalité est peut-être inaccessible aux humains, cela ne signifie pas que toutes les descriptions partielles de cette réalité soient équivalentes. Certaines sont plus pertinentes que d'autres, et pas d'une courte tête.

Le débat sur « la vérité » recoupe largement le débat entre « réalistes » et « antiréalistes ». Les uns affirment que les modélisations scientifiques sont « le reflet de la réalité », les autres que la science ne fait que produire des descriptions opérationnelles qui ne reflètent pas « la réalité ».

Ceux qui défendent l'idée que la science ne peut que s'en tenir à une vision superficielle des choses, à la sauvegarde des apparences, prennent souvent l'exemple de la vision défendue par le dirigeant jésuite, membre du *collegium romanum*, Christophorus Clavius (1538-1612), qui a soutenu, contre Galilée, une astronomie géocentrique (dans laquelle la Terre est le centre de l'univers), en arguant que les épicycles permettaient de décrire le mouvement des planètes, que cette description *sauvegardait les apparences* et que cette astronomie était conciliable avec les « écrits sacrés », preuve de sa vérité. Il a cependant admis, après la publication par Galilée de ses observations au télescope, décrivant les lunes de Jupiter et les phases de Vénus, qu'un modèle dans lequel certaines planètes (mais pas la Terre) tournent autour du soleil était devenu nécessaire (modèle dit de Tycho Brahe).

La possibilité pour ce brillant mathématicien et astronome (il est le père de l'actuel calendrier grégorien et fut le premier à utiliser le point décimal) de défendre, avec des arguments scientifiques apparemment raisonnables, une vision du monde évidemment incroyable à nos yeux, est utilisée pour dénier à la science la possibilité de produire autre chose que des modèles « conformes aux apparences » et à lui dénier toute aptitude à décrire la « vraie » réalité. Il convient de relever d'ailleurs que Clavius, ses « collègues » catholiques ainsi que ses successeurs défendaient explicitement cette limitation du rôle de la science comme « sauvegarde des apparences ». Heureusement pour nous, leur capacité de nuisance a été limitée en Europe du Nord.

Clavius et ses collègues n'étaient pas la science de leur époque, parce que le développement de la connaissance scientifique n'était pas leur but intrinsèquement le plus important. Leur but était de renforcer l'influence de leur croyance particulière au moyen de la science, mais pas au prix de la relativisation des textes sacrés. Ils étaient de brillants érudits et de bons calculateurs, mais cela n'était pas suffisant. Il leur aurait fallu, en plus, avoir la volonté d'améliorer constamment le score FARSIPP de leurs modélisations pour pouvoir être qualifiés de vrais scientifiques. Non aux « droits acquis » !

Nous devons cependant admettre que, tant qu'une nouvelle modélisation, héliocentrique, n'avait pas, sur la base des critères FARSIPP, remplacé définitivement l'ancienne astronomie, les défenseurs de la Terre immobile auraient eu un droit, limité, de défendre leur modèle s'ils n'avaient pas utilisé des moyens déloyaux (comme l'Inquisition) pour abattre leurs adversaires. Il est aussi nécessaire d'admettre que, probablement, le modèle héliocentrique devra dans le futur céder sa place à un autre modèle plus à même de décrire l'ensemble de la réalité.

Nous ne pouvons donc pas décrire l'héliocentrisme comme « la vérité », mais comme le modèle qui reflète le mieux nos connaissances actuelles de l'univers, y compris parce qu'il nous permet de comprendre des phénomènes non inclus explicitement dans la modélisation de base (celle de Kepler-Newton), comme le mouvement apparent du pendule de Foucault et la force de Coriolis (qui influence le mouvement des grandes masses d'air).

Il faut admettre qu'il n'existe pas de « voie directe » vers la « vraie réalité » et que ceux qui prétendent détenir cette voie sont dangereux pour la connaissance humaine.

Un débat parallèle revient avec constance. Il porte sur « les faits ». Existe-t-il des faits indépendants des théories et des locuteurs ? La réponse est : absolument non et absolument oui. Le paradoxe est lié à la mesure de ces faits. Pour qu'il y ait mesure d'un fait d'expérience, il faut pratiquement toujours qu'il y ait une théorie qui indique l'intérêt et la possibilité de cette mesure. La mesure sert à falsifier (ou non) la théorie, mais il n'est, en général, pas possible de voir surgir des faits sans théorie préalable pour en indiquer l'importance. Pas de détection du boson de Higgs sans *théorie standard des particules*.

Le résultat de la mesure est indépendant (relativement) de la théorie. Et rien ne garantit que chaque expérience serve effectivement de test pertinent de la théorie qui l'a fait mettre en place.

Aucun scientifique sérieux ne peut défendre l'idée que « la science sait tout » et que nos modélisations sont complètes. Cela signifie aussi que les modélisations ont une profondeur descriptive et explicative variable selon les secteurs de la connaissance. La science n'est donc pas « la vérité ». Pour autant, la science n'est pas une vue comme les autres, perdue parmi les acteurs culturels multiples et variés de la planète Terre. Elle est la référence absolue, mais changeante, de la description, partielle et imparfaite, du monde qui nous entoure.

Ceux qui affirment le contraire, qui pensent qu'il est impossible de privilégier telle approche épistémologique ou telle autre, doivent alors dire clairement que la solution au problème du réchauffement climatique de la planète peut être atteinte par deux méthodes équivalentes, impossibles à départager :

1) une réduction de la quantité de CO_2 dans l'atmosphère coûtant des milliers de milliards de dollars (ou d'euros) ;

2) des prières adressées au *vrai dieu* pour qu'il fasse baisser la température.

Y a-t-il un seul critère de vérité ? Les critères sont-ils relatifs, dépendants du locuteur ?

Une manière parfaitement erronée, mais hélas courante, de traiter la question de la relativité des savoirs est d'affirmer la relativité de la notion de vérité par rapport aux cultures, d'affirmer donc que toutes les cultures (humaines) ont la même valeur absolue et qu'il n'est pas possible de départager la valeur des vérités défendues par différents locuteurs. C'est souvent la base implicite de l'épistémologie de certains chercheurs en sciences humaines, comme de certains anthropologues qui pensent leur discipline comme au centre du monde, décrivant ce qui est important, et ne devant de compte à personne.

Cette position, qui nie implicitement l'existence d'une réalité connaissable, extérieure et indépendante des humains (avec des difficultés d'appréhension multiples), séparée de leurs sensations et compréhension, est absurde, du moins si l'on refuse la position du scepticisme total, qui nie la possibilité de connaître quoi que ce soit de la réalité externe.

Elle contient cependant une *petite* part de vérité. Il est d'abord évident que la portée de la notion de vérité doit être précisée (voir la distinction entre *vérité scientifique* et *explication ultime*). Il est également vrai que les *critères* de validation des savoirs ne sont pas absolus. Ils dépendent en partie du *niveau des besoins de connaissances*: si vous êtes un chasseur-cueilleur, décrire le mécanisme du lever et du coucher du soleil par l'action d'un jaguar céleste peut être considéré comme suffisant pour vos actions quotidiennes. C'est par contre un peu maigre si vous voulez envoyer un humain sur la lune.

Il y a deux (des milliers…) explications sur l'origine des saisons. L'une d'elles est une légende grecque (avec de multiples versions) : Hadès enlève Perséphone, sa fille (ou sa nièce, ou sa femme), pour l'emmener aux Enfers, plongeant sa mère Déméter dans le chagrin (et l'hiver). Mais Zeus finit par accorder à cette dernière d'avoir sa fille avec elle la moitié de l'année (déjà la garde alternée…) et cette alternance donne naissance aux saisons.

La seconde explication part de l'inclinaison de l'axe de rotation de la Terre sur elle-même par rapport au plan de l'écliptique (plan de rotation de la Terre autour du soleil) et retient comme mécanisme explicatif les variations, reliées à cette inclinaison, de la quantité de chaleur (lumière) solaire se déversant sur les continents au cours de l'année.

Les deux explications, volonté de Zeus et inclinaison de l'axe de rotation, sont-elles également vraies ? Ce n'est donc pas la « vérité », la réalité du monde, qui est relative, mais le niveau d'exigences de l'adéquation entre les descriptions/modélisations et la réalité. Il est bas chez les personnes atteintes de croyances religieuses lorsqu'elles prient, et élevé chez ceux qui pratiquent la recherche scientifique, du moins lorsqu'ils sont dans leur laboratoire.

3

Sociologie des savants, relativité des savoirs ?

Ce chapitre poursuit le travail du précédent et s'intéresse à plusieurs aspects des attaques « sociologiques » contre la spécificité et la puissance de la méthode scientifique – attaques qui forment la menace contemporaine la plus concentrée contre cette méthode. Il indique également, en réponse à des tentatives spécifiques de limiter la valeur de la méthode scientifique, que, tout en constatant son énorme puissance, nous devons considérer quelles limitations de la portée explicative de la méthode scientifique doivent inévitablement être acceptées. Les limitations méthodologiques des chercheurs se rattachant, de près ou de loin, aux Science Studies seront examinées. Nous terminerons cet examen général par un rappel de l'importance historique décisive de la méthode scientifique.

Construction sociale de la science ou prétentions sociologiques sans limites

Tout est *construction sociale* dans la bouche de certains anthropologues, le sexe (pardon, le genre), la taille, le handicap, la bêtise... et naturellement le savoir scientifique, qui ne décrirait qu'une part non significative de l'univers et qui serait structuré par les *constructions sociales* des dominants.

Les traces de ces *constructions sociales artificielles*, c'est-à-dire distordant la réalité, voire la recréant pour répondre aux intérêts d'un groupe dominant et ne reflétant que de manière très lointaine cette réalité ne sont pas vraiment visibles dans les lois contemporaines de la physique, par exemple. S'il est possible et utile de comprendre comment se construit un consensus sur de nouvelles lois et quel est le rôle des acteurs de la scène scientifique, il n'en reste pas moins qu'il y a un partenaire avec lequel il n'est pas possible de « négocier », à savoir l'univers qui nous entoure, et qui « décide » ou non de valider les tests des chercheurs. En définitive, c'est toujours lui qui gagne.

Il est cependant vrai qu'une compréhension des différences épistémologiques entre les modèles inductifs et fasificationnistes permet de donner un sens, très limité, aux errances apparentes de nos sociologues.

Dans le modèle inductif (empirisme), la réalité semble imposer directement ses lois aux chercheurs. Le rôle de celui-ci se « limite » à recevoir le message de la réalité et à le reformuler correctement. Il n'y a donc apparemment aucun rôle pour la construction sociale.

Dans le modèle fasificationiste, le chercheur doit produire « librement » une hypothèse et tenter de la falsifier par les tests les plus exigeants, afin de vérifier que cette hypothèse est la moins mauvaise de toutes celles qui modélisent le réel. Dans ce cas également, l'univers gagne toujours : il finit par rejeter impitoyablement les mauvaises hypothèses. Pas de place apparente pour la construction sociale dans le contenu des hypothèses validées, devenues *science*.

Il est néanmoins possible de parler de construction sociale pour décrire quelles hypothèses sont avancées et testées, par quels filtres elles doivent passer *avant* d'entrer dans le champ de l'expérience et de la validation.

Examinons un bon exemple de construction sociale d'un blocage scientifique : à la fin du XIXe siècle, les « vieux » physiciens avaient réussi à empêcher l'usage explicite de la notion d'*atome* dans le champ de la physique en s'appuyant sur les grandes réussites de leurs actions personnelles passées au cours du siècle. Ils étaient presque tous influencés par le positivisme d'Auguste Comte (1798-1857), qui prétendait ne pas s'intéresser aux causes, mais seulement aux liens testables entre variables mesurables.

Ernst Mach (1838-1916), l'homme de la vitesse du son, estimait que l'hypothèse atomique était injustifiée :

> *Non pas qu'elle fût nécessairement fausse en elle-même, mais parce qu'elle n'était pas assez économique [en efforts de modélisation].*
> Ernst Mach, *Die ökonomische Natur der physikalischen Forschung* (« La nature économique de la recherche en physique », trad.), discours prononcé à l'Académie impériale des sciences de Vienne, 1882

Ce blocage, ce refus de la théorie atomique, ridicule à nos yeux contemporains, peut naturellement être étudié en prenant en compte le rôle social de Mach, sa philosophie, sa vision de la physique et l'état d'avancement des tentatives de falsification des théories qui niaient la réalité (ou, à l'opposé, qui supposaient la réalité) de l'existence des atomes à cette époque. Il y avait bien construction sociale, blocage scientifique, par une frange active de conservateurs, mais ils ne défendaient pas une physique traficotée. Ils bloquaient l'arrivée d'une nouvelle physique, au nom de théories qui avaient de grandes qualités, et qui tenaient (presque) le sommet de l'évaluation FARSIPP.

Il se trouve que d'autres physiciens, plus jeunes, disposaient, à grand-peine, d'un meilleur score FARSIPP pour leurs nouvelles modélisations de la matière, et que cela a fini par se voir clairement quand, vers 1911, Jean Perrin a pu mettre en avant treize validations expérimentales, séparées, mais débouchant sur une valeur cohérente, de la valeur du nombre d'Avogadro (nombre d'atomes dans une *mole* de matière), dont l'existence même est étroitement dépendante de l'«hypothèse» atomique.

Les modèles des anciens n'étaient pas absurdes et ne relevaient pas de dogmes religieux sans fondement. Ils étaient simplement dépassés. Cette appréciation ne peut être portée sur la base de l'âge de leurs défenseurs ou par l'examen de leur position sociale, mais en investiguant le contenu détaillé de leurs thèses. Il faut savoir limiter son champ d'investigation: l'examen des pratiques sociales des partisans et des adversaires de la théorie atomique ne nous dit rien de la réalité de l'existence et de la structure des atomes.

La notion de *construction sociale* n'est donc pas utile pour *comprendre ou évaluer la valeur de vérité du contenu de la science*, mais elle est utilisable parfois, dans une certaine mesure, après avoir compris les tenants et aboutissants de la situation des connaissances et expérimentations de l'époque, pour comprendre *ce qui n'y était pas ou pas encore, et pourquoi ce qui y était avait été jugé prioritaire*. Autrement dit, par qui et pourquoi telle ou telle modélisation (falsifiable) de la réalité a pu mettre du temps pour devenir une théorie scientifique considérée comme testable (critères FARSIPP) et a été ensuite finalement validée.

Le contenu de la physique de la fin du XIXe siècle, qui plaisait tant aux «vieux physiciens», reste utilisable, à nos yeux contemporains, dans des domaines de validité limités. Ce contenu n'était donc pas déformé, distordu par les préjugés et les luttes de clans, mais ses limites devaient un peu à la force de l'autosatisfaction des «seniors» qui dominaient socialement le champ de la science.

Ce qui est difficile à comprendre pour certains sociologues des sciences, c'est que, dans les sciences «dures», le rapport des humains à la matière est déterminant, a sa vie propre, et le rapport des humains entre eux est contingent. Ces rapports influencent les rythmes des découvertes, leurs formes, leurs limites, mais peu leur contenu stabilisé. Cela veut dire, entre autres, que celui qui veut comprendre l'histoire de la physique doit comprendre et être capable d'expliquer ses lois et ne pas se contenter de travailler sur l'analyse textuelle des polémiques.

Les limites des possibilités de connaissance absolue du réel

De manière plus générale, il n'est pas possible de réfuter, de manière absolue, l'affirmation, « sociologique » ou religieuse, du caractère relatif et limité du savoir scientifique autrement que par des arguments logiques, par les contradictions internes de cette proposition, car il est impossible de *mesurer*, dans l'absolu, ou de tenter de mesurer la part de la réalité modélisée par la science tout en respectant les critères de falsifiabilité.

Pour accomplir valablement cette estimation, il faudrait avoir les moyens d'évaluer la taille réelle de tout le savoir potentiellement accessible aux humains et comparer ce savoir ultimement accessible avec le savoir scientifique actuel. Il faudrait, de plus, être en mesure de faire une méta-analyse de la validité des modélisations scientifiques de la réalité et les comparer avec la « vraie » réalité.

Le savoir inconnu étant précisément inconnu, y compris par sa taille, il est peu utile de s'acharner sur un tel objet métaphysique. En définitive, il est erroné de dire, tel Socrate, que nous ne connaissons rien. Il vaut mieux dire que nous ne savons pas ce que nous savons. Nous ignorons l'étendue relative de notre savoir.

Plutôt que de chercher une référence absolue, il est plus efficace de comparer les savoirs humains entre eux. Les comparer en termes de taille, de cohérence, de puissance explicative, de possibilités d'accumulation, de perfectionnement et d'efficacité opérationnelle (applications techniques).

Sur la base de l'ensemble de ces critères, le savoir scientifique contemporain dépasse toutes les autres sources de savoir dans une proportion énorme. C'est à la fois une merveille et un monstre. Une merveille par son étendue, par la précision de sa description du monde, par la diversité des champs de connaissances ; et un monstre, car sa taille le rend difficile à appréhender et à visualiser globalement pour beaucoup d'humains.

Il est paradoxal de relever que, en Occident, depuis globalement la fin du Moyen Âge, les religieux locaux n'essaient généralement plus de contester *globalement* l'autorité des sciences pour décrire une bonne part de la réalité. Tout au plus tentent-ils (en reculant pied à pied) de mettre des barrières pour protéger leur pré carré (création du monde, punition divine, etc.).

Quelle est la part de la réalité décrite par la science ?

Il arrive que des défenseurs de la croyance s'allient objectivement ou explicitement avec certains chercheurs en sciences humaines pour combattre un ennemi commun, un géant nommé savoir scientifique moderne, qui ne laisse que trop peu de place, à leur goût, aux divagations diverses. La critique sociologique de l'activité scientifique se transforme souvent en critique du contenu du savoir scientifique lui-même. Ces attaques sont souvent grotesques et ne reflètent que l'effroi des auteurs en face de ce monstre scientifique écrasant, colosse de savoir et nain des *public relations* (pour la défense de sa valeur générale), concentré essentiellement dans les *sciences dures*.

Si ce courant critique des sciences était accepté comme la référence à suivre, il s'ensuivrait que la seule différence importante à considérer entre le savoir scientifique contemporain et le « savoir » religieux serait le positionnement social de leurs acteurs respectifs. Il en découlerait donc que les contenus des savoirs ne devraient être considérés que comme des *outils argumentatifs* dont ni la valeur intrinsèque ni le lien à la réalité ne seraient vraiment importants. Seule la relation des acteurs avec la réalité sociale serait alors déterminante pour les évaluer. Est-il besoin d'insister sur le fait que cette position épistémologique relativiste empêche tout combat efficace contre la croyance religieuse, qui se trouve par-là même mise au même niveau que la science ? C'est la raison première de notre intérêt à vouloir combattre ces thèses par ailleurs absurdes.

D'un point de vue formel, il est clair que la position *post-moderniste*, support sous-jacent des *Science Studies*, courant actuellement dominant de la sociologie des sciences, n'est pas compatible avec les formes classiques de la croyance religieuse. Un post-moderne est quelqu'un qui, essentiellement, rejette la possibilité de vérités universelles et de normes objectives de la rationalité.

> *Les vérités de la science ainsi que l'éthique doivent être reconnues comme des croyances associées à des traditions particulières servant à des fins particulières dans des temps et des lieux particuliers. L'ennemi, c'est la vérité, qu'elle soit d'origine religieuse ou scientifique, car il n'y a pas d'autre vérité que le consensus social.*
> Jean-François Boyer, « Le relativisme de Protagoras aux Post-modernes », Sophia-Cholet, 13 juin 2013 [22]

À première vue, la proclamation d'une foi religieuse *absolue* devrait donc difficilement rentrer dans ce cadre et éloigner idéologiquement et pratiquement les relativistes des croyants. Même s'il est vrai que certains courants critiques se sont attaqués à la religion en tant que telle au sein des *religious studies* américaines. En réalité, chacun peut tirer sur sa cible favorite depuis son point de vue sans vraiment se préoccuper de la cohérence des critiques. La majorité des post-modernes se vivent comme les preux chevaliers défenseurs de toutes les épistémologies opprimées, y compris et surtout celles de partisans de l'*ancien régime* (où chacun a une place décidée par Dieu), qui ont une épistémologie rigide et des visions sociales rétrogrades à tous les niveaux.

Il est remarquable qu'aucun des critiques « sociologiques » significatifs de la méthode scientifique n'ait, à notre connaissance, entamé le même genre de démarche d'envergure pour s'attaquer aux croyances religieuses. Deux explications alternatives et conciliables s'ouvrent : soit ils considèrent que la croyance est « sacrée », et ne doit donc pas passer à la moulinette de leur critique ; soit ils considèrent que c'est un « âne mort » et qu'elle ne mérite pas de recevoir encore des coups. Dans tous les cas, nous ne disposons pas, particulièrement dans le cas symptomatique de Feyerabend, de critique *générale* des méthodes de connaissance non scientifique qui obligeraient leurs partisans à se positionner globalement sur l'échiquier des « savoirs » humains. Le « mauvais exemple » de Stephen Jay Gould (voir infra) déteindrait-il ?

La première faille béante qui engloutit toutes les critiques post-modernes, c'est qu'aucun des critiques « post-machin » ne propose une quelconque *version alternative cohérente* des lois scientifiques qu'il prétend critiquer, ou relativiser. La seconde, c'est que nos « critiques » ne pensent jamais à l'influence directe des croyances religieuses, à leur *description du monde* sur le comportement des individus. Ils pensent que tout cela se résume à des influences sociales, parce que les effets sont variables dans le temps et dans l'espace. Or, nier ce rôle majeur à la religion est une erreur de fond qui se paye cher dans la compréhension du monde. Comment peut-on penser le rôle de la femme dans les sociétés sans passer par sa description dans les textes « sacrés » ? Que les influences de ces textes, et des préjugés qu'ils colportent plus ou moins explicitement, et inévitablement, s'exercent toujours au travers d'un réseau de relations sociales et politiques ayant leur histoire propre ne suffit pas à les faire oublier. Le salafisme a comme prétention, comme toute religion, *le retour aux sources*.

Certains de leurs prédécesseurs dans la critique sociologique se sont montrés plus pertinents. Lorsque Karl Marx et Friedrich Engels, critiques majeurs du capitalisme, commencent par affirmer, dans le *Manifeste du Parti communiste* (1848), que « *l'histoire de toute société jusqu'à nos jours n'a été que l'histoire de luttes de classes* », ils commencent par faire l'apologie du rôle historique des capitalistes qui ont participé à la suppression de l'ancien ordre féodal et permis, par là même, un développement sans précédent des « forces productives ».

Ce qui est en jeu pour eux, ce n'est pas une quelconque qualification morale des capitalistes, mais leur rôle historique. Le prolétariat n'est pas évalué différemment ; qu'il soit pauvre et exploité n'est pas le premier critère. C'est son « rôle historique » dans la libération de l'humanité qui est considéré comme décisif. Ce rôle est examiné à la lumière de la réalité économique, chiffres à l'appui. Leur jugement, critique et critiquable, s'appuie, dans leur analyse économique et sociale du capitalisme, sur des éléments de la réalité mesurables et potentiellement (mais de fait incomplètement) falsifiables.

Quand Marx critique les économistes bourgeois, il propose un *autre modèle* du fonctionnement de l'économie. Nos « sociologues post-... » se gardent bien, eux, de proposer une autre loi de la gravité ou de la mécanique des fluides. Ils ne parlent que des liens sociaux qui, dans leur discours, seraient susceptibles d'influencer la définition de ces lois chez les physiciens. Influences qui n'ont par ailleurs qu'un intérêt relatif.

Marx, lui, ne se contente pas de critiquer le caractère bourgeois des théories économiques dominantes, il tente logiquement d'en définir de nouvelles.

Il peut agir ainsi parce qu'il s'en donne les moyens, en ayant une certaine maîtrise de l'économie. Nos critiques post-modernes ne veulent, eux, pas se risquer à définir les lois de la physique alternatives, c'est bien trop fatigant. Il ne devrait logiquement leur rester alors qu'à appliquer une règle simple : quand on n'a rien à dire d'intéressant sur un sujet, mieux vaut se taire.

Le courant des *Science Studies* peut se rattacher aisément aux autres courants académiques post-modernes qui, sous couvert d'antiracisme, de refus de la supériorité de la culture occidentale, sont devenus des espèces de balais fous inondant tout (voir *L'apprenti sorcier* dans *Fantasia*, Walt Disney, 1940). Ils ont oublié les racines du courant des Lumières qui les a portés. Celui-ci a toujours défendu le scepticisme scientifique, pratiqué la critique impitoyable des mythes et la lutte contre les interdits.

D'un seul coup, ces héritiers particuliers ont décidé que cette critique impitoyable ne devait pas s'exercer envers ceux qu'ils considèrent comme les « bons », mais seulement envers les « méchants ». Les bons sont les ex-colonisés, à condition d'être pauvres, opprimés et peu productifs, les méchants sont, en général, les Occidentaux et ceux disposant d'une productivité du travail avancée.

Beaucoup de post-modernes ont posé sur la tête des *bons* le tampon « ne pas critiquer, culture authentique à préserver ». C'est l'exemple type de racisme à l'envers, et encore pas si à l'envers que cela, car ne pas soumettre une population à la critique de son épistémologie, de ses croyances, est une forme de paternalisme destructeur. Les effets globaux de ces postures irresponsables ne peuvent être que catastrophiques. Ce type de conservatisme doit être réservé aux conservateurs de musée.

Nous avons traité plus haut (voir : *La méthode scientifique et ses critiques (post)modernes*) de l'aspect épistémologique de la critique post-moderne. Nous allons maintenant nous attaquer au même sujet avec un autre angle de vue, la critique essentiellement sociologique de l'activité scientifique, qui reprendra, inévitablement, une partie des analyses précédentes, mais qui sera centrée sur la critique sociale de l'activité scientifique.

Certains chercheurs en sciences humaines affirment, au moins implicitement, que la science (hors leur champ de travail, au moins partiellement préservé d'influences délétères, bien sûr) ne dit rien d'essentiel sur le monde, que ce qui est important, c'est la position sociale des chercheurs (il reste à créer la sociologie des sociologues des sciences), que la relation entre le savoir scientifique et la réalité est bien ténue, en bref que *l'essentiel est ailleurs...*

Ce courant, qui ne se limite pas aux sociologues des sciences, est un héritier lointain du courant *relativiste* qui a déjà sévi (parfois utilement) à de nombreuses reprises dans l'histoire des idées. Le scepticisme qui le fonde (et qui est aussi un des fondements de l'attitude scientifique) remonte au moins au médecin romain Sextus Empiricus (160-210). Empiricus professait qu'*il ne s'agit pas de rejeter les phénomènes, mais de rejeter ce qui est dit des phénomènes.* Prise en tant que telle, cette affirmation est absurde. La règle de prudence dans le *taux* acceptable de scepticisme devrait suivre celle qui est utilisée en France dans la lutte contre l'alcoolisme au volant : *un peu de scepticisme, ça va, trop de scepticisme, bonjour les dégâts.*

Il faut fermement combattre l'idée qu'il existe un fondement quelconque pour l'affirmation qui dirait que : *toute notre compréhension actuelle des phénomènes est dénuée de sens.* Il existe par contre de nombreux indices qui nous indiquent que ces connaissances ne sont pas intangibles et sont donc *sujettes à de prudentes révisions.*

En soi, l'affirmation, classique dans la version « dure » de la sociologie des sciences, *toutes les affirmations sur la réalité ne sont valables que dans le système épistémique du locuteur*, est naturellement ridicule, parce qu'elle devrait s'appliquer en premier lieu à celui qui l'énonce et dès lors devient très relative (si un Crétois proclame que tous les Crétois mentent...).

Ces sociologues confondent allégrement des notions dépendantes des locuteurs (et des autres humains) comme l'idée de *nation*, et des notions essentiellement indépendantes des locuteurs, comme l'entité électron. Il est utile et profitable de critiquer l'idée de nation, qui est d'abord une création humaine collective. Il est beaucoup moins utile de critiquer celle d'électron, entité qui a existé avant l'arrivée des humains et existera après leur disparition.

Pour qu'une critique utile de la notion d'électron ait un sens, il faudrait que le critique maîtrise complètement tous les aspects scientifiques de l'évolution de sa compréhension, y compris ses aspects expérimentaux, et soit capable d'en faire une synthèse. Il serait alors possible d'examiner l'évolution de la perception de cette notion par les humains et ses vicissitudes, mais il est simplement ridicule d'en faire, implicitement ou explicitement, un pur objet, malléable à merci, de relation de pouvoir entre humains.

Le biologiste Michel Morange décrit très bien les pratiques des relativistes.

> *[...] Mais la présentation du seul contexte social, économique et culturel ne peut, à elle seule, constituer une histoire des sciences [...] ils ne disent souvent rien du contenu de ces connaissances [...] l'auteur lui-même n'en a pas une idée claire [...] L'ignorance peut même être revendiquée [...]*

Michel Morange, Une histoire de la biologie, 2016, op. cit., p. 10

Le relativisme épistémologique appliqué au domaine des sciences est en fait le fondement logique de l'attitude du courant des *Science Studies*. Ce n'est que si toutes les opinions sont d'égale valeur par rapport à « la vérité », s'il n'y a que des discours et pas de réelle substance, que l'approche « sociologique » prend son sens. Dès que l'on considère la réalité du savoir scientifique, de son rapport (complexe) avec le réel, alors cette approche du contenu de la science centrée sur les relations entre les humains devient ridicule. Le différenciateur central en la matière est bien l'approche épistémologique : quels sont les critères qui pèsent, sur le long terme, dans la sélection des théories scientifiques retenues dans le corpus scientifique ?

Le défaut premier de tout le courant dit de la sociologie des sciences est de ne pas saisir l'inadéquation complète de ses outils habituels pour traiter convenablement le sujet d'étude auquel il s'intéresse. Les outils traditionnels et premiers dont use ce courant sont la critique et la déconstruction du discours des acteurs impliqués dans le champ étudié, par exemple la critique et la déconstruction du discours des esclavagistes, qui défendaient à grands cris l'importance du rôle protecteur qu'ils avaient envers leurs esclaves.

Vouloir utiliser ces mêmes outils pour critiquer les acteurs de la science est possible (avec des nuances) si l'on se limite strictement au domaine des rapports *entre acteurs* humains de la science. Cela devient délirant si l'on prétend traiter de la même manière le *contenu* du discours scientifique sur le monde naturel sous prétexte que ce discours sert d'abord d'outil de domination sociale. Il n'est pas possible de se limiter à étudier les variations de sensibilité, de perspectives, des scientifiques ; il faut, pour pouvoir les critiquer, comprendre leurs modèles en eux-mêmes.

Décrire les sentiments et les vies des peintres ne signifie pas que l'on esquive la description des tableaux dans les livres d'histoire de l'art. Les livres d'histoire de la science écrits par certains post-modernes sont comme des livres d'histoire de l'art sans photos. On reste sur sa faim. Que cette évidence n'ait pas frappé ceux qui ont créé le champ des *Science Studies* est très caractéristique du fossé qui sépare encore le champ des sciences de la nature de celui des sciences humaines.

Il n'est pas inutile de remarquer que cette position épistémologique relativiste facilite la vie des sociologues et historiens qui la pratiquent : elle ne les oblige pas à vraiment comprendre le détail ni à prendre position sur les contenus scientifiques des champs de savoir qu'ils prétendent couvrir. Divinité de Jésus et désintégration du neutron, même combat.

Cette prise de position épistémologique, implicite ou explicite, rend la majorité de leurs travaux sans grand intérêt. Son origine est clairement à rechercher dans une volonté d'«indépendance» des sciences humaines par rapport aux acteurs de la scène scientifique. Voilà un beau sujet d'analyse historique et sociologique...

La première faillite des praticiens de la discipline dite de la *sociologie des sciences* est de ne pas pouvoir expliquer, de ne pas s'intéresser sérieusement, aux racines de la révolution scientifique qui a propulsé très nettement l'«Occident» en tête du développement économique et politique mondial à partir du XVIIe et surtout du début du XIXe siècle (colonisation du monde à vaste échelle). Les tenants du post-modernisme nient d'ailleurs la réalité de cette révolution. Le phénomène est très bien décrit dans la brillante défense de l'existence de ce fait historique majeur par David Wootton (*The Invention of Science: A New History of the Scientific Revolution*, 2015, op. cit.).

Cette révolution, menée à son terme d'abord en Angleterre, a entraîné le passage d'une description du monde basée sur l'interprétation de la sagesse des anciens, en l'occurrence principalement celle d'Aristote, à une description basée sur des tests expérimentaux systématiques et répétés qui devenaient les seuls juges de la validité d'une hypothèse. Ne pas comprendre le lien entre la réalité économico-scientifique de la domination de l'Europe et la puissance de l'épistémologie des sciences modernes, c'est passer à côté du phénomène historique le plus important des derniers siècles : le « triomphe de l'Occident ».

S'intéresser aux variations de la perception des notions scientifiques chez les chercheurs est certes intéressant, mais ne pas centrer ses analyses sur l'énorme progrès des connaissances scientifiques des derniers siècles et souligner seulement le manque, très relatif, de continuité des concepts utilisés dans les théories au cours de cette période (en incluant force détails textuels), c'est vraiment mettre le nez, et les yeux, dans les arbres qui cachent la forêt.

Ces *sociologues* se gardent bien en général d'afficher clairement une réelle position épistémologique. Elle apparaît plutôt par défaut. Soucieux de ne pas subir les critiques en règle qu'entraînerait un positionnement explicite, nos sociologues s'en tiennent souvent en la matière au *service minimum*. Certains n'hésitent pourtant pas à afficher clairement leur point de vue. La persistance sur plusieurs dizaines d'années de travaux issus de cette école montre que, parfois, plus une thèse est absurde, plus elle est difficile à réfuter :

> [the relativist] accepts that none of the justifications of his preferences can be formulated in absolute or context-independent terms. In the last analysis, he acknowledges that his justifications will stop at some principle or alleged matter of fact that has only local credibility. For the relativist there is no sense attached to the idea that some standards or beliefs are really rational as distinct from merely locally accepted as such. Because he thinks that there are no context-free or super-cultural norms of rationality he does not see rationally and irrationally held beliefs as making up two distinct and qualitatively different classes of thing...

> TRAD. – [le relativiste] accepte qu'aucune des justifications de ses préférences ne puisse être formulée en termes absolus ou indépendants du contexte [social]. En dernière analyse, il reconnaît que ses justifications devront se limiter à des principes ou des faits allégués qui ont seulement une crédibilité locale. Pour le relativiste, on ne peut donner un sens à l'idée que certaines normes ou croyances soient vraiment rationnelles par opposition à celles simplement acceptées localement comme telles. Parce qu'il pense qu'il n'y a pas de normes de rationalité qui soient hors contexte ou supra-culturelles, il ne voit pas les croyances rationnelles et irrationnelles comme formant deux classes distinctes de choses qualitativement différentes.

> Barnes and D. Bloor, Relativism, *« Rationalism and the Sociology of Knowledge »*, in M. Hollis and S. Lukes, eds, *Rationality and Relativism*, Oxford : Blackwell, 1982, pp. 27-28

Accepter cet énoncé revient à dire qu'aucune règle scientifique n'a de justification réelle, d'existence, en dehors d'un contexte social et politique précis. Il ne s'agit plus de dénoncer les biais (réels et significatifs) de la connaissance scientifique, il s'agit d'affirmer qu'elle n'est qu'une opinion parmi d'autres, qu'Einstein parlant de la *théorie de la relativité* et le commentateur du café du commerce qui affirme que *tout est relatif* sont en situation d'égalité. En définitive, il s'agit d'affirmer que rien n'est vraiment connaissable, que tout est opinion socialement déterminée, y compris, bien sûr, le postulat de la relativité des savoirs.

À aucun moment, les partisans de la version forte de la sociologie des sciences n'ont montré que les rapports sociaux entre les scientifiques modernes auraient produit une version grossièrement déformée de la notion d'électrons ou d'autres éléments importants de la modélisation scientifique. Nos sociologues, eux, pensent que *l'histoire des sciences jusqu'à nos jours est l'histoire de la lutte des groupes sociaux (plus précisément des coteries scientifiques) pour faire valoir leur point de vue de la description du réel dans leur milieu et dans la société*. Ils pensent que leur mission est de décrire (par le petit bout de la lorgnette) les péripéties et les circonstances de ces luttes.

L'histoire récente des sciences et des techniques est d'abord celle d'un accroissement prodigieux des savoirs et des savoir-faire. Ne pas s'attacher à en comprendre les racines, c'est agir dans la même veine que certains magazines qui, lorsqu'un nouveau président est investi dans un pays, s'attachent à décrire sa vie conjugale plutôt que l'application de son programme politique. On peut vraiment dire que *l'essentiel est ailleurs*.

Une histoire des sciences qui ne prend pas position sur ce qu'est la meilleure modélisation scientifique actuelle du monde (au moment de l'exposé) et qui ne s'en sert pas pour éclairer les polémiques de l'époque passée étudiée (y compris pour expliquer les erreurs des uns et des autres, sans forcément donner des bons et des mauvais points en fonction de leur distance avec la réalité connue aujourd'hui) n'a pas d'utilité. C'est une cuisine sans sel et sans sauce, indigeste et «saine», éventuellement une histoire des scientifiques, mais pas une histoire des sciences.

Quand on veut s'attaquer au domaine de la sociologie des sciences, il faut d'abord délimiter son champ d'investigation et s'intéresser aux phénomènes pertinents qui sont à la portée de ses instruments d'analyses. Si l'on cherche à faire une histoire de l'astronomie au XXe siècle, la découverte d'une constante reliant la durée des variations de luminosité des étoiles de la classe des *céphéides* avec leur luminosité absolue (locale) par Henrietta Leavitt (dont les grands mérites ont été difficilement reconnus à cause de son sexe), dans les années 1910-1920, est sans doute un événement significatif.

Cette découverte a permis de relier la luminosité *absolue* locale de ces étoiles à celle, *relative*, mesurée sur Terre et a donc permis la mesure d'échelles de distances à longue portée, impossibles auparavant, au travers de l'utilisation de plaques photographiques permettant de connaître à la fois leur position et leur éloignement (grâce à la mesure de leur luminosité, terrestre, sur ces plaques). La détermination de la distance entre la – proche – galaxie d'Andromède et le soleil a été effectuée, grâce à l'usage de cette calibration, par Edwin Hubble sur les clichés astronomiques de cette galaxie (grâce aux céphéides qu'elle contenait). Il a donc pu établir la distance de ces étoiles (environ deux millions d'années-lumière) et confirmer la nature extragalactique de cet objet céleste (premier ensemble extragalactique prouvé). Les connaissances actuelles sur la taille de l'univers ont pu s'appuyer sur cette découverte.

Il est évidemment intéressant de se pencher, en parallèle, sur la répartition des rôles masculin/féminin à l'université de Harvard, lieu de la découverte, pendant cette période, mais cela nous indique-t-il quoi que ce soit d'intéressant sur la taille de l'univers, sur la validité de la vision actuelle de cette taille ou sur celle acceptée à l'époque de la découverte ? L'analyse sociologique ne peut pas prétendre englober une évaluation de la valeur des savoirs scientifiques proprement dits. Elle ne peut qu'expliquer les circonstances humaines de leur découverte.

En matière de savoir scientifique, les non-spécialistes doivent, sauf justification extraordinaire, « obligatoirement » adopter le point de vue « officiel » actuel. Les spécialistes, eux, peuvent « diverger », mais il leur faut expliciter et argumenter clairement leur position scientifique pour être utiles et compréhensibles. La « neutralité » sur des querelles antérieures n'a pas de sens. Nous devons tenir compte des connaissances actuelles pour éclairer l'histoire des découvertes passées.

Si nous voulions éviter à tout prix tout *anachronisme*, nous devrions décrire les relations entre membres de la *Royal Society* sur la base de leur rang aristocratique, de la réputation de leur famille et de leur généalogie. La sociologie moderne n'était pas encore inventée en 1660, pas plus que la tuberculose du temps de Toutankhamon… (si l'on en croit Bruno Latour[23]). Toute histoire d'une époque passée est, forcément, le reflet, partiel, de l'époque où vit l'historien, simplement parce que cet historien ne peut pas s'intéresser à tous les aspects d'une époque passée et que ses choix sont ceux de son temps.

La seule chose qui apparaît clairement dans les récits de détail décrivant des épisodes controversés de l'histoire des sciences issus du courant *sociologie des science*s est le caractère chaotique et complexe du processus de découverte et de validation des modélisations scientifiques. En tirer la conclusion que les théories scientifiques acceptées sont essentiellement le produit de luttes interpersonnelles et que leur contenu n'a qu'un lointain rapport avec la partie accessible de la réalité est une extrapolation hasardeuse et sans fondements que nos sociologues ne peuvent nullement démontrer.

La « cuisine interne » de la science, les luttes de pouvoir, ne sont pas les composants les plus importants de la science. Ce qu'il faut avant tout mettre en avant, c'est la capacité de la science, en tant que système d'acquisition des connaissances, à parvenir, avec des moyens limités, à « la vérité », c'est-à-dire à la moins mauvaise explication des mécanismes du réel. Et cela, sans mettre toujours en avant les qualités individuelles des humains concernés, mais plutôt l'efficacité de l'« institution » à valoriser les meilleurs (pas les plus gentils). Il faut de même expliquer que si les meilleures thèses ont triomphé, ce n'est pas un hasard ou le fruit d'un obscur combat de l'ombre, mais que des mécanismes relativement efficaces sont à l'œuvre. Les sociologues des sciences doivent être, globalement, au service de la science.

La tendance de certains sociologues à vouloir relativiser le contenu du savoir scientifique est une sorte de maladie auto-immune. Lorsque les outils de défense de la sociologie contre les illusions (les microbes attaquant le corps humain) se ressentent comme sous-employés, ils se tournent contre les entités qu'ils sont censés protéger (les cellules du corps à défendre).

Il y a là en fait une volonté de défendre les faibles et les opprimés (les populations ne disposant pas d'un accès facile à l'épistémologie scientifique) contre les « méchants » scientifiques voulant imposer leurs vues sur l'univers, l'histoire de l'humanité et le fonctionnement des sociétés humaines. Ces combats sont stupides et destructeurs. Il n'y a pas d'alternative à l'approche scientifique pour les populations désirant disposer du « confort » occidental. Une bonne part de leur représentation du monde doit être détruite, et le plus tôt sera le mieux (pour eux). Créer des outils pour aider ces populations dans le besoin à faire ce chemin serait une tâche plus utile (même si moins « charitable »...) pour les sociologues des sciences.

La hiérarchie des savoirs

Certains universitaires du champ des sciences humaines appliquent une vieille loi : *quand le chat n'est pas là, les souris dansent*. Le sens de la hiérarchie s'est malheureusement perdu entre les sciences, parfois pour de bonnes raisons. La taille du « monstre », science dure, est telle que la majorité des Terriens ne pensent même pas à la somme de connaissances scientifiques nécessaires pour faire fonctionner un téléphone portable ou une voiture.

Cette hiérarchie est d'abord une hiérarchie de la *qualité des certitudes* (probabilité de la bonne adéquation au réel). Les lois de la physique acceptées comme références stables puis mises complètement au rebut sont quasiment inexistantes depuis plus de trois siècles, depuis Galilée. Par comparaison, les changements de perspectives, les retournements, les remises en question des certitudes dans le domaine de la sociologie sont innombrables. Cela n'est pas un défaut rédhibitoire qui ferait perdre tout intérêt aux sciences humaines, mais le constat d'une réalité qui doit pousser les pratiquants de la sociologie des sciences (même ceux qui ont une formation scientifique poussée) vers la prudence la plus élémentaire. Ils doivent apprendre à considérer les lois de la physique contemporaine comme l'équivalent pratique de vérités incritiquables, du moins avec les outils sociologiques dont ils disposent, et à partir desquelles ils peuvent utilement analyser et comprendre l'histoire et la sociologie des sciences.

Partir de ce point de vue n'implique aucun respect spécial pour les individus ayant découvert ces lois. Leurs comportements, les relations personnelles qu'ils entretiennent avec leurs collègues sont parfaitement analysables avec les outils dont disposent actuellement les sciences humaines, mais ce n'est pas le cas des lois de la nature qu'ils mettent en lumière. Celles-ci ne sont en rien « certaines ou sacrées », mais les outils de la sociologie ne sont pas pertinents pour les critiquer. Un maillet en bois ne peut servir à pénétrer un morceau de tungstène pour en évaluer la dureté. Les lois de la nature sont un morceau trop difficile à avaler pour les sociologues des sciences.

Dans les faits, il n'est jamais arrivé qu'un historien des sciences, agissant en tant que tel, remette véritablement en question une loi de la physique. Il arrive par contre, parfois, qu'il remette utilement en question l'histoire de la découverte de cette loi.

Une hiérarchie des sciences existe, une pyramide des savoirs l'organise. Même s'il est vrai que la chimie ne se résume pas à de la mécanique quantique appliquée, il est aussi vrai que la chimie moderne est incompréhensible sans appréhension de l'essentiel des lois de cette branche de la physique. Si la chimie n'est pas simplement de la physique appliquée, c'est parce que les modélisations de la physique sont imparfaites et incomplètes (l'équation de Schrödinger ne peut décrire rigoureusement... que l'atome d'hydrogène a un seul électron). Ces limitations amènent le besoin de modélisations spécifiques qui s'attachent à des paramètres qui sont propres à la chimie et lui donnent son autonomie. Il y a donc bien, non pas une hiérarchie stricte des sciences, mais un empilement, avec des liens forts, de connaissances scientifiques qui voit certains domaines des sciences dépendre d'autres disciplines scientifiques, sans réciprocité évidente. C'est parce que les liens entre sociologie et physique sont longs et compliqués (mais bien réels) que les souris sociologues dansent sans chat (de Schrödinger...) pour les surveiller.

Bizarrement, un domaine connexe, la sociologie médicale, se considère, plus modestement, comme *étude des déterminants et des effets sociaux de la santé et de la maladie, et de la structure sociale des institutions ou professions médicales*. Elle s'essaie à maîtriser un champ de connaissance plus « normal » pour un sociologue. Ces sociologues ne s'aventurent pas à examiner si la description du rôle de l'insuline dans la régulation du glucose reflète la « domination masculine ». Le savoir médical a un lien fort, direct, avec les rapports sociaux, plus sans doute que le savoir de la physique, mais on ne peut pas si simplement s'amuser avec la santé.

Il y a quelques années, une *sociologue des sciences*, Luce Irigaray, s'est permis de traiter l'équation E=mc² d'*équation sexuée* («Luce Irigaray», Wikipédia)[24]. Cela ne reflète en rien la faiblesse épistémologique de la physique, mais bien son prestige intellectuel (qui en fait une cible de choix) et sa difficulté d'appréhension pour le commun des mortels, qui rend non immédiat le caractère ridicule de certaines affirmations se rapportant à ce champ de connaissance. Il «suffit» cependant de demander à nos experts sociologues de nous montrer la même équation débarrassée des scories infâmes de la domination mâle et de refuser d'entendre les piaillements de protestations que va engendrer cette demande. Si l'on affirme qu'un autre monde est possible, il faut au moins en donner une idée précise. Il en est de même avec les lois de la physique. Il serait cependant étonnant qu'une physicienne s'essaie à ce jeu puéril...

La sociologie des sciences doit chercher à savoir quelles sont les formes d'organisation sociale les plus performantes pour accroître le savoir scientifique et l'efficacité technique. Son premier rôle est celui d'un auxiliaire de productivité. Elle n'a aucun moyen sérieux de jauger la qualité intrinsèque du savoir scientifique, sinon en s'essayant à estimer l'importance des réalisations qu'elle permet à la société.

La prétention de la sociologie des sciences à évaluer la qualité du savoir scientifique est comparable à celle qu'aurait un peintre qui jugerait de la réalité des lois de la physique quantique sur la base de son appréciation de la qualité des couleurs des pigments obtenus par les chimistes. Certes, il y a un certain rapport entre la qualité des lois de la physique quantique et la qualité chromatique de ces pigments, mais ce n'est pas vraiment la bonne manière pour en obtenir une évaluation précise et pertinente – au mieux un avis distant...

Dans les domaines où les champs de connaissances, les mécanismes et la modélisation sont difficiles à quantifier et à valider, comme la science économique, les écoles sont nombreuses et diverses, les points de vue multiples. Même dans ces champs de connaissances, la critique des théories dominantes, la dénonciation de leur «construction», n'a d'intérêt que si l'on est capable de proposer des modélisations alternatives reflétant mieux la réalité et permettant l'action.

A contrario, dans les domaines où la pratique de l'épistémologie scientifique est plus «aisée», comme la physique, le consensus de base est beaucoup plus large. Les champs d'affrontement entre écoles de pensée sont en général confinés aux domaines où l'expérimentation est compliquée et coûteuse. Ce sont cependant ces champs de savoir qui sont les plus «chauds» en matière d'activité scientifique. L'examen des tensions sociales et personnelles liées aux crédits importants, à l'investissement personnel énorme des personnes impliquées dans des projets de recherches pluriannuels représente des champs de recherche que la sociologie des sciences devrait investir plus sérieusement. Ce sont précisément ceux dans lesquels la résistance aux changements est la plus susceptible d'intervenir.

Quelles sont les chances pour un sociologue des sciences d'avoir un point de vue vraiment en surplomb sur les sciences «dures»? Quasi nulles, sans connaissances très poussées du domaine d'activité qu'il examine. Il ne peut, généralement, sans formation scientifique exigeante, valablement parler que sur son champ de connaissance sociologique. Bizarrement, il trouvera peu de physiciens désirant invalider d'emblée son approche des relations sociales, des effets de groupe par exemple, sur la base de leur compréhension de la *gravitation quantique à boucles*...

La hiérarchie des savoirs, entre la physique, très fortement enracinée dans le réel, avec des concepts «simples» à tester, et la sociologie, qui se débat pour fonder solidement les siens, est claire pour qui veut examiner le tableau avec une vue plongeante. Évaluer la *qualité des modélisations* de la physique avec une vue sociologique, c'est comme chercher à définir la position géographique d'une montagne à partir de celle d'un cerf-volant.

Si un sociologue des sciences juge que l'épistémologie scientifique falsifiabiliste est trop étriquée pour comprendre le monde, alors il devrait, symétriquement, renoncer à utiliser les outils «classiques» de la sociologie pour évaluer l'activité scientifique. Pourquoi privilégier cette méthode arbitraire quand il est possible d'invoquer les esprits autour d'un feu sacré afin d'obtenir la réponse aux questions posées? Les publications dans des revues utilisant l'évaluation par les pairs sont d'ailleurs un système dépassé, trop occidental: préférons l'usage du tam-tam!

Au sein du monde occidental, les religieux ne s'essaient généralement pas à critiquer la science en général. Certains essaient de défendre leur *domaine réservé* religieux (dans des domaines restreints de l'histoire de l'univers et de l'humanité). Ceux qui pratiquent la sociologie des sciences sans se poser des questions sérieuses quant à leur niveau de compétence et de connaissance feraient mieux de redéfinir leur champ d'investigation pour en faire un outil utile et efficace, en évitant de donner des munitions aux partisans d'imaginaires «épistémologies alternatives».

Le cas Feyerabend

Paul Karl Feyerabend (1924-1994) a publié *Contre la méthode* en 1975 et *La science dans une société libre* en 1978 (op. cit.). Nous allons examiner certains détails des thèses contenues dans ces œuvres, car elles expriment un point de vue qui est, de manière plus ou moins directe, à la base de certaines divagations des relativistes contemporains. Nous ne visons pas à émettre une critique détaillée de sa philosophie des sciences, qui a d'ailleurs évolué (vers le pire), ni à juger de l'intérêt de certaines prises de position contenues dans ses premiers écrits.

Nous nous attaquons au contenu de ses œuvres les plus connues, qui ont l'avantage d'une certaine «simplicité» et de la franchise de ton employé, qui contraste avec celle d'autres auteurs comparables. Cette franchise nous permet de comprendre clairement les motivations et les intentions de l'auteur. On peut supposer qu'il y a une part de pure provocation dans ses œuvres, mais cela n'est pas décisif et ne nous empêche pas d'appréhender la *direction logique* à laquelle mène un point de vue (relativiste) qui n'est pas isolé.

Il ne s'agit pour Feyerabend ni plus ni moins que de valoriser l'obscurantisme religieux, contre la science, afin d'empêcher la destruction des «bonnes vieilles traditions» religieuses et identitaires (probablement aussi racistes) qui donnent aux peuples une compréhension simple (mais absurde) de leurs «racines» et du monde qui les entoure. Ses thèses nous intéressent d'abord comme illustrations des dérives de certains philosophes et sociologues des sciences contemporains, même si Feyerabend avait des divergences avec nombre d'entre eux.

Il ne s'agit pas ici de deviner ce que pensent secrètement tous ceux qui veulent considérer la démarche scientifique comme une croyance parmi d'autres croyances, sans fondements particuliers dans la réalité, mais de comprendre les conséquences logiques de cette vision au travers d'un cas exemplaire. Les buts de Feyerabend sont clairs:

> *A free society is a society in which all traditions are given equal rights, equal access to education and other positions of power.*
>
> TRAD. – Une société libre est une société dans laquelle toutes les traditions ont des droits égaux, un accès égal à l'éducation et à d'autres postes de pouvoir.
>
> Paul Feyerabend, *Against Method,* third edition, op. cit., p. 228

Cette réunion d'obscurantisme religieux et de valeurs identitaires est plus ou moins franchement revendiquée. Ce n'est pas le cas de tous ceux qui veulent voir la science avec un regard «détaché».

Nous commencerons notre examen détaillé par une série de citations de l'auteur prises dans ses deux œuvres essentielles pour comprendre ses objectifs:

> *[...] the new situation again raises the question of "science" vs democracy. For me this was the most important question. "My main reason for writing the book", I say in the Introduction to the Chinese Edition, "was humanitarian, not intellectual". I wanted to support people, not to "advance knowledge".*
>
> TRAD. – [...] la nouvelle situation soulevait à nouveau la question de la «science» contre la démocratie. Pour moi, c'était la question la plus importante. «Ma principale raison d'écrire le livre», ai-je dit dans l'introduction à l'édition chinoise, «était humanitaire, non intellectuelle». Je voulais soutenir les gens, et non pas «faire progresser la connaissance».
>
> Paul Feyerabend, *Against Method,* preface to the third edition, Verso, 1993

> *Man once possessed complex knowledge concerning his place in nature and was to that extent secure and free. The knowledge has been replaced by abstract theories he does*

not understand and must take on trust from experts. But should humans not be able to understand the basic constituents of their lives? Should not every group, every tradition be able to influence, revere, preserve such constituents in accordance with its wishes?

TRAD. – L'homme possédait alors des connaissances complexes concernant sa place dans la nature et était de cette façon sûr et libre. La connaissance a été remplacée par des théories abstraites qu'il ne comprend pas et il doit se fier à des experts. Mais les humains ne devraient-ils pas être en mesure de comprendre les éléments fondamentaux de leur vie? Ne faudrait-il pas que chaque groupe, chaque tradition puisse influencer, vénérer, préserver ces éléments conformément à ses désirs?

Science in a Free Society, op. cit., 1982, p. 64

Feyerabend, rejoint par-là la tradition rousseauiste du « bon sauvage » et il n'hésite logiquement pas à s'attaquer à l'éducation scientifique en tant que telle :

Almost all scientific subjects are compulsory subjects in our schools. While the parents of a six-year-old can decide to have him instructed in the rudiments of Protestantism, or in the rudiments of the Jewish faith, or to omit religious instruction altogether, they do not have similar freedom in the case of the sciences. Physics, astronomy, history must be learned; they cannot be replaced by magic, astrology, or by a study of legends.

TRAD. – Presque toutes les matières scientifiques sont des matières obligatoires dans nos écoles. Tandis que les parents d'un enfant de six ans peuvent décider de l'instruire aux rudiments du protestantisme, ou aux rudiments de la foi juive, ou omettre complètement tout enseignement religieux, ils n'ont pas la même liberté dans le cas des sciences. La physique, l'astronomie, l'histoire doivent être apprises; elles ne peuvent pas être remplacées par la magie, l'astrologie, ou l'étude des légendes.

Science in a Free Society, op. cit., 1982, p. 74

Pour arriver à ses fins « humanitaires » et égalitaristes, Feyerabend tire à boulets rouges sur la méthode scientifique. Il prétend que cette méthode n'existe pas vraiment et ne doit donc disposer d'aucun privilège.

The idea of a method that contains firm, unchanging, and absolutely binding principles for conducting the business of science meets considerable difficulty when confronted with the results of historical research. We find, then, that there is not a single rule, however plausible, and however firmly grounded in epistemology, that is not violated at some time or other. It becomes evident that such violations are not accidental events, they are not results of insufficient knowledge or of inattention which might have been avoided. On the contrary, we see that they are necessary for progress. Indeed, one of the most striking features of recent discussions in the history and philosophy of science is the realization that events and developments, such as the invention of atomism in antiquity, the Copernican Revolution, the rise of modem atomism (kinetic theory; dispersion theory; stereochemistry; quantum theory), the gradual emergence of the wave theory of light, occurred only because some thinkers either decided not to be bound by certain 'obvious' methodological rules, or because they unwittingly broke them.

> *This liberal practice, I repeat, is not just a fact of the history of science. It is both reasonable and absolutely necessary for the growth of knowledge. More specifically, one can show the following: given any rule, however 'fundamental' or 'rational', there are always circumstances when it is advisable not only to ignore the rule, but to adopt its opposite. For example, there are circumstances when it is advisable to introduce, elaborate, and defend ad hoc hypotheses, or hypotheses which contradict well-established and generally accepted experimental results, or hypotheses whose content is smaller than the content of the existing and empirically adequate alternative, or self-inconsistent hypotheses, and so on.*
>
> TRAD. — L'idée d'une méthode qui contienne des principes fermes, immuables et absolument contraignants pour la conduite des affaires de la science se heurte à des difficultés considérables quand on la compare aux résultats de la recherche historique. Nous constatons donc qu'il n'y a pas une seule règle, aussi plausible et aussi fermement fondée en épistémologie soit-elle, qui ne soit violée à un moment ou à un autre. Il est évident que de telles violations ne sont pas des événements accidentels, qu'elles ne sont pas le résultat de connaissances insuffisantes ou d'inattentions qui auraient pu être évitées. Au contraire, nous voyons qu'elles sont nécessaires au progrès. L'un des traits les plus frappants des discussions récentes dans l'histoire et la philosophie des sciences est la prise de conscience que des événements et des développements tels que l'invention de l'atomisme dans l'Antiquité, la révolution copernicienne, la montée de l'atomisme moderne (théorie cinétique, dispersion hydrodynamique, stéréochimie, théorie quantique), l'émergence progressive de la théorie ondulatoire de la lumière, ne se sont produits que parce que certains penseurs ont décidé de ne pas être liés par certaines règles méthodologiques «évidentes», ou parce qu'ils les ont involontairement brisées.
>
> Cette pratique libérale, je le répète, n'est pas seulement un fait de l'histoire des sciences. Elle est à la fois raisonnable et absolument nécessaire pour l'accroissement de la connaissance. Plus précisément, on peut montrer ce qui suit: partant de toute règle, aussi fondamentale ou rationnelle soit-elle, il y a toujours des circonstances où il convient non seulement d'ignorer la règle, mais d'adopter son contraire. Par exemple, il y a des circonstances où il est conseillé d'introduire, d'élaborer et de défendre des hypothèses ad hoc, ou des hypothèses qui contredisent des résultats expérimentaux bien établis et généralement acceptés, ou des hypothèses dont le contenu est inférieur au contenu de l'alternative existante et empiriquement adéquate, ou des hypothèses incompatibles, et ainsi de suite.
>
> Paul Feyerabend, *Against Method*, third edition, op. cit., 1993, p. 14

Voyons donc ce qu'il faut retenir de tous ce fatras de critiques sentimentales et approximatives. Si les multiples «infractions» aux règles de bases de l'épistémologie scientifique «relevées» par Feyerabend reflétaient la réalité *globale* de la science, il serait impossible que cette science ait pu *accumuler* une quantité si gigantesque de savoirs extrêmement précis et pertinents en quelques siècles. Si vraiment la *validation* des théories suivait la règle *« anything goes »* qui a rendu Feyerabend célèbre, on se demande comment la science ne serait pas devenue un grand fourre-tout de visions farfelues et disjointes.

Il n'est pas possible d'entrer ici dans le détail des supposées « infractions » décrites. Il est plus cohérent de relever que les manquements éventuels aux règles, qui sont sans doute, dans certains cas, bien réels, ont pour conséquences de créer des *dettes* de validation et que ces dettes finissent par être payées. L'édifice de la science est grand, baroque et imparfait, mais il n'a pas de concurrent sérieux.

Ce qui est déterminant pour la validité de la science, c'est la solidité sur le long terme des mécanismes de sélection et de validation des connaissances. Si on construit sur du sable, au bout d'un certain temps, tout s'écroule. Mais cela ne signifie pas que tout doive être parfait à chaque étape. Le respect absolu des règles de validation n'existe qu'en mathématiques. Comme dans la vie courante, on peut *s'endetter* au niveau de la crédibilité et de la validation. Il est possible de remettre à plus tard la validation des théories, si celles-ci permettent à la connaissance scientifique d'avancer. Attention cependant à l'accumulation de dettes, mais attention aussi à éviter une restriction trop forte du crédit ! Un grand scientifique est celui qui s'est endetté à bon escient pour des théories qui en valaient la peine.

Les règles FARSIPP ne sont pas semblables à un règlement sur la procédure de montée du drapeau, qui doit être respectée à la lettre sous peine de perdre son sens. Elles sont des voies à suivre pour parvenir à la meilleure connaissance possible du monde des humains. Feyerabend peut bien se moquer de la violation occasionnelle, apparente, de ces règles. Pour que sa démonstration ait un sens, il faudrait qu'il démontre qu'elles n'ont, en fait, pas de portée réelle *globale* sur la construction de la connaissance scientifique.

Feyerabend ne nous donne pas un seul exemple de théorie qui aurait été, pour l'essentiel, acceptée par le monde scientifique et qui se serait révélée *globalement erronée* à cause du manque de justifications solide au moment de son acceptation. Il ne fait que fouiller sans relâche dans les détails infimes de l'histoire des découvertes et des validations des connaissances (qu'il connaît fort bien) pour « démontrer » les faiblesses de la méthode scientifique.

Le fait qu'il ne puisse afficher aucune grande théorie globalement erronée à son tableau de chasse n'amène chez lui aucun questionnement. Il aurait plutôt dû constater la qualité remarquable (au niveau global) du processus de validation des découvertes de la science moderne. Il ne présente aucun bilan comparatif *global* de la méthode scientifique et des autres méthodes de connaissance. Comment peut-on administrer l'équivalent des « vérités révélées » sur les limites de la démocratie du savoir et de la méthode scientifique sans au moins tenter de faire un bilan comparatif ? Comme d'habitude avec ces courants de pensée, les arbres (et les buissons) cachent la forêt.

La manière dont Feyerabend s'attaque à l'action de Galilée est typique des tendances « modernes » de l'histoire des sciences. (Nous sommes contraints de nous pencher sur le *cas Galilée* une nouvelle fois pour comprendre le sens de ces attaques.) Il compare directement les discours de Galilée et de ses adversaires, il compare les différences de perceptions et le type de discours des acteurs, sans apparemment prendre parti entre les pro-coperniciens (Galiléen) et les anti-coperniciens. Cette manière d'aborder l'histoire des sciences, sans préjuger l'état futur (actuel) de la science, est profondément erronée. Elle part toujours de l'idée d'une histoire des sciences au-dessus de la mêlée et décrit les confrontations d'idées uniquement comme si celles-ci avaient été perçues par les acteurs de l'époque examinée.

Pour qu'une histoire de sciences soit utile, il faut commencer par expliquer les connaissances actuelles sur le sujet, en l'occurrence les lois de la relativité du mouvement, de la gravitation et de l'inertie. Une histoire des sciences doit d'abord être un exercice de vulgarisation scientifique. Il faut alors décrire, sur la base de ces connaissances, les réalités expérimentales auxquelles faisaient face les acteurs, et ensuite examiner comment ceux-ci ont agi. Les stratégies des acteurs passés doivent être examinées à l'aune des connaissances actuelles.

Bien que Feyerabend n'en parle pas, préférant le considérer comme un affabulateur, Galilée, avec l'aide de Francesco Stelluti, a effectivement réalisé une expérience portant sur l'inertie du mouvement d'un corps en testant celle d'un objet chutant sur un bateau en mouvement uniforme (David Wootton, *Galileo – Watcher of the sky*, op. cit., 2010, p. 176). Il avait donc de bonnes raisons de défendre la relativité du mouvement et comprenait les raisons de la non-perception de la vitesse de rotation de la Terre par ses habitants. Il est le créateur du principe moderne d'inertie des masses (partie essentielle de sa défense de l'astronomie copernicienne). Il connaissait les difficultés à réaliser des expériences sur le sujet. Son compagnon, Stelluti, était d'ailleurs persuadé que l'objet de l'expérience (ses clés de maison) allait passer par-dessus bord, alors qu'il est (évidemment...) retombé à la verticale de son point de départ (le haut du mât).

Feyerabend va jusqu'au bout de sa ligne de pensée et veut mettre la science sous le contrôle de la « société ». Il appuie l'Église catholique dans son action répressive, son procès, contre Galilée :

> *To sum up: the judgement of the Church experts was scientifically correct and had the right social intention, viz. to protect people from the machinations of specialists. It wanted to protect people from being corrupted by a narrow ideology that might work in restricted domains but was incapable of sustaining a harmonious life.*
>
> TRAD. – Pour résumer : le jugement des experts de l'Église était scientifiquement correct et avait la bonne orientation sociale, visant à protéger les gens des machinations des spécialistes. Elle voulait protéger le peuple de la corruption par une idéologie étroite pouvant fonctionner dans des domaines restreints, mais qui était incapable de maintenir une vie harmonieuse.
>
> Paul Feyerabend, *Against Method,* third edition, op. cit., p. 133

Feyerabend est conséquent avec lui-même et avec sa vision obscurantiste du monde. Il pense que les croyances religieuses sont souvent une assise plus solide pour une « bonne vie » que le savoir scientifique. Il critique sans relâche le savoir scientifique et loue, par opposition, la sagesse de l'Église, mais il n'examine aucun « enseignement » religieux en détail, ce qui est une habitude constante des « critiques » de l'épistémologie scientifique. Il se contente d'une admiration béate devant la sagesse des textes sacrés. Il présuppose que la vision pleine de démons et de saints qui occupait l'esprit des pauvres manants, souvent affamés et mourant jeunes, de l'*ancien régime* est une vision capable de « maintenir une vie harmonieuse ».

Feyerabend n'apporte aucune démonstration de ce fait, mais nous pouvons, sur la base de réflexions logiques, admettre que la vision du monde des habitants de ces époques était, par certains côtés, plus simple que celle de l'époque contemporaine, simplement parce que les acteurs majeurs – les dieux – de leur monde étaient des « super-humains » et non pas les forces complexes qui sont actuellement utilisées pour décrire notre univers. Leur vision n'était en fait pas « harmonieuse », mais au contraire terrifiante, remplie de forces généralement hostiles, mais compréhensibles. Ceux qui pensent avoir perdu au change avec l'horrible monde moderne peuvent vivre, par exemple, comme moines orthodoxes, sans femmes, au milieu des reliques de saints, sur le mont Athos.

Devons-nous toujours écrire une histoire des vainqueurs, en nous basant sur les connaissances actuelles en physique, pour décrire les actions des acteurs de l'époque de Galilée ? Oui, sans aucun doute, car sinon, nous perdrions vite le fil de notre compréhension de l'histoire des sciences. C'est d'ailleurs ce que fait Feyerabend lui-même, car de qui parle-t-il ? De *Galilée*, et non de quelque obscur professeur d'université qui aurait défendu des thèses aristotéliciennes en latin. Il en parle parce que Galilée est effectivement un maillon important de cette histoire des vainqueurs, de la *révolution scientifique*, qui mènent à la science moderne parce qu'ils ont su rompre avec *la critique de la critique* des textes aristotéliciens.

Feyerabend ne comprend pas une chose élémentaire : la science est, pour l'essentiel, le savoir majeur partagé au sein de l'humanité. Il ne comprend pas non plus les dangers du fractionnement sans fin de cette humanité en de multiples groupes éternellement opposés les uns aux autres. La science est une conquête essentielle, un ferment d'unité inégalé pour l'humanité entière.

Les cultures *différentes* et traitées *également* que Feyerabend veut voir émerger auraient très vite fait de s'opposer, dès leur émergence, férocement les unes aux autres par le seul moyen qu'elles connaissent réellement : la guerre.

Au nom de ses idéaux « humanitaires », Feyerabend nie toute exceptionnalité à la science, à la démarche scientifique. Il ne comprend pas, ou ne veut pas comprendre, que la révolution scientifique des XVIe et XVIIe siècles est un quasi « miracle » qui n'a pas d'équivalent dans l'histoire de l'humanité, et que cette avancée décisive doit être préservée à tout prix, ce qui n'est pas si facile qu'il y paraît.

Une société libre et démocratique présuppose la domination culturelle de la science, parce que les ressources économiques et intellectuelles nécessaires pour qu'une démocratie *existe* requièrent une science forte, et que le débat scientifique est souvent le seul moyen de gérer intelligemment les désaccords. Est-ce par hasard qu'aucune démocratie ne refuse à la science le statut de moyen privilégié de connaissance de la réalité matérielle? Si seulement ces démocraties employaient aussi les méthodes de la science pour évaluer les croyances!

Même si certains trouvent cela regrettable, il n'y a pas vraiment de place pour des cultures alternatives *au niveau où Feyerabend voudrait les voir exister*, en parallèle avec la culture scientifique. En réalité, loin des songes creux, ces cultures ne peuvent réellement se développer, s'épanouir que dans un environnement humain et matériel *dominé* de manière exclusive et dictatoriale par leur manière de voir.

La vie de ces cultures isolationnistes dans une démocratie pluraliste est donc plutôt difficile. De la même façon, il est très compliqué dans une démocratie pluraliste d'accepter des individus qui pratiquent, par exemple, une stricte séparation des rôles entre homme et femme. À terme, cette cohabitation est intenable. De plus, ce ne sont pas les individus qui décident dans une société *d'ancien régime*. La place (le rôle) de chacun est décidée avant la naissance au travers de l'héritage familial. La *liberté* prônée par Feyerabend n'existe que dans son imagination.

Il peut cependant exister des cultures non scientifiques en séparation quasi totale (géographique) avec le monde moderne, à condition que leurs adhérents acceptent de se passer de tous les avantages matériels liés aux progrès scientifiques, à commencer par les médicaments. L'exemple le plus connu est celui des indiens Kogis, qui vivent en quasi-autarcie (« Kogi people », Wikipédia)[25].

Nous pouvons juger que leur vie est *dégoûtante, animale et brève*, mais il n'y a aucune raison d'imposer notre jugement à ces populations si la cohabitation par séparation spatiale est possible.

Nous ne pouvons, finalement, donner crédit à Feyerabend que sur un seul point. Dans *Science in a Free Society* (op. cit.), au chapitre « The Strange Case of Astrology », il vante les mérites du livre *Malleus Maleficarum* (1487), œuvre terrible de la hiérarchie catholique qui servit d'outil à la lutte de l'Inquisition contre les sorcières qui en emmenât des milliers sur le bûcher. Ce livre contient, selon sa description, une étude détaillée, professionnelle, des croyances démoniaques pour expliquer chaque cas de sorcellerie. Feyerabend n'a d'ailleurs aucune objection contre la chasse aux sorcières : tout est dit.

Par opposition, il agonit de moqueries les 186 savants (dont des Nobel) qui ont publié en 1975 un manifeste contre l'astrologie, parce que ceux-ci ne connaissaient pas *en détail* les règles et le fonctionnement de la discipline astrologique. Feyerabend, s'opposant à l'ignorance de ces scientifiques, commente le rôle que pourraient jouer les planètes dans la modulation du vent solaire et autres détails intéressants, mais qui ne nous disent évidemment rien des pratiques astrologiques actuelles en tant que telles.

Cependant, Feyerabend a raison d'insister sur le manque de professionnalisme des scientifiques dans la défense de leur méthode de connaissance, et sur leur manque de connaissance des pseudosciences. Ces lacunes sont effectivement dommageables. Il faut donc des milliers de défenseurs professionnels de la science travaillant à plein temps pour mieux lutter contre les tendances régressives des « hommes de bonne volonté » dans le style Feyerabend.

Rôle de la croyance religieuse, un silence « sociologique » assourdissant

Il n'y a pas que dans le monde de l'histoire des sciences que les mauvaises habitudes de certains sociologues font des dégâts. Pour comprendre des comportements sociaux de masse, dans un domaine qui devrait leur être plus familier comme les attitudes de genre, ils sont aussi victimes des *angles morts* de leur pensée. On peut vraiment parler (comme Herbert Marcuse, *L'homme unidimensionnel*, Les Éditions de Minuit, 1968) de sociologie unidimensionnelle, ne possédant qu'un seul schéma explicatif, qu'une seule échelle de valeurs. Par exemple : elle ne peut envisager le fait qu'une épistémologie, rationnelle ou à l'opposé religieuse, et les biais cognitifs qui touchent les groupes humains puissent avoir, en tant que tels, un impact significatif sur les comportements, les relations sociales et donc les destins des individus et des sociétés. Souvent, seul compte à ses yeux l'affrontement entre catégories sociales qui oppose les bons (pauvres) des méchants (riches). Le reste n'est qu'apparence.

Dans une tribune au *Monde* du 11 février 2016, un groupe de sociologues, politistes, journalistes... s'en sont pris à un de leurs confrères écrivains, le journaliste algérien Kamel Daoud, qui venait de signer, à propos des graves incidents de Cologne à la fin de 2015 (agressions sexuelles et vols coordonnés à grande échelle), une tribune intitulée « Cologne, lieu de fantasmes », dans laquelle il disait notamment que *« le sexe est la plus grande misère dans le "monde d'Allah" »*.

Ces censeurs lui reprochent donc de *« recycler les clichés orientalistes les plus éculés »*. De fait, ce qui les horripile, c'est son évocation du culturel et surtout du religieux comme mode valable d'explication du fonctionnement des sociétés. Il y a là une attitude constante provenant d'une bonne partie des sciences humaines françaises (entre autres), ainsi que d'une partie de la gauche post-moderne. Elle refuse, par principe, toute réflexion sérieuse sur l'importance sociale et politique de la religion en tant que telle.

Cette incurie a été relevée dans un livre récent de Jean Birnbaum, *Un silence religieux* (2016, op. cit.). Il relève l'incapacité totale de la gauche à penser le religieux autrement que comme *signe* de quelque chose d'autre : la misère économique, la révolte nationale, le refus de l'oppression coloniale, mais jamais comme entité déterminante.

Dans cette même veine de pensée, les censeurs continuent dans leur tribune à affirmer : « *Daoud réduit dans ce texte un espace regroupant plus d'un milliard d'habitants et s'étendant sur plusieurs milliers de kilomètres à une entité homogène, définie par son seul rapport à la religion, "le monde d'Allah".* » Auraient-ils autant de difficultés devant l'affirmation d'un comportement cohérent de révolte *politique* à large échelle émanant de *l'ensemble* des ex-colonisés du Moyen-Orient en révolte contre leurs anciens colonisateurs européens ? Probablement pas.

La différence la plus significative des impacts culturels amenés par les deux « envahisseurs » les plus récents dans les zones d'habitat des populations concernées est liée à la durée de leur colonisation. Ces populations ont d'abord été colonisées au VIIe siècle (elles étaient, à l'époque, chrétiennes) par des conquérants musulmans arabes, puis au XIXe, par les puissances européennes. Celles qui vivent dans *le « monde d'Allah »* au Maghreb et au Machrek y sont à cause de l'antériorité de la domination politique et religieuse des conquérants musulmans. Bien plus courte, la domination politique par des puissances européennes sur les mêmes territoires n'a pas changé cet état de fait.

Utiliser la compréhension de l'aberration épistémologique que représente la croyance religieuse pour comprendre le monde est impossible pour certains intellectuels. « Leurs » pauvres ne peuvent avoir tort, ni avoir des comportements aberrants. Les croyants opprimés sont à respecter en tant que tels, quelles que soient les circonstances. Ce refus de donner une importance significative à la religion est souvent accompagné de tentative de *noyer le poisson*, tels des cigarettiers qui parlent de la pollution de l'air en général pour éviter de parler de la fumée passive. On parle de *l'ancrage culturel* pour ne pas évoquer la religion. Or il s'agit bien d'un catéchisme, et il est temps de mettre fin à ces messes pour passer à une compréhension dénuée d'interdits religieux.

Histoire des sciences ou histoire culturelle des scientifiques

Les « post-modernes » prétendent souvent être en mesure d'écrire une histoire des sciences. Nous pouvons évaluer la valeur de cette prétention en examinant, par exemple, la manière avec laquelle ils décrivent un épisode fameux de controverse scientifique qui a eu lieu aux alentours de 1860, lors d'une confrontation entre Félix Archimède Pouchet, médecin biologiste français, défenseur de la thèse de la *génération spontanée*, et Louis Pasteur, pionnier de la microbiologie, très connu pour avoir, entre autres, mis au point un vaccin contre la rage. Le cadre de la confrontation avait été fixé par l'Académie des sciences française :

> *L'Académie des sciences décide de récompenser d'un prix de 2 500 francs « celui qui, par des expériences bien faites, jettera un jour nouveau sur la question des générations dites spontanées ». Deux candidats se dégagent : Félix-Archimède Pouchet, qui pense avoir démontré l'existence de la génération spontanée, et Louis Pasteur, qui est persuadé du contraire. C'est ce dernier qui reçoit le prix en 1862, en tirant une gloire considérable et durable.*
>
> Nicolas Chevassus-au-Louis, « Génération spontanée : cherchez l'erreur », *La Recherche*, décembre 2017 [26]

Les relativistes (certains *sociologues des sciences*) mettent en avant le fait que Pasteur reconnaît certaines limites à ses expériences [dans son cahier de laboratoire tenu secret]. « *En effet, travaillant* [initialement] *à l'aide de la cuve à mercure* [pour filtrer l'air] *alors qu'il n'avait pas encore compris que le mercure apporte lui-même des germes, il avait obtenu des résultats apparemment favorables à la génération spontanée : "Je ne publiai pas ces expériences ; les conséquences qu'il fallait en déduire étaient trop graves pour que je n'eusse pas la crainte de quelque cause d'erreur cachée, malgré le soin que j'avais mis à les rendre irréprochables. J'ai réussi, en effet, plus tard, à reconnaître cette cause d'erreur."* »

Le texte de référence relativiste en la matière est celui de Bruno Latour : « Pasteur et Pouchet : hétérogenèse de l'histoire des sciences » (in Michel Serres, dir., *Éléments d'histoire des sciences*, 1989)[27].

Les relativistes, et leur héraut Latour, s'imaginent avoir démontré que, loin de toute pseudo-objectivité scientifique, ce sont les relations sociales de Pasteur, sa position au sein de l'establishment scientifique parisien, qui l'ont fait triompher, lui et ses idées préconçues qui n'avaient intrinsèquement pas vraiment de meilleur rapport avec la réalité que celles de son adversaire. Cette description est absurde pour l'essentiel et ne reflète pas du tout ce que la science a de particulier.

Si Pasteur ne met pas en avant les expériences « ratées » dans lesquelles il voit apparaître des micro-organismes, alors qu'il voudrait n'avoir que des éprouvettes stériles, ce n'est pas pour « toucher la prime » en trichant sur les résultats, mais parce qu'il « sait » quels résultats devraient apparaître et qu'il veut arriver à ce résultat « certain » avec un *minimum de moyens*. Les résultats d'expériences annoncés, le sens général de son action sont, il est vrai, tout sauf neutres, et s'écartent partiellement (par les risques pris avec la qualité des tests) de son attitude générale en matière scientifique, qui est celle de la plus grande prudence, de la vérification systématique de toute théorie, de toute expérience, quitte à harasser ses collaborateurs.

Dans cette affaire, il est guidé par sa vision générale de l'évolution de la biologie, par la progression lente, mais continue, du courant anti-vitaliste en biologie au cours du XIXᵉ siècle, par son opposition de principe à la position de Pouchet, qui défend, lui, l'idée d'une « force plastique » à l'origine de la vie. Ses expériences ne sont effectivement pas au-dessus de tout reproche, il sait ce qu'il veut démontrer, mais aurait-il continué sur cette voie s'il avait vu apparaître de multiples micro-organismes à chaque fois ? Il savait (ou a fini par savoir) d'où venait la contamination, souvent sans pouvoir l'empêcher, faute de moyens techniques suffisants. En fait, pour lui, il ne s'agissait probablement pas d'*expériences*, mais de *démonstrations* d'un fait connu.

Pasteur se sentait dans la continuité du fort mouvement scientifique contemporain qui luttait contre les reliquats vitalistes encore puissants (portant l'idée d'une force mystérieuse spécifique aux organismes vivants). Le mouvement anti-vitaliste venait d'accomplir de belles avancées, récemment avec l'instauration de la théorie cellulaire comme modèle de référence (en 1858, par le médecin allemand Rudolf Virchow). Elle affirmait que *« tout organisme vivant est composé d'une ou plusieurs cellules, que la cellule est élémentaire de la vie, enfin que toute cellule provient d'une autre cellule »*. Cette notion excluait donc l'apparition d'un être vivant à partir de foin stérilisé.

D'autre part, la *chimie organique* avait fait de grands progrès avec la « *mise au point progressive de méthodes analytiques propres à l'étude des substances organiques par les chimistes français Eugène Chevreul, Louis Joseph Gay-Lussac, Louis Jacques Thénard, puis surtout par le chimiste allemand Justus von Liebig* » Article Chimie organique – (« Chimie organique », Larousse)[28].

Lors des expériences menées à cette fin, les chimistes cités s'étaient révélés capables de recréer, par des méthodes purement chimiques, des molécules organiques qui étaient censées, du point de vue vitaliste, être issues *exclusivement* de processus organiques, et donc pourvus de qualités « vitales ». La thèse vitaliste avait alors été clairement falsifiée sur ce point.

Nous connaissons, maintenant, le résultat, effectivement négatif (pas de générations spontanées de micro-organismes), auquel auraient abouti *toutes* les expériences de Pasteur s'il avait disposé des moyens qui sont maintenant à notre disposition en matière de qualité des stérilisations. Cela ne signifie pas que nous devions passer comme chat sur braise sur ses approximations, mais nous devons nous demander si le résultat favorable qu'il a revendiqué, mais atteint seulement après un long cheminement, est dû au hasard, à sa chance, et s'il avait autant de probabilités de se tromper que d'être dans une description correcte de la réalité en mettant en avant ces seuls résultats.

Un examen approfondi doit nous persuader que les régularités de l'univers dans lequel nous habitons et la qualité des modélisations scientifiques qui étaient à la disposition de Pasteur à l'époque de ses expériences lui permettaient de dépasser largement les 50 % de chance de ne pas faire d'erreur majeure, tout en frôlant éventuellement le code. Certains arrangements avec les résultats sont condamnables, mais cela ne signifie pas que l'acceptation publique de ces résultats soit le simple effet de rapports de force interhumains. Pour les comprendre vraiment, il faut d'abord s'intéresser à *l'ensemble* du champ de connaissance, à son état historique, à la qualité des modèles utilisés par les « tricheurs », et seulement ensuite à la position sociale du chercheur qui « améliore » ses résultats.

Latour rentre dans une infinité de détails et sur la polémique entre les acteurs, mais rien dans son texte ne permet d'avoir une vue *générale* de l'histoire de la biologie au XIXe siècle. Celui qui se contente dans ce cas de traiter la question *d'abord* du point de vue de la « morale », de la propagande, des techniques de présentation des résultats et des rapports interhumains n'a vraiment rien compris à la science.

Une compréhension approfondie de l'action de Pasteur passe d'abord par l'analyse de ce qui advient, *au niveau de la progression de la compréhension des lois de la biologie*, pendant le siècle qui va de la publication par Jean-Baptiste de Lamarck du livre *Philosophie zoologique* en 1809 à la redécouverte, par le Néerlandais Hugo de Vries (entre autres) de la théorie mendélienne de l'hérédité au début du XXe siècle.

Pour appréhender ce mouvement, il est inévitable de s'appuyer sur notre compréhension actuelle des phénomènes étudiés à l'époque. Se priver d'outils de compréhension nouvellement disponibles pour ne pas porter de jugements « biaisés » sur les polémiques d'une autre époque, c'est faire de l'historien des sciences le membre d'un jury d'examen impartial, chargé avant tout de départager « en équité », « au mérite », les candidats d'un concours.

L'histoire des sciences doit s'occuper d'abord des connaissances scientifiques, de leurs progrès, de leurs reculs, et *ensuite* seulement, si cela est possible, des acteurs humains et de leurs actions. Elle ne doit pas travailler avec les yeux bandés, comme prétend le faire la « justice ».

Les raccourcis, et la chance, de Pasteur ont accéléré la vitesse de la démonstration de la non-existence d'êtres vivants issus d'une génération spontanée. Si ses démonstrations avaient échoué, si Pasteur n'avait pas pu se débarrasser, avec ses moyens limités, des contaminations qui encombraient les expériences, il aurait peut-être fallu attendre la mise à disposition de lampes UV puissantes (par exemple, les lampes à vapeur de mercure inventées en 1901 par Peter Hewitt) pour effectuer la stérilisation complète de l'air *entrant* dans le volume d'expérience. Pouchet ne trichait d'ailleurs pas ; il était victime de bactéries (nommées plus tard *Bacillus subtilis*) qui passaient à l'état de spores et devenaient alors très résistantes, contaminant par là le résultat des expériences.

Si le hasard est intervenu, c'est donc sur la *date* d'une démonstration jugée réussie. Quiconque examine l'évolution de la biologie et l'évolution technologique de l'époque comprend que la réussite de cette démonstration était d'une certaine manière «inéluctable», et c'est cela qu'une histoire des sciences doit décrire et expliquer, bien plus que les «pensées profondes» et les pratiques sociales des acteurs.

L'évolution de la biologie au XIXe siècle dépend avant tout de multiples contraintes théoriques, expérimentales et technologiques qu'il est nécessaire de comprendre. Ce n'est pas le cas de l'évolution des dieux protecteurs yoruba, qui n'ont eu d'autres contraintes techniques que celles perçues par les locuteurs parlant d'eux.

Décrire le rôle de Pasteur en s'occupant d'abord de ses motivations idéologiques, c'est passer à côté de l'essentiel. Bruno Latour met en avant le fait qu'une des motivations du catholique Pasteur dans cette polémique est de barrer la route aux tenants de la théorie de l'évolution – ce qui n'est pas totalement clair, Pasteur n'ayant jamais pris explicitement position sur le livre de Darwin –, mais il fait remarquer, à juste titre, qu'à l'époque de la polémique, *L'origine des espèces* vient d'être traduit en français ; il faut ajouter que la traductrice et préfacière de la version française était violemment anticatholique. Il souligne que l'absence de génération spontanée dans la nature *actuellement* sous nos yeux privait apparemment les tenants de la théorie de l'évolution de la démonstration simple d'une étape indispensable à leur vision globale.

On peut cependant fortement douter qu'en cas d'échec du «catholique Pasteur», un autre biologiste, catholique ou athée, ait hésité à réaliser, dès que possible techniquement, la même démonstration. Le fait que Pasteur ait eu les honneurs de celle-ci est finalement anecdotique.

S'attaquer aux motivations et aux justifications de Pasteur est secondaire par rapport aux effets globaux de son action et à la dynamique dans laquelle elle s'inscrit. L'époque n'était pas mûre pour une avancée forte dans la compréhension *détaillée* du passage de la matière inerte à la matière vivante, et il n'est pas certain que la nôtre y parvienne rapidement.

À partir de ce constat, quelles étaient les priorités de l'époque de Pasteur pour tout biologiste ? Établir une compréhension scientifique du mode de reproduction des êtres vivants microscopiques et démontrer le rôle de ces micro-organismes dans les processus de fermentation et de propagation des maladies contagieuses. De la compréhension des mécanismes de la pathologie, les chercheurs passeront rapidement à l'action thérapeutique. Ce sera même la mission essentielle de Pasteur au cours de sa carrière.

L'action de Pasteur s'inscrit donc dans le cadre d'une progression des connaissances essentielle aux avancées scientifiques et sanitaires. Il renforce et développe les connaissances dans le domaine de la microbiologie. Que ses motivations aient été celles d'un croyant, valorisé publiquement comme catholique exemplaire, n'est en définitive pas important, dans la mesure où cela n'a pas entraîné de déformations graves de son approche scientifique ni de violations flagrantes des règles FARSIPP. Pasteur a préconisé le lavage des mains et a également suivi globalement la règle élémentaire d'hygiène intellectuelle pour une personne croyante: *Quand j'entre dans mon laboratoire, je laisse mes convictions au vestiaire.*

La compréhension de la dynamique des groupes peut se révéler utile pour comprendre comment les meilleures (ou les moins mauvaises) théories sont sélectionnées par les scientifiques à une époque donnée.

Croire que les porteurs d'une théorie falsifiée (en sciences dures), mais disposant des appuis sociaux nécessaires sont en mesure de triompher sur le long terme, grâce aux appuis dont ils disposent, c'est ne rien comprendre à rien. Le seul exemple, de taille significative, probant d'une telle dérive sur une certaine durée dans l'histoire contemporaine est celui de l'action du *technicien agricole* et *héros de l'Union soviétique* Lyssenko en URSS, qui, entre les années 1930 et 1950, arrive à défendre, avec l'aide de Staline, des thèses absurdes, lamarckiennes, sur le développement des céréales, au nom d'une «biologie de classe», en luttant, au travers d'intrigues politiques et policières, avec morts à l'appui, contre ses collègues (comme le prodigieux chercheur Vavilov) défenseurs des théories de Mendel, Morgan et autres «généticiens bourgeois» occidentaux. Les sciences de la vie soviétique ont subi alors un coup qui aurait pu leur être fatal.

En réalité, une vraie sociologie des sciences doit nous permettre de comprendre les stratégies de chacun des acteurs qui, comme Pasteur, participent à la compétition pour être les premiers à mettre en avant la meilleure modélisation. C'est dans ce cadre qu'il faut comprendre les «raccourcis» qu'emprunte Pasteur dans son combat contre les thèses de Pouchet.

Supposer qu'il puisse ou même qu'il veuille faire triompher une théorie qu'il sait contraire aux futures vérifications expérimentales suppose que des tests indépendants ne soient pas possibles ou improbables sur le sujet (par exemple, la détermination du sexe des anges), ou, pire, qu'aucun de ses confrères ne s'essaie jamais à déboulonner une thèse acceptée, alors qu'il pourrait récolter le prestige de celui qui a mis à bas une théorie devenue dépassée. Cela suppose également une volonté de tricherie délibérée. Ces hypothèses sont hautement improbables.

La règle de base dans toute histoire des sciences est celle-ci: partir des modélisations proposées à l'époque examinée, de ce que nous comprenons aujourd'hui, des appareillages et des connaissances expérimentales disponibles, des difficultés intrinsèques aux expériences telles que nous les connaissons actuellement, et, *ensuite*, s'intéresser aux acteurs. Sans appréhension détaillée des difficultés liées à la précision nécessaire, et difficilement atteignable, de la mesure des trajectoires des planètes, pas de compréhension de l'affaire Galilée.

Ce que sont les « Science Studies »

Un livre de Dominique Pestre, *Introduction aux Science Studies* (2006, op. cit.), nous donne un bon résumé des principales orientations actuelles des courants majoritaires de la *sociologie des sciences*. Il décrit ainsi les choix méthodologiques de Harry Collins : « *Ontologiquement, il suggère que l'analyste soit le plus agnostique possible [...] [Il] doit, en cas de désaccord [...] ne pas trop préjuger de ce qu'est vraiment le monde.* » Plus loin, p. 108, il énonce pour son propre compte : « *Le principe de symétrisation est toutefois aussi un principe moral, un principe de justice. Être symétrique signifie alors réhabiliter les perdants [les modélisateurs éliminés] de l'histoire.* »

On voit bien, au travers de ces brèves citations, où sont les priorités de la majorité des sociologues des sciences. Fidèles à des habitudes professionnelles issues d'autres champs de leur discipline, ils s'intéressent *d'abord* aux questions de pouvoir et de justice chez les scientifiques.

L'histoire des sciences était mieux servie lorsque seuls les scientifiques se risquaient à faire l'histoire de leur discipline. Certes, une vision simpliste des rapports sociaux entre scientifiques et entre scientifiques et sociétés prédominait. L'analyse historique était peut-être amateuriste, mais cela est préférable à la confusion scientifique qui a cours actuellement dans les *Science Studies*, où l'analyse historique est toujours dominée par l'analyse sociale des rapports de pouvoirs, et non par la compréhension fine de l'évolution des savoirs. Une bonne histoire des sciences est d'abord un mini-cours de science portant sur le domaine étudié.

Pour prendre un exemple parlant d'analyse de cas dans l'histoire des sciences et des techniques, nous pourrions essayer d'écrire l'histoire de l'activité du laboratoire américain de Los Alamos, où a été élaborée la bombe A pendant la Deuxième Guerre mondiale. Les premières questions qui se poseraient à nous seraient les suivantes : devons-nous nous intéresser principalement aux rapports entre les humains, porteurs de tel ou tel pouvoir, comme le physicien en chef Oppenheimer, le général Groves (chef du projet Manhattan) et le président Roosevelt, ou devons-nous parler d'abord et avant tout de la fission en chaîne des noyaux d'uranium 235 (et ceux du plutonium 239), base des énormes difficultés techniques liées à la réalisation de la bombe atomique ?

Devons-nous nous intéresser aux rapports sociaux entre physiciens émigrés et « natifs » américains, ou devons-nous nous intéresser à ce qui fait que cette histoire a du sens pour nous, c'est-à-dire, entre autres, qu'elle débouche sur une nouvelle manière de faire de la science (*Big Science*), qui est à mettre en lien avec la manière totalement inédite, aux moyens incroyables pour l'époque, qui ont été utilisés pour réaliser la bombe A, et avec les effets politiques et militaires perçus des bombardements sur Hiroshima et Nagasaki quelques jours avant la capitulation du Japon ?

Nous devons avant tout montrer que si Hiroshima est possible, c'est parce que Los Alamos avait un minimum de maîtrise technique du sujet et que l'effort industriel de réalisation de la bombe a été sans précédent dans l'histoire de l'humanité. Les contraintes techniques et scientifiques doivent toujours rester au centre du récit pour permettre une meilleure compréhension. Sinon, pourquoi ne pas écrire plutôt l'histoire des souscriptions aux bons du Trésor qui ont permis le financement de l'effort de guerre américain (et donc de la bombe A) ?

Dans l'histoire des sciences, l'essentiel est généralement dans le scientifique, le technique et les grandes tendances politiques. La périphérie, ce sont les actions, les motivations, les conflits des acteurs individuels. Oppenheimer a passé sa vie à réfléchir à sa responsabilité dans l'usage de la bombe A, mais il n'a pas vraiment été déterminant dans la décision de bombarder Hiroshima.

La sociologie des sciences n'est pas la seule discipline qui malmène la physique (cible privilégiée de ses « analyses »). Les relations de la physique avec les mathématiques sont aussi conflictuelles que celles d'un vieux couple. En bref, la physique considère les mathématiques comme un outil flexible, et les mathématiques se considèrent comme une discipline autonome avec ses propres règles et un haut degré d'exigence.

Un exemple fameux de friction a débuté lorsque le physicien américain Richard Feynman a introduit l'*intégrale de chemin* (*Path Integral*) en 1948 au sein de la nouvelle *théorie quantique des champs*. Cette intégrale est devenue un outil central et essentiel pour les physiciens, mais certains mathématiciens s'arrachent toujours les cheveux pour lui trouver un fondement rigoureux, ce qui n'empêche pas les physiciens de dormir : « *[...] among all the aspects of QFT, the notion of the path integral is the one that has resisted attempts at formalization the most [...]* » (parmi tous les aspects de la QFT [*Quantum Field Theory*, théorie quantique des champs], la notion d'intégrale de chemin est celle qui a le plus résisté aux tentatives de formalisation, trad.) (« path integral », nLab)[29].

De la même façon, appliquer les « règles habituelles » de l'analyse historique peut aboutir à une mauvaise histoire des sciences. Une bonne histoire des sciences doit d'abord partir de ce que les sciences ont de particulier, à savoir la centralité et la qualité du savoir. Il faut donc accepter que, parfois, la qualité de l'analyse historique et sociologique en souffre à la marge.

Faute d'adopter un point de vue éclairant, les sociologues des sciences végètent souvent dans leur jus, leurs écrits intéressant avant tout leur cercle restreint. Ils s'attachent principalement à des aspects annexes de l'histoire des sciences et sont généralement incapables de présenter le réel contexte scientifique des aspects de l'histoire qu'ils décrivent, ainsi que les conséquences industrielles et politiques des avancées scientifiques. Leurs clients naturels, les scientifiques, refusent généralement de perdre du temps avec leurs écrits verbeux, même s'ils sont souvent produits avec soin et sérieux.

Les historiens militaires n'ont pas ces problèmes. Les polémiques sont permanentes avec les militaires eux-mêmes sur les contenus et les jugements des analyses de l'histoire guerrière, mais leurs intérêts, leur *manière de structurer* les récits, ne sont pas remis en cause. Seraient-ils de mauvais historiens?

Les historiens des sciences ont, eux, trop voulu jouer les bons élèves de la méthode historique et de l'anthropologie, qui privilégie l'analyse contextualisée, et donc relativiste, des croyances des acteurs de l'histoire. En voulant se conformer à cette méthode, ces historiens ont fait fausse route. Il est possible de contextualiser la croyance des rois de France sur le caractère divin de leur règne. Il est impossible à l'historien non spécialisé de «contextualiser» de la même manière les lois de la thermodynamique. Le lien fort qui structure ces lois est un lien avec une nature externe qui ne se plie pas aisément aux désirs des hommes, contrairement aux justifications divines. La méthode historique doit se plier aux besoins de l'histoire des sciences, et non l'inverse.

Les sociologues et historiens des sciences doivent changer radicalement d'orientation, ne plus s'intéresser centralement aux individus scientifiques, aux phénomènes entourant la science, mais à la science, au savoir scientifique/technique et à son évolution en tant que tels. Les historiens de l'horlogerie parlent certes des horlogers, mais ils centrent leurs études sur les évolutions techniques et commerciales des garde-temps.

Pour être utile et compréhensible pour les praticiens des sciences, une histoire des sciences doit faire comprendre les chemins, parfois tortueux, qu'ont pris les découvertes scientifiques. Elle doit partir des connaissances actuelles et décrire les origines des concepts et des découvertes qui ont permis d'y arriver. La description des chemins de traverse qui ont également été parcourus et les à-côtés des activités scientifiques ne doivent pas prendre plus de place que nécessaire.

L'erreur centrale des acteurs des *Science Studies* est de ne pas se concentrer sur ce qui fait la particularité essentielle des sciences et des techniques occidentales modernes: l'accroissement prodigieux de leur taille, de leur puissance et leur rôle décisif dans l'évolution de la productivité, de la puissance créatrice et destructrice de l'humanité. Ce n'est qu'en centrant l'analyse sur cet axe, sur la productivité de l'épistémologie FARSIPP, et non en voulant ramener les sciences et techniques au «dénominateur commun» sociologique, que l'étude scientifique des sciences redeviendra utile, que les sociologues des sciences seront à même d'attirer l'attention des acteurs de la science. Ils devront être capables d'élaborer des hypothèses falsifiables sur le fonctionnement de la science elle-même. Cela ne signifie évidemment pas satisfaire, par des récits enjolivés, tous les acteurs scientifiques, bien au contraire.

Si l'on voulait suivre le chemin proposé par certains partisans des *Science Studies*, il faudrait, par souci d'équité, non seulement s'intéresser à tous les « chemins de traverse » qu'ont parcourus la science et les scientifiques dans l'histoire multi-centenaire de celle-ci, mais également décrire en détail le devenir des poussières du système solaire qui n'ont « pas été retenues » pour participer à la création de la Terre. Procéder autrement serait écrire une « histoire des vainqueurs ». Si les acteurs des *Science Studies* se révèlent incapables de transformer leur champ d'étude, il est peut-être temps de créer une discipline scientifique qui prenne en charge, sérieusement, l'étude indispensable de l'activité scientifique.

L'histoire comme discipline est porteuse d'une difficulté que ne possède pas l'astronomie planétaire. Quelles que soient les controverses qui ont pu survenir au sein de cette astronomie, l'objet principal à caractériser était la trajectoire effective des planètes. Celui qui arrivait à définir synthétiquement leur progression dans le temps et dans l'espace avait gagné. En histoire, il ne suffit pas de décrire des choses vraies (qui se sont effectivement déroulées dans le temps), il faut également que le sujet examiné le soit de manière pertinente, c'est-à-dire qu'il identifie les événements réellement importants qui sont à considérer, qu'il décrive l'enchaînement des causes significatives et des effets significatifs d'une manière qui permette d'en comprendre le sens, qui donne des perspectives et une forme d'expérience indirecte à ceux qui lisent ce récit historique.

Les dérives récentes de l'histoire des sciences doivent donc pousser la communauté des scientifiques à poser ses exigences, dont elle devrait superviser la bonne exécution, envers les historiens qui s'occupent de son domaine. Les exigences minimales qu'il est nécessaire de poser aux historiens des sciences pourraient être les suivantes :

- Toute histoire des sciences doit d'abord parler de science. Faire de chaque histoire des sciences une forme de pédagogie scientifique qui permette de comprendre à la fois les domaines scientifiques étudiés tels que compris actuellement et leur histoire.
- Refus d'une quelconque neutralité envers la méthode scientifique. En histoire de la médecine, admettrait-on un récit « impartial » de la confrontation (1847), dans les hôpitaux obstétriques viennois, entre le docteur Semmelweis et ses collègues médecins à propos de la nécessité d'un lavage approfondi des mains (et d'un changement de tenue) précédant l'examen des patientes après le passage des médecins par la morgue ?
- Comprendre, expliquer et synthétiser sur de grandes échelles de temps les principaux mouvements de pensées de la science. Faire de ces synthèses le cadre de toute histoire des sciences.
- N'utiliser les analyses de controverses que pour mieux faire comprendre le sens général des mouvements scientifiques, et non comme événements indépendants opposant des humains quelconques. La bataille des partisans antisémites

de la *Deutsche Physik* contre Einstein doit d'abord se comprendre comme partie du – long et tortueux – chemin qui a vu la relativité générale triompher à l'échelle mondiale grâce à la qualité des tests expérimentaux l'ayant validée. Il n'y a pas en science d'événements locaux qui devraient être expliqués pour eux-mêmes.

- Défendre et expliciter l'épistémologie scientifique comme instrument de connaissance puissant et universel. Cette défense ne signifie pas pratiquer une quelconque forme d'hagiographie des scientifiques ou de la méthode, mais au contraire éclaircir dans chaque cas les forces et les faiblesses au sein de chaque épisode passé, à la lumière des connaissances récentes dans le domaine.
- Lutter résolument, faire profession de se battre contre toutes les épistémologies non scientifiques, en refusant l'injure, mais en comparant leur manque d'efficacité à décrire le monde (ou parfois leur efficacité temporaire) avec celle des méthodes scientifiques, dont les historiens des sciences doivent être les gardiens.

Faut-il « interdire » l'analyse de texte aux historiens des sciences ?

L'analyse de texte est l'outil de base de beaucoup d'historiens des sciences. C'est en fait l'outil de base de tout historien, la base de la critique historique. La révélation de la falsification qui se cachait derrière la pseudo-donation de Constantin (par lequel l'empereur Constantin Ier était censé avoir donné au pape Sylvestre l'imperium sur l'Occident) est l'un des épisodes fondateurs de la mise en place des méthodes historiques modernes. « *La démonstration de sa fausseté en 1440 par l'humaniste Lorenzo Valla est généralement considérée comme l'acte fondateur de la critique textuelle (herméneutique).* » (Wikipédia)

Malheureusement, cet outil de critique, de compréhension de l'activité des acteurs de l'histoire au travers de leurs traces écrites est employé à tort et à travers par des individus qui présument souvent de leurs capacités à appréhender la complexité d'un débat scientifique, comme dans l'affaire récente dite du *Climategate* (Wikipédia) :

> *L'incident des e-mails du Climatic Research Unit, plus souvent appelé Climategate, est une affaire résultant de la divulgation, dans la seconde moitié du mois de novembre 2009, d'un ensemble de courriels et de fichiers, datés entre 1996 et le 12 novembre 2009, attribués à des responsables du Climatic Research Unit (CRU) de l'Université d'East Anglia et à leurs correspondants.*
>
> *[...] les courriels et fichiers du Climategate suggéreraient que les scientifiques du climat les plus influents dans le monde de la climatologie et du Giec auraient été coupables de graves dérives déontologiques, agissant de concert pour afficher un consensus de façade, manipuler les données ou leur présentation et ainsi exagérer le réchauffement climatique ou son interprétation, faire de la rétention d'information, interférer dans le processus d'évaluation par leurs pairs afin d'empêcher la publication d'articles divergents et détruire des courriels et des données brutes pour empêcher les audits*

indépendants. Les scientifiques directement mis en cause répondent que ces éléments, cités hors contexte, seraient en réalité bénins. De nombreux scientifiques réaffirment leur soutien à la thèse du réchauffement climatique anthropique [...].

Après de nombreux épisodes, une longue série d'accusations diverses et variées, émanant de sources de bonne ou de mauvaise foi, la conclusion (provisoire) de cette longue histoire fut relativement simple : « *En juillet 2010, à l'issue de la publication du rapport d'une commission d'enquête indépendante, plusieurs médias soulignent le caractère infondé des accusations portées.* » En fait, ce ne furent pas moins de huit comités officiels qui parvinrent aux mêmes conclusions.

Les multiples critiques, se basant sur une analyse littérale (on pourrait parler d'analyse littéraire) du contenu des e-mails dérobés avaient trop vite conclu à la présence de manipulations significatives des données scientifiques. Cette appréciation globale s'est révélée fausse. Mais le caractère erroné des accusations n'est apparu qu'après des efforts importants et un investissement en temps démesuré.

La correspondance des scientifiques n'est pas destinée au grand public ni aux critiques « littéraires ». Les données implicites, évidentes entre les interlocuteurs, sont très importantes. Il est impossible de dupliquer systématiquement les efforts consentis à l'occasion de cette affaire pour chaque épisode d'une controverse scientifique. Faute de pouvoir produire cet effort et sans compréhension du *contexte scientifique réel*, mieux vaut s'abstenir.

Ce sont essentiellement certains journalistes et activistes climato-sceptiques (mais pas seulement) qui ont été à l'origine des attaques et des commentaires défavorables aux climatologues impliqués ; leurs moyens d'investigation intellectuels sont comparables à ceux des historiens et sociologues des sciences actuels, et leurs limites, leurs actions aberrantes, nous intéressent en cela.

Pour prendre un exemple de déformation compliquée à débusquer, l'un des scientifiques impliqués (Kevin Trenberth) affirmait dans un des mails dévoilés :

> *The fact is that we can't account for the lack of warming at the moment and it is a travesty that we can't.*
>
> TRAD. – Le fait est que nous ne pouvons pas expliquer l'absence de réchauffement pour le moment et il est grotesque que nous ne le puissions pas.
>
> Andrew C. Revkin, « *Hacked E-Mail Is New Fodder for Climate Dispute* », The New York Times, 20 novembre 2009 [30]

Il indiquait en fait la nécessité de *compenser* (par des traitements statistiques complexes) des manques réels dans les techniques de monitoring des températures et ne cherchait pas, malgré l'apparence du contraire, à trafiquer des résultats. Cependant, valider cette compréhension *précise* des faits nécessite une *investigation poussée* dans des données scientifiques complexes, parfois multidisciplinaires, qui vont au-delà des moyens de la critique textuelle habituelle.

Cet épisode récent de l'histoire des sciences «à chaud», alors que les acteurs sont présents, nous donne un exemple des limites intrinsèques des méthodes habituelles des historiens/journalistes. En matière d'histoire des sciences, la critique textuelle, aussi attentive et sérieuse soit-elle, ne suffit pas, alors qu'elle serait probablement acceptable pour décrire la vie privée des scientifiques (lorsque cela a une réelle utilité). Avant de tenter d'analyser des lettres, des déclarations, ou tout autre texte scientifique, il faut *d'abord* s'intéresser au contexte scientifique et le comprendre complètement. Le côté «humain» des actions est en fait secondaire, mais il donne du relief, du sel, à la compréhension scientifique d'un problème, d'une histoire. Que penserait-on d'un spécialiste chargé de l'explication d'une catastrophe aérienne qui s'en tiendrait à la transcription des conversations entre pilotes et tour de contrôle, sans s'intéresser aux relevés des instruments, aux débris de l'appareil et à la simulation informatique détaillée des causes possibles de l'accident?

La règle à suivre doit donc être: avant de s'intéresser au cadre sociologique d'une controverse scientifique, il faut d'abord en comprendre, parfois de manière détaillée et approfondie, l'aspect scientifique *global* en y incluant les tendances des recherches sur le long terme dont chaque polémique n'est qu'un épisode *partiel*.

À bon entendeur, salut.

Une histoire du rapport entre science et religion qui esquive l'essentiel

Lorsqu'on veut s'attaquer à une description utile des rapports entre science et religion, les erreurs d'angle d'approche rendent vite tout travail historique insipide et incompréhensible lorsqu'il y a combinaison de conciliationnisme et de relativisme. C'est le cas d'un ouvrage, paru en 2017 pour sa seconde édition, *Science and Religion: A Historical Introduction*, sous la direction de *Gary B. Ferngren* (op. cit.).

Ce livre est une suite de récits centrés sur des disciplines spécifiques comme la géologie, mais tournés plutôt vers la personnalité des chercheurs, sur leur degré de croyance personnelle et, de manière descriptive, neutre sur l'évolution des théories scientifiques. Si on étudiait les dangers de l'alcoolisme de la même façon, on ferait la liste des médecins alcooliques et on en déduirait que, cette liste étant longue, l'alcoolisme n'est pas un problème du point de vue médical.

Les multiples auteurs du livre, et de bien d'autres livres dans la même veine, rassemblés autour de la Fondation John Templeton, partagent, ce n'est pas un hasard, la même perspective: celle du conciliationnisme entre science et religion. Ils visent implicitement à démasquer les tenants, sans doute athées, d'une imaginaire lutte constante entre science et religion.

Pour appréhender les erreurs de perspectives du livre, sans doute partagées par divers ouvrages, il est important de comprendre certains éléments de contexte qui permettent de cacher l'essentiel :

- Toutes les organisations étatiques ou paraétatiques, religieuses ou non, ainsi que les individus impliqués dans ces organisations ont inévitablement besoin, sur le long terme, d'utiliser explicitement l'approche scientifique, qui est évidemment la plus efficace, pour résoudre la multitude de problèmes de «gestion» propre à une grande organisation.
- La différence majeure qui sépare la science de la croyance est d'abord une différence de *méthodes de validation des connaissances*, pas forcément toujours de contenus. Les religions peuvent singer la science sur certains points, mais pas sur tous.
- La fracture qui oppose méthode scientifique et religieuse traverse les institutions et les individus. Une même personne peut, pendant un instant, raisonner scientifiquement, et enchaîner directement sur une affirmation dogmatique non falsifiable. La dissonance cognitive n'apparaît évidente que s'il existe une opposition de positions précise sur un point, ce qui n'est pas toujours le cas ou n'est pas perçu.
- Le développement de l'activité scientifique ne se fait pas à tout moment sur des sujets qui touchent directement les «chasses gardées» de la religion. Il n'y a en général pas de raison de batailler s'il n'y a pas de zone de conflit.
- La fonction socialement assignée aux scientifiques et la fonction qu'ils s'assignent à eux-mêmes sont le développement d'une description naturaliste du monde qui ne fait intervenir que des causes matérielles mesurables. La lutte contre les descriptions «alternatives» qui font intervenir des causalités non mesurables est un domaine spécifique auquel tous les scientifiques ne sont pas forcément préparés.
- Un déséquilibre institutionnel très important existe depuis toujours entre les tenants de l'épistémologie scientifique et religieuse. L'épistémologie scientifique est, par défaut, en situation d'infériorité institutionnelle dans pratiquement tous les cas.

Plus spécifiquement, pour ce qui est de l'histoire européenne/américaine, sujet essentiel du livre en question, certaines circonstances particulières sont à retenir : l'Église catholique et ses scissions européennes étaient en permanence, depuis la Renaissance, en situation de concurrence aiguë avec les institutions étatiques et avec d'autres Églises. Elles devaient donc disposer d'un corps de fonctionnaires efficaces, dévoués et savants qui, en plus de leurs compétences dans la résolution de problèmes pratiques et dans la lutte idéologique, utilisaient leurs savoirs scientifiques pour évangéliser les «païens».

Les multiples scissions des chrétiens européens empêchaient un contrôle centralisé serré des intellectuels occidentaux. Il devenait donc indispensable de défendre les dogmes de façon tactiquement intelligente, avec comme principal objectif de ne pas céder trop de terrain intellectuel aux scientifiques, tout en se présentant comme les vrais défenseurs de la science et ainsi asseoir un pouvoir temporel.

Le procès de Galilée (impossible d'échapper à cet épisode...) n'a pu avoir lieu que parce que les preuves scientifiques des thèses coperniciennes, telles que présentées, étaient relativement faibles. Il n'y aurait probablement pas eu de cohérence politique suffisante dans le corps de l'Église pour refuser des preuves très fortes.

Une fois ces contraintes exposées, nous pouvons examiner les failles de perspective du livre. Avant tout, ce livre cache la règle scientifique de base, au centre des confrontations, qui veut que les hypothèses non indispensables (comme les dieux et déesses) doivent être éliminées. Les autres oppositions de méthodes ne sont évidemment pas plus exposées.

Il n'examine pas les savoirs religieux et scientifiques dans leur réalité épistémologique ni dans leur globalité, leurs visions totalement divergentes de l'histoire, de la réalité contemporaine, de l'univers et des humains, mais examine les confrontations et les collaborations de façon ponctuelle et séparée par domaine de connaissance, en s'attachant surtout à faire la liste des individus croyants qui ne percevaient pas de problème évident à la cohabitation « interne » de leur savoir scientifique et religieux. C'est comme si on interrogeait les soldats d'une armée pour connaître leurs opinions, leurs perceptions individuelles de l'armée qui leur fait face et que l'on concluait, partant de leur appréciation globalement positive de celle-ci, que la guerre est impossible, sauf qu'elle peut éclater demain...

Le livre ne dit pas que ce qui a rendu une certaine cohabitation possible, ce sont entre autres les constantes reculades dogmatiques des Églises chrétiennes en face de la science. Ces dernières, chaque fois que le savoir scientifique rend obsolète un de leur dogme, un de leurs contes de fées, finissent par le transformer en métaphore plus floue et donc moins accrocheuse. À la fin, il ne reste plus grand-chose de la vision globale proposée par la chrétienté au Moyen Âge. Ce qui rend acceptables ces reculades pour la hiérarchie est le faible lien immédiat que certains croyants font entre leur foi et le détail des dogmes religieux à géométrie variable qui changent à chaque époque.

Pour reprendre le cas Galilée, les auteurs ne s'étonnent même pas de l'intrusion violente, autoritaire, de l'Église dans le domaine scientifique. Cela apparaît « naturel pour cette période » et n'oblige pas à prendre position sur la lutte non terminée, et de loin, pour faire cesser ces intrusions à l'époque contemporaine.

Le livre ne contient aucune étude de la différence énorme de pouvoir institutionnel entre les scientifiques et les religieux, ni d'explication sur la tendance habituelle de beaucoup de scientifiques à gommer autant que possible leurs différends apparents avec l'opinion publique majoritaire.

Le livre ne décrit pas globalement la perte de contrôle social gigantesque des Églises occidentales entre le Moyen Âge et la période contemporaine.

Il tente de dissimuler l'ampleur globale de l'action répressive des pouvoirs religieux aux époques passées, où toute la société était victime d'actions répressives, touchant pêle-mêle les Albigeois, les « sorcières », Hypatie d'Alexandrie, Giordano Bruno, Descartes et bien d'autres. L'affrontement entre l'Église et la science faisait partie d'une lutte générale pour le contrôle social de la part des religieux. De cela, on n'entend rien, ni pour l'Occident ni pour l'Orient.

Comment ne pas parler de la lutte entre la religion et les Lumières, dont la doctrine était *Sapere aude* (Ose savoir) ? De cette confrontation, rien n'est dit. Cette bataille est le pivot central de la lutte contre l'obscurantisme, une évolution qui a pu être décrite comme *Le désenchantement du monde* (Marcel Gauchet, Gallimard, 1985). La révolution scientifique en est une part importante. Sur cette confrontation également, le livre est quasiment muet.

L'affrontement entre les rationalistes musulmans (mu'tazilistes) et les fondamentalistes sunnites (comme Ibn Hanbal), pour prendre ce seul exemple, n'est qu'évoqué. Cette histoire est très occidentale et donc insuffisante. L'examen sélectif du point de vue géographique et temporel évite de mettre en évidence la multiplicité inévitable des points de vue religieux par nature irréconciliables dans chaque domaine de connaissance, le manque total d'enracinement dans la réalité de leurs dogmes, ainsi que la – relative – cohérence de la pensée scientifique moderne à l'échelon mondial.

Aujourd'hui, l'influence des Églises chrétiennes se fait encore tristement sentir dans le domaine de la santé reproductive, et ailleurs. Le livre cache la formidable bataille qui a abouti à une réduction d'influence globale, bienvenue et nécessaire, en la faisant passer pour un phénomène presque naturel, sans causes apparentes, non lié à la progression de la connaissance scientifique et à sa diffusion. Il n'examine pas les effets de l'influence de la religion dans de multiples domaines où son action s'oppose à celle des scientifiques. Aucun bilan des caractéristiques et du type d'influences n'est tenté.

De même, il ne lie pas les multiples reculades des positions religieuses sur l'histoire de l'univers et la progression magistrale du savoir scientifique à la perte d'influence de la croyance, alors que le phénomène est évident sur le long terme. Il ne décrit pas ce qu'il reste du « savoir » religieux une fois que ces multiples accommodements ont été effectués, il ne qualifie pas ces contenus d'un point de vue scientifique (ou religieux). Ce refus général de jugement sur les contenus, d'évaluation à partir de nos connaissances contemporaines, est tout à fait dans la veine du relativisme post-moderne.

La comparaison des explications sur les causes du tsunami de 2004 et de celui de Lisbonne (1775) vues par la science et la (les) religion(s) serait un bon exemple permettant l'analyse concrète de phénomènes historiques réels.

Il y a bien certains exposés du contenu de théories scientifiques et de mythes religieux, mais ils sont trop partiels pour que l'on en saisisse la cohérence. Une analyse comparative de la progression des connaissances religieuses et scientifiques dans le champ de la biologie serait révélatrice, par exemple. Théorie de l'évolution, dynamique des populations, psychologie évolutionniste, ou lutte des humains contre le péché ?

Quel avantage l'humanité a-t-elle trouvé dans l'existence des croyances religieuses pour mieux comprendre les lois de la biologie, son histoire d'espèce multimillénaire, et la position des humains au milieu des autres êtres vivants ? Le livre préfère faire le service minimum en matière d'évaluation et parle du conciliationnisme supposé qui existerait dans la tête de chaque bon savant participant à la Légende dorée.

Bien des épisodes de l'affrontement sont passés sous silence. Il n'est pas nécessaire d'inventer une succession d'épisodes guerriers, opposant en permanence science et religion ; il faut examiner au moins *l'apport global* de chaque partie à la compréhension de l'univers des humains, à l'amélioration de leurs situations matérielles et à l'amélioration de leurs comportements. Le bilan, s'il est honnête, est très clair.

Le livre n'analyse pas, n'évalue pas, sur le long terme et en détail les évolutions des dogmes religieux dans les différents champs de connaissances examinés, ni a fortiori les avancées globales de la science. Faire cela obligerait les auteurs à mettre en lumière l'inanité et l'inutilité des doctrines religieuses, et à choisir un point de vue épistémologique, inévitablement scientifique s'ils sont sérieux, pour l'examen conjoint des deux contenus.

Aucune question n'est posée sur l'utilité de la religion, ni d'ailleurs sur celle de la science. Comment écrire un livre sur ce sujet sans tentative de bilan global de la présence de ces deux modes d'appréhension du réel dans l'histoire des hommes ? Le silence est assourdissant.

Le point de vue des auteurs, jamais explicité, est plutôt celui de croyants « éclairés », mais ils participent de fait au courant relativiste. Au risque de nous répéter, rappelons que *chacun peut tirer sur sa cible favorite depuis son point de vue sans vraiment se préoccuper de la cohérence des critiques entre elles.*

En bref un livre érudit, documenté, issu d'une encyclopédie qui l'est sans doute autant, mais plein de silences criants, et qui ne parle pas de l'essentiel.

La sociologie des sciences face à ses effets boomerang

Naomi Oreskes, professeur d'histoire des sciences et de géologie à l'Université de Harvard, a publié en 2019 un livre intitulé *Why Trust Science ?* (« Pourquoi avoir confiance dans la science ? », trad., op. cit.). Le livre, bien écrit, nous relate, dans sa logique propre, des épisodes intéressants de l'histoire des sciences, comme le triomphe partiel de l'eugénisme qui a suivi les grandes avancées de la génétique mendélienne au début du XXe siècle.

La professeure Oreskes se réclame de fait du courant de la sociologie des sciences et fait appel plusieurs fois à Bruno Latour dans son texte. Son livre est cependant la marque d'un tournant chez certains partisans de la sociologie des sciences, qui ont fini par comprendre les effets délétères de leur approche de la science. Ils tentent donc de sauver les meubles face aux attaques antiscientifiques des négationnistes climatiques, mais ils ne renoncent pas pour autant à leur approche aberrante de la science, décrite comme une pratique sociale parmi d'autres, approche qui fournit des munitions considérables aux adversaires de fait de la science.

L'erreur centrale de perspectives de ce livre et des partisans de la sociologie des sciences est de continuer à proclamer (p. 127) « *We cannot identify science by any unique method* » (« Nous ne pouvons pas identifier la science par une méthode unique », trad.). Cependant, face aux discours de ceux qui pratiquent le déni climatique à la Trump, dont nos « sociologues » perçoivent heureusement le danger, il ne leur reste plus qu'à tenter d'inventer une rustine à coller sur leur approche « épistémologiquement neutre » de la science. Naomi Oreskes tente alors de donner une valeur supérieure à la connaissance scientifique, mais seulement sur la base d'un critère sociologique, à savoir la force du consensus à l'intérieur de la communauté scientifique sur un sujet précis. Ce consensus se doit donc d'être inclusif, avec les femmes et les minorités pour faire bon poids. C'est sa perception des bonnes raisons de croire en la science.

Une telle vue n'est probablement pas susceptible de convaincre beaucoup de partisans trumpiens du déni climatique contestant le rôle unique de la science dans le débat public. Ils vont plutôt acquiescer : les scientifiques sont une communauté de plus dans le débat, une communauté de grosses têtes qui ne comprennent rien aux vrais problèmes. Leur force est celle de leur groupe social, sans plus. C'est malheureusement la conséquence inévitable de cette logique.

Les négationnistes climatiques, pour prendre cet exemple particulier, pourraient aussi se targuer du consensus qui règne à l'intérieur de leur groupe social. Certes, ce consensus hypothétique serait très fragile, car reposant sur de préjugés et des certitudes arbitraires, mais à un moment donné, il n'est pas impossible à atteindre. Ce consensus social serait-il donc aussi un critère de vérité ?

Les créationnistes, ceux qui pensent que le monde a été créé en 4004 avant notre ère, sont-ils intrinsèquement moins susceptibles d'être socialement divers, de valoriser participation féminine et diversité raciale ?

L'angle de vision de Naomi Oreskes se situe donc toujours dans une perspective relativiste (même si le mot n'est jamais prononcé) à savoir que la science n'est qu'une activité humaine parmi d'autres, qu'il n'existe pas de méthode de connaissance scientifique qui la distinguerait des autres activités humaines.

La conséquence inévitable et prédictible de ce relativisme est de mettre les religions sur le même pied que d'autres activités humaines et de valoriser, par exemple, les prises de position de l'Église catholique sur le changement climatique au même niveau apparent que l'apport de la science. Cela ne permet donc pas de distinguer clairement science et religion sur la base de leur méthode de connaissance. Rien n'empêche alors les négateurs du réchauffement anthropique de se réclamer des mêmes genres de références arbitraires, religieuses ou identitaires, à leur façon puisque cela semble légitime.

Comme beaucoup d'idées biaisées sur la science, celle-ci contient une part de vérité : le consensus scientifique est bien la marque de quelque chose, mais il est la manifestation de la validation par la communauté scientifique d'un usage efficace de la méthode scientifique, de FARSIPP. Un consensus est atteint en général lorsqu'il apparaît clairement que FARSIPP a été utilisé dans la sélection appropriée de la meilleure (ou de la moins mauvaise) théorie pour représenter le réel. Confondre l'effet et la cause est pourtant une erreur majeure qui peut jouer bien des tours. Une communauté fermée de vieux ronchons peut tout à fait avoir raison en appliquant mieux FARSIPP qu'un groupe ouvert et diversifié de personnes de tous horizons qui manquent d'expérience dans l'usage rigoureux de la méthode scientifique.

Il est important de ne pas confondre critère d'efficacité et critère de vérité. Il est probable que la présence de personnes issues d'horizon divers soit en général un bon critère d'efficacité des développements scientifiques, mais cela ne saurait être un critère de vérité. Un ensemble social très fermé peut aussi produire de bons résultats, même si sa productivité pourrait être plus faible.

L'usage du consensus est donc le faux proxy, l'avatar dénaturé de l'application de la méthode FARSIPP. Son examen simplifie la vie des personnes extérieures au champ de connaissance, leur donne une idée de l'état du savoir dans ce domaine. Mais cet avatar imparfait ne fonctionne pas toujours. Il y avait sans doute un grand consensus sur l'infériorité intellectuelle des populations indigènes des pays colonisés au début du XIXe siècle. Cela ne signifie pas que la méthode scientifique ait été appliquée correctement. Il faut alors se pencher directement sur les critères FARSIPP et examiner leur application. Cela est plus ou moins possible pour des personnes extérieures au champ, mais cela ne leur permet pas de décider quelle est la bonne modélisation sur la base de critères sociologiques, seulement de tenter d'estimer partiellement la qualité générale du travail.

Il n'est malheureusement pas étonnant que la professeure Oreskes, qui pratique elle-même une activité scientifique, n'adhère pas explicitement aux règles FARSIPP. Elle n'est pas la seule scientifique dans ce cas. On peut pratiquer efficacement une activité sans en comprendre toutes les règles sous-jacentes.

Ce qui empêche souvent le consensus scientifique d'émerger, ce n'est le plus souvent pas le manque de pratiques sociales inclusives entre membres de la communauté scientifique, mais bien des difficultés dans l'application de FARSIPP. La physique théorique fait face à de grandes difficultés depuis des dizaines d'années ; un grand point d'achoppement est la réconciliation de la mécanique quantique et de la relativité générale. Ces deux descriptions de l'univers fonctionnent bien dans leurs domaines respectifs, mais sont irréconciliables lorsque l'on a besoin de traiter un « objet » avec une conjonction des deux modélisations, comme dans le cas des débuts de l'univers, où celui-ci était à la fois très petit (physique quantique) et très massif (relativité générale). Il y a eu de nombreuses tentatives pour réconcilier les deux approches, mais le morceau est vraiment dur à avaler, et les solutions loin d'être évidentes.

Il y a donc à ce sujet de nombreuses divisions au sein de la communauté des physiciens théoriciens entre, par exemple, les partisans des « cordes » et ceux de la « gravitation quantique à boucles ». Deux modélisations très sophistiquées dont la description détaillée prendrait beaucoup de place. Les débats entre les deux groupes ne peuvent évoluer positivement, après des dizaines d'années de discussions, parce qu'il est actuellement extrêmement difficile (ou impossible) de pratiquer des tentatives efficaces de falsification de ces théories. Les moyens à mettre en œuvre dépassent en effet, et de loin, les moyens technologiques à disposition, en tout cas pour les approches « directes ». Cela oblige de nombreux scientifiques à suspendre leur jugement.

C'est donc la méthode scientifique qui est face à ses limites, pas la qualité du consensus social au sein de la communauté. Le consensus est le résultat de validations réussies ; il n'existe pas par lui-même.

Au centre des erreurs de perspectives de la *sociologie des sciences*, il y a l'idée que cette *sociologie des sciences* a quelque chose à dire de pertinent sur le rapport de la science avec la réalité de l'univers.

La sociologie des sciences pourrait utilement décrire les évolutions des pratiques sociales des chercheurs, de leur formation, de leurs activités et de leurs pratiques de groupe, mais en quoi pourrait-elle séparer le bon grain de l'ivraie, dire laquelle, de la théorie des cordes ou de la gravitation quantique à boucles, est la meilleure description de l'univers dans lequel nous vivons ? C'est clairement en dehors du domaine de compétence d'une quelconque approche sociologique et c'est le manque d'appréhension de ses propres limites qui est au centre des problèmes de la *sociologie des sciences* comme courant de pensée.

Ce qui fait de la science un outil irremplaçable et spécial de la connaissance humaine, ce n'est pas sa pratique consensuelle – celle-ci pouvait éventuellement exister dans la Chine ancienne parmi les savants de la cour impériale. C'est la méthode très particulière de sélection des meilleures thèses basée sur les règles FARSIPP, ainsi que les pratiques techniques, sociales et économiques que cela a mis en route qui ont permis l'extraordinaire essor de la science occidentale, puis mondiale.

S'il y a réticence à admettre l'existence d'une méthode scientifique, cela tient, entre autres, à plusieurs particularités de celle-ci, relevées par ailleurs (voir infra, *Cadre général d'application des règles FARSIPP*) ; elle n'est pas une méthode permettant de décrire comment doivent se faire les découvertes, mais comment sont départagées les modélisations concurrentes. Cette méthode de sélection selon les critères FARSIPP permet non seulement la sélection de la meilleure théorie à chaque moment, mais aussi, par la qualité de cette sélection, l'accumulation sélective des connaissances.

Aucun mécanisme basé sur le pur consensus social (changeant) des scientifiques ne peut obtenir ce type de résultats. Les descriptions du réel issues de la science ne sont en général que des descriptions partielles de ce réel. Elles ne sont donc jamais « la vérité », mais des descriptions partielles de certaines parties du réel. Par exemple, la physique newtonienne ne permet pas de comprendre aussi bien le phénomène des trous noirs que la relativité générale. Elle ne modélise pas la courbure locale de l'univers.

Naomi Oreskes insiste beaucoup sur les valeurs morales des scientifiques et réclame l'affichage explicite de valeurs d'ouverture sociale et de préservation de l'environnement humain par les scientifiques comme instrument de transparence et de persuasion. Si l'on se réfère à ces valeurs, affichées par Oreskes elle-même, cela est plutôt improductif. Les « valeurs » ne sont en effet que des choix entre priorités prises deux à deux. Rien qui puisse convaincre un non-convaincu.

La seule valeur que les scientifiques peuvent faire valoir, c'est la priorité qu'ils donnent à des descriptions de la meilleure qualité possible de la réalité, même si cela doit s'opposer au consensus social existant et au bien-être mental de leurs concitoyens. S'il en était autrement, les scientifiques deviendraient un groupe social comme les autres avec leurs propres petites priorités sociétales opposées à celles des agriculteurs ou des Témoins de Jéhovah, bref, un groupe quelconque. Dissoudre la science dans le grand tout social est une erreur magistrale. La science est à la base de (presque) tout le savoir humain moderne. Cela doit être valorisé et affirmé sans modestie, mais sans triomphalisme.

De même, il est important d'affirmer clairement que la science n'est pas démocratique, qu'elle n'applique pas la règle « un homme, une voix ». Cette clarification manque cruellement dans les travaux des sociologues des sciences, et d'Oreskes en particulier.

Pour être pertinente, la sociologie des sciences devrait d'abord s'intéresser à deux thèmes importants :

- L'examen des résistances des populations terrestres à accepter la méthode scientifique comme seule méthode sérieuse de connaissance à large échelle de l'univers des humains et l'examen parallèle des moyens nécessaires pour dépasser ces résistances.
- L'étude de l'organisation fonctionnelle de la communauté scientifique, des moyens nécessaires pour améliorer la qualité des recherches et leur productivité, qui sont au cœur des progrès de l'humanité.

En résumé, la professeure Oreskes essaie sans doute sincèrement de limiter les dégâts liés aux conséquences des modélisations issues de la sociologie des sciences. Mais il faut bien constater que seul l'abandon d'un point de vue biaisé sur la méthode scientifique permettra de remettre le champ de l'histoire et de la sociologie des sciences sur le bon chemin.

Les limites de la science, une évaluation qualitative

Les attaques systématiques des « relativistes » rendent nécessaire une clarification de ce que sont les limites de la science. La définition de ces limites fait face aux mêmes difficultés que celles des frontières de la vie. Il est facile de repérer son centre et l'essentiel des éléments qui la composent, mais une délimitation simple, binaire, des limites est très difficile. Nous pouvons repérer et caractériser le cœur de l'activité scientifique, ses forces et ses faiblesses. Il n'est pas possible de mettre en place des gardes-barrières permanents sur toutes ses frontières. Des interventions ponctuelles fortes sont cependant souvent nécessaires pour chasser les manipulateurs et les charlatans (même s'ils sont prix Nobel).

La séparation des sciences et des croyances est évidemment essentielle, mais au sein des utilisateurs sérieux de la méthode scientifique, il n'est pas toujours facile d'adopter rapidement une position simple et claire. Certains domaines peuvent avoir besoin de croître dans la pénombre avant d'être rattachés à la science.

Pour sortir d'une logique binaire, *scientifique/non scientifique*, il est parfois préférable d'accepter l'idée de quantifier le degré de « scientificité » d'une théorie avec les critères FARSIPP. Cela implique, malheureusement, de mettre en place, pour chaque discipline scientifique, des échelles spécifiques qui reflètent les possibilités réelles d'adhésion à ces critères offertes aux chercheurs.

Cela n'implique pas que les critères FARSIPP soient variables entre disciplines, mais que les terrains sont différents. Nous ne pouvons attendre le même rendement agricole à l'hectare (le critère commun) d'un paysan du Sahel et de celui cultivant la Beauce. Les cultures issues des deux terrains seront forcément différentes, et pas obligatoirement moins intéressantes dans le Sahel.

Une modélisation scientifique, une théorie, décrit des parties observables et des parties non observables pour le moment, c'est-à-dire non directement, immédiatement falsifiables. Un bon exemple d'élément non directement observable est l'*éther luminifère*, support hypothétique des ondes radio et lumineuses, qui a dominé la physique, spécialement l'électromagnétique maxwellienne de la fin du xixe siècle, jusqu'à l'apparition de la relativité einsteinienne en 1905. Cet éther était considéré comme un élément explicatif essentiel, comme le support physique, le milieu oscillant dans lequel se propageaient les ondes électromagnétiques, ce qui donnait de la cohérence aux diverses théories physiques de l'époque. Les premières versions de la notion d'éther datent des Grecs. Cette notion a cependant rapidement disparu dans les oubliettes au début du XXe siècle, par la «faute» d'Einstein.

L'existence de ces parties «cachées», inaccessibles à l'expérience, donne des «libertés» aux modélisations, aux paradigmes. Elles créent de l'espace pour l'existence de plusieurs théories concurrentes entre lesquelles le choix est parfois «sous-déterminé». Il convient de remarquer, en parallèle, que la liste des données observables, mesurables, est généralement décidée par la modélisation sous-jacente. Le concept de vitesse instantanée, par exemple, est un concept moderne. Cette relative nouveauté n'empêche pas son acquisition par des instruments de mesure. Les savants du Moyen Âge n'auraient probablement pas pensé à effectuer cette mesure. Il n'existe que très rarement des systèmes d'appréhension «directe» de la réalité.

L'existence de ces parties cachées ne doit rien au hasard ou à l'esthétique, elles sont au contraire souvent une part essentielle des modélisations, des théories scientifiques, elles en assurent la cohérence et leur donnent un caractère compréhensible. L'attraction gravitationnelle entre corps massifs, au cœur de la mécanique newtonienne, en est un bon exemple: l'attraction est bien décrite, modélisée, mais pas expliquée.

Les modélisations comprennent parfois également des «récits» historiques (rapportant la vie de l'univers avant l'arrivée des instruments de mesure sophistiqués) qui ne peuvent pas toujours utiliser des traces claires et aisément repérables. Ces limites de testabilité, de falsifiabilité, sont propres à l'univers dans lequel vivent les humains. Elles ne sont pas un frein absolu, mais une gêne.

Ces limites dans les possibilités de falsification varient dans le temps. Elles peuvent parfois être outrepassées par le recours aux autres éléments de validité épistémologique, à savoir la simplicité des modélisations, leurs probabilités et leurs propriétés de prédictibilité. Il faut rajouter à ces critères ceux de raccordement aux autres modélisations connexes, comme le rattachement de la biologie à la chimie organique et à la géologie (entre autres pour le repérage des durées).

Cela signifie que ces parties de modélisation non directement testables sont bien des parties de théories scientifiques, qu'elles se raccordent au grand réseau des théories scientifiques, mais que, comme toute modélisation/théorisation, elles sont susceptibles d'être remplacées/améliorées par une nouvelle version.

Le temps absolu décrit par Newton semblait en principe «évident» et non testable avant le XXe siècle. La théorie de la relativité a introduit une nouvelle modélisation de l'espace et du temps, qui a permis à la fois d'invalider celle proposée par Newton et de créer des possibilités d'observation du déroulement du temps au travers de la comparaison entre horloges ultra-précises en mouvement relatif, alors que ce genre de comparaisons semblait dénué de sens auparavant.

Les parties non observables ne sont donc pas moins scientifiques que les autres, mais il est vrai qu'elles sont, en un sens, plus fragiles que celles qui sont directement observées. La science décrit le monde de la manière la moins imparfaite possible. Ses limites sont celles de la connaissance humaine.

Cadre général d'application des règles FARSIPP

Les textes précédents détaillent différentes réponses aux questionnements induits par les critiques post-modernes. Après avoir traité des limites de la science et des parties non falsifiables des théories, il est nécessaire d'effectuer ici, dans le même contexte d'un positionnement face aux critiques post-modernes, une tentative de synthèse de ces réponses, pour donner une vision plus globale du cadre dans lequel les règles FARSIPP peuvent et doivent être utilisées.

Les règles FARSIPP ne sont pas issues d'une volonté de domination sociale des scientifiques sur les autres acteurs sociaux. Elles sont d'abord issues du constat, souvent implicite, de leur efficacité pour produire les modélisations les plus pertinentes et les plus fructueuses en termes de qualité de compréhension du fonctionnement de la nature.

Qu'il soit possible de décrire parallèlement comment cette efficacité peut être utilisée pour soutenir les ambitions sociales et politiques des scientifiques fait partie du travail des sociologues. Que les motivations personnelles des acteurs soient déterminantes dans leurs comportements individuels, nul n'en doute, mais c'est d'abord de l'efficacité intrinsèque, historiquement inédite, de cette méthode d'acquisition des connaissances qu'il faut parler.

Cette efficacité de FARSIPP tient au type d'univers dans lequel vivent les humains. Un univers dans lequel un physicien célèbre, Eugene Wigner, peut publier en 1960 un article fameux intitulé « La déraisonnable efficacité des mathématiques dans les sciences naturelles » (trad.), mais un univers dans lequel il n'est pas (encore ?) possible de faire un travail sociologique sérieux en s'appuyant *essentiellement* sur ce même type de modélisation mathématique.

L'absence de liens directs, simples, aisés, entre les niveaux de la réalité empêche l'unité simple, directe des sciences et des savoirs. C'est la justification ultime des règles FARSIPP, complexes à appliquer, fluctuantes dans leurs limites, parfois difficiles à interpréter, mais qui sont à ce jour les meilleures qui soient pour connaître un univers à la fois rationnel et complexe. La compréhension de cette complexité est plus importante que celle du contexte social des découvertes.

En résumé, il est possible d'énoncer synthétiquement quelques limitations/caractéristiques importantes intrinsèques dans l'usage des règles FARSIPP :
- Un accès « direct » à la réalité, à la vérité, au fait brut n'est pas possible pour les humains. Exiger cet accès revient à interdire toute forme de connaissance

vérifiable du monde pour l'humanité. La comparaison entre méthodes de connaissance n'est possible qu'entre méthodes « imparfaites », mais aucunement équivalentes.

- Les règles de l'épistémologie scientifique, regroupées sous l'acronyme FARSIPP, ne peuvent être qualifiées strictement de « scientifiques » parce que la science ne peut que comparer l'efficacité de deux méthodes ; hormis des cas simples, elle ne peut pas dire que telle méthode est, à jamais, et dans tous les cas (avec la qualité d'une preuve mathématique), la meilleure. Cela ne signifie pas, bien au contraire, que ces règles soient arbitraires. Elles ont fait l'objet de nombreux tests et ont un bilan global stupéfiant.
- Les modélisations scientifiques portent toujours sur des parties séparées et limitées de la réalité, mais il y a de nombreux liens de dépendances/support, plus ou moins lâches, entre ces modélisations scientifiques.
- Le respect des règles FARSIPP dépend des humains qui doivent les appliquer et leur respect ne se constate qu'après un temps variable, qui dépend des circonstances humaines et techniques entourant l'activité scientifique. Le taux d'adhésion générale, sur la longue durée, est bon.
- Les modélisations FARSIPP s'exercent sur des parties limitées du réel, avec des zones d'ombre entre modélisations, des contradictions apparentes plus ou moins durables et sans liens parfaits entre théories se succédant/se chevauchant pour décrire une même partie de la réalité.
- Les règles FARSIPP servent le plus souvent à départager des théories/modélisations scientifiques entre elles, plutôt qu'à évaluer la valeur absolue, la vérité éternelle, d'une théorie particulière. En général, ce n'est que quand une théorie plus satisfaisante est prête à remplacer un modèle moins satisfaisant ou incomplet que la vieille théorie est déclarée falsifiée.
- Il y a parfois absence d'élévation claire du niveau de performances lors de la succession/coexistence d'activités de modélisation « concurrentes », dans un même champ, sur le court terme. Il est difficile de savoir si deux théories successives représentent obligatoirement un progrès scientifique. Sur le long terme, la direction générale, l'élargissement des possibilités, apparaissent très bien.
- La collecte des données, la validation des faits d'expériences, dépendent généralement des théories préalablement proposées pour pouvoir être réalisées. Le réel est trop « touffu » pour qu'il soit envisageable d'effectuer des tests « sans préjugés ». Les faits d'expérience, les preuves, ne sont pas toujours suffisants pour contraindre parfaitement les modélisations, ce qui laisse du champ à plusieurs modélisations contradictoires, mais chacune doit respecter les règles FARSIPP. De longues périodes sont parfois nécessaires pour départager des modélisations entre elles.
- La supériorité des règles FARSIPP se voit clairement après plusieurs siècles et permet de prévoir très favorablement, avec un degré de certitude raisonnable, le futur proche en se basant sur les probabilités. Les limitations de l'épistémologie scientifique sont celles de la condition de l'espèce humaine, elles n'impliquent en rien une « égalité » entre épistémologie scientifique et celle basée sur les croyances.

De l'importance de l'usage généralisé de l'épistémologie scientifique, des savoirs scientifiques et techniques, comme éléments décisifs du progrès humain

Une bonne part du progrès humain futur est liée à la capacité des *Homo sapiens* à s'approprier non seulement la modélisation scientifique du monde, mais également à reconnaître l'importance de la méthode de connaissance qui la rend possible.

Ce combat n'est pas gagné d'avance, car la méthode est difficile à assimiler et à pratiquer. Même les meilleurs scientifiques l'utilisent parfois uniquement dans leur domaine de compétence restreint et l'oublient dès qu'ils ont franchi la porte de leur laboratoire. Il n'est pas forcément difficile d'appliquer la méthode scientifique de connaissance, l'épistémologie basée sur la méthode hypothético-déductive à des cas précis. En fait, personne ne s'y oppose vraiment. Ce qui est difficile, c'est d'employer cette méthode dans tous les cas où il est possible et souhaitable de formaliser un savoir humain, par exemple la description de la création de l'univers ou « la nature du mal ».

Beaucoup de religions s'affichent comme les représentantes de « la vérité ». Les scientifiques sont en général beaucoup plus modestes. Ils prétendent simplement décrire partiellement, avec plus ou moins de précision, certaines caractéristiques du monde tel qu'il existe, a existé et existera.

Deux limitations essentielles doivent être acceptées d'emblée : a) le savoir scientifique ne peut être le fondement de chaque action humaine ; b) la science (les sciences) n'a (n'ont) pas actuellement la prétention de tout décrire parfaitement dans l'univers.

Si nous demandions à la science de guider chacun de nos pas, nous serions paralysés. Le comportement d'un bébé est sans doute décrit dans une large littérature scientifique, mais pour s'occuper de lui à chaque instant, beaucoup d'empirisme (teinté de savoir scientifique autant que possible) est nécessaire. La description du monde par la science est imparfaite parce que la science n'est pas un ensemble achevé, mais un tout en construction.

Il y plus de deux siècles, les prédicateurs religieux pouvaient encore se permettre d'occuper le centre du terrain des explications du fonctionnement du monde. Le 8 février et le 8 mars 1750, Londres subit des tremblements de terre ressentis par la population. Charles Wesley, prêcheur méthodiste, ose alors affirmer : « *To show that earthquakes are the works of the Lord, and He only bringeth this destruction upon the earth* » (« Montrer que les tremblements de Terre sont l'œuvre du Seigneur, et que Lui seul apporte cette destruction sur la Terre », trad.) (Charles Wesley, « *The Cause and Cure of Earthquakes* »)[31]. Wesley réitérera ce type d'affirmation lors du tremblement de terre de Lisbonne (1755), plus important, qui détruisit la ville et fut l'occasion d'une confrontation philosophique en Europe sur le thème du rôle de la Providence.

La situation a globalement bien changé. Un tsunami gigantesque est survenu le 26 décembre 2004 dans le Pacifique. La magnitude record du tremblement de terre qui l'a provoqué était de 9,1 à 9,3. Le tsunami a entraîné plus de 200 000 décès dans les quinze pays qui bordent cet océan. L'explication scientifique la plus fréquemment retenue est celle d'une rupture brutale de la zone de subduction (chevauchement) entre deux plaques tectoniques, la plaque indienne et la microplaque Andaman, sur environ 1 200 kilomètres. La longueur énorme de cette faille explique l'ampleur du séisme.

Cette explication (dans sa version complète) permet de comprendre l'origine du phénomène et son ampleur. Cependant, même en entrant dans le détail le plus fin, la modélisation géophysique actuellement proposée n'est pas suffisante pour permettre une prédiction fiable de la survenue et de la répétition de ce type de phénomène. Il est possible que les progrès scientifiques permettent un jour de prédire la survenue d'un tsunami ; il est aussi possible que cela n'advienne jamais.

Les progrès de la science et de ses capacités de modélisation, ainsi que l'ampleur et la diversité des zones touchées, avec une multiplicité de croyances et donc de type de « pécheurs » et de « péchés » concernés, ont refroidi (mais pas stoppé) les ardeurs des prédicateurs de tout poil. Ils n'ont pas, à l'échelle de la planète, osé parler de la colère divine. Cette description de la vengeance divine contre « leurs » pécheurs étant difficile à vendre à un échelon mondial (mais très utilisée localement), ils se sont rabattus essentiellement sur l'aide humanitaire qui pouvait être fournie.[32]

On voit, au travers de ces deux exemples, un important basculement historique. Alors que, dans les siècles passés, les religieux tenaient le haut du pavé dans la description de ce qu'est le monde (plus modestement l'environnement des humains), aujourd'hui, la science est systématiquement sommée d'expliquer tout, ou presque. Elle est au cœur de la compréhension de la réalité pour la majorité de l'humanité.

Cette mise à l'écart de l'explication religieuse est bien sûr un immense progrès. Si les croyances religieuses se révèlent (dans leur grande majorité) incapables de se risquer à expliquer un phénomène de cette ampleur, à quoi servent-elles ? Cette question aurait dû venir sur le devant de la scène de manière évidente, mais l'évidence est trop aveuglante.

De fait, les croyants n'ont pas cessé de sévir : en 2014, face à une épidémie d'Ebola ravageuse en Afrique, les croyants ont « pris les choses en main » : *« Christian leaders meeting at the Liberian Council of Churches unanimously agreed: God is angry with Liberia. »* (« Les dirigeants chrétiens réunis au sein du Conseil des Églises du Libéria ont été unanimes : Dieu est en colère contre le Libéria », trad.) (Joel Baden et Candida Moss, « Ebola Is Not God's Wrath », *Slate*, 20 août 2014)[33].

A contrario de la science, les religions et les religieux peuvent donc choisir les phénomènes qu'ils veulent décrire. À l'opposé des tremblements de terre de Londres en 1750, le tsunami de 2004 dans le Pacifique n'est pas un bon sujet de prêche (à quelques exceptions locales près). Qu'importe! Leur business principal, c'est le sexe : on peut facilement parler de la colère divine contre les homosexuels victimes du sida et de leurs « péchés ». Cette facilité de choix des sujets de prêches religieux passe presque inaperçue tant elle est rentrée dans les mœurs. Si l'on était un tant soit peu sérieux, il faudrait demander aux religions d'expliquer *tout*, y compris les collisions intergalactiques...

Les comportements sexuels sont malheureusement l'un des terrains favoris de l'intrusion des religieux dans l'organisation de la cité. Ils profitent en fait de la difficulté pour les scientifiques d'être normatifs sur des bases sérieuses dans ce domaine complexe. Il est « facile » de suggérer l'abaissement du niveau d'émission du CO_2, il est plus difficile de dire une fois pour toutes et dans tous les lieux si la polygamie est un comportement acceptable ou non. De fait, il est impossible d'être normalisateur dans l'abstrait. Dans une société où les mâles sont structurellement en trop petit nombre, la polygamie à un sens (et la polyandrie dans le cas contraire).

Défendre l'épistémologie scientifique signifie accepter des limitations à l'universalité des règles de comportement, accepter (au-delà des goûts personnels) de décrire les avantages et inconvénients de telle ou telle pratique et empêcher quiconque, et surtout les religieux, de s'attribuer le monopole de la régulation sociale sous le prétexte que « quelqu'un » leur aurait soufflé la bonne réponse. Dans de nombreux cas, le « bon » comportement répond à des critères hypothétiques ou à des conventions temporaires, et il faut accepter ces limites.

La facilité avec laquelle les croyances religieuses peuvent esquiver toute explication sur des phénomènes qui ne les intéressent pas, par absence de débouché marketing (et surtout d'explications plausibles), est une aberration absolue de l'organisation de la cité. Il faut donc insister et développer largement sur ce thème : les religions n'expliquent rien, elles divaguent et réconfortent (temporairement).

Le progrès scientifique a permis de limiter les effets du tsunami de 2004. Les moyens de transport et de télécommunication modernes ont permis l'acheminement des secours. Demain, les systèmes d'alerte anti-tsunami permettront probablement de prévenir une partie des populations avant l'arrivée de la vague meurtrière. La modélisation du monde par la science, et son amélioration par la technique, à l'aide de l'épistémologie scientifique, est un *work in progress* permanent.

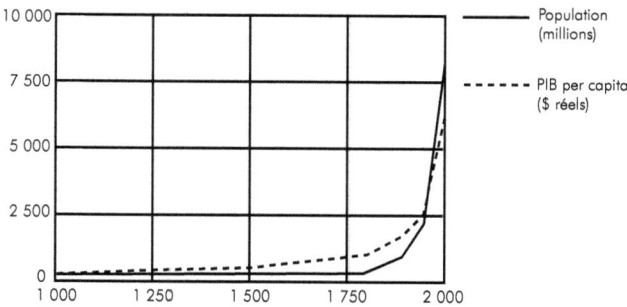

Un millénaire de croissance mondiale.
Adapté de: *1000 years of growth from 1000 to 2000 Data MIT and United Nations* (Wikipédia)[34]

Ce processus a donné des résultats prodigieux. Les progrès de l'humanité sont en majeure partie dus à l'usage intensif de l'épistémologie scientifique en fondement, parfois distant, des progrès techniques. Pour employer un simple élément de comparaison, nous pouvons partir de la courbe de progression des populations et des revenus par être humain en Occident au cours des dix derniers siècles.

Qui pourrait soutenir sérieusement que ce sont les croyances religieuses qui sont responsables de cette progression ? Qui ne voit d'abord les traces de la révolution scientifique ? La croyance, c'est ce qui freine et ce n'est pas un bon frein qui freinerait sélectivement les développements peu désirables (si cela était possible). Pour ceux qui pensent que la progression des revenus n'est pas un indice valable de développement de l'humanité, nous leur laissons le droit, sur une base volontaire, de distribuer leur « surplus » aux personnes déshéritées et de juger sur le long terme de l'effet que cela induit sur leurs possibilités de développement personnel. Bizarrement, ce genre de défis n'est jamais relevé sur la longue durée par de larges groupes de population. Peut-être comprennent-ils spontanément que la richesse matérielle n'est pas si méprisable, après tout.

Il existe de multiples réseaux d'influence entre pays moins développés et pays développés (OCDE), mais ces réseaux vont souvent dans le mauvais sens. Ils ne devraient pas aller des pays les plus atteints par des croyances absurdes et des identités fortes vers des pays moins atteints, mais des pays avancés vers les pays arriérés. Les spécialistes en sciences humaines doivent avoir comme mission de favoriser ces transferts dans le bon sens.

La méthode scientifique ne contient pas par elle-même la recette complète des problèmes de l'humanité. Penser cela serait du scientisme (positivisme) et c'est à juste titre que cette école de pensée tend à rejoindre les poubelles de l'histoire.

La simple divulgation des connaissances scientifiques n'est pas le seul élément qui a déterminé le prodigieux accroissement de richesses que le monde a connu depuis plusieurs siècles. L'accroissement concomitant massif des techniques et technologies, les bouleversements immenses de l'organisation sociale des pays, le développement massif du capitalisme, la restructuration des pouvoirs politiques vers une organisation étatique permettant le développement libre du commerce et de l'industrie au sein de la planète, le développement et la chute du colonialisme ont joué un rôle au moins aussi important. Il est cependant clair que ces bouleversements économiques et sociaux n'auraient pas pu survenir sans un accroissement prodigieux des connaissances scientifiques, à commencer par celles qui ont permis la maîtrise de l'énergie thermique/mécanique au travers des machines à vapeur, fruit de l'inventivité des praticiens, reprenant avec un nouvel angle des savoirs scientifiques existants, avec la possibilité pour eux d'investir des sommes importantes en déposant des brevets, et le développement parallèle des connaissances en thermodynamique.

L'amélioration de la situation de l'humanité est un problème « technique » autant que scientifique. Par là, nous voulons dire que les actions nécessaires comprennent, au-delà des connaissances nécessaires pour comprendre le cadre de ces actions, le choix arbitraire de certaines directions, priorités et manière de faire. Il est extrêmement rare que la « technique » soit issue sans médiation de la connaissance scientifique, et ce, pour une raison simple : il n'y a pas qu'une seule façon de relever les défis posés par une difficulté mise en évidence par le savoir scientifique. Il ne faut donc pas chercher à cacher les choix nécessaires derrière une pure description scientifique de la réalité.

La modélisation du monde par les multiples croyances religieuses est un désastre permanent. Elle est, entre autres, à l'origine (partiellement, au travers des divisions nationales) des difficultés de mise sur pied d'une organisation efficace de l'alarme aux tsunamis à l'échelle du Pacifique.

Au regard des résultats, la supériorité de la science comme méthode de connaissance est presque absolue. Mais plutôt que d'insister seulement sur ses résultats, il faut insister sur sa puissance générale. La science a un pouvoir prédictif élevé, avec beaucoup de limites. A contrario, la puissance explicative et prédictive de la religion est quasi nulle.

Il suffit, pour se convaincre de la qualité insuffisante de l'explication des causalités par une action divine, de remplacer, provisoirement, n'importe quel dieu par une pierre sacrée. Si un événement se déroule favorablement, cela signifie que la pierre est contente ; s'il se déroule négativement, qu'elle est mécontente. La qualité de l'« explication » saute alors aux yeux.

La mise en évidence de cette différence essentielle dans les pouvoirs explicatifs est un élément important du progrès humain. Elle n'est naturellement pas suffisante en soi.

4

Les problèmes de la communauté scientifique

Défendre la méthode scientifique ne signifie pas considérer les scientifiques, pris individuellement ou en groupe, censés pratiquer cette méthode, comme au-dessus de tout soupçon, de tout examen. La réalité de la pratique scientifique fait que la puissance de la méthode est parfois obscurcie par les manières de faire de ceux qui sont censés la défendre. Le conciliationnisme, prôné par certains scientifiques, est examiné. Les attentes du public à l'égard de la science sont également mises en question, de même que les multiples facettes de l'épistémologie. La problématique importante des tricheries scientifiques n'est pas traitée, faute de place (mais pas d'intérêt).

Les prétentions, parfois exagérées, de certains scientifiques à la connaissance du monde

Les observateurs attentifs des médias et des actions de communication liées au milieu scientifique, où se retrouvent les utilisateurs majoritaires et imparfaits de l'épistémologie scientifiques, sont souvent exaspérés par le niveau élevé des prétentions à la vérité absolue qui est sous-jacent dans certains discours de ce groupe. Cet énervement est normal, car le niveau de prétention n'est souvent pas le reflet d'une maîtrise complète (si cela était possible) de leur sujet par les acteurs scientifiques (ou technico-industriels) d'un domaine.

Les causes de ce niveau de prétention parfois anormal sont multiples :
- Domination sans limite de la science dans certains domaines de la connaissance. En pratique, nul ne songe plus à faire appel aux sorciers pour combattre

une épidémie, ni pour prédire la durée d'une éruption volcanique. Que le savoir humain soit concentré dans la science est une chose, qu'il soit sans limites en est une autre. Très peu de scientifiques sont exagérément prétentieux et dominateurs, mais ils rechignent souvent à décrire spontanément les frontières du connu.

- À l'inverse, beaucoup de scientifiques hésitent à s'exprimer dans des domaines non parfaitement maîtrisés (contrairement à certains artistes et religieux). Ils seraient alors obligés de mieux définir les limites de leur savoir et du savoir humain en général. Aucun domaine n'est interdit à la science. Elle n'est jamais toute-puissante.
- Introduction systématique de techniques de *public relations* dans la communication institutionnelle des organismes scientifiques. Comme souvent, chez les *spin-doctors* (conseillers en communication et marketing politique agissant pour le compte d'une personnalité politique), l'ignorance des limites mène à l'arrogance. La technique de base est toujours la même : restons lisses, pas de vagues. Grave erreur : il faut décrire ses propres limites et démolir systématiquement les prétentions des partisans des « approches alternatives ».
- Réactions en miroir des scientifiques face à la mauvaise foi des adversaires de la science (qui sont parfois des scientifiques de bonne foi).
- Difficulté quasi insurmontable de l'explication des limites du savoir et de l'analyse de phénomènes complexes. L'exemple du réchauffement climatique est symptomatique. Il est possible d'expliquer la problématique générale du réchauffement à un large public, mais comment expliquer à celui-ci le détail du test des hypothèses sur le rôle non décisif des cycles solaires dans la tendance séculaire du réchauffement actuel ? C'est mission impossible si le Giec est confronté à des adversaires de mauvaise foi (ou pire de bonne foi) qui brouillent les pistes, non parce que « les gens sont bêtes », mais parce qu'il faudrait des mois, voire des années d'efforts à ce public pour avoir les moyens de juger réellement. Parfois, l'argument d'autorité est la seule solution. Cela nécessite de pouvoir expliquer, au moins, quelle est l'ampleur de la difficulté de compréhension pour pouvoir arguer que seuls ceux qui ont du temps, beaucoup de temps, peuvent acquérir un savoir suffisant, à peine, pour parler en connaissance de cause.
- Difficulté d'appréhender des champs de connaissances connexes : par exemple, les chimistes, qui doivent d'abord maîtriser parfaitement les problèmes de production et les propriétés d'élasticité des élastomères, et qui devraient également maîtriser et savoir décrire le rôle éventuel des perturbateurs endocriniens de leurs produits. Les outils d'analyse ne sont pas les mêmes, les compétences non plus.
- Faiblesses fréquentes du sens critique de scientifiques engagés « trop entièrement » dans une discipline ou une technique particulière, à laquelle ils ont consacré tous leurs efforts, leur carrière.

Cette non-maîtrise des champs connexes est typique de la science contemporaine, où beaucoup de scientifiques sont plutôt des *travailleurs de la preuve* spécialisés, et dont la culture générale, scientifique et historique est plutôt faible, contrairement aux « savants » du passé. Il n'est pas possible de dépasser ces limites sans changer les critères d'évaluation et de promotion des personnels, basés actuellement sur la quantité/qualité des publications dans leur domaine limité de compétence. C'est seulement à ce prix que les scientifiques auront une vision générale des domaines connexes, mais aussi une perception plus sérieuse des limites de leur domaine de spécialisation et des domaines qui lui sont reliés.

En définitive, ce qui freine l'exposé honnête des limites est la position de *vendeurs* des acteurs de la science, vendeurs par rapport au grand public et aux non-spécialistes en général (souvent fonctionnaires en charge de certains problèmes particuliers). Certes, le grand public ne détient pas directement les cordons de la bourse, mais la prétention des politiques à demander des comptes en termes d'utilité aux scientifiques tend à transformer ceux-ci en mendiants. La technique de base du vendeur est de rassurer et de laisser le client découvrir par lui-même les difficultés, une fois qu'il aura signé le bon d'achat. C'est une position intenable pour le scientifique honnête qui voudrait exposer simplement les limites du savoir.

Récemment, des chercheurs en sciences humaines de l'Université de Lausanne (UNIL) ont publié un ouvrage intitulé *Sciences et technologies émergentes : pourquoi tant de promesses ?* (Marc Audétat, dir., Hermann, 2015), dans lesquels ils fustigent les promesses, plus ou moins explicites, et souvent non tenues, liées aux grands projets scientifiques. Factuellement, ils ont raison. Pour éviter cette inflation de promesses non tenues, il « suffit » de donner, sans condition de popularité, les crédits aux chercheurs et de laisser les populations en quête de savoirs scientifiques plus ou moins appliqués (comme les patients souffrants d'une maladie rare) se battre entre eux pour acquérir du temps de chercheur disponible. Il est à parier que ces chercheurs exposeront alors plus ouvertement la réalité de la recherche : la recherche est une entreprise hasardeuse ; la production industrielle doit garantir ses résultats, pas la recherche. Si les résultats étaient garantis et connus à l'avance, ce ne serait plus de la recherche.

Pour aboutir à un rapport honnête entre le public et les scientifiques, il est donc nécessaire de supprimer le droit de veto pratique dont disposent des non-spécialistes sur des travaux trop complexes pour eux. Il n'existe aucun privilège aristocratique lié aux doctorats, mais celui qui a passé dix années sur un problème difficile ne peut le plus souvent pas être jugé/évalué par celui qui veut bien lui consacrer un quart d'heure.

Le champ de l'arbitrage des niveaux de connaissances nécessaires pour avoir voix au chapitre est un domaine à créer presque complètement. On ne demande pas encore de vote de la famille pour mener le détail d'une opération chirurgicale sur un de ses membres, mais cela pourrait venir si l'on n'y prend garde. Le public doit apprendre à se taire, partiellement, sur de nombreux sujets. Il est normal que les limites ne soient pas arbitraires, il est important qu'elles existent.

C'est en éduquant les spécialistes sur la connaissance des limites de leurs connaissances et le degré élevé de méconnaissance du public que ces spécialistes accepteront mieux de dialoguer sur les champs où le dialogue doit être possible. Le « droit acquis » de parler d'autorité dans certains domaines doit les encourager à échanger sans crainte dans d'autres.

Pour arriver à supprimer les spin-doctors du champ de la science, il faut que l'honnêteté « brute de décoffrage » paye. Il faut également développer les techniques, complexes, d'explication/modélisation des connaissances scientifiques à destination d'un large public. Ce champ ne doit pas être réservé à des journalistes. Ils ont un rôle essentiel à jouer, mais ils ne peuvent faire que la moitié du chemin.

Les détenteurs de propriétés intellectuelles (brevets) comme Moderna ou Pfizer/BioNTech ont le droit de négocier en position de force avec les gouvernements, grâce, entre autres, à une loi américaine, le Bayh-Dole Act de 1980, qui permet la délivrance à des privés de brevets issus de recherches ayant reçu des subventions publiques.

Par contre, les scientifiques exposant, après de longues recherches sur fonds publics, les lois de la nature telles que celles de la mécanique quantique ou offrant gratuitement au public de nouvelles technologies comme le langage HTTP (mis au point au Cern) n'ont en fait aucun droit et souvent bien peu de reconnaissance. On peut donc se poser la question des droits, y compris économiques, en faveur de la communauté scientifique pour ses activités extraordinairement utiles sur la longue durée. Cela permettrait de sortir cette communauté de la position d'éternelle mendiante.

La définition, la clarification, des limites du savoir scientifique (en général du savoir humain) est un domaine à développer en parallèle. Donner une vision globale, dans chaque domaine de connaissance, situer où en est la connaissance humaine, quels sont les obstacles et dans quelle direction va la recherche est une tâche nécessaire et difficile.

Savoir scientifique et attentes déraisonnables du public

Un bon exemple des rapports faussé entre le savoir scientifique et le public nous est donné par un jugement italien :

> Les scientifiques italiens, accusés d'avoir sous-estimé les risques avant le séisme meurtrier de L'Aquila en 2009, ont été condamnés, lundi 22 octobre [2012], à six ans de prison pour « homicide par imprudence » par le tribunal de cette ville des Abruzzes.
>
> « Séisme de L'Aquila : les scientifiques condamnés à six ans de prison », *Le Monde*, 22 octobre 2012[35]

Condamnés en première instance, lesdits scientifiques n'avaient pourtant jamais affirmé formellement que les habitants de la région ne couraient aucun risque. Cependant, cédant sans doute à la pression des autorités, ils ont annoncé qu'ils ne détectaient pas de dangers immédiats dans les signaux sismiques qui étaient disponibles. Ils n'ont sans doute pas assez insisté sur le niveau élevé de risque *sous-jacent* qui existait. La catastrophe étant survenue malgré l'absence de signaux annonciateurs clairs, les parents des victimes ont cherché un coupable et ont trouvé un tribunal pour relayer leurs frustrations.

Les scientifiques ont effectivement fait une erreur : ils auraient dû annoncer, avec brutalité et netteté, qu'un séisme était possible, voire relativement probable, à n'importe quel moment, que les habitants restaient sur les lieux à leurs risques et périls, qu'aucune garantie ne pouvait être donnée, que la science était le meilleur moyen de connaissance du monde disponible, mais que ce moyen était, dans ce cas précis, très imparfait. La seule solution « sûre » qui pouvait être proposée était l'évacuation sur une longue durée des zones dangereuses, ce qui aurait pu impliquer à terme la destruction de toutes les habitations (pour éviter des occupations illégales par d'autres victimes potentielles) de la région, le tout sans indemnités (impossible à envisager pour une zone si importante).

La solution du renforcement des mesures de construction antisismique était naturellement techniquement correcte, mais ne supprimait pas le risque immédiat. Il n'était probablement pas possible de limiter ce risque immédiat à un coût raisonnable, parce que le manque de prédictibilité du séisme impliquait des mesures de protection (évacuation de longue durée) impossible à mettre en place à large échelle sur un temps indéfini. Le message aurait dû être : *Le niveau général de risque a significativement augmenté, nous ne pouvons pas prédire l'événement, vous allez peut-être mourir et nous n'y pouvons rien*. Un type de communication difficile pour tout pouvoir politique...

Les scientifiques ont été acquittés en appel, mais le problème persiste. C'est la dépendance organisationnelle, financière, intellectuelle des scientifiques envers le pouvoir politique qui les a empêchés d'énoncer ces vérités élémentaires de façon claire et nette, les mettant ainsi dans une situation ambiguë dont ce premier jugement stupide est le reflet. Il faut en chaque occasion rappeler cette vérité élémentaire : *La science est souvent impuissante à aider les humains, mais il n'y a pas mieux*. Ceux qui veulent tenter la prière doivent se souvenir qu'il n'y a pas de service après-vente en cas de problème (à part d'autres prières). Bizarrement, personne ne s'est essayé à intenter un procès à l'Église catholique italienne pour le niveau insuffisant de la protection divine...

Il serait possible de limiter les distorsions de la réalité des discours scientifiques dans ce genre de cas en criminalisant les pressions des autorités, pour « simplifier » et rassurer les populations. Sur des sujets comme l'analyse du risque, en pratique, seuls les scientifiques peuvent parler valablement, non parce qu'ils savent tout, mais parce qu'ils sont les seuls à disposer d'une connaissance, approximative, des limites de leur savoir. Il est donc d'autant plus important de neutraliser ceux qui veulent cacher cette dimension du problème. Si les pressions à la dissimulation étaient punies pénalement en tant que telles, indépendamment de leurs conséquences immédiates, le discours scientifique en ressortirait grandi et la confiance dans les experts reviendrait, au moins partiellement. Cela ne résoudrait cependant pas le problème des autorités qui veulent éviter les exodes non contrôlés.

Le soutien défaillant de ceux qui sont peu soutenus

Le fort niveau de prétention de certains scientifiques dans leur champ de connaissance a, en général, comme « contrepoids » un manque significatif de soutien *actif* et large des scientifiques à la méthode scientifique et à son épistémologie. Bien peu de scientifiques veulent s'aventurer sur le terrain difficile de la lutte contre la croyance. Ils savent naturellement que, dans leur domaine au moins, les croyances religieuses sont absurdes, mais « ils veulent éviter de généraliser » et se contentent souvent du service minimum. Cette attitude reflète également le manque de reconnaissance sociale dont jouissent les scientifiques dans le monde contemporain. Les scientifiques ont alors tendance à ne pas se sentir concernés par ces enjeux s'ils ne sont pas directement touchés. C'est une illustration typique du paradoxe d'Olson :

> *Une personne qui ne contribue pas à la production d'un bien public peut tout de même en bénéficier. Donc, sans incitations sélectives encourageant la participation, l'action collective est peu probable de se produire même lorsque de grands groupes de personnes ayant des intérêts communs existent.*

« Logique de l'action collective », Wikipédia[36]

Chaque scientifique peut donc se demander pourquoi il devrait s'impliquer dans les difficiles débats publics qui entourent les questions liées à la croyance, alors qu'il a déjà bien assez de travail comme cela. Il cherche souvent à bénéficier des avantages accordés à la pensée scientifique en tant que telle, sans devoir s'investir individuellement. Ce manque, relatif, d'implication tient aussi au manque de voies organisationnelles et institutionnelles facilitant ce type d'investissement.

L'échelle des revenus accordés aux scientifiques fait pâle figure face à celle des banquiers ou des joueurs de football. Cela tient à la position relativement faible des scientifiques dans le marché très concurrentiel des *passages obligés*. S'il apparaît difficile de ne pas payer très cher un bon trader en Bourse ou un footballeur d'élite, le caractère unique des dons d'un scientifique met du temps à être perçue, à tel point que les prix Nobel sont délivrés des années après l'annonce des avancées scientifiques correspondantes. Que penser d'une coupe du monde de football où les résultats seraient annoncés dix ans après les matches, le temps de vérifier la qualité des buts ?

La différence, c'est que les résultats de football n'ont pas de grand impact sur l'avenir d'un pays et des humains (à part sur le moral de la semaine). La mise au point du premier transistor (1947) a eu une énorme influence sur le destin de l'humanité. Qui a gagné la coupe du monde cette année-là ? Peu importe...

L'apprentissage d'un savoir scientifique spécialisé, comme la chimie ou la biologie, est une activité très prenante. Les architectes, dans leur domaine, n'hésitent pas à utiliser les services de spécialistes pour calculer la statique d'un bâtiment, pour définir la qualité du sol qui va devoir supporter son poids ainsi que la résistance des structures aux contraintes et sollicitations diverses qu'elles vont subir durant la vie de la construction. Certains scientifiques préfèrent, de même, se décharger de l'étude des fondements et de la défense de la méthode scientifique sur des spécialistes.

Les scientifiques sont aujourd'hui également souvent accaparés par d'autres tâches globalement peu utiles, telles que les travaux administratifs et la recherche de fonds. Un changement de paradigme est nécessaire : ce sont les administratifs qui doivent rédiger les documents administratifs, eux qui doivent chercher à comprendre le sens des recherches, qui doivent chercher des fonds, et non les chercheurs, qui doivent s'escrimer à le leur expliquer ou à courir après les subventions ou les partenariats. Les chercheurs doivent se justifier seulement en face de leurs collègues dans le seul domaine scientifique : cela suffit à leur peine. Les footballeurs passent rarement beaucoup de temps à remplir des papiers, on considère leur talent comme important...

L'ignorance des administratifs est souvent comparable à celle du grand public. Elle n'est pas moins excusable. Le grand public et les administratifs doivent apprendre à faire des efforts intellectuels. Les médecins ne font pas d'exercices physiques à la place de leurs patients.

Comme tout améliorer n'est pas possible, il faut admettre une perte de qualité des documents administratifs. L'humanité s'en remettra. Les administratifs ne deviendront pas des savants, mais ils devront apprendre, comme le reste de la société, à être de bons « ignorants », ce qui ne serait déjà pas si mal.

Scientifiques contre religieux, un combat des épistémologies inégal

Les historiens naïfs soulignent volontiers l'absence factuelle de combats permanents entre les scientifiques et les religieux (voir *Ferngren*, supra). Ils en tirent la conclusion qu'« à l'ouest, rien de nouveau ». Tout va bien dans le meilleur des mondes, ne jetez pas d'huile sur le feu ! L'élément essentiel qui leur échappe est l'absence de pouvoir étatique, paraétatique ou de celui d'une grosse organisation chargée de défendre le système de pensée scientifique.

Les académies des sciences sont loin d'avoir ce pouvoir, en général elles ne salarient pas les scientifiques comme les Églises payent les officiants. Sur quelle structure, avec quels moyens les scientifiques seraient-ils en mesure de combattre la croyance religieuse et de faire valoir leur mode de pensée propre ? Quel est l'équivalent scientifique de l'Église catholique romaine, du pape et du Vatican ?

Non seulement de tels organismes n'existent pas, mais la défense de l'épistémologie scientifique ne rapporte rien directement au scientifique individuel, a contrario du religieux. On comprend bien que le combat est totalement inégal et que le scientifique est plus tenté par l'esquive que par le combat frontal, clair, mais très difficile.

L'élément fondamental de l'inégalité institutionnelle entre épistémologies scientifique et religieuse est l'absence, fréquente parmi les scientifiques, de cohérence dans leurs positions philosophiques et politiques, alors que celle des religieux, au sein d'une Église, existe par défaut. Ceux qui sont payés pour propager *la foi* sont, par nature et par formation, des partisans de l'épistémologie religieuse.

Un scientifique est obligatoirement « athée » dans son activité professionnelle, dans le type de mécanismes explicatifs qu'il peut utiliser. Il ne peut pas invoquer une divinité pour donner du sens à un mécanisme difficile à comprendre de son champ de connaissance, mais rien ne l'oblige à cette abstinence dans l'ensemble de sa compréhension plus générale du monde.

De fait, de nombreux scientifiques héritent d'une forme ou d'une autre de croyance par héritage familial. Seule une fraction de ceux qui ont un héritage familial religieux, ceux qui ont la vision la plus large de l'univers des humains, parviennent à une compréhension dénuée de croyances. Cela demande un effort parfois non négligeable alors qu'aucun mécanisme institutionnel ne vient à leur aide. Une structure chargée de la défense de l'épistémologie scientifique reste donc à créer.

Les liens des scientifiques peuvent ligoter la science

Un élément important entache souvent la crédibilité des scientifiques, et donc indirectement de la science : l'existence de nombreux liens plus ou moins cachés, financiers et personnels, entre certains milieux industriels et des chercheurs universitaires qui se présentent comme indépendants. Les liens de ce type sont une bonne chose et sont même indispensables dans beaucoup de domaines, s'ils permettent le développement de nouveaux produits.

Les liens de dépendance sont par contre détestables lorsque les recherches visent à déterminer les règles et les limites auxquelles les industries (comme celles du médicament et de l'alimentation) doivent se plier. La difficulté tient au fait que les compétences nécessaires pour ces deux activités sont grosso modo les mêmes.

De manière générale, les subventions ciblées et ponctuelles, selon les objectifs propres des industriels et portant sur les contraintes et les règles, doivent être interdites et remplacées par des taxes obligatoires par branche, gérées indépendamment par les scientifiques, pour subventionner des recherches qui leur permettront de définir spécifiquement les règles à adopter.

De la même manière, l'évaluation scientifique des produits industriels, des médicaments aux voitures, doit être organisée de manière autonome par des groupements scientifiques subventionnés par des taxes et des honoraires obligatoires. La grande majorité des scandales liés à des évaluations biaisées de produits n'auraient pas eu lieu si les évaluateurs, techniques et scientifiques, avaient disposé d'une réelle autonomie d'organisation et de financement sur le long terme. Cela suppose la possibilité pour certains scientifiques de gagner un niveau d'expertise réel, sans devoir passer par des laboratoires privés. Cela suppose également une perte relative de maîtrise par les industriels des procédures de test et d'homologation de leurs produits.

Dans leur relation avec le reste de la société, il est important de donner une perspective aux scientifiques. Pas celle de s'emparer du pouvoir face aux autres acteurs de la société – cela ne les intéresse pas –, mais plutôt celle d'emprunter une voie réaliste, celle de pouvoir parler à l'ensemble de la société dans un dialogue où les « savants » retrouveraient leurs billes. Ces dialogues ne peuvent qu'être basés sur une épistémologie rationnelle où les arguments factuels ont un sens. C'est rarement le cas dans bien des débats publics actuellement.

Il est également important de clarifier les demandes et les ambitions : les religieux prétendent généralement « sauver le monde » grâce aux conseils avisés de leur « guide spécial ». Les scientifiques, connaissant mieux la réalité, sont plus modestes. Ils n'ont pas le besoin immédiat d'imposer leur épistémologie à tout le monde pour travailler, alors que les religieux sont perpétuellement en train de mettre en avant leurs mythes.

C'est l'humanité tout entière qui a besoin d'utiliser la meilleure méthode de connaissance pour connaître le monde et le modifier, afin de pouvoir discuter réellement des priorités et des possibilités. Les scientifiques ne sont que les premiers utilisateurs de cette méthode et ce n'est pas pour leur faire plaisir que les humains doivent l'employer à large échelle.

Les deux magistères, le principe de NOMA

Une des raisons fréquemment invoquées par beaucoup de scientifiques pour se désintéresser, de fait, des problématiques liées aux religions est leur soutien, en général implicite, à la thèse des deux magistères défendue par un biologiste de renom, le regretté Stephen Jay Gould :

CONSIDÉRATIONS SUR LES PATHOLOGIES RELIGIEUSES

> *Le principe de NOMA (Non Overlapping MAgisteria), séparation des magistères, prône le respect mutuel, sans empiétement quant aux matières traitées, entre deux composantes de la sagesse dans une vie de plénitude : notre pulsion à comprendre le caractère factuel de la Nature (c'est le magistère de la Science) et notre besoin de trouver du sens à notre existence et une base morale pour notre action (c'est le magistère de la Religion) [...]. Le magistère de la Religion s'attache aux significations ultimes et aux valeurs morales [...]. Considérer comme religieux tout discours moral fondé sur des principes susceptibles d'activer l'idéal d'entente universelle.*
> Stephen Jay Gould, Et Dieu dit : « Que Darwin soit ! », 2013, op. cit.

Il est partiellement, en apparence, rejoint par Einstein, qui a dit :

> *La fonction la plus importante des religions dans la vie sociale des hommes me semble être de définir des buts et des systèmes de valeurs et de les intégrer solidement dans la vie affective des individus.*
> Albert Einstein, « Le but », Œuvres choisies, vol. 5, p. 166 [37]

Cette thèse « pacifiste » et ne réclamant qu'un minimum d'efforts de la part des scientifiques (Gould s'est néanmoins beaucoup impliqué dans la lutte contre les créationnistes, qui, à ses yeux, ne respectaient pas la séparation des magistères) est naturellement tentante, mais elle aboutit vite à une impasse. Elle néglige certaines données importantes. La première et la plus évidente est que la vie humaine n'a pas de « sens » donné par une entité extérieure à l'humanité. Il est donc dangereux de laisser la religion tenter de lui en donner un sur la base de légendes invraisemblables. Les phénomènes existent dans notre univers, aucun n'a de « sens », mais certains ont plus d'intérêt que d'autres pour certaines entités. Si l'humanité avait un « créateur », son existence n'aurait pas plus de « sens », mais elle pourrait avoir un intérêt pour cet autre être. La vie des vaches prend-elle un sens quand les humains (leurs créateurs) les traient pour obtenir du lait ou les amènent à l'abattoir ? Un « sens », pour elles, probablement pas, mais une utilité pour les humains, oui !

Le seul sens de la vie est celui que les êtres humains, individuellement ou en groupe, veulent bien lui donner ou ressentent spontanément. Les mythes sont d'une utilité relative pour développer des centres d'intérêt qui donnent du relief à notre vie biologique. Beaucoup d'êtres humains n'ont pas de « vrais » buts dans la vie, et alors… les « faux » buts suffisent souvent.

Une des tâches de la science (et cela est fait, plus ou moins explicitement, par Frans de Waal, voir supra) est de démontrer qu'il n'existe aucun humain dépourvu de « valeurs », que tous les individus (et les bonobos) ont des « valeurs », c'est-à-dire des ordres de priorités dans ce qu'ils jugent important. Limiter ce « pouvoir » aux religieux ou à la religion est une erreur. Rien ne prouve que, globalement, l'action de la croyance religieuse soit utile ou favorable, même si la valorisation de cette perception est au centre de la propagande religieuse. Le seul fondement réel des « valeurs » est l'instinct, la « morale » spontanée et les besoins perçus et conçus de la vie commune.

Dès que les hominidés ont été capables d'utiliser la parole, se sont ajoutés, bien sûr, les multiples éléments culturels transmis par l'entourage sous une forme ou une autre. Dès qu'il y a parole, il y a discussion, et chacun est libre de prôner les priorités qui lui conviennent. Il est dès lors possible de mettre en avant ses priorités avec l'aide d'une présentation artistique séduisante, mais très dangereux, d'inventer des « agents extérieurs » qui viendraient renforcer telle ou telle option, et ce, d'autant plus que, pour donner un fondement apparemment plus sérieux, plus ample, plus facile à partager et à diffuser, les religions sont pratiquement forcées d'écrire, à leur manière, à travers des contes de fées, une histoire de l'univers, de l'humanité et généralement du groupe « spécial » d'humains qui est sa clientèle cible. Il est pratiquement impossible d'éviter ce genre de biais.

Un des attraits de la religion, même pour un non-croyant comme Gould, est l'absence apparente de brutalité qui semble régner entre les croyances. Par contraste, la science est « un monde de brutes » où chaque idée est débattue, critiquée, et généralement tuée avant qu'elle ait pu éclore. La douceur apparente des croyances religieuses n'est bien sûr qu'une illusion. Les ressources (croyants, argent, lieux de cultes, prestige...) étant en quantité limitée, la compétition est parfois plus cachée, mais est d'autant plus féroce et dangereuse. La coexistence pacifique n'est en fait possible que si l'on considère les récits religieux comme des œuvres littéraires. Blanche Neige peut coexister sans conflits avec la princesse Chûjô sur les rayons des bibliothèques.

La science doit affirmer qu'il n'y a pas deux manières de valider des connaissances (les idées, elles, s'acquièrent par toutes sortes de moyens) au niveau d'une société ; les choses sont différentes au niveau individuel.

Même dans le domaine des « valeurs » qui pourraient en théorie être détachées des mythes, la religion, de par la rigidité inévitable de sa « base de connaissance », défend souvent des comportements qui entrent vite en collision avec les besoins de l'humanité tels que compris et expliqués par la science. Un exemple type est le développement de la biologie synthétique, qui s'oppose fréquemment à la religion du « naturel » très répandue dans toutes les croyances.

Gould s'adresse à un « public » délimité, celui de certains chrétiens d'Amérique du Nord, avec lesquels il trouve possible et reposant de travailler. La multiplicité d'obédiences religieuses sur un même territoire national est consubstantielle à l'existence et à l'histoire des États-Unis. Les Américains considèrent que cette diversité est protégée par l'équivalent d'une loi anti-trust, ce qui est très différent des mécanismes de création de nombreuses religions « nationales » disposant de quasi-monopoles. Cette diversité permet de trouver des religieux « à la carte » qui répondent aux attentes de certains scientifiques. En fait, la religion décrite par Gould est plutôt une « religion » virtuelle inventée par et pour des athées. La majorité des religieux réels voudront, eux, certainement trouver des « savants » à la carte qui célébreront la gloire de dieu dans leurs travaux. Quel dieu? Bonne question! Gould ne s'interroge cependant pas un seul instant sur la multiplicité des religions et sur l'absence de divisions *persistantes* comparables dans le domaine de la science. L'étude explicite de l'épistémologie ne semble pas être sa tasse de thé.

Gould et une bonne part de l'establishment scientifique des États-Unis (qui est majoritairement athée...) avec lui partent de l'idée qu'il existe un magistère moral capable de défendre des « valeurs » de façon cohérente et efficace, alors que la science ne le peut pas. C'est prendre les affirmations religieuses pour argent comptant, c'est cacher le fait qu'il n'y a pas de fondement stable et clair pour de quelconques « valeurs ».

Une des principales faiblesses de l'idée de NOMA est d'affirmer, sans étude préalable, ce que sont vraiment les religions, et ce, sans aucun test de validation. Les vœux pieux ne remplacent pas l'analyse. Gould n'étudie pas vraiment la réalité des religions, il décide ce qu'elles doivent être parce que cela lui convient; c'est indigne du talent de Gould. Sa seule excuse est que beaucoup de scientifiques sont « coupables » du même « péché ». Cela l'empêche, par exemple, d'analyser le lien fort entre religion et massacres de populations dans la réalité historique.

La religion imaginaire inventée par Gould et certains de ses confrères de l'Académie des sciences américaine est semblable au vin sans alcool: parfaitement saine, mais sans attraits. C'est une lubie du politiquement correct.

La vision des croyants réels ne rejoint que rarement celle que Gould souhaitait, du moins si l'on considère les sondages examinant la disponibilité des croyants américains à accepter des vérités scientifiques élémentaires. Dans d'autres parties du monde, beaucoup de musulmans pourraient se reconnaître dans cette affirmation: *« Chaque jour la science révèle de nouvelles vérités confirmant la véracité de ce qui est venu dans le Livre d'Allah Le Tout-Puissant. »* (Abduldaem Al-Kaheel, Kaheel7)[38]

Pour ces croyants, le rôle de la science est d'être le faire-valoir de la religion. De leur religion particulière, bien sûr, sélectionnée sur la base de la règle qui veut que celui qui parle le plus fort a raison. La coexistence pacifique avec ce genre de croyants reviendrait probablement à accepter de créer une version de la science pour chaque tendance religieuse qui serait à la recherche d'un faire-valoir scientifique pour mettre en avant sa démarche particulière.

Il est raisonnable d'estimer que l'un des fondements réels de la division du travail conçue par Gould est la pratique de la « répartition horaire »: la semaine pour la recherche scientifique, et le dimanche (ou le samedi ou le vendredi...) pour se ressourcer à l'église (ou au jogging).

Cette répartition des tâches semble harmonieuse, mais elle est profondément instable et chancelante. Gould nie de fait l'exceptionnalisme relatif de « l'Occident », son avance par rapport au reste de l'humanité, grâce à laquelle l'influence de la croyance organisée a diminué drastiquement au cours des siècles. Cette avance décisive peine à être imitée par d'autres groupes humains, souvent musulmans, qui refusent de voir qu'ils n'affrontent pas « l'Occident chrétien » en tant que tel, mais des pays laïques où ne subsistent que des restes de croyances affaiblis (par rapport au « bon vieux temps » de la *Sainte Ligue* parisienne et massacreuse de 1588) et plus ou moins pacifiés.

Les croyances religieuses ont besoin, pour établir leurs « valeurs religieuses », de s'appuyer sur une description de l'univers, ou du moins de l'histoire humaine, qui leur soit propre. On se demande bien où elles pourraient encore honnêtement trouver un pré carré qui leur offrirait un terrain tranquille à l'abri des critiques, et surtout du regard acéré de la science.

Un exemple récent de l'extrême difficulté pour les religieux du monde entier à accepter la place que le principe de NOMA voudrait leur assigner est celui d'un religieux professionnel, en Arabie saoudite, qui s'est permis, en 2015, d'affirmer que la Terre était immobile :

> *Answering a student question on whether the Earth is stationary or moving, Sheikh Bandar al-Khaibari replied: « stationary and does not move ».*
>
> TRAD. – Répondant à la question d'un étudiant demandant si la Terre est immobile ou en mouvement, le cheikh Bandar al-Khaibari a répondu : « Elle est stationnaire et ne bouge pas ».
>
> « *Saudi cleric rejects that Earth revolves around the Sun* », Al Arabiya News, 16 février 2015 [39]

Ce genre de discours est un cas extrême de mépris complet de la science, de l'épistémologie scientifique, pour comprendre le fonctionnement du monde. Même les créationnistes américains ne vont pas si loin, parce que cela menacerait le fonctionnement « technique » de la société américaine. Le mépris saoudien est pensable parce que ce pays n'a pas de réelles ambitions scientifiques et industrielles. Non pas qu'il n'affiche pas officiellement ce genre d'ambitions, mais à l'évidence ses dirigeants et les autres membres de la société ne comprennent simplement pas le prix à payer pour créer un cadre acceptable à ce type d'activités. Imagine-t-on un professeur d'ingénierie à la *King Saud University* (Arabie saoudite) déclarer que l'utilité des prières n'est pas démontrée ? Dans tous les cas, il n'y a malheureusement personne qui exige de ceux qui bénéficient des téléphones portables, des avions et des opérations à cœur ouvert qu'ils se soumettent au verdict de la science pour décrire le monde.

Certaines confessions religieuses exigent que le paiement des cotisations et impôts soit à jour pour procéder à un baptême ou un mariage. Quoi de plus normal ? Il n'y a rien de gratuit, même un service reliant à des entités imaginaires. La science devrait elle aussi cesser d'être « gratuite ».

Le manque élémentaire de respect de la science dans les discours de certains croyants nous montre que les scientifiques – et Gould ne va pas suffisamment dans le sens de cette exigence – ne se battent pas pour obtenir le minimum d'acceptation du savoir scientifique élémentaire de la part de ces croyants. Demander à l'« autre partie » le respect de la séparation des magistères est très gentil, mais n'est pas du tout suffisant. Dans les faits, l'exigence de respect ne semble venir que de la part de ceux qui sont atteints de croyances absurdes, et non de ceux qui ont créé le monde moderne.

Il est assez surprenant de constater que Gould attribue « gratuitement » aux religions la fonction d'*autorité morale* sans plus de précision et n'est pas à même, dans ses livres, de donner *un seul exemple* d'exercice utile de cette pseudo-autorité morale.

Comment Gould, si habile à exposer, avec raison, l'histoire, les forces et les faiblesses de l'aventure scientifique (de la biologie en particulier), peut-il donner l'équivalent d'un blanc-seing à l'entité religieuse ? Cela reste un mystère. Il suffit d'examiner un tant soit peu les préceptes distillés par les spécialistes religieux pour s'apercevoir qu'il serait simplement absurde de confier à la croyance un rôle quelconque dans les choix, parfois difficiles, de priorités, simplement parce que les critères de choix ne sont pas évidents. Le seul avantage réel des religions, c'est l'épaisseur du rideau de fumée déployé pour masquer l'ignorance et les préjugés.

Gould néglige de nombreuses fonctions des religions, comme le support des identités fortes, qui peuvent difficilement être contenues, limitées, si l'on admet un cadre de pensée où l'on reconnaît une valeur à l'*épistémologie mythique*. Il néglige l'impact de la compétition entre les religions, qui valorise les croyances agressives et globalisantes. Enfin, il ignore les possibilités de la science, qui conquiert chaque jour de nouveaux domaines de connaissances et permet de mieux comprendre, et donc de mieux agir dans de nombreux domaines considérés comme les « chasses gardées » des religions.

L'agressivité récente des croyances s'explique en partie par le « manque de place » que leur laisse la progression de la science (et non la volonté des scientifiques). Il n'y a, par exemple, plus beaucoup de prières dans les familles pour obtenir la naissance d'un garçon plutôt que celle d'une fille, si cette famille réside dans un pays qui pratique (malheureusement) l'avortement sélectif. La sélection (ultrasonique) des embryons a remplacé ce genre de prières, avec toutes les conséquences négatives qui sont liées à la sélection sexuelle. Exit la prière et l'autorité morale, même si la religion est, en bonne partie, à la racine du désir spécifique d'enfant mâle, qui a des vertus particulières, comme chacun le sait...

Supposons que les progrès de la science médicale soient tels que la connaissance exacte de la durée de vie des individus devienne accessible, comme est accessible aujourd'hui la connaissance du sexe d'un embryon avant la naissance. Y aurait-il autant de prières pour prolonger la durée de la vie humaine et les mêmes cérémonies de deuil ? C'est peu probable. L'autorité « morale » de la croyance serait significativement ébréchée et le double magistère remis en cause dans les faits, même si ce type de capacité de prédiction nous paraît actuellement peu souhaitable.

La répartition des rôles sociaux entre foi religieuse et épistémologie scientifique dépend donc en bonne partie de la capacité de la science à modéliser, expliquer, prédire, intervenir, améliorer. A contrario, quand il y a manque, la religion occupe des niches où elle rassure, console et prescrit. Il n'y a pas deux magistères complémentaires, il y a le plus souvent occupation illégitime et parasite par la croyance des espaces d'ignorance laissés par la science. Les espaces de la science et de la croyance ne se recouvrent pas, mais ne sont pas complémentaires. Dans les faits, ils empiètent constamment l'un sur l'autre.

Le premier domaine d'empiétement se situe dans le domaine social et politique. Examiner scientifiquement les racines des inégalités et des performances économiques des groupes, c'est affirmer que la connaissance rationnelle des sociétés humaines est préférable à l'évocation de la lutte entre les bons et les méchants.

Limiter le rôle des religions à la mise en avant de « valeurs » est d'un certain point de vue (religieux) aussi agressif que si l'on demandait à la science de ne pas s'intéresser à l'histoire de notre univers et de l'humanité. De fait, l'incursion décisive de la science dans ces domaines est relativement récente et remonte plutôt au XIXe siècle (mais a commencé, sur un mode plutôt hypothétique, dès l'Antiquité).

Une impulsion énorme à ce mouvement a été produite par la découverte de la décroissance radioactive de certains types d'atomes. La mesure (compliquée) de cette décroissance (celle du carbone 14 par exemple) est un outil irremplaçable pour la datation des événements passés, mais elle représente une intrusion de la science dans le domaine de la croyance. Ce ne sera pas la dernière. On rapporte cette anecdote que le pape Jean-Paul II, recevant en 1981 Stephen Hawking au Vatican, lui aurait (hypothétiquement) déclaré : « *Nous sommes bien d'accord, monsieur l'astrophysicien. Ce qu'il y a après le big bang, c'est pour vous, et ce qu'il y a avant, c'est pour nous.* »

Une des principales raisons qui motivent Gould à accepter l'existence du magistère religieux est sa croyance dans l'existence de « valeurs spirituelles » et de « significations ultimes ». Dommage que Gould n'ait pas utilisé son immense talent de naturaliste pour traquer ces bêtes étranges. Il aurait vite vu qu'elles font partie des animaux imaginaires.

L'idée que la science n'est là que pour décrire le monde et n'est pas là pour prescrire « naturellement » les bons comportements contient certes une part de vérité (décrire ce qui est n'est pas dire ce qui doit être), mais c'est aussi une idée biaisée : la simple description de la réalité et des règles d'organisation oriente forcément l'action des humains. Cela suppose aussi que la « religion » est mieux placée que la science pour prescrire ces bons comportements, hypothèse gratuite basée sur les seules affirmations des croyants.

La science est bien au cœur de l'action des humains, et il n'existe aucune source « sûre » de règles morales. La simple description de la maladie de Down comme liée à une défectuosité génétique (la trisomie 21) ne peut pas être « moralement » neutre. Montrer clairement que de nombreuses fausses couches sont liées à des anomalies chromosomiques comme la maladie de Down et que les trisomiques qui parviennent à naître ne sont qu'une minorité, issues des « ratés » du processus de sélection « naturel », oriente forcément la réflexion sur le « bon » comportement à tenir.

La neutralité religieuse de la science est illusoire sur le terrain. Lors d'une épidémie, tous les organismes médicaux s'empressent de donner des instructions précises pour limiter la contagion. Aucun n'aurait l'idée de demander aux populations de « se repentir de leurs péchés ». Les organismes sanitaires occupent le terrain médiatique, ils ne laissent pas de place à la croyance. De fait, ils ne sont pas neutres.

Il y a plus rarement de grandes polémiques sur les buts à viser que sur les moyens d'y parvenir. Par exemple, face aux grossesses d'adolescentes, les études statiques montent l'intérêt d'une éducation sexuelle des jeunes gens avant même la puberté (voir « Colorado : 42 % d'avortements en moins », *Le Figaro*, 9 juillet 2015)[40].

Ces tests de terrain explicitent clairement le fait que la meilleure protection contre les maternités précoces est l'éducation des filles (et des garçons), ainsi qu'une large distribution de moyens contraceptifs. Les défenseurs religieux de la valeur « virginité » et de la « pudeur féminine » sont forcément frustrés. Soit on suit les prescriptions issues des études scientifiques et on atteint une certaine efficacité, soit on « respecte les croyances des populations » et il n'est pas utile de faire des études scientifiques qui ne déboucheront sur rien. En gros, le principe de NOMA fonctionne si la religion se contente de faire des commentaires apaisants sur tous les sujets et limite ses activités à des cérémonies consensuelles avec une jolie musique.

C'est une des tâches de la science que d'empêcher les impostures dans le choix des priorités. Chacun a le droit de défendre les siennes, dans une certaine mesure, mais pas de tricher derrière de « pieux mensonges ». Ce qui est difficile, dans tous les domaines, c'est de dire explicitement quelles priorités sont reléguées au deuxième plan. De nombreux ministres sont prêts à dire qu'il faut donner la priorité à la jeunesse, et peu diront que les vieillards sont moins importants. Or, s'il n'y a pas de tâches mises au second plan, il n'y en a pas au premier plan, c'est arithmétique. Il est plus aisé, dans ce domaine comme dans d'autres, d'être « consensuel » et de dire que les priorités sont d'origine divine. Accepter ce genre de justification est le meilleur moyen d'empêcher un réel choix de priorités sur des bases explicites et critiquables.

La fragmentation du « marché religieux » américain a pu donner à Gould l'impression de trouver des partenaires croyants acceptant ses thèses et se limitant à la place qu'il voulait leur donner. Mais même dans ce marché, cette position n'est pas forcément tenable à terme. Elle l'est encore moins à l'échelon mondial, où les « attentes du public » sont plus fortes et diversifiées.

Le principe de NOMA a une autre utilité aux yeux de nombreux scientifique : utiliser leurs bonnes relations avec certains religieux comme outils pour faire accepter à de larges couches de la population les bouleversements et les risques liés aux découvertes scientifiques et à leur large usage. La liste des produits difficiles à placer est longue, des bébés-éprouvette aux OGM. La tentation est grande d'utiliser les religieux professionnels comme « boucliers » en face d'un public apeuré et craintif. L'arme est cependant à double tranchant et peut se retourner contre ses utilisateurs.

En définitive, nous pouvons être d'accord avec Gould sur un point : il serait éventuellement possible – mais pas évident – que la majorité des croyants américains acceptent l'essentiel de la théorie darwinienne de l'évolution et de l'histoire de la planète Terre telle que décrite par la science actuellement. Mais il n'est pas possible de poser sur la religion une plaque à l'usage des scientifiques : « ne pas analyser, ne pas examiner : territoire sacré ».

Le grand manque du principe de NOMA est qu'il n'explique en rien pourquoi la méthode scientifique ne devrait pas investiguer la religion et ses prétentions « morales » comme elle investigue la sorcellerie ou la féodalité. Cette croyance se doit d'être soumise au même regard critique et, ainsi, en toute logique, condamnée à être réduite à très peu ou à néant dans ses prétentions extravagantes. La science disposerait alors de la base de départ pour traiter le phénomène religieux, à l'échelon mondial, comme une pathologie.

L'Église catholique a été expulsée du traitement des accidents météorologiques (rogations) par la mise en place d'une météorologie scientifique. Les défenseurs de la rationalité ne doivent pas se laisser impressionner par les rideaux de fumée émis par la croyance. Il ne s'agit pas de promettre des lendemains « scientifiques » qui chantent, mais, dans tous les domaines, il faut affirmer que seul l'usage de l'épistémologie scientifique est susceptible d'amener des progrès significatifs. Personne ne dit que cela sera facile.

Il n'est pas insensé (mais cela reste improbable) de supposer qu'un jour nous disposerons d'un médicament « anti-croyances » qui supprimera toute tentation de croire en des entités invisibles et impalpables. Les scientifiques devraient-ils alors s'abstenir de diffuser ce médicament au nom du principe de NOMA de coexistence pacifique ? Devraient-ils priver l'humanité d'une aide précieuse dans la lutte contre les violences intergroupes issues des croyances religieuses et identitaires ? Les croyants, eux, ne peuvent pas espérer développer un médicament « antiscience » qui empêcherait les humains de comprendre le monde de façon rationnelle. Non que cela déplairait à tous les défenseurs du crédo, mais parce qu'ils signeraient aussi leur perte, et celle de l'humanité.

Il n'y a donc pas de symétrie, d'équilibre, entre les scientifiques qui étendent leurs connaissances à de plus en plus de domaines de la réalité, y compris ceux liés aux aberrations cognitives relatives aux croyances, et les religieux « pacifistes » qui produiraient la sagesse nécessaire pour bien utiliser ces connaissances. Il n'y a pas de chasses gardées réservées à la science et la religion. Ceux qui veulent défendre des « valeurs » doivent le faire en leur nom propre et ne pas s'inventer de substituts.

Comment est-il possible que certains scientifiques soient croyants ?

Un nombre significatif de scientifiques sont croyants, à des degrés divers. Si la méthode scientifique et la croyance sont incompatibles, inconciliables, comment cette cohabitation mentale est-elle possible dans la tête de certains ? La connaissance scientifique couvre un énorme éventail de domaines divers et variés. Ceux qui se considèrent, modestement, comme des « travailleurs de la preuve » dans un domaine isolé peuvent ne pas voir clairement que la compréhension du monde issu de la science et celle issue de la religion sont en contradiction flagrante. Cela tient au fait que les discours des sciences et ceux des religions portent souvent sur des domaines *apparemment* disjoints. Le discours scientifique porte souvent sur des thèmes comme la résistance des matériaux, les variations du taux d'oxygène dans l'eau (eutrophisation) ou les changements d'enneigement des alpes italiennes. Le discours religieux porte souvent sur la vie d'un « sauveur », les règles morales dans la famille et les cérémonies d'enterrement. Il y a donc séparation apparente des domaines, cohabitation possible, illusion de « magistères séparés ».

Le choc de la religion et de la science est semblable à celui qui oppose les plaques tectoniques. Il peut sembler disparaître un instant, mais il ne fait que rester plus ou moins silencieux. Répétons que ce ne sont pas les scientifiques qui veulent la mort de la religion, mais la connaissance scientifique du monde, la force de sa méthode de connaissance de ce monde, son épistémologie puissante, qui, dans tous les domaines rend difficile la persistance de croyances archaïques, parce que leur absurdité apparaît un peu plus à chaque avancée de cette connaissance. Gageons que les diverses avancées scientifiques réduiront le territoire des attachements ataviques que certains gardent avec des traditions familiales auxquelles ils sont liés et qu'ils tentent de dissocier de leur pratique scientifique en lui adjoignant l'étiquette folklorique : « à préserver, mais sans lien causal avec le monde matériel ».

Les scientifiques, les plus prestigieux, ceux qui ont la vision la plus large de ce qu'est la science, sont les moins susceptibles d'être croyants. Ils devraient au minimum penser à diffuser cette perception claire de l'univers à tous leurs collègues. Leur apprendre à ne plus tricher, à être rigoureux lorsqu'ils révisent la thèse de l'étudiant Moïse, de l'étudiant Mahomet ou tout autre étudiant de ce genre...

Einstein lui-même s'est laissé emporter par son goût un peu aveugle du pacifisme apparent, lorsqu'il s'est aventuré à traiter de la valeur d'une religion. Il est bien sûr exclu de se prononcer ici sur le sujet délicat de ses liens avec la croyance en général, sujet sur lequel on a beaucoup écrit, mais il a commis une erreur basique en traitant de la religion bouddhiste en particulier. Sans doute animé du louable souci de refuser l'impérialisme idéologique de l'Occident, il n'a pas hésité à annoncer :

> La religion du futur sera une religion cosmique. Elle devra transcender l'idée d'un Dieu existant en personne et éviter le dogme et la théologie. Couvrant aussi bien le naturel que le spirituel, elle devra se baser sur un sens religieux né de l'expérience de toutes les choses, naturelles et spirituelles, considérées comme un ensemble sensé. Le bouddhisme répond à cette description. S'il existe une religion qui pourrait être en accord avec les impératifs de la science moderne, c'est le bouddhisme.
>
> Albert Einstein, cité par Thinley Norbu, in *Welcoming flowers, from across the cleansed threshold of hope, an answer to Pope's criticism of buddhism*, Jewel Publishing House, 1997.[41]

Étudier le contenu de discours religieux inhabituels est bien sûr attirant pour un savant, mais, quel que soit ce contenu, le fait même que ce discours existe sous la forme d'une révélation, d'un texte intouchable, manipulable à merci par des gens qui doivent chaque jour obtenir leur « bol de riz », est dangereux. Aujourd'hui, les adeptes d'Ashin Wirathu qui pratiquent l'épuration ethnique contre les Rohingyas en Birmanie utilisent cette citation d'Einstein pour valider leur vision de l'exceptionnalisme bouddhique (voir le documentaire de Barbet Schroeder sur le personnage : *Le Vénérable W.*, Les Films du Losange, 2017).

La leçon est claire : il ne peut y avoir de bonnes croyances. *Parce qu*'elles sont des croyances, non soumises naturellement à la critique, elles sont dangereuses, et doivent être critiquées, puis supprimées.

Peut-on s'allier avec le « diable » ?

L'opposition globale et frontale entre épistémologie scientifique et religieuse ne signifie pas qu'aucune sorte d'alliance ne puisse exister entre les tenants de l'un et de l'autre sur des cas particuliers. L'exemple type en est le procès (2005) mené contre les créationnistes américains devant une cour fédérale, *Kitzmiller v. Dover Area School*. Dans ce procès, un nombre significatif de chrétiens et de mouvements chrétiens ont participé à l'accusation contre les fondamentalistes qui voulaient défendre le « dessein intelligent ». Leurs accusateurs chrétiens ne voulaient pas s'allier et se confondre avec ces courants, parce qu'ils comprenaient les menaces que représentaient ceux-ci, non seulement pour le savoir scientifique, mais aussi pour les autres courants chrétiens. Ces courants fondamentalistes cherchent non seulement à dominer le savoir scientifique, mais aussi les autres courants de croyance moins atteints qu'eux dans leur perception du monde. Il était tout à fait correct pour les défenseurs de la science de s'allier avec des chrétiens modérés dans ce cas précis. Mais cela ne signifie pas que cette alliance puisse être éternelle.

Les scientifiques qui pensent que l'essentiel est de lutter contre le « dogmatisme » de tout poil (celui des croyants comme celui des non-croyants) ne regardent que leur domaine limité d'activité. Il est sans doute possible d'enseigner la théorie de l'évolution devant un parterre de chrétiens « évolués », mais la tâche de la science ne se limite pas à cela : les effets des croyances ne se limitent pas aux salles de classe de biologie. D'immenses effets négatifs sont liés aux épistémologies religieuses dans le domaine social, médical, politique, historique et personnel. Le confort des biologistes ne peut pas être plus important que ces enjeux globaux.

Est-il possible de concilier adhésion à FARSIPP et croyances personnelles ?

À l'échelle d'une société, il n'est pas possible de concilier une épistémologie scientifique, rationnelle, et la croyance dans des entités invisibles, impalpables et immesurables. À l'échelle d'un individu, réel, contradictoire et fabriqué par l'histoire, il est possible, tel un cancérologue fumeur, de comprendre les dangers d'un produit, de combattre son usage, et pourtant d'en consommer soi-même parce que l'addiction est trop difficile à supprimer.

On peut, dans une certaine mesure, être parfaitement scientifique dans un domaine de connaissance limité, celui qui vous occupe professionnellement, et accepter une vision plus « générale » de l'univers qui nous entoure, parce que cela semble plus « profond » et que cela évite de devoir assimiler la multitude de connaissances scientifiques qui permettent de comprendre, incomplètement, cet univers.

En définitive, ce qui est le plus important, c'est d'avoir une adhésion pratique à l'épistémologie scientifique dans son domaine de réflexion et d'action, et de ne pas trop divaguer sur le reste. Newton pensait que Dieu était responsable de l'équilibre gravitationnel de l'univers, mais cela n'apparaît pas directement dans ses équations.

Cela ne signifie pas que le fait d'être touché par une croyance religieuse soit sans importance ou sans effets. Pour reprendre l'exemple de Newton, si sa croyance en une puissance divine ne l'empêche pas de produire des avancées décisives dans le domaine de la physique des corps massifs, ses croyances numérologiques l'amènent, dans le domaine de l'optique, à inventer une théorie délirante sur l'analogie entre sept couleurs (ce nombre étant totalement arbitraire), leur répartition dans l'arc-en-ciel, les sept notes de la gamme musicale et les sept branches du chandelier juif.

Nous n'évoquerons pas ici les multiples écrits religieux secrets (pour ses contemporains) de Newton, auxquels il a consacré un temps et une énergie énormes. Le constat du gâchis que représente cette somme de travail insensée permet de souligner l'importance d'une éducation systématique contre les croyances, particulièrement chez les jeunes scientifiques.

Connaissances formelles, personnelles, artistiques

L'immense majorité des connaissances utiles à un individu sont de type informel et sont non structurées. Nous reconnaissons notre sœur au premier coup d'œil. Si nous devions écrire la liste détaillée des éléments de cette reconnaissance, nous serions probablement très empruntés. La majorité de nos connaissances personnelles sont donc de type informel, ce sont des croyances.

La science est une connaissance de type formel. Cela signifie que ses descriptions sont explicites et « aisément » transmissibles, reproductibles en tout lieu et en tout temps. La formule de l'accroissement de la vitesse d'un corps tombant dans un champ gravitationnel (avec un coefficient de proportionnalité s'accroissant avec le carré du temps) est l'exemple type de ce savoir formel. Tous les savoirs ne peuvent en pratique être formalisés, parce qu'une formulation claire et aisément transmissible représente souvent un énorme travail. Les savoirs informels suffisent dans bien des cas.

L'art appartient à un domaine intermédiaire. Il ne s'agit pas d'un savoir formel. Il n'est pas possible de repeindre *La Joconde* à partir de sa description technique (une jeune femme enceinte avec un léger sourire...) ; or, la majorité des œuvres d'art ont vocation à être diffusées largement. La caractéristique de l'art est de ne pas décrire des savoirs formels, mais d'évoquer du réel (ou d'autres œuvres d'art). Ce pouvoir évocatoire, qui peut prendre des formes très compliquées (critique de la critique du pointillisme...), varie en fonction de la proximité culturelle entre le créateur et le spectateur, et n'est donc pas aisément formalisable.

La religion, dans sa forme, est souvent un mélange de savoir formel et d'art. Art de l'illusion souvent appuyé sur de multiples types d'expressions artistiques puissantes. L'analyse logique des prières, par exemple, révèle des demandes bizarres et contradictoires, mais elles ont un pouvoir évocatoire fort (même si le locuteur n'en comprend pas la langue). Dans le domaine musical, on a souvent traité Jean-Sébastien Bach de « cinquième évangéliste ».

Il n'est évidemment pas question de supprimer ces formes d'expression sous prétexte qu'elles seraient entachées de « péché ». Il faut au contraire combattre, entre autres, les actions de destructions purificatrices typiquement (mais pas exclusivement) wahhabites. Le savoir scientifique ne peut avoir recours au charme de tels artifices de présentation qu'avec modération (sous peine de confusion), mais il ne s'en prive pas chaque fois que c'est possible.

L'importance des contes de fées

Albert Einstein l'a affirmé : « *Si vous voulez que vos enfants soient intelligents, lisez-leur des contes de fées. Si vous voulez qu'ils soient plus intelligents, lisez-leur plus de contes de fées.* » Les sources d'inspiration sont multiples, diverses et absolument non conformes aux normes FARSIPP. Il ne doit pas y avoir de crispation à ce sujet.

Ce qui est grave, c'est d'employer une source d'inspiration comme élément de preuve, de jugement, de validation dans le style : « *Dieu a détruit Sodome et Gomorrhe, alors nous devons tuer les homosexuels.* » C'est pour combattre ce type de justifications qu'il faut combattre l'*épistémologie contes de fées*, nullement pour empêcher les parents de lire des contes de fées à leurs enfants.

Le scepticisme scientifique

Derrière le terme scepticisme, deux tendances bien distinctes se profilent. L'une d'elles, alliance contre-nature de crédules religieux et de philosophes doutant de tout, tend à remettre en cause la possibilité pour les humains de comprendre profondément la réalité des mécanismes qui gouvernent l'univers qui les entoure. Si l'on suit cette voie, dès lors, rien n'est vraiment connaissable (voir supra *Sextus Empiricus*), soit parce que l'on proclame inconnaissables les mécanismes du monde, soit parce que l'on pense Dieu à la manœuvre pour diriger le monde à chaque instant et en cacher l'essentiel aux hommes.

L'autre voie, le scepticisme scientifique, représente la tendance naturelle des chercheurs à accepter la remise en cause permanente de la description des phénomènes connus et des explications qui en sont couramment retenues, mais naturellement sans refuser toute validité à la version présente des explications disponibles. Un autre versant de cette attitude sceptique est la critique organisée des prétendus miracles exhibés par un certain nombre de croyants et d'escrocs à la petite semaine. Ce courant se regroupe sous l'appellation de *scepticisme scientifique* ou *zététique*, ou, en anglais, *scientific skepticism* (Wikipédia) :

> *Le scepticisme scientifique, nommé aussi scepticisme rationnel ou scepticisme contemporain, est une pratique et une position épistémologique qui remet en doute la véracité de certaines allégations par manque de preuves empiriques ou de*

reproductibilité. Cette démarche cherche à promouvoir la science, la pensée critique et à soumettre à la méthode expérimentale (lorsque cela est possible) les affirmations d'existence de phénomènes paranormaux (notamment ceux étudiés par l'ufologie, la parapsychologie et la crypto-zoologie) ou surnaturels (réincarnation, résurrection).

Cette forme de scepticisme scientifique est un apport important à la lutte contre les croyances de type religieuses et les actions entreprises par ses partisans doivent être encouragées. Cependant, ce courant s'attaque plutôt à des points saillants particuliers, souvent des prétentions miraculeuses ponctuelles, reliées à des croyances de type religieuses, plutôt qu'à la croyance religieuse dans sa globalité. Les sceptiques s'attaqueront par exemple aux affirmations des croyants parlant du sang qui coule hors des yeux d'une statue de la Vierge Marie, en faisant remarquer que ce sang est masculin et que le prêtre de la paroisse refuse de se voir prélever un échantillon du sien...

Ce type d'action est utile, mais il a ses limites. C'est l'absurdité des notions de « sauveur », de « mère de Dieu » et de « père qui [est] aux cieux » qui est à combattre à large échelle, de manière intensive. Il ne suffit pas de démontrer à l'échelon individuel les dangers du tabac, il faut que des campagnes soient entreprises à l'échelon mondial pour limiter ses effets délétères. Ceci est naturellement plus vite dit, que fait.

Le problème principal lié à l'action des sceptiques est le manque abyssal de moyens qui caractérise ce mouvement. La quantité de déchets de la pensée déversés chaque jour par les diverses croyances, religieuses ou non, est telle qu'un service de voirie intellectuelle à l'échelle industrielle est nécessaire pour les éliminer, même partiellement.

L'épistémologie scientifique amène-t-elle automatiquement à nier l'existence d'une entité divine ?

Il n'est pas possible, à l'aide de la méthode scientifique, de nier complètement la possible existence d'une entité qui n'aurait pas de liens directs avec la réalité physique mesurable. Comment nier, par exemple, l'existence de lutins invisibles qui danseraient dans la brume de l'aurore ? Il est par contre possible de limiter le champ d'action envisageable de cette entité.

Le pouvoir explicatif lié à l'action d'entités divines est très limité. S'il est indéniable que des entités divines existent, dont des dizaines de dieux uniques, leurs lieux d'existence constatés sont cependant limités aux cerveaux des humains qui sont porteurs et transmetteurs de ces croyances, et aux actions que ces mêmes humains entreprennent en fonction de ces croyances.

L'usage du concept de *mème* (élément culturel reconnaissable répliqué et transmis par l'*imitation du comportement d'un individu par d'autres individus* – Richard Dawkins) pour décrire l'existence de divinités est pertinent, car ces croyances sont contagieuses, subissent une pression sélective puissante (c'est ce qui motive leur présentation comme *contes de fées*) et affectent un grand nombre d'humains, mais, jusqu'à preuve du contraire, ces prétendues divinités n'agissent pas *directement* dans le monde physique en tant que tel.

Il convient de remarquer que les mèmes sont comparables, dans leur « comportement », aux *« gènes égoïstes »* de Dawkins, qui se préoccupent plus d'être répliqués que de l'avenir de leur « porteur ». Ce qui est déterminant, c'est leur capacité à s'imposer face à la concurrence, pas l'avantage global qu'ils procureraient à l'humain qui les intériorise.

Les multiples facettes de l'épistémologie

Dans les pays occidentaux et équivalents, l'épistémologie existe principalement, au niveau institutionnel, comme un champ de la philosophie universitaire qui étudie les multiples sources possibles de la connaissance humaine, ses exigences et de ses limitations. Comme beaucoup de savoirs universitaires, souvent entre les mains de littéraires, les aspects formels, purement logiques, grammaticaux, les situations imaginaires prennent une certaine importance, et une place significative est occupée par des questions de « fond » comme la réfutation/discussion des positions de sceptiques totaux qui doutent de la possibilité de « prouver » aux humains qu'ils ne sont pas des cerveaux stockés dans des réservoirs, nourris d'informations fournies par les maîtres du monde : des superordinateurs exploiteurs de l'énergie cérébrale des humains (le thème de Matrix).

Dans la même veine, il est impossible, au sens strict, de prouver que le monde est vraiment connaissable et que les mêmes règles s'appliquent dans des cas semblables. Si plusieurs pierres tombent, il est impossible, sans observation minutieuse directe de toutes ces pierres, de prouver que la même loi de la gravitation s'applique à ces pierres et à toutes les pierres en général. Il pourrait y avoir une pierre non observée qui suive d'autres lois, sans qu'on l'observe. Au sens strict du terme, rien n'est connaissable de manière sûre, mais ce genre d'angoisse métaphysique ne doit pas vraiment nous effrayer, ni nous préoccuper.

Les pratiquants de l'épistémologie universitaire dans les départements de philosophie se préoccupent beaucoup de comprendre les états mentaux à la racine du savoir et les rapports entre savoir et croyance pour un individu. L'analyse grammaticale des postulats scientifiques occupe une bonne partie de leur temps. L'usage intensif de règles formelles de logique est une pratique partagée des mathématiciens et de certains philosophes. La communauté des physiciens a parfois des difficultés légitimes à s'impliquer dans l'exigence de rigueur formelle des mathématiciens, quand ils utilisent les outils mathématiques. Les physiciens ont simplement besoin d'outils « prêts à l'emploi » pour leurs modélisations. L'usage soutenu et sans limites des règles de la logique formelle est embarrassant pour ceux qui considèrent l'épistémologie comme une discipline pratique.

On peut naturellement écrire de nombreux tomes sur la vraie définition de la connaissance et de ses rapports avec les croyances. Si l'on part de la notion que les idées existent quelque part en dehors des cerveaux humains (la caverne platonicienne) et que la tâche des humains (philosophes) est de les découvrir, on peut tourner en rond longtemps. Le thème classique des philosophes sur la différence entre les deux notions est d'affirmer que la connaissance est de la croyance pourvue de justifications.

Il est en pratique difficile de différencier l'essence intemporelle de la connaissance et l'essence intemporelle de la croyance. On peut parler longtemps de justification dans le vide ou la rattacher en vain à une « autorité ». Ce qui est important, à large échelle, c'est d'examiner les moyens de justification des connaissances. De manière générale, il n'existe pas de démonstration empirique forte de l'utilité opérationnelle des multiples raffinements de l'épistémologie formelle, telle que pratiquée dans beaucoup de départements de philosophie universitaire.

Karl Popper, pour caractériser certains courants de la philosophie a, en résumé, affirmé :

> [...] *l'essentialisme est une conception de la science erronée, ayant son origine dans les philosophies de Platon et surtout d'Aristote. Cette conception de la science consiste à privilégier les questions du type « Qu'est-ce que ? », donc « les questions qui demandent ce qu'une chose est, quelle est son essence ou sa vraie nature ». Elle a engagé la science sur la voie de la stérilité à chaque fois qu'elle a été mobilisée, ce qui s'est produit d'innombrables fois depuis l'Antiquité.*
>
> Jean Gayon, « De Popper à la biologie de l'évolution : la question de l'essentialisme », *Philonsorbonne*, 15 juillet 2012 [42]

Il n'y a pas de jugement hors-sol. Un astronome de la fin du Moyen Âge qui aurait effectué une prédiction astronomique en utilisant une modélisation basée sur les épicycles ptoléméens aurait acquis un savoir (imparfait) sur la position future des planètes. Un astronome qui utiliserait la même méthode au XVIIIe siècle pour des raisons religieuses (opposition au modernisme scientifique galiléen) agirait sous la domination d'une croyance.

La réalité de l'existence d'une connaissance est liée à ses diverses utilités – utilités qui incluent aussi celle de la connaissance pour la connaissance. On ne peut appeler « croyance » une idée que pour la différencier de la connaissance. C'est une connaissance « dégénérée » qui ne possède pas les qualités de la connaissance. Il faut simplement retenir que, les critères de validation des connaissances étant variables selon les circonstances, les critères de différenciation entre croyances et connaissances le seront donc aussi.

Un type de connaissance occupe certains philosophes : face à un paysage hypothétique comportant de nombreuses fermes en carton-pâte (pourvues seulement d'une façade, semblables à un décor de cinéma), un promeneur en voiture passe devant la seule ferme du pays qui soit réelle. Il pense que c'est une vraie ferme complète, mais n'a pas de moyens simples permettant de la distinguer des autres. La pensée « ferme », qu'il ressent à propos de cette façade particulière, est-elle un vrai savoir, alors que la connaissance de sa réalité relève du hasard ou de la manipulation ?

Il est impossible de trancher in abstracto, sauf si l'on connaît l'usage de la connaissance. Si le but du promeneur est de trouver une ferme d'où il pourra appeler un garagiste pour faire dépanner sa voiture, alors il s'agit d'un vrai savoir, nécessaire et suffisant pour une action précise. S'il désire par contre faire un comptage des exploitations agricoles de la région, alors il s'agit d'une connaissance sans fondements, d'une croyance.

Aucune réponse ne peut être donnée sans contexte. La croyance et la connaissance sont comparables à l'ombre et la lumière. On ne peut définir le niveau de luminosité de l'ombre que par rapport à celui de la lumière. C'est le contraste qui est déterminant. Il est important de refuser tout jugement métaphysique sur l'« essence » de la connaissance.

Une autre manière d'aborder cette question est d'examiner le mode d'acquisition des connaissances utilisé par le promeneur dans ce récit. Il s'agit à l'évidence d'un mode d'acquisition *inductif*, qui évalue la réalité « ferme » un nombre (nécessairement insuffisant ?) de fois, et non d'un mode d'acquisition *falsifiabiliste*, qui chercherait la meilleure méthode de mise à l'épreuve de l'affirmation selon laquelle le pays est rempli de fermes authentiques en utilisant un bon échantillonnage statistique. Les critères de vérité deviendraient vite plus clairs.

La croyance est une forme dégradée de la connaissance qui ne s'appuie pas sur les normes pertinentes de validation des connaissances. Dans certains cas, l'usage des normes FARSIPP est optimal, mais il y a de nombreux cas où ces critères sont trop sévères. La distinction entre croyance et connaissance ne peut pas être définie a priori une fois pour toutes, avant tout en raison des moyens, non illimités, à disposition des humains.

Une certaine épistémologie universitaire considère que tous les points de vue épistémologiques sont d'un égal intérêt. Défendre un point de vue épistémologique fort et tranché est un peu considéré comme « gâcher le métier » par simplisme. Le principal danger lié à cette approche est de considérer le savoir humain de manière non historique, totalement abstraite, platonicienne. Les critères de vérité devraient donc être les mêmes pour un chasseur-cueilleur du Néolithique et pour un physicien des particules du XXIe siècle ? Cela n'a pas de sens.

Ce qui est important pour l'épistémologie, c'est de dégager, à large échelle et de manière globale, quels sont les critères, les meilleures méthodes d'acquisition du savoir humain à une époque particulière, et de se démarquer, de démasquer les méthodes dangereuses et illusoires qui leur font concurrence (aujourd'hui, essentiellement les « savoirs » religieux). Demander à un chercheur d'élaborer des *recettes de cuisine pratiques* au lieu de *problématiser les racines du goût*, c'est un peu « déchoir », mais c'est indispensable si l'on veut éviter de stagner dans le commentaire du commentaire ad aeternam.

Le présent ouvrage ne prétend pas proposer une approche englobante de toutes les questions d'épistémologie. Il vise d'abord un but pratique. Il s'agit d'abord de clarifier les *critères de démarcation* (au sens de Popper) entre connaissances et croyances pour faire face à des questions concrètes, des dangers politiques et sociaux réels, liés à une époque spécifique. Il ne saurait être question de prétendre résoudre l'ensemble des questions qui intéressent actuellement les chercheurs du domaine.

Cela signifie bien sûr que, dans les faits, le présent ouvrage utilise des positions épistémologiques non totalement explicitées. Un bon livre de mécanique automobile part de connaissances, également implicites, sur la mécanique newtonienne, la thermodynamique et l'électrodynamique de Maxwell. Il ne va pas forcément s'y attarder ou les expliquer en détail. Nous postulons, par exemple, que le monde des humains est en grande partie connaissable par la raison humaine et qu'il ne change pas ses règles d'organisation chaque dixième de seconde, qu'il possède assez de régularités pour permettre l'élaboration de règles universelles. Ces hypothèses sont non démontrables au sens strict du terme (voir supra *Que pouvons-nous considérer comme « la vérité » ?*).

Une bonne partie de l'épistémologie au sens classique traite de questions relatives à la qualité, ou à la non-qualité du savoir individuel. Il est raisonnable d'estimer que la validation d'un savoir est très difficile à effectuer au niveau de l'individu et ne devient une question sérieuse qu'au niveau d'un collectif.

Les discussions extrêmement détaillées qui portent sur la réalité de la connaissance et de la croyance dans le cerveau des humains sont souvent vaines en l'absence de connaissances empiriques, neurologiques par exemple, qui seraient susceptibles de dégager des ébauches de distinctions claires entre les deux notions.

La question de la validité du savoir est liée en grande partie à la réalité de l'activité scientifique qui évolue au cours du temps. La manière même d'énoncer des lois, de modéliser le monde, change avec le temps. Le contenu de la science change donc et les méthodes de validation aussi. Par exemple, la modélisation informatique des phénomènes (comme ceux liés à la vie d'une étoile) peut aujourd'hui être considérée comme une méthode prometteuse, alternative à l'expérience (difficile de créer une étoile complète dans un laboratoire), ce qui n'aurait pas été le cas il y a cinquante ans. En définitive, c'est la qualité globale, la cohérence, la puissance des possibilités applicatives, la taille gigantesque du « puzzle », qui donne sa force à l'épistémologie scientifique.

Les critères essentiels de différenciation utilisés, la falsifiabilité, la répétabilité, la simplicité, la probabilité, la prédictibilité font partie de l'arsenal épistémologique universitaire, mais il y en a bien d'autres. L'épistémologue professionnel est généralement plus attentif à convaincre son collègue... épistémologue que de s'attaquer aux croyances religieuses. De la même manière, un biologiste s'occupe d'abord de valider, par exemple, sa nouvelle version du mécanisme de régulation de la création des ARN messagers. La réfutation des messages créationnistes qui affirment que ce mécanisme a été fabriqué ex nihilo par leur chef de bande il y a 6 000 ans peut le laisser de marbre, jusqu'au jour où ce créationniste va réclamer un temps égal en classe pour enseigner ses inepties.

L'usage restreint que nous faisons de la palette des savoirs épistémologiques universitaires ne signifie nullement un quelconque mépris pour les questionnements et les raisonnements des spécialistes de l'épistémologie académique. Pour prendre un exemple comparable, les théories mathématiques traitant de la factorisation des nombres sont restées pendant des siècles sans utilité pratique. Un jour, pourtant, elles ont été au centre des techniques de cryptographie essentielles à l'existence d'Internet. Cela ne signifie cependant pas que l'exposé des questionnements portant sur la facilité/difficulté de factorisation doive être au centre de tout cours d'informatique.

Sur la tombe de Karl Marx, il est inscrit : « *Les philosophes n'ont fait qu'interpréter le monde ; il faut désormais le transformer.* » Ce précepte n'est pas sacré. Les risques de l'action sont réels, mais la politique de l'abstention est encore plus dangereuse. Il faut cependant être capable d'accepter que nos capacités de modélisation limitées contraignent, limitent, nos possibilités d'action, et être capable de reculer parfois, quand c'est nécessaire.

Depuis l'invasion de la Hongrie par les troupes soviétiques (1956), et même après Mai-1968 en France, une bonne partie de l'intelligentsia a préféré se réfugier dans le savoir spécialisé, et ne se risque tout au plus que dans l'incantation humanitaire et « éthique ». Être prescriptif est certes un art difficile, mais il est indispensable. Que penserait-on d'un médecin contemplatif ? Que dirait-on d'un spécialiste de l'énergie qui ne parlerait que de systèmes isolés et ne donnerait aucun avis « général » sur le rôle des centrales nucléaires et de l'usage des gaz de schiste ?

L'épistémologie, la description des sources et des règles de la connaissance humaine du réel, est un savoir à dimension pratique qui peut être directement utilisé, entre autres, pour lutter contre un danger millénaire : la croyance de type religieuse.

5

Les croyants, et les autres...

Après avoir examiné la réalité de la pratique scientifique, nous examinons la réalité physique des pratiques religieuses, et surtout les prétentions de ces croyances face aux réalités du monde et des « autres », croyants. Nous examinons également la réalité de la propagande et de la violence religieuse cachée, de la spiritualité, de la démocratie du savoir, des droits de l'homme, du droit à la liberté religieuse, du rôle des croyances dans la pyramide sociale et de la laïcité.

Nous n'avons pas, pour cet examen, besoin de disposer de connaissances théologiques poussées sur chaque doctrine religieuse, sur son système de pensée propre. C'est son système de « validation » des connaissances qui nous intéresse.

Nous traitons ensuite du singulier et du pluriel religieux. Nous finissons par le nécessaire examen des avantages des religions pour les individus ainsi que de la multiplication inévitable des croyances.

Les prétentions épistémologiques des croyants et autres affabulations

Là où il y a de la gêne, il n'y a pas de plaisir, telle est la doctrine de certains croyants qui osent s'aventurer sur le terrain de l'épistémologie, alors que la « nature » intrinsèque de l'épistémologie est de séparer le bon grain de l'ivraie, la croyance du savoir.

Parler de savoir religieux est un oxymore. Il n'y a aucun savoir religieux sur le monde puisque, rapidement, tout est « mystère ». Le savoir religieux ne concerne en fait pas l'univers ni même le milieu humain, mais bien le récit religieux (et sa glose infinie) en tant que tel. Il s'agit d'un savoir sur les formes de la croyance (Voir supra, *Y a-t-il une épistémologie religieuse?*).

Savoir que l'*Immaculée Conception* concerne la naissance de Marie et non celle de Jésus est effectivement un savoir (catholique), un savoir théologique qui porte sur la connaissance des textes d'une doctrine, mais rien d'autre. À ce savoir limité, il ne faut pas oublier d'ajouter celui qui porte sur l'histoire des religions, qui représente une part significative du savoir historique.

La croyance invente des astuces pour brouiller les pistes et éviter la mise en évidence de l'absurdité des croyances religieuses. Alvin Plantinga, professeur émérite dans une université américaine, a trouvé une ruse «diabolique»: il postule que la connaissance des vérités religieuses est comparable à celle acquise au moyen des sens habituels des humains (induction). Il s'agit donc d'une sorte de *sixième sens* spécial: le sens religieux (avec l'aide de Dieu et du Saint-Esprit naturellement). Calvin appelait cela *sensus divinitatis*. Le témoignage des sens étant généralement considéré comme valide, au moins partiellement, par une tendance de l'épistémologie classique, pourquoi ne devrait-on pas considérer celui apporté par le «sens religieux» des gens sincères?

Le premier critère d'implausibilité de l'existence de ce sens de la divinité est qu'il est censé ne s'appliquer qu'au dieu chrétien. Par quel hasard mystérieux les croyants des autres tendances religieuses seraient-ils privés de «bon sens» religieux? Plus sérieusement, depuis près d'un siècle, la majorité des épistémologues s'intéressant au savoir scientifique ne considèrent plus l'induction comme une source fiable de preuve pour décider de la validité des lois de la nature. Il est nécessaire, dans la démarche de vérification, de partir d'hypothèses et de tenter de les falsifier pour choisir celle qui aura le mieux résisté à ces tests. Le cas du *sensus divinitatis* illustre, presque par l'absurde, les limites de l'induction comme source de validation des lois scientifiques, même si nous devons évidemment contester que le *sensus divinitatis* soit un «sens» relié à une quelconque *perception* provenant d'une réalité extérieure.

Le «sens religieux» des croyants n'est évidemment pas relié à une perception reliée au monde sensible, mais à l'intériorisation d'une histoire inventée par un ou plusieurs auteurs et répétée à satiété depuis des siècles. Démonstration simple: supprimons les «textes sacrés» (au moins provisoirement). Reste-t-il quelque chose du *sensus divinitatis*? Non, évidemment. Or ces textes n'ayant, en termes de qualité de source historique, pas vraiment plus de valeur qu'un mythe grec, sont au mieux un témoignage biaisé. C'est donc toute la chaîne de «preuves» qui s'arrête. Le maillon le plus faible est toujours la révélation.

Nous avons vu qu'il faut considérer la tendance à la croyance religieuse comme un phénomène sérieux et réel, mais nous n'avons aperçu aucune raison pour relier ce «sens» à une perception tant soit peu correcte d'une réalité extérieure aux humains. De la même façon, nous relions bien l'envie d'alcool à l'appétence pour la sensation de chaleur corporelle, mais nous savons qu'en réalité, l'absorption d'alcool entraîne au final un refroidissement du corps, dangereux s'il fait froid. Tout en reconnaissant la légitimité de l'envie, de la perception, nous devons combattre le moyen par lequel passe « naturellement » cette envie.

Les constructions philosophiques de certains croyants ont beau être d'apparence très sophistiquée, elles n'ont aucun respect pour la base même de l'épistémologie déjà évoquée dans le *Théétète* de Platon : la possibilité de *séparer*, aussi rigoureusement que possible, la connaissance de la croyance.

Il n'y a pas, à proprement parler, d'épistémologie religieuse (même si nous avons essayé de la décrire, voir supra), parce qu'il n'existe tout simplement pas de critères de démarcation sérieux, indépendants des individus, qui permettraient de valider une affirmation ou de l'infirmer. Si cette possibilité n'existe pas, il n'est nul besoin de parler d'épistémologie, autant parler de la pluie et du beau temps. Quel est le critère de la vraie croyance ? La profondeur de la conviction du croyant, sa sincérité, son temps de méditation, l'âge du capitaine ?

Les croyants ne peuvent jouer sur deux tableaux. Soit ils proclament que l'« épistémologie religieuse » permet d'accéder à des données validant leurs croyances et que ces données sont la base sérieuse de leur croyance, soit ils ont besoin de « foi ». Dans ce cas, nul besoin de démarcation, de preuves, de raisonnement.

En fait, les croyants demandent que l'on joue avec eux au jeu : *pile je gagne, face tu perds*. D'un côté, Plantinga « le rationaliste » ; de l'autre, le *père de l'Église* Tertullien qui dit : « *Le Fils de Dieu est mort : il faut le croire, parce que cela révolte ma raison ; enseveli, il a ressuscité : c'est certain, parce que c'est impossible.* »

Il est clair que si les données issues du sens religieux avaient la même fiabilité, stabilité, uniformité que celles des sens habituels (imparfaits, mais relativement uniformes et prévisibles dans certains cas), cet argument d'appréhension d'une réalité cachée commencerait à pouvoir être pris, partiellement, en considération. Nous examinerons donc plus sérieusement le cas du « sens religieux » le jour où *l'Église unifiée de la troisième planète* rassemblera plus de 80 % des croyants terriens. Pour cela, en dehors d'une intervention divine explicite et de critères de vérité plausibles, il reste une dernière solution pour créer une doctrine divine unique : tirer au sort les affirmations théologiques « vraies ». L'aide de Dieu est « garantie ».

À l'évidence, les croyants ne disposent pas d'un mécanisme fiable de sélection des « vérités » religieuses. Les critères de falsifiabilité, répétabilité, simplicité, probabilité, prédictibilité leur sont inconnus. Toute l'opération de M. Plantinga et de ses pairs consiste à créer un écran de fumées savantes avec recours aux classiques de la philosophie et références bibliographiques multiples.

La religion n'est pas une source de savoir, elle est un objet de savoir, comme toute pathologie. Il faut comprendre son fonctionnement pour la combattre.

Recherche scientifique ou découverte spirituelle

Le fondement premier de la perception de l'existence d'une spiritualité (ressentie comme pensée détachée de la matière) par les êtres humains est un fait anatomique simple : contrairement aux autres organes corporels, le cerveau des mammifères n'a pas d'organe d'action mécanique (muscles) qui lui soit directement relié. Il est également dépourvu de senseurs nerveux de surface qui permettraient au cerveau, à la conscience, de percevoir immédiatement leur milieu d'existence. *Pendant de nombreux millénaires, on croyait communément que l'activité mentale avait son siège au centre du corps humain, dans le cœur.* L'estomac, surtout quand il est détraqué, ne « manifeste », dans le cerveau, pas de grands doutes sur sa « réalité matérielle anatomique ». Le détail de la modélisation et la conceptualisation des relations, complexes, entre le cerveau physique et la pensée telle que perçue par l'individu et perçue par un tiers est le domaine d'un champ de connaissance complexe appelé neurophilosophie.

Un grand nombre de personnes ayant une « spiritualité intense », croyantes ou non, pensent que la démarche scientifique et le « monde spirituel » ne se situent pas sur le même plan et ne sont donc pas en compétition. Les comparaisons entre ces deux domaines n'auraient donc pas de sens.

La méthode scientifique ne peut actuellement pas forcément répondre à toutes les attentes en matière de développement personnel. Elle n'en a d'ailleurs pas la prétention. Mais il n'est pas indispensable que la science se mêle de chaque cheminement individuel si elle n'est pas explicitement sollicitée par ceux qui ont des activités de méditation et d'auto-interrogation.

Il en va tout autrement si ces actions sont collectives et qu'elles visent à « clarifier », à faire comprendre au plus grand nombre le « sens » de l'univers et de la vie humaine. L'approche « spirituelle » s'attaque alors de fait directement à la connaissance scientifique de l'univers et ses prétentions doivent donc être stoppées.

La raison de cette « censure » est évidente, le danger aveuglant. Si nous admettons sans grandes discussions que la conception d'un immeuble doit d'abord répondre à des contraintes techniques précises face auxquelles les différentes disciplines de l'ingénierie peuvent seules apporter des solutions informées, pourquoi admettrions-nous que les divagations inspirées, aussi brillantes soient-elles, d'un individu ou d'un groupe puissent servir de guide pour résoudre des problèmes concrets, comme ceux auxquels fait face l'humanité dans son ensemble, intrinsèquement bien plus complexes, et qui nécessitent presque toujours une immense maîtrise technique ? Le réchauffement climatique ne sera pas combattu avec des prières !

Les « maîtres spirituels » produisent le plus généralement soit des banalités sucrées – « ce qui compte, c'est l'amour » – soit des idées dangereuses – « l'Occident doit se réveiller ». Il n'y a pas de trace d'un « mouvement spirituel » vraiment utile dans l'histoire récente, ni d'un quelconque signe de sérieux dans les affirmations des « guides » qui seraient susceptibles de passer le test de critères de vérification de type FARSIPP.

C'est l'ampleur de la difficulté d'une appréhension scientifique globale du monde et les limites des savoirs scientifiques qui rendent non évidente l'énormité des prétentions de certains « spirituels » à apporter des solutions aux problèmes de l'humanité. Les dangers liés à la construction d'un bâtiment ne sont rien face à ceux, bien plus grands pour le genre humain, de suivre une voie d'action employant des méthodes de connaissances « intuitives » plutôt que le difficile chemin, plein de détours et d'obstacles, qui s'appuie sur la seule méthode de connaissance ayant démontré expérimentalement son efficacité.

Liens cachés, vertus imaginaires

Dans un rapport datant de juillet 2000, un comité d'experts de l'OMS, traitant de l'influence néfaste des cigarettiers sur les politiques de lutte contre les méfaits du tabac, affirmait :

Le Comité d'experts invite instamment l'OMS et les États Membres à prendre fermement position contre la conduite des cigarettiers telle qu'elle ressort de son rapport. Ce rapport contient plusieurs recommandations visant à contrer les stratégies employées par les cigarettiers. Parmi les plus importantes figurent les suivantes :
1) les États Membres devraient procéder au même type de recherches concernant l'influence de l'industrie du tabac sur leurs efforts de lutte antitabac,
2) l'OMS devrait surveiller à l'avenir la conduite de l'industrie du tabac afin de déterminer si les stratégies recensées dans ce rapport sont toujours en vigueur et
3) l'OMS devrait aider les États Membres à déterminer quelles mesures il conviendrait de prendre pour réparer les torts causés par le passé par les cigarettiers.

OMS, Comité d'experts sur les documents de l'industrie du tabac, « Les stratégies utilisées par l'industrie du tabac pour contrer les activités de lutte antitabac à l'Organisation mondiale de la Santé », juillet 2000

Un copier-coller suffirait pour parler du rôle des religieux dans les manœuvres de brouillage de l'examen des dangers liés aux religions, sauf que, dans le cas des religions, ce n'est pas d'une action obscurantiste d'une durée de 50 ou 100 ans dont il faut parler, mais d'une action vieille de 2 000 ans (et plus).

L'autre grande différence entre les deux groupes d'influence, c'est que la mauvaise foi des cigarettiers est patente aux yeux de beaucoup, leur avidité flagrante, leurs intérêts clairs. Il est bien connu que la majorité des cigarettiers sont non-fumeurs. Les religieux sont d'autant plus dangereux intellectuellement qu'ils sont souvent sincères et dévoués.

Le combat des cigarettiers a été de cacher le lien fort entre cigarette et cancer (et autres joyeusetés). Un des combats majeurs des défenseurs de la croyance est de faire croire à un lien fort entre croyance et comportement socialement acceptable, généralement appelé *comportement moral*. Le combat des cigarettiers est en grande partie perdu, mais, tant qu'un journaliste sérieux pourra parler d'un dignitaire religieux en le qualifiant d'*autorité morale* sans craindre le ridicule, la supercherie religieuse subsistera. Briser les illusions sur ces liens est un combat sur la durée (voir infra).

Bonne épistémologie, bonne personne ?

Il n'existe aucun lien automatique entre la bonne épistémologie et la «bonne personne». Il est probable que, statistiquement, les individus disposant de la bonne approche épistémologique aient un comportement social individuel meilleur que celles atteintes de croyance religieuse. L'étude de Jean Decety financée par la fondation John Templeton et parue en 2015 va dans ce sens, ainsi que l'examen des taux de criminalité dans les pays à faible niveau d'atteinte par des pathologies religieuses (voir *Decety* et *Suède*, infra). Il s'agit cependant de juger avant tout de l'impact global d'une approche épistémologique, et non de la qualité individuelle des personnes.

Il existe certes des croyants ouverts et des scientifiques dogmatiques, mais à large échelle, ces aspects individuels n'ont qu'une importance relative, parce que les règles d'acquisition des connaissances du collectif auquel ces personnes appartiennent sont celles qui déterminent globalement les savoirs qu'ils partagent. Un chrétien convaincu ne va, très probablement, jamais considérer que les indices de l'existence de Jésus sont «peu probants», et un scientifique, en tant que tel, ne considérera qu'avec une extrême prudence le récit de la lévitation d'un individu. Ces approches sont, relativement, indépendantes du caractère des individus et tiennent essentiellement à l'approche épistémologique des groupements auxquels ces personnes appartiennent. C'est cela qui est décisif.

Certains ont comparé les groupes scientifiques dominants à des associations de mafiosos défendant leurs privilèges. La soi-disant ouverture à la critique et à la révision des idées acquises en matière de science devient souvent chez un nombre significatif de scientifiques la défense de privilèges de caste.

Alfred Wegener n'est jamais parvenu dans les années 1920 à faire considérer sérieusement sa vision de la dérive des continents terrestres, entre autres parce qu'il n'était qu'un vulgaire *météorologiste* qui ne pouvait avoir raison face à l'élite des *géologues*. Cependant, l'avance des techniques de sondages profonds sub-océaniques dans les années 1960 a, bien après sa mort accidentelle, fini par mettre sur le tapis des preuves difficiles à réfuter du mouvement des plaques continentales. La modélisation de la *tectonique des plaques* s'est, depuis, imposée largement. La méthode scientifique a fini par triompher, même contre les scientifiques conservateurs qui s'accrochaient aux vieilles théories. En définitive, c'est cela qui est important.

Spécificité et gravité de la violence religieuse

Le lien très fort qui unit violence et croyance religieuse tient aux spécificités de l'appréhension religieuse du monde. Une divinité, une loi religieuse est par nature éternelle, surplombante, toute-puissante, sans limite. On ne peut abandonner une religion comme on abandonne un territoire parce qu'il devient aride ou parce que des envahisseurs s'en sont emparés pour nourrir leur famille. La croyance religieuse génère spontanément des justifications pour n'importe quelle action, même si elle est violente et dévastatrice ; elle a tous les droits. On peut hésiter à sacrifier sa vie pour défendre une prairie. La prairie et les voisins oublieront. On « doit » mourir pour un dieu, lui n'oublie pas.

Comme le dit si bien Richard Holloway, ancien évêque d'Édimbourg :

> [...] *In fact, religious hatred is probably the deadliest form of this human disease [hate], because it gives human dislike divine justification. It is one thing to hate people because you don't like their opinions. It is another thing to say God hates them too and wants them exterminated. So it is worth noticing how intense religious conviction can add a dangerous element to human relationships [...].*

> TRAD. – [...] En fait, la haine religieuse est probablement la forme la plus mortelle de cette maladie humaine [la haine], car elle donne à l'humanité une justification divine. C'est une chose de haïr les gens parce que vous n'aimez pas leurs opinions. C'est autre chose de dire que Dieu les déteste aussi et veut les exterminer. Il vaut donc la peine de remarquer combien une conviction religieuse intense peut ajouter un élément dangereux aux relations humaines [...].

> Richard Holloway, *A little history of religion*, Yale University Press, 2017

C'est donc bien dans l'*épistémologie contes de fées* que nous trouvons les racines de l'extrémisme religieux. La croyance étant reliée seulement à l'imaginaire humain, elle ne connaît pas de bornes naturelles, pas de démenti par les faits. C'est donc la plus dangereuse des sources de violences collectives.

La croyance religieuse dispose ainsi d'un « avantage comparatif » face aux autres modes de pensée. Elle ne connaît pas de frein naturel lié à ses règles de logiques internes, à un rapport à la réalité qui lui fixerait des limites. Il convient donc de la combattre systématiquement avec des moyens importants, ce qui ne signifie pas que l'extermination des croyants soit la solution universelle à tous les maux, bien au contraire, mais on ne peut combattre une épidémie sans faire peser des contraintes fortes sur ceux qui sont infectés, ainsi que sur ceux qui menacent de l'être au point d'en être dangereux. Toute autre attitude est criminelle.

L'existence de nombreux mouvements de solidarité avec les plus démunis, mouvements parfois d'origine croyante, brouille la perception globale des dangers liés aux croyances. Le bilan global des croyances est pourtant désastreux. Il est difficile de penser que ces mouvements de solidarité (réels et nombreux) aient besoin d'un support religieux pour exister. Cet ancrage religieux, s'il est structurant, les rend d'ailleurs souvent dangereux et peu efficaces dans de nombreux domaines.

En évaluant globalement la prééminence des violences liées aux croyances religieuses à l'échelle mondiale, en particulier dans l'« arc des crises », en comparant les situations très conflictuelles sur la frontière Mexique/États-Unis et celles qui séparent l'Inde et le Pakistan, nous pouvons tirer un bilan clair, et catastrophique, de la persistance des croyances religieuses sur notre planète.

Une religion peut-elle survivre sans violence ?

La grande majorité des croyances religieuses se présente comme des « religions de paix ». Le rôle de soutien des religions dans la violence intergroupe et interétatique est décrit dans d'autres sections du présent ouvrage, mais, si nous nous concentrons sur la violence issue des « besoins propres » des religions, nous voyons que, pour des raisons épistémologiques claires, toutes les religions doivent employer parfois la violence pour triompher ou simplement exister. S'il y a jamais eu de vraies « religions de paix », elles sont très probablement mortes assassinées. Seules les religions sachant doser subtilement leur gestion des violences militaires, policières et dogmatiques ont survécu.

Les religions sont intrinsèquement violentes et créent la division entre humains attachés à une « foi ». La foi, les multiples fois sont ce qui divise l'humanité, parce que chacun se doit de conserver la sienne. La science, c'est ce qui réunit l'humanité parce qu'en science, on sait *comment* être en désaccord.

La relation forte entre violence et croyance est tellement manifeste qu'elle apparaît évidente. Le meilleur exemple en est le développement de multiples forums « interreligieux », pour *la paix entre les religions*... qui sont rendus nécessaires par la nature même de la foi religieuse, par la nature intrinsèquement dangereuse des croyances. Par contraste, il n'existe évidemment pas de forum pour *la paix entre les écoles de chimie*... Ces forums « interreligieux » sont d'ailleurs surtout là pour prêcher les convaincus. Leur « action » est typique du syndrome du lampadaire (on cherche la solution sous le lampadaire parce que c'est éclairé, mais pas là où il faut effectivement agir). Elles agissent là où c'est « facile », et donc passablement inutile.

Le gouvernement d'Arabie saoudite, par exemple, finance un centre interreligieux à... Vienne – le *Centre international roi Abdallah Ben Abdelaziz pour le dialogue interreligieux et interculturel* –, mais pas à Riad, car :

> *Il apparaît plus stratégique pour le royaume de porter cette parole à l'extérieur, en Occident, que de réformer en interne, d'autant que, sur ces questions, le leadership saoudien est plus ouvert que sa population, très conservatrice.*
>
> Stéphanie Le Bars, « Pourquoi l'Arabie saoudite investit dans le dialogue interreligieux », *Le Monde*, 27 novembre 2012[43]

Là où le message de « paix » serait vraiment utile, il ne passe visiblement pas. Les leaders religieux locaux saoudiens ne « comprennent » probablement pas très bien le message interreligieux du roi, car, le 21 mars 2012 :

> *Le Grand Mufti wahhabite d'Arabie saoudite, Cheikh Abdul Aziz ben Abdallah, a appelé à la nécessité de détruire toutes les églises dans la péninsule arabe.*
>
> A.-B. H., « Le grand mufti d'Arabie saoudite souhaite la destruction de "toutes les églises" dans la péninsule arabique », *La Croix*, 29 septembre 2013[44]

Le seul moyen pour une religion d'être favorable à la paix est de proclamer qu'elle est prête à disparaître si son utilité n'est plus évidente. Les religieux ne sont pas les seules personnes attachées à des traditions et des habitudes, mais ils sont les plus dangereux. Par comparaison, lorsque des calculatrices électroniques portables peu chères ont inondé le marché, les utilisateurs expérimentés de la *règle à calcul*, détenteurs d'une longue tradition, même très nostalgiques, ne se sont pas rebellés les armes à la main contre les utilisateurs de ces nouvelles calculatrices... La mécanique newtonienne n'a pas eu besoin de violence pour s'imposer, il lui a suffi de démontrer la supériorité de sa modélisation sur celle de l'ancienne mécanique céleste (cela peut prendre du temps, néanmoins).

La croyance catholique n'a pas pu triompher sans employer de violence, car comment monter autrement la supériorité de sa croyance sur celle de l'adversaire religieux ? C'est quasiment impossible, car il n'y a jamais aucun résultat réel à mettre en avant, seulement l'*évocation* du résultat. Le réel début de la religion catholique romaine ne s'est pas déroulé dans les catacombes avec les chrétiens persécutés, mais à la bataille du pont Milvius (312), qui a vu la victoire de l'empereur romain Constantin contre son concurrent l'empereur Maxence (qui misait sur d'autres chevaux religieux). La preuve en est aisée, le christianisme ne touchait à l'époque qu'environ 10 % des Romains. Si un autre général ayant triomphé militairement avait choisi une autre option religieuse, le catholicisme aurait-il dominé l'Empire romain ? Peut-être, peut-être pas, cela dépend des dirigeants de l'époque, de la compétition religieuse de l'époque, de la capacité militaire des généraux et du talent des politiques. Quelle religion a triomphé sans prince ou sans général ?

Le degré de violence créé ou soutenu, explicitement ou implicitement, par une religion particulière dépend de sa position compétitive par rapport aux autres religions, non seulement dans le marché religieux « pur », mais également dans le rapport des croyants victimes de cette religion particulière aux populations du reste du monde.

Cela ne signifie pas que la violence religieuse soit permanente ; la majorité des conducteurs de voitures ayant absorbé trop d'alcool un jour donné ne vont pas avoir d'accident. Cette violence est généralement éparse dans le temps, mais il est impossible de s'en passer, sous peine de disparaître face à la concurrence, précisément parce qu'il n'y a jamais rien à évaluer sérieusement dans la réalité... sauf, et c'est une importante exception, le résultat marketing de la propagande religieuse (l'adhésion de nouveaux convertis en masse).

La violence religieuse n'a pas besoin d'employer des gros bâtons pour sévir à large échelle. Il suffit qu'une religion organisée ne se préoccupe que de marketing plutôt que de l'état du monde pour que cela fasse de gros dégâts. Un exemple récent, datant de février 2015, où le pape catholique change de position :

> *En janvier de cette année, dans un avion qui le ramenait des Philippines au Vatican, le pape François fustigeait « la procréation comme des lapins ». Mercredi, lors de son audience hebdomadaire, il a corrigé le tir en félicitant une famille de neuf enfants et en partant en guerre contre l'enfant unique.*
>
> Michel Danthe, « Le pape François, après avoir condamné la procréation "comme des lapins", fait marche arrière », *Le Temps*, 19 février 2015 [45]

Il est hautement probable que ce sont des considérations de positionnement interne et externe à l'appareil catholique qui ont motivé ces revirements successifs. Qui pourrait penser que des considérations sérieuses sur l'état de la démographie mondiale ont sous-tendu cette réflexion ? Diriger l'activité humaine en se laissant guider par une foi religieuse est un danger, une violence parfois mortelle, qu'il faut neutraliser par la guérison des personnes qui en sont victimes, à commencer par les croyants.

Une autre technique employée par la croyance est de s'approprier des résultats dans lesquels elle n'a pas de responsabilité, comme la découverte des Amériques ou une victoire militaire. La technique employée ressemble au pari stupide : *pile je gagne, face tu perds*. Une messe de gratitude du côté du vainqueur, une messe de repentir du côté du vaincu : qui prend un risque ?

Toutes ces astuces n'ont qu'une efficacité limitée (la victoire militaire de l'un ne vaudrait, en théorie, que si l'autre n'est pas de la même religion). À certains moments, la violence envers les adversaires (proches géographiquement) de la foi est nécessaire, comme casser les prix est indispensable pour le succès marketing de certains produits. Quand on vend de la vapeur, il faut pousser fort pour que la pression monte.

Aucune tradition religieuse n'est à l'abri de développements violents. Ceux-ci sont une part intrinsèque de chaque tradition. Matthew McLaughlin, inscrit au barreau de l'État de Californie, a voulu lancer un référendum (mars 2015) :

> *Il vise à changer le Code pénal de Californie pour inscrire l'homosexualité au nombre des crimes passibles de la peine capitale. Cela au nom de la « colère divine » : « Considérant qu'il est préférable que les contrevenants périssent plutôt que de voir le reste d'entre nous encourir la juste colère de Dieu du fait de notre tolérance insensée envers le mal qui se répand parmi nous, le peuple de Californie, craignant Dieu, recommande dans sa sagesse que toute personne qui touche en conscience une autre*

personne du même sexe aux fins de gratification sexuelle, soit mise à mort par balles dans la tête ou toute autre méthode plus pratique. »

Corine Lesnes, « Exécuter les homosexuels de "balles dans la tête", la proposition d'un avocat californien », *Le Monde*, 25 mars 2015[46]

Un physicien, issu d'une université, oserait-il réclamer le retour aux théories d'Aristote ? En l'absence de mécanisme de « nettoyage », la croyance reste toujours dangereuse.

La connaissance est-elle démocratique ? Devons-nous respecter les majorités politiques arithmétiques ?

La connaissance scientifique se distingue également de la « connaissance » religieuse par un autre aspect : elle est profondément élitiste.

L'autorité d'un seul homme compétent, qui donne de bonnes raisons et des preuves certaines, vaut mieux que le consentement unanime de ceux qui n'y comprennent rien.
Galilée

Cet élitisme ne tient nullement à la volonté de ses « pratiquants », qui chercheraient à garder secret l'essentiel du contenu de leur science. Bien au contraire, l'immense majorité des scientifiques aiment transmettre leur savoir au plus grand nombre.

Le seul groupe « scientifique » connu qui ait pratiqué le culte du secret « scientifique » est celui des pythagoriciens, qui punissaient de mort la transmission à autrui des mystères de l'harmonie cosmique (et du théorème de Pythagore). En règle générale, le secret scientifique n'est pas la cause de l'ignorance du public et ne s'explique que par des raisons pratiques : compétition académique et commerciale, brevets en cours, applications militaires...

La raison pour laquelle la science est si profondément élitiste est facile à comprendre : l'univers dans lequel vit l'humanité ne peut pas être décrit, modélisé, de manière très simple (du moins avec nos connaissances actuelles). Il est nécessaire d'appréhender de multiples descriptions scientifiques de la réalité (physique, chimique, biologique, sociale, historique...) pour en avoir une vision un tant soit peu globale (tout en restant très fragmentée). Les qualités nécessaires pour bien comprendre cette complexité ne se rencontrent pas si fréquemment au sein de l'humanité.

Cette rareté s'explique par l'histoire biologique des humains : les facultés de compréhension scientifique de la nature sont issues d'un « recyclage » des facultés « sélectionnées » par l'évolution pour permettre la survie de l'humanité. Cette reconversion est naturellement imparfaite et inégale entre les individus. Un enfant de dix ans a généralement une certaine maîtrise de la perception séparée, individuelle, des différentes personnes de son entourage, qui lui permet d'appréhender une situation de conflit familial complexe, mais il appréhendera plus difficilement la mécanique quantique, alors qu'un ordinateur aurait, lui, plus de facilité à la modéliser.

On dit souvent que le « bon sens » est la chose la mieux partagée du monde ; cela n'est qu'en partie vrai et cela est en fait plutôt dangereux. L'univers ne peut être décrit avec des modèles « mécaniques » simples. La mécanique quantique, instrument essentiel des sciences et techniques modernes (permettant, par exemple, la maîtrise des semi-conducteurs), ne se laisse pas expliquer de la même manière qu'on expose un mécanisme horloger usant d'engrenages. Les outils sont plus compliqués.

L'aspect généralement le plus « repoussant » de la science est son usage intensif des mathématiques pour décrire le monde. Cette mathématisation est à la fois la garante de la qualité de la modélisation scientifique et la cause de la répulsion qu'elle inspire chez une large partie du public.

La mathématisation de la description du monde a trouvé son grand héros chez Galilée. C'est lui qui a donné une impulsion décisive à l'usage massif des mathématiques dans le domaine scientifique, et cela a donné à la science un pouvoir descriptif et prédictif inconnu auparavant, mais cela l'a aussi séparé d'une grande partie de la population. Il n'y a pas de solution simple à ce problème.

Pour limiter la largeur du fossé entre ceux qui sont aptes à mathématiser leur champ de connaissance et le reste de la population, il faut développer des techniques spéciales, des modélisations sophistiquées par leur simplicité, qui puissent donner une idée plus précise de la description scientifique de la réalité que les habituelles visions purement littéraires. C'est un besoin important, mais c'est aussi un très grand défi.

La mathématisation éloigne l'humain de la perception « naturelle » du monde. Elle l'éloigne de l'univers mental qui a vu naître l'humanité (voir Étienne Klein, *Galilée et les Indiens*, 2008, op. cit.). La persistance de groupes d'humains témoins, gardiens, de cet ancien monde est une richesse qu'il faut préserver dans la mesure de nos possibilités. Nous ne pouvons cependant, en général, pas participer de cet ancien monde, même s'il nous attire ; nous devons favoriser la compétition des idées scientifiques, et l'élitisme qui va avec.

Parmi les scientifiques eux-mêmes, cet élitisme règne à juste titre. Les génies sont en petit nombre et leur présence permet parfois de faire des pas de géant à la connaissance. De manière générale, le savoir scientifique n'est pas démocratique, on ne vote pas pour ou contre les lois de la physique. La science peut légitimement imposer son savoir à tous, et tous les habitants de la Terre doivent accepter *sans réelle discussion* le savoir scientifique stabilisé existant à une époque, à l'exception, bien sûr, de ceux qui veulent *sérieusement* remettre en cause ces modélisations. En pratique, seuls les scientifiques eux-mêmes sont en position de contester les savoirs scientifiques admis.

De fait, à l'intérieur même de la communauté scientifique, seule une minorité, une élite, est réellement en position de proposer de nouvelles versions de modélisations alternatives aux modélisations dominantes. Les spécialistes des sciences humaines s'étendront en long et en large sur les rapports dominants-dominés qui sont en jeu dans ces rapports de pouvoir. Plus pragmatiquement, une analyse du temps de cerveau disponible emmènera immanquablement à la définition plus ou moins formelle de filtres pour limiter les possibilités de remises en question improductives. Il n'existe aucune échappatoire complètement satisfaisante, seuls ceux qui ont payé le ticket (universitaire) peuvent monter dans le train (du savoir).

Cet élitisme est un problème qui revient constamment dans les réflexions sur la connaissance scientifique. Cela n'est dû qu'à la facilité apparente avec laquelle chaque humain est susceptible de « produire » de la science. A-t-on jamais vu une revendication comparable pour la finale olympique du 110 mètres haies ? Chaque être humain ne devrait-il pas pouvoir y participer ? Cette différence de traitement entre science et sport ne s'explique que par la simplicité des critères retenus pour participer à la compétition sportive. Chacun comprend comment sont sélectionnés les participants à la course finale. Il n'est au fond pas plus difficile de comprendre quels sont les participants à l'explication finale (provisoire) des lois de la nature.

La supériorité des « experts » ne vaut pas dans tous les domaines. La qualité des modélisations/prédictions du succès commercial d'un produit n'est pas forcément juste, par exemple. La « sagesse des foules » peut alors parfois triompher des experts.

Aucun élu du peuple ne peut décider d'une vérité scientifique. Certains élus américains s'étaient déjà ridiculisés en acceptant (provisoirement) de décider de la valeur du nombre pi. Dernièrement, le congrès des États-Unis, le 25 janvier 2015, s'est prononcé sur deux motions. La première, acceptée, disant que *« le changement climatique est réel et n'est pas un canular »*. La seconde, refusée, disait que... *« le réchauffement résulte des activités humaines »*... Le sénateur républicain de l'Oklahoma James Inhofe, accessoirement président de la commission du Sénat sur l'environnement, a justifié son opposition en déclarant que *« le climat a[vait] toujours changé »*, citant des *« preuves bibliques »* à l'appui de ce constat (Stéphane Foucart, « Comment le Parti républicain a censuré Barack Obama sur le climat », Le Monde, 22 janvier 2015)[47].

Un argument souvent utilisé par les conservateurs américains repose sur la part de doute raisonnable que contient chaque connaissance scientifique. Cette part existe certainement, mais ce n'est pas un doute général et ouvert à tous. Seules les personnes disposant des connaissances nécessaires dans le champ de connaissance donné peuvent exprimer leurs opinions sur l'étendue et la nature de ces doutes, parce que seules ces personnes connaissent l'étendue réelle des connaissances et des incertitudes. Une connaissance du passé climatique et de ses variations basées sur des récits bibliques est un charmant artifice littéraire, mais c'est totalement insuffisant.

Même une analyse superficielle des variations climatiques des derniers siècles est sans valeur. Dans la même veine, il faudrait alors admettre que des « soignants » en possession des remèdes décrits dans les textes sacrés puissent pratiquer librement dans les hôpitaux publics au même titre que les médecins. Ces limitations d'accès au débat sont donc une nécessité inévitable pour écarter la cacophonie et, dans ce sens, la connaissance scientifique n'est pas neutre politiquement.

Un des points les plus importants de tout débat dans lequel la science a une part appréciable (quel débat y échappe, de près ou de loin ?) est la question de la charge de la preuve. Il est illusoire de demander aux scientifiques de fournir au public des *preuves compréhensibles* de leurs affirmations. C'est impossible parce que les scientifiques ne peuvent apporter, en général, que des preuves limitées, destinées à des collègues travaillant sur les mêmes bases scientifiques qu'eux. Les preuves (au sens fort) *destinées à un large public* sont le plus souvent inaccessibles. C'est un piège que les scientifiques doivent éviter. Ils doivent cependant dire clairement que les preuves disponibles sont inutilisables par ceux qui n'ont pas les connaissances nécessaires.

Ce qui est possible, le plus souvent, c'est d'expliquer, dans des termes simples, *certains* éléments pertinents de l'approche scientifique d'un sujet, afin de donner au maximum de personnes la meilleure perception possible de la réalité. Il faut cependant insister sur le fait que le grand public ne peut pas acquérir dans un temps raisonnable les connaissances nécessaires pour pouvoir *juger, arbitrer*. Si le public n'est pas d'accord, fort bien : qu'il apporte, avec toute la rigueur scientifique nécessaire la preuve de ses affirmations aux chercheurs. Ils seront, sans nul doute, enchantés du sérieux intérêt, de l'attention ainsi portés à leur domaine d'expertise.

Un des freins les plus persistants à la « domination » d'une vision scientifique, à l'approche scientifique du monde, est le manque, apparent, d'assurance que beaucoup de scientifiques ont face à des sujets complexes. Ils sont souvent incertains *parce qu'ils connaissent* leur sujet, et non *parce qu'ils en sont ignorants*. Darwin a énoncé une formule simple qui décrit les causes du problème : « *ignorance more frequently begets confidence than does knowledge [...]* » (« l'ignorance engendre plus fréquemment la confiance [en soi] que ne le fait la connaissance... », trad.) (« Charles Darwin », Wikiquote)[48]. Il faut donc « guérir » beaucoup de scientifiques de leur réserve, souvent exagérée et mal placée.

Par opposition, même si la croyance religieuse a parfois l'apparence d'une connaissance élitiste et si la lecture des textes sacrés n'est pas toujours une partie de plaisir, la croyance est « simple ». La question de l'autorité apte à décider des dogmes est encore plus simple : ce sont toujours les « docteurs de la foi » qui décident. Il n'y aurait pourtant aucun inconvénient apparent à laisser le peuple décider des dogmes religieux (par exemple en clarifiant les ténébreuses histoires de famille de Jésus et de Mahomet), alors qu'on n'ose pas imaginer les dégâts si le peuple décidait de la valeur de la masse du neutrino.

L'Église catholique, pour parler d'elle, a eu longtemps comme tactique de réserver la lecture complète de la Bible aux seules personnes reconnues dignes par la hiérarchie, excluant par là même les bonnes sœurs. Cependant, même à ses yeux, le cœur « intangible » de la doctrine doit rester aisément accessible à tous. C'est la condition d'une « vente » réussie au plus grand nombre.

Seules les sectes secrètes s'essaient à cacher le cœur de leur doctrine (et surtout à faire payer fort cher des fariboles extra-terrestres comme les scientologues). La théologie est certes une affaire d'initiés, mais c'est rarement de ses « progrès » que proviennent les succès commerciaux. Il n'existe pas d'équivalent religieux à la mise au point du transistor.

Les professionnels du religieux ont historiquement instrumentalisé leurs connaissances spécialisées pour défendre leurs privilèges, parfois de manière éhontée et cruelle. Cette relation de domination sociale est naturellement de la plus haute importance, mais elle ne doit pas cacher la relation plus « égalitaire » entre tous les croyants, tous ceux qui ont la « foi ». Chacun peut prétendre accéder à une relation avec le surnaturel (où sont les « preuves » ?). Chacun peut prétendre être un mystique chrétien ou même la réincarnation du dalaï-lama, indépendamment de son niveau d'études ou de celui de ses parents, mais on ne s'improvise pas prix Nobel de physique – tous ont eu un parcours universitaire et de nombreuses années d'études.

La compétition est féroce entre les religions sur le marché de la croyance. Il est impossible de s'encombrer de « tests » compliqués et de vérifications. Tout n'est pas cependant pas envisageable. Pascal Boyer a fait remarquer qu'il serait difficile de « vendre » un dieu absent de l'univers le mercredi (*Et l'homme créa les dieux*, 2001, op. cit.). C'est parfaitement exact, mais on ne sait jamais. Il n'est qu'à voir le succès, après des débuts difficiles, de la vénération d'un homme décrit par ses « diffuseurs » comme crucifié, à l'image des pires criminels...

La description par Diamond du fonctionnement des tribus de Papouasie est une illustration du caractère « démocratique » de la croyance (*The World until Yesterday*, 2012, op. cit.). Ce ne sont pas les « spécialistes » (ils ne travaillent pas au service du culte à plein temps) qui obligent les habitants à croire à des dieux imposés. Les populations sont fortement attachées à leurs croyances, bases de leur identité, de leurs connaissances du monde et de leurs relations sociales. Il est illusoire de vouloir éliminer ces croyances au sein de populations n'ayant pas franchi le niveau du néolithique (et ne voulant peut-être pas le franchir). Tout au plus peut-on leur imposer certaines limitations dans le mode d'expression de leur identité tribale.

Les colonisateurs ont interdit les guerres inter-tribus, ce dont les populations semblent finalement assez satisfaites, même si cela pourrait entraîner à la longue la disparition de leur vie tribale. Toucher à un élément structurant de cette vie n'est jamais innocent, que ce soit les guerres ou bien le taux de mortalité infantile. Il faut être prudent, mais ne pas rêver à tout figer pour l'éternité.

De son aspect « démocratique », facilement accessible, la religion tire un avantage énorme pour continuer à exister comme « modélisation » de l'univers aux côtés de la science. Jamais probablement la science ne pourra offrir au plus grand nombre une « compréhension » aussi simple, « limpide », du monde que celle de la religion. C'est impossible parce que la science doit décrire, le moins imparfaitement possible, la réalité. La religion n'a que des problèmes de vraisemblance minimale, et surtout de marketing.

La question du respect de l'opinion de la majorité ne doit pas se poser lorsqu'il s'agit de valider ou d'invalider la dangerosité d'un produit. Le tabac a été, après des dizaines d'années de controverses, déclaré ennemi public de la santé humaine. Il n'y a pas eu de référendum à ce sujet. La religion doit être considérée de la même manière : un produit très dangereux, dont tous les gouvernements doivent s'efforcer de protéger leurs citoyens, quelle que soit l'opinion majoritaire à ce sujet.

La seule méthode de connaissance formelle acceptable par le gouvernement d'un pays moderne est la méthode scientifique, détenue de fait par une « élite » (plus ou moins large et non élue), malgré les imperfections de cette méthode et à cause de ses imperfections. L'humanité n'a rien de mieux en stock.

L'impossibilité pratique d'une critique valable à laquelle doit faire face le béotien envers le savoir scientifique ne s'applique que partiellement aux choix techniques. Si une personne respecte les savoirs scientifiques, elle peut contester les choix techniques qui en découlent, car ces choix ne sont que très rarement déterminés seulement par des considérations scientifiques. À l'inverse du savoir scientifique, qui est unique lorsqu'il est stabilisé, les choix techniques peuvent rester multiples sur de longues durées, car les choix des compromis entre paramètres sont en partie arbitraires, et donc contestables.

Droits de l'homme, droit à la liberté religieuse, laïcité

Le droit à la liberté religieuse est une conquête fondamentale des temps modernes. Cette liberté n'existe pas partout dans le monde et elle est souvent menacée. Cette liberté est d'abord celle de choisir sa croyance religieuse. Ce qui signifie que ce n'est pas l'État, la communauté ou la famille qui imposent le choix de la croyance. Elle implique naturellement la liberté de ne pas croire.

Ces libertés étant précieuses et menacées, il est normal que de nombreuses personnes pensent que leur défense implique la liberté absolue de croire à tout et à n'importe quoi, car l'intrusion de l'État dans le domaine de la croyance représente une menace évidente. Or, la liberté de croyance n'est pas un droit absolu à la croyance. C'est le droit à ne pas se faire imposer sa forme de croyance si on est atteint, et le droit de se débarrasser de cette croyance si on y arrive.

Dans sa version classique, l'État laïc considère que la croyance religieuse relève de considérations indécidables, collectivement, scientifiquement. Il revient alors à chaque individu de choisir sa croyance, ou sa non-croyance, en son âme et conscience, de la même manière qu'on choisit sa couleur de chemise. Cette vision laisse à supposer que des entités imaginaires puissent exister librement dans une grande quantité de consciences individuelles et que ce serait à la science de prouver, au-delà de tout doute raisonnable, leur non-existence. C'est poser la charge de la preuve de manière complètement erronée.

Toutes les entités étranges et improbables doivent démontrer au moyen de preuves fortes et contrôlables la réalité de leur existence. Toutes celles qui auront failli à cette épreuve doivent être considérées comme appartenant à l'imaginaire et combattues dans leur prétention à une existence autre que littéraire.

Les droits ne sont pas des abstractions célestes. Ils ont une histoire et une utilité. La première utilité de la laïcité est d'empêcher les guerres de religion et l'oppression des minorités. Le besoin majeur présidant à leur mise en place était d'éviter que l'État ne soit lié à une religion particulière. Ce besoin existe toujours, mais une nécessité parallèle, la lutte contre les dangers de la croyance, existe aussi. Comment les combiner ?

La liberté de croyance, la laïcité, ne signifient pas nécessairement non-intervention de l'État dans ce domaine. C'est seulement une manière de faire qui a pu avoir son utilité et qui a pu fonctionner dans certains cas. La liberté de choisir sa marque de bière ne signifie pas que l'État ne peut pas intervenir pour limiter ou combattre la consommation d'alcool. L'outil a été créé pour limiter l'influence délétère d'une religion dominante, à une époque où les religions minoritaires faisaient profil bas et étaient bien contentes qu'on les laisse vivre. La tendance à vouloir à tout prix étendre les droits de tous sans en mesurer les conséquences pratiques produit ce résultat que des religions minoritaires peuvent maintenant, en Occident, avoir un rôle public grandissant et occuper dangereusement l'espace médiatique.

Le droit à choisir sa religion n'est jamais illimité. Les Parsis sont empêchés (injustement ?) de pratiquer le nettoyage des cadavres par des vautours dans tous les pays du monde, sauf l'Inde. Il est donc nécessaire d'admettre, même pour les défenseurs de la « laïcité minimum », que l'État est obligé de lutter, avec une force variable, contre certaines croyances et leurs pratiques. En fait, il doit lutter contre toutes les croyances, sans exception, à commencer naturellement par la croyance majoritaire. C'est la condition de la vie commune des humains, et c'est même la condition de la continuation de la liberté de croyance.

La vision habituelle de la liberté religieuse chez beaucoup de non-croyants, celle qui représente une laïcité passive et défensive, ressemble beaucoup à celle-ci :

> *Nous respectons la liberté pour chacun de croire aux esprits des ancêtres, à Dieu, au père Noël, à la licorne bleue, à la vie éternelle ou à d'autres phénomènes, selon l'environnement culturel, si cela peut aider à mieux vivre la courte existence humaine.*
>
> *Mais les croyances et les doctrines religieuses deviennent dangereuses si elles menacent la liberté et l'intégrité de l'individu ou de la société. C'est la raison pour laquelle les athées sont extrêmement vigilants quant au pouvoir (de nuisance) dit « temporel » des grandes religions et des sectes et en combattent les abus de toutes leurs forces.*
>
> « Nous respectons la liberté pour chacun de croire », Athéisme – L'Homme debout[49]

Cette vision de la laïcité est au fondement de sa définition traditionnelle : en échange de la non-intervention directe des religieux dans les affaires de l'État et du non-soutien de l'État à une quelconque croyance religieuse, il ne devrait pas y avoir d'intervention étatique dans les affaires de croyants. Cette vision est maintenant dépassée. La pathologie religieuse a pris de nouvelles formes, qui obligent à changer de vision et de pratique.

Nous pouvons examiner une autre source traitant du même sujet, par exemple celle d'un défenseur reconnu de la laïcité à la française, Henri Pena-Ruiz, auteur de *Qu'est-ce que la laïcité ?*, réédité chez Folio en 2017. Les forces et les limites de cette vision des relations entre la raison républicaine et la croyance religieuse sont bien cernées par ce livre. L'auteur cherche une voie raisonnable qui perpétue la paix civile entre les citoyens égaux d'un pays pacifié par la paix entre les religions. Il y a cependant loin de la coupe aux lèvres.

Il est toutefois extraordinaire qu'un livre de plus de 300 pages traitant de la laïcité ne définisse jamais vraiment ce que sont les religions, ce que sont leurs racines, les visions du monde qu'elles incorporent, les sources de connaissances qu'elles emploient, le rôle décisif des révélations dans leur fonctionnement, les racines des conflits interreligieux et celles de leurs conflits avec les États. C'est l'angle mort de tous les « conciliationistes », Gould inclus : ils ne veulent pas décrire la pathologie, de peur de devoir traiter sérieusement du problème qu'elle représente.

L'auteur présente la laïcité comme politiquement et légalement englobante et pacificatrice des diverses religions et options spirituelles qui, selon lui, comprennent l'athéisme, mais les religions se veulent encore plus englobantes, puisqu'elles prétendent souvent décrire la formation de l'univers. Elles refusent par nature de se considérer comme particularisme – cela voudrait dire qu'elles sont de simples opinions, de simples options.

Il affirme que la laïcité est basée sur l'autonomie authentique de jugement de l'individu, ce qui est en contradiction directe avec beaucoup de croyances religieuses réellement existantes. À la place d'une analyse plus sérieuse, l'auteur présente les religions comme des « témoignages spirituels » souvent dévoyés par la soif de pouvoir temporel. On aimerait bien voir un exemplaire vivant de ces témoignages authentiques « purs » à large échelle et l'examiner de plus près.

Dans le même ordre d'idée, il ne décrit jamais vraiment les racines des conflits interreligieux, à part si l'on admet que ces conflits n'ont pour origine que la soif de pouvoir temporel. Il réduit implicitement le choix d'une religion (ou de l'athéisme) à une préférence pour une couleur ou une autre.

À l'image de Pierre Bayle, il donne des leçons aux religions. D'où sort-il que *« nul croyant ne peut concevoir de bonne foi qu'il plaît à son dieu en exerçant une contrainte sur autrui pour faire progresser sa religion »* ? C'est vraiment le Père Fouettard des religions qui leur intime des règles de fonctionnement propres à satisfaire ses propres exigences morales ! Même si l'on peut approuver, d'où lui vient ce droit ? D'une vision rationnelle, humaniste, du monde, que les hommes peuvent « imposer » aux dieux ? Or, il s'agit de gérer ceux qui pensent que les lois divines dépassent les lois humaines.

À plus large échelle, il pense que l'extension des règles de la laïcité française est suffisante pour combattre l'extension du fondamentalisme et la division de la planète en communautés concurrentes. Dans la même logique de neutralité religieuse de l'État, il indique : *« Si la version intégriste de l'islam doit être neutralisée, c'est aux musulmans eux-mêmes de le faire. »* C'est consistant s'il s'agit d'un simple problème de préférence religieuse, mais laisserait-on les bouchers régler entre eux les règles d'hygiène à respecter dans la profession ?

Les religions sont essentiellement des mèmes en compétition, or l'auteur affirme que *« l'intégration ne produit nullement l'effacement des patrimoines culturels »*. Pourquoi ces patrimoines devraient-ils à tout prix être conservés ? Les religions et les cultures sont mortelles, qu'elles soient adaptées ou non aux situations économiques, sociales et politiques (avec un gros retard à l'allumage). Sacraliser les croyances religieuses est une erreur magistrale.

Il postule l'exigence d'égalité entre « familles spirituelles », ce qui est une exigence, par certains côtés, implicitement athée, car, si un dieu existait vraiment, ses partisans devraient naturellement avoir une position privilégiée. La supposition, également implicite, est que tous les dieux sont très hypothétiques. Nulle neutralité religieuse là-dedans, heureusement, mais il faut le dire.

Comment nier qu'en France, la république n'a pu vraiment s'installer à l'échelle nationale qu'avec la régression de l'influence de la religion catholique (et de son pendant royaliste), affaiblissement relatif qui a également permis la mise en place de l'école laïque et des lois laïques au tournant de la fin du XIXe siècle ? La condition d'existence d'une république est bien l'affaiblissement de la croyance, en France et ailleurs, mais c'est une action qui doit être explicitement menée.

Les actions souterraines pour miner l'influence de la religion (la mauvaise religion, bien sûr) ne donnent aucun résultat. Le combat doit être mené à visage découvert et concerner toutes les religions. Il ne peut pas s'appuyer sur le christianisme, même « rénové ». Il ne peut s'appuyer que sur l'épistémologie scientifique. Il n'y a pas d'autre choix rationnel.

La laïcité ne peut rester passive, défensive. Les outils utilisés contre le catholicisme plus ou moins assagi du début du XXe siècle ne sont pas forcément utiles contre l'instauration du « califat islamique » mondial. Pour un but comparable à ce qui était visé à une autre époque, l'action politique contemporaine doit mettre en place d'autres outils.

La neutralité de l'État ne doit pas l'empêcher de lutter contre les croyances. La seule manière de ne pas prêter le flanc à l'accusation de discrimination contre une religion est de les combattre toutes, et de s'en tenir au seul critère du taux de dangerosité immédiat pour moduler les priorités de l'action. Une position de passivité envers certaines religions (neutralité passive) ne peut qu'entraîner une sensation d'inégalité de la part de celles qui sont le plus combattues, même si c'est à juste titre.

Le mot d'ordre envers les religions doit être pour toutes le même : *no respect*. Absence de respect signifie ne pas reconnaître de valeur intrinsèque à une croyance religieuse et ne la juger que pour ce qu'elle est. Cette absence de respect ne s'étend pas, bien sûr, aux victimes de la croyance. Il ne faut pas donner plus de crédit automatique, plus de reconnaissance, de valeur intrinsèque, aux prétentions d'une religion qu'aux prétentions « santé » d'une quelconque marque de yogourt.

Dans plusieurs pays, des organismes de protection contre les sectes existent pour protéger les personnes fragiles contre l'emprise sectaire. Le critère de dangerosité qui déclenche l'action de protection est généralement basé sur l'impact individuel de la pratique sectaire (extorsion de fonds...). Toutes les croyances doivent être mises sur le même plan en termes de crédibilité. L'impact collectif doit primer. L'âge de la religion n'y fait rien. Le seul avantage de l'âge est de donner à la religion un intérêt historique et culturel significatif en tant qu'objet d'étude.

Il convient de préciser également que les savoirs scientifiques ne demandent, eux, aucun respect intrinsèque : le *no respect* s'applique aussi aux dernières théories de la physique. Nul ne peut demander de considération spéciale pour une belle théorie de la gravitation qui a demandé tant d'effort de mise au point. La clé de la méthode scientifique, c'est la corbeille à papier. C'est là que finissent les théories non optimales, anciennes ou nouvelles.

Si les religions demandent le respect, c'est qu'elles ne le méritent intrinsèquement pas et qu'elles ne proposent aucun moyen raisonnable pour évaluer la valeur de leurs enseignements. Elles en sont donc réduites à utiliser la crainte de conflits interreligieux pour éviter un examen froid et objectif de leur valeur. Si les connaissances scientifiques ne demandent pas de respect spécial, c'est qu'elles ne tirent pas leur légitimité de la crainte que leur contestation peut entraîner ou des manœuvres qu'elles entreprennent, mais de la force de leur rapport avec la réalité.

Il y a une dimension de la démocratie et des droits démocratiques qui est souvent esquivée : pour qu'une démocratie locale (non mondiale) puisse fonctionner, il est nécessaire que l'ensemble des citoyens se reconnaissent, au minimum, une appartenance commune au «groupe». Si des différences de perception identitaire, religieuse ou autres déchirent par trop la démocratie locale, alors son fonctionnement est impossible, et il faut passer par une tutelle ou une séparation.

Une des clés de fonctionnement d'une société où les croyants sont encore nombreux et influents est la suivante: les croyants ne peuvent se voir attribuer que des obligations spéciales (comme des impôts supplémentaires), et aucun droit particulier. Les droits spéciaux ne peuvent dépendre que de la divinité elle-même, et être préférentiellement attribués au paradis...

La garantie de ce bon fonctionnement ne peut, souvent, pas dépendre de l'autorité de la démocratie elle-même, car la réalisation de la régulation de la force des identités divisera le plus souvent les élus de manière irréversible. Il est donc nécessaire qu'une intervention externe soit possible et qu'elle ne soit pas soumise à l'autorité locale pour pouvoir lutter contre l'expression identitaire, au besoin par la contrainte. Laisser les indigènes régler leurs affaires entre eux est le plus souvent, dans les cas graves, le plus sûr moyen d'aller vers le précipice.

Un siècle après l'attentat de Sarajevo qui a déclenché la Première Guerre mondiale, les partisans d'une identité locale forte, dans cette même ville, ont érigé une statue *en hommage à l'assassin*. C'est la démonstration que, parfois, il faut tailler dans le vif pour liquider des antagonismes ataviques.

La liberté de croyance est donc un moyen plus qu'une fin. La liberté de circulation n'existe que parce que, sans vote démocratique, tous s'accordent avec la conduite à droite (ou à gauche) sur les routes et d'autres «détails» de fonctionnement.

Le fonctionnement d'un monde interconnecté implique des contraintes importantes. Aucune commune de l'Europe continentale ne peut instaurer localement la conduite à gauche ou la fin de l'horaire d'été, même si elle a de bonnes raisons à cela. Ces limitations paraissent évidentes, celles liées aux libertés religieuses et identitaires le sont moins, elles n'en sont que plus nécessaires.

«Préjugés» contre les religions

Un grand nombre de mouvements religieux se disent persécutés. Cette présentation des faits est à la fois réaliste et biaisée. Le plus souvent, il s'agit de persécutions exercées par un mouvement religieux contre un autre: musulmans contre chrétiens, bouddhistes contre musulmans, etc. Cependant, les mouvements religieux veulent faire croire que les peurs plus ou moins légitimes que suscitent les croyances sont automatiquement des actes de discrimination racistes. Rien n'est moins vrai. Ces peurs s'appuient souvent sur des dangers avérés et souvent symétriques : les hindouistes sur l'attitude de musulmans envers les minorités religieuses, les musulmans sur l'existence des castes dans le système religieux hindou...

À chaque fois, il faut séparer le bon grain de l'ivraie et comprendre que les croyances religieuses sont de réels dangers, des folies potentiellement ou actuellement dangereuses suivant les circonstances. Il ne s'agit donc pas tellement de lutter contre les préjugés, mais de traiter sur un pied d'égalité les différentes folies. Le problème principal n'est pas la christianophobie, l'islamophobie, la judéophobie, etc., mais la christianofolie, l'islamofolie, la judéofolie...

Combattre la croyance religieuse sans persécuter les croyants est un acte de santé mentale et sociale indispensable, et non une persécution injuste.

Les avantages des religions pour les individus

Nous renonçons à examiner en détail les raisons de l'attrait *individuel* pour la croyance, examinées par de nombreux ouvrages. Nous considérons ces avantages sous l'angle des fonctions qui sont acceptées et valorisées socialement.

Si les religions n'apportaient que des désagréments pour ceux qui en sont victimes, alors le travail des « nettoyeurs » serait facile. Il n'est pas nécessaire de lancer de grandes campagnes pour lutter contre l'envie d'ingestion d'eau de Javel, uniquement de limiter les risques de confusion d'emballage avec d'autres produits plus agréables à avaler. Le club des buveurs d'eau de Javel « pure » n'existe pas ; celui des fumeurs de cigares, oui.

La liste détaillée des avantages de la croyance religieuse reste à établir, mais il est certain que la croyance apporte des éléments de réconfort à ses victimes, dans le domaine psychologique et, par ricochet, dans le domaine physiologique. La violence n'est certainement pas la bonne voie pour éloigner ce genre de « remède ». Il faut trouver des moyens plus efficaces et plus nuancés.

Quelques avantages personnels de la croyance religieuse :
- Réconfort face au sentiment d'impuissance devant le « destin ».
- Réconfort face à la difficulté, la maladie, la mort.
- Protection apparente occasionnelle contre la consommation de produits toxiques (tabac, alcool).
- Aide à la guérison/protection contre les maladies.
- Réconfort face à l'isolement social.
- Sentiment de compréhension du monde.
- Sentiment d'accomplir son « devoir » dans une structure familiale à laquelle on appartient, guide « impartial » des comportements individuels.
- Incorporation dans un groupe social ou clanique, avantageux économiquement et socialement.

Ces effets ont été mesurés :

> *Religious involvement was significantly associated with lower mortality (odds ratio = 1.29; 95% confidence interval: 1.20-1.39), indicating that people high in religious involvement were more likely to be alive at follow-up than people lower in religious involvement.*
>
> TRAD. – L'implication religieuse était significativement associée à une mortalité plus faible (odds ratio = 1,29 ; intervalle de confiance à 95 % : 1,20-1,39), ce qui indique que les personnes ayant une forte implication religieuse avaient plus de chances d'être en vie au moment du suivi que les personnes ayant une implication religieuse plus faible.
>
> Carl Thoresen et al., « *Religious Involvement and Mortality: A Meta-Analytic Review* », Health Psychology, 2000, vol. 19, n° 3 [50]

Mais les contre-effets existent aussi (cf. B. Leurent et al., « *Spiritual and religious beliefs as risk factors for the onset of major depression: An international cohort study* », Psychological Medicine, janvier 2013)[51].

Les intérêts commerciaux, politiques et sociaux liés aux pratiques religieuses à grande échelle sont énormes. Ils sont tels qu'un effort mondial doit être entrepris, y compris dans les pays où la religion produit des dégâts moins visibles (sans guerre de religion) pour en limiter les effets.

La plus grande difficulté de ces actions curatives est liée au fait que les avantages (relatifs) sont souvent personnels, locaux et aisément perceptibles, alors que les désavantages sont généralement mesurables seulement à plus large échelle et dispersés dans l'espace (comme l'effet du CO_2) ou dans le temps (avec des périodes plus « calmes »).

Trouver des palliatifs pour remplacer certains effets individuels des croyances ressentis comme positifs n'est pas plus facile pour la croyance religieuse que pour la cigarette. Certains s'y essaient pourtant, comme Jon Kabat-Zinn, qui fait la promotion d'une méthode de *méditation en pleine conscience*, non religieuse, pour améliorer le pronostic thérapeutique des patients sans stimuler le zèle en faveur de « l'amour de Jésus »[52]. Certaines de ces pratiques de méditation sont susceptibles d'obtenir des résultats comparables à la croyance pour les personnes attirées par ce genre d'avantages. Des études de vérification de leur faisabilité à large échelle sont néanmoins nécessaires avant de valider ce type de solutions.

Il n'y a pas « la religion », mais « les religions »

La croyance religieuse reposant sur l'imagination humaine, il n'est pas étonnant que les croyances soient multiples et divisées, qu'elles aient évolué et évoluent encore. L'affirmation répétée et incantatoire de la valeur d'une religion est d'autant plus nécessaire qu'elle ne s'appuie que sur la crédulité de ses victimes ; le doute ou l'hésitation sont de graves fautes marketing. C'est le manque total de fondement dans la réalité de la croyance religieuse qui est à l'origine de la multiplicité de ses formes (arbitraires), et donc de sa dangerosité.

On attribue souvent un penchant agressif aux religieux et un penchant « civilisé » aux scientifiques. Cela n'est pas toujours le cas. Ce qui fait la différence, c'est la possibilité de départager les opinions.

Les religieux sont fréquemment schizophrènes. Un instant, ils insistent sur le rôle de « la religion » face aux dangers de l'incroyance, de « l'immoralité », semblant inclure par-là tous les croyants face aux « mécréants ». L'instant d'après, ils attaquent leurs « confrères » pour leur interprétation « infâme » de la croyance. Les affrontements entre victimes de la croyance sont à la source d'innombrables souffrances et destructions. Ils n'ont eu qu'un seul avantage : dans certaines circonstances, les conflits inter-religieux ont permis aux humains les plus avancés de trouver un chemin vers la limitation, voire la suppression de leurs croyances, ou du moins de leurs effets. Galilée a pu faire imprimer certains de ses livres dans la Hollande protestante quand il était interdit de publication en Italie catholique.

La division de l'humanité entre croyances et groupes de croyances est l'un des plus vieux fléaux de l'humanité. De par sa nature imaginaire, aucune croyance ne peut s'imposer à tous. Le seul moyen de s'en échapper est la promotion de la connaissance scientifique, en évitant toute forme d'explication causale non validée scientifiquement.

Plusieurs civilisations ont développé des connaissances astronomiques de base, avec, pour commencer, la mesure exacte de la durée de l'année solaire. Les astronomes chinois et sud-américains ont, en particulier, conçu des calendriers assez précis pour permettre à leurs auteurs de savoir que la durée de l'année n'est pas un multiple exact du jour solaire. La différence entre ce savoir partagé, sous des formes diverses, et la diversité chaotique des croyances religieuses est représentative de la situation de l'humanité.

Tous les croyants (ou presque) jugent insupportable la « barbarie » des croyances... chez les autres. Les colons européens ont toisé de haut les pirates « barbaresques » d'Afrique du Nord, jugeant arriérées leurs pratiques sociales et familiales. Ils n'ont cependant ni voulu ni pu éliminer ce qui s'apparentait aux pratiques anciennes de l'Europe. Comment auraient-ils pu le faire, au nom de quoi ? On ne lutte pas contre l'usage du cigare avec une cigarette à la bouche.

Pour lutter contre les coutumes « barbares » des autres, il faut se débarrasser des siennes avec les croyances qui les fondent et les renforcent. Ce n'est que par la désignation comme pathologie mentale de l'ensemble des croyances qu'une lutte efficace contre les plus « barbares » (et les autres) pourra être menée efficacement.

6

La morale et la spiritualité

Le terme « morale » est employé à tort et à travers lors de toute discussion sur la réalité de la croyance et des pratiques sociales des humains. Nous tentons de lever le voile de confusion qui entoure cette notion importante dans le débat sur le rôle de la croyance religieuse. Nous examinons ensuite les alternatives raisonnables aux nombreuses prétentions morales à base métaphysique. Nous examinons également les fondements réels du concept de spiritualité et son possible domaine d'activité.

Il n'y a pas vraiment d'humain moral en tant que tel, car il n'y a pas d'humain ni de grand singe sans morale

En citant Darwin, Joshua D. Greene affirme que :

Morality, broadly construed, may be viewed as a set of psychological adaptations that allow individuals to reap the benefits of cooperation.

TRAD. – La morale, au sens large, peut être considérée comme un ensemble d'adaptations psychologiques qui permettent aux individus de récolter les avantages de la coopération.

Greene, J. D., « The Cognitive Neuroscience of Moral Judgment », in M. S. Gazzaniga et al. (Eds.), *The Cognitive Neurosciences* (p. 987-999), Massachusetts Institute of Technology[53]

Tous ceux qui affirment être des *humains moraux*, disposer d'une *moralité élevée* ou proposer (au travers de *la religion*) des préceptes moraux de haute valeur trompent leurs interlocuteurs et se trompent souvent eux-mêmes.

En fait, ils enfoncent des portes ouvertes. Leur affirmation a autant de valeur que celle d'un humain qui affirmerait sa singularité parce qu'il respire l'air ambiant et boit de l'eau. Avant d'annoncer leur attachement à *la morale*, il serait nécessaire qu'ils nous montrent un groupement d'êtres humains sans morale et qui revendiquerait cette absence comme telle (voir l'estimation des prisonniers de droit commun américains sur leur propre valeur morale). C'était d'ailleurs déjà l'opinion de Socrate, qui proclamait dans le *Protagoras* :

Pour moi, je suis à peu près persuadé que, parmi les philosophes, il n'y en a pas un qui pense qu'un homme pèche volontairement et fasse volontairement des actions honteuses et mauvaises.

« Socrate : Nul n'est méchant volontairement », La-Philo[54]

Les progrès des neurosciences nous permettent de connaître de mieux en mieux le substrat matériel des qualités « morales ». La racine de la coopération entre individus a un support physique mesurable en théorie. La présence de ces structures neuronales ne doit pas nous étonner, c'est précisément pour développer ces capacités de coopération que les humains ont acquis un cerveau d'une taille inhabituelle parmi les grands singes. Cette coopération nécessitant des moyens de communication avancés, comme la parole, ils ont développé, involontairement bien sûr, le secteur de la coopération complexe entre les êtres vivants. La grande majorité des humains sait utiliser, plus ou moins bien, ces facultés de coopération interhumaines, même si ce n'est pas toujours dans des buts pacifiques.

Il n'existe aucune règle morale en soi, hors-sol, tombée du ciel. Toutes les règles morales doivent avoir un but, un intérêt, une finalité, un élément à privilégier ou à protéger.

L'absence de morale, de soumission élémentaire à des règles de vie communes, n'est certes pas impossible chez un individu, mais elle est clairement pathologique (individus psychopathes) et rare. L'immense majorité des humains jugés par d'autres sans morale disposent en fait d'une « haute morale » dans leur vision propre.

Pour reprendre un exemple paradigmatique, Hitler était, à ses yeux, un être profondément moral, se consacrant totalement à l'Allemagne au point de ne pas se marier et de ne pas toucher de salaire (en apparence, bien sûr). Il a même poussé le dévouement jusqu'à se suicider selon les règles d'honneur des officiers prussiens. Que demander de plus ?

La prétention de beaucoup de croyants, soutenus de fait par les tenants de la thèse des *deux magistères* (voir NOMA, supra), de se poser comme les défenseurs « professionnels », privilégiés, des règles morales « à la mode » a subi un démenti ponctuel, mais significatif, très clair après la publication d'une étude dirigée par Jean Decety (Département de psychologie de l'université de Chicago), parue le 5 novembre 2015 dans la revue *Current Biology*. Cette étude a été financée par la fondation américaine John Templeton, d'inspiration chrétienne.

> *Menée dans six pays auprès de 1 170 enfants de cinq à douze ans, elle montre que l'altruisme n'est pas la chose la mieux partagée chez ceux issus de familles pratiquant une religion. Ils présenteraient aussi une prédilection pour l'application de châtiments plus sévères que les rejetons de familles se définissant comme « non religieuses ».*

Ces conclusions très claires, et sans doute inattendues pour leur promoteur,

> *remettent en question le fait que la religion serait vitale pour le développement moral, et appuient l'idée que la sécularisation du discours moral ne va pas diminuer la bonté humaine – en fait, elle fera tout le contraire.*

Hervé Morin, « Les enfants non religieux sont plus altruistes que ceux élevés dans une famille de croyants (ou pas) », *Le Monde*, 4 novembre 2015 [55]

Cette étude est également un démenti fort contre les cyniques qui, tels Voltaire, pensent que la croyance religieuse est le pilier de l'honnêteté : *« Il est fort bon de faire accroire aux gens qu'ils ont une âme immortelle et qu'il y a un Dieu vengeur qui punira mes paysans s'ils veulent me voler mon blé. »* (Voltaire)

Il convient de remarquer que l'article a été rétracté sans que les conclusions générales soient falsifiées, mais :

> *Les auteurs indiquent dans la notice de rétractation que quand ils ont réanalysé les données pour faire suite aux critiques méthodologiques, ils ont effectivement trouvé que « le pays d'origine, plutôt que l'affiliation religieuse, était le principal prédicteur de plusieurs des résultats ». « Bien que le résultat indiquant qu'une religiosité familiale croissante prédisait une moindre propension au partage chez les enfants, repris dans le titre, reste notable, nous pensons qu'il est nécessaire de corriger explicitement ce dossier scientifique, c'est pourquoi nous rétractons cet article », écrivent les auteurs.*

Hervé Morin, « Les enfants non religieux sont plus altruistes… », op. cit.

Les chimpanzés et les bonobos ont une « morale », des règles (implicites) de vie commune. Les humains peuvent en sus verbaliser, ce qu'ils ne se gênent pas de faire…

Une « justice » très morale et très explosive

Un voleur ou un assassin peut-il être croyant ? Certainement. Il faut être d'une extrême naïveté pour penser que la large diffusion de la croyance suffirait à éliminer ou limiter les comportements asociaux. Un article de décembre 2013 de Constantine Sedikides, dans le *British Journal of Social Psychology*, l'explicite clairement : « *Behind bars but above the bar: Prisoners consider themselves more prosocial than non-prisoners.* » (« Derrière les barreaux, mais au-dessus du lot : Les prisonniers se considèrent plus pro-sociaux que les non-prisonniers », trad.). Cette auto-perception, typique, nous confirme que prôner une élévation du « niveau moral » des déviants sociaux est totalement inutile, c'est souvent exactement ce qu'ils pensent faire, mais avec leurs priorités à eux...

De fait, l'humanité a souvent plus besoin d'empêcher l'expression du sentiment d'injustice que de favoriser ce sentiment. Non pas que l'injustice totale soit l'état optimal de l'humanité, mais cette humanité est aussi souvent menacée par la volonté de justice que par le niveau d'injustice. La grande majorité des guerres ont été « motivées » par la volonté de justice. L'augmentation de l'égalité entre humains a pour fondement réel l'amélioration du niveau de formation et de la productivité des humains. Le niveau d'inégalité optimal n'est certainement pas simple à définir. Cela n'empêche nullement les luttes pour une certaine égalité sociale, mais il faut supprimer ses fondements métaphysiques.

Il est hautement probable que les croyances religieuses ne fassent en fait que renforcer les tendances fortes des individus. Tel esclavagiste va tirer de sa croyance la certitude de la justesse de son action. Tel adversaire de l'esclavage va puiser dans les textes sacrés la justification de la sienne. La croyance ne décide pas des tendances plus ou moins antisociales des individus. Elle leur sert de support, mais pas de support neutre : elle amplifie, elle renforce, elle rend « éternels » les conflits.

Quand quelqu'un s'affirme moral, il ne fait qu'affirmer ses priorités. Toute affirmation d'un « magistère moral » ayant une valeur intrinsèque et opposé à d'autres individus qui souffriraient d'une absence de morale n'est qu'illusion. Chaque « morale » doit être jugée sur ses résultats, qui ne seront jamais sans ambiguïtés. La liste brute des « priorités » morales est la même (approximativement) pour tous les humains ; c'est l'ordre dans lequel les humains classent ces priorités qui les différencient. Pour être plus précis, c'est l'ensemble des choix, deux à deux, entre « priorités morales » qui caractérisent les comportements des individus et des groupes humains. Rien ne garantit par ailleurs la cohérence (la transitivité au sens mathématique) des priorités entre elles.

La méfiance la plus grande doit être opposée face aux moralisateurs. Des règles de vie commune sont évidemment indispensables. Elles ne peuvent pas être absolues, éternelles et sans difficultés d'interprétation. La première nécessité qui influence la création de règles morales est la possibilité de les réaliser effectivement. Une règle qui édicterait le droit pour tous les humains à disposer d'un revenu suffisant est certes très « morale », mais inutile si elle n'est accompagnée d'un budget, d'un financement et d'un plafond budgétaire. Sinon elle est trompeuse et dangereuse.

La lutte contre la prostitution et les prostituées est vieille comme l'agriculture. La Suède a voulu essayer une nouvelle voie, plus morale. Elle a instauré en 1999 une loi punissant les clients des prostituées. Les effets sont plutôt mitigés. La prostitution n'a pas baissé en quantité et il semble bien que les prostituées travaillent dans des conditions détériorées (« *No change in sex trade numbers despite new law* », Sveriges Radio, 13 mars 2015)[56]. Dieu nous préserve des bonnes âmes...

Les règles de vie commune dépendent des possibilités des humains, de leur niveau de productivité, de leurs habitudes de mobilité... La variabilité des règles de vie, des « morales », des populations sans État centralisé décrites dans le livre de Diamond (*The World until Yesterday*, 2012, op. cit.) en sont de bons exemples. Les États centralisés, eux, mêlent facilement un ou des dieux « universels » à leurs règles, ce qui est souvent dangereux et contre-productif. Le plus grave est de figer (ou de prétendre figer) les règles de morale sous prétexte que celles-ci ont été transmises une fois pour toutes. C'est dans cette sclérose que repose l'un des plus grands dangers de la croyance.

Un magistère moral ?

Aucune liste ordonnée de priorités, appelée communément « morale », n'a de valeur absolue. Elle ne peut se référer qu'à des buts arbitrairement définis, comme *augmenter le produit national brut* ou *augmenter la justice et le sentiment de justice entre les citoyens*. Les arguments qui peuvent être utilisés pour défendre telle ou telle priorité ne peuvent être que tirés de l'examen des effets, des difficultés et des contradictions des autres choix (l'égalité entre citoyens va faire baisser le PNB) et des avantages de ceux que l'on défend (augmenter le PNB va rendre tous les citoyens plus riches, bien que plus inégaux).

Il n'y a donc pas de « magistère moral », qu'il soit religieux ou non, qui « tomberait du ciel » et qui existerait à côté de la science pour décider entre des options proposées, à un niveau purement technique, par la science. Il n'y a dans les faits que des tentatives de « management du risque » basé sur des approximations comme « défendre la vie » et surtout sur la grande peur du changement qui caractérise beaucoup d'humains, rassurés de partager leurs peurs avec une « autorité morale ». Cela ne signifie pas que les humains atteints de croyances religieuses ne peuvent exprimer d'opinions valables sur les choix humains, mais que si leur choix a un intérêt, c'est plutôt malgré leur croyance que grâce à elle. Il arrive pourtant, paradoxalement, que l'entraînement mental qu'ils doivent acquérir pour surmonter les contradictions de leurs croyances leur donne l'agilité mentale nécessaire à paraître compétents sur ce genre de sujets.

Relativisme moral ou valeur absolue de la vie humaine ?

Il est impossible de créer des règles morales claires, intemporelles et directement applicables, dont, par exemple, une religion serait la détentrice, faisant d'elle l'instrument de défense de la valeur absolue de la vie humaine. Si ce genre de règles existaient, il serait impossible pour les humains de les reconnaître et de les appliquer. Cette impossibilité a pour racine la complexité des situations dans lesquelles les humains se trouvent et qui les obligent à chaque fois à porter des jugements complexes pour pondérer les priorités. Aucune règle absolue ne peut être décrétée.

Un exemple frappant de la complexité d'un réel, impossible à clarifier par l'usage de règles simples inspirées par une quelconque religion: l'attitude de certains théologiens allemands sous le régime nazi. Aucune référence religieuse ou règle morale abstraite, que ce soit l'amour du Christ ou la morale kantienne, ne pouvait leur éviter de réfléchir concrètement à chaque situation. Une seule règle mérite d'être considérée: la majorité a souvent tort (voir: Robert P. Ericksen, *Theologians Under Hitler: Gerhard Kittel, Paul Althaus, and Emanuel Hirsch*, New Haven, Yale University Press, 1985). Ces théologiens se sont ralliés à l'idéologie nazie et au culte du Führer. Ils n'étaient pas des marginaux exaltés, mais bien les représentants d'un courant chrétien important parmi les croyants. Leur grande connaissance de la théologie ne leur a été que de peu d'utilité, car les pseudo-règles morales du christianisme doivent, par nature, se plier aux circonstances et à l'exigence de préservation des Églises chrétiennes. C'est cette souplesse qui a permis à la croyance chrétienne de persister malgré les périls de l'histoire.

S'il n'est pas possible d'attendre une évaluation « morale » sans ambiguïtés et sans erreurs grossières de la part de certains des meilleurs théologiens d'une Allemagne pilier du christianisme et de la culture humaine, comment pourrions-nous supposer l'existence de références absolues et simples en matière de morale non basées sur des données empiriques sujettes à révisions ? Ce qui est important, c'est d'abandonner la prétention absurde à une morale issue du ciel et d'admettre la faillibilité de l'évaluation humaine de chaque condition historique réelle.

La « morale » religieuse n'est pas d'une grande aide, si ce n'est pour embrouiller les pistes, même si elle semble dans certains cas être à l'origine de comportements admirables. Rien ne prouve que son absence signifierait l'absence de ces comportements, et encore moins que les autres comportements tout sauf admirables auxquels ils s'opposent n'ont pas eux aussi trouvé un fondement « solide » dans une croyance religieuse.

Éthique et morale, quels comités d'éthique ?

On considère que *l'éthique est la recherche du bien par un raisonnement conscient* et que ce terme est *généralement employé pour qualifier des réflexions théoriques portant sur la valeur des pratiques et sur les conditions de ces pratiques*.

Les comités d'éthique tendent à fleurir à tous les coins de rue, ou presque. La création de ces comités reflète la difficulté de choisir des priorités dans un monde complexe où les ressources restent rares, mais où les détenteurs de « dignités » se multiplient. Ce mouvement doit être à la fois salué, parce qu'il reflète, d'une certaine manière, très limitée, la compréhension généralisée de l'incapacité des morales basées sur des valeurs religieuses à réguler le monde, et critiqué, parce qu'il peut refléter la tendance à vouloir recréer des valeurs « célestes » par d'autres moyens. Ils peuvent servir souvent de paravent à certains scientifiques et industriels pour faire passer des innovations plus ou moins nécessaires au sein de populations craintives.

Beaucoup de ces comités sont malheureusement infestés de représentants des « familles spirituelles », c'est-à-dire des religions qui occupent dangereusement l'espace public. Cette manière de faire imite dangereusement celle qui prévalait avant l'an 2000 en Suisse, où une « Commission fédérale consultative d'experts pour la prévention du tabagisme » fonctionnait en incluant des... cigarettiers. Leur participation a fini par être supprimée, ce qui a permis à cette commission de commencer à jouer un rôle important dans la prévention.

De vrais comités d'éthique doivent exister, avec des buts complètement revus. Leur utilité devrait être non de contrôler les laboratoires, les scientifiques, mais plutôt les publics peu informés, et surtout de limiter l'influence, dans ce public et parmi les chercheurs, des croyances absurdes et dangereuses liées aux croyances religieuses susceptibles de freiner et gêner d'indispensables recherches.

Faut-il enseigner une morale, des règles de comportement ?

La quasi-absence d'individus dénués de morale ne signifie pas que tout enseignement portant sur les règles de vie commune soit dénué de sens. S'occuper d'un jeune enfant, le guider dans son apprentissage en l'incitant, explicitement ou non, à l'imitation du comportement des adultes est tout sauf facile. Tenter de s'appuyer sur un « grand copain » moralisant, invisible, pour mieux appuyer son point de vue est tentant, mais très dangereux. À une époque, et avec la même facilité, on mettait un peu d'alcool fort dans le biberon des bébés pour les aider à s'endormir...

Une des particularités de notre espèce est la durée importante qui est nécessaire à un jeune humain pour qu'il soit capable d'une activité autonome, dix ans dans le meilleur des cas, et beaucoup plus dans le monde moderne. Aucun animal ne nous copie sur ce terrain. Une autre particularité, reliée à la première, est le faible niveau d'« instinct » qui guide nos comportements. Non que nous soyons réellement perméables à n'importe quelle forme d'éducation sur tous les terrains comportementaux, mais parce qu'une comparaison entre un groupe de fourmis et d'humains indique clairement la grande latitude, la variabilité de comportements propres à l'espèce humaine. C'est de cette latitude, relative, que provient le besoin d'éducation et de « morale ».

Malheureusement pour les éducateurs, une bonne partie de ce qui influence le comportement des jeunes humains n'est pas issue des interactions avec les adultes, mais plutôt de celles avec des pairs de leur âge dont l'avis est jugé important. La tendance des éducateurs modernes à ne pas combattre avec acharnement ces influences fait qu'ils sont souvent assez démunis.

La base des règles de comportement humain est la situation matérielle de ceux-ci, concept banal qu'il convient de rappeler. Par exemple, l'égalité homme-femme ne prend en général un minimum de sens que si l'on dispose, entre autres, de l'eau courante et du tout-à-l'égout. Enseigner des règles éternelles dans le vide ne sert à rien. Les femmes qui ne disposent pas de ces équipements précieux en savent quelque chose. Cela signifie également que ces règles évoluent dans le temps et qu'une certaine adaptation dans l'espace (géographique) est nécessaire, avec les risques de contradictions qui y sont liés. Le thème *vérité en deçà des Pyrénées, erreur au-delà* (Blaise Pascal) ne se rapporte pas seulement aux *pures croyances* des habitants, mais aussi à leurs possibilités matérielles. C'est donc avant tout la relativité des règles qu'il faut expliquer.

L'application de règles de prudence, qui se veulent des règles de morale, se révèle parfois mortelle lorsque des règles pensées pour un lieu sont, de fait, appliquées au monde entier. Les *rotavirus* sont une des causes importantes des diarrhées chez les bébés humains. Le taux de mortalité est très différent selon les pays : 20 à 60 décès par an aux États-Unis ; 450 000 à 600 000 victimes par année dans les pays sous-développés (Stanley Plotkin, *History of Vaccine Development*, Springer Science & Business Media, p. 316). En 1998, un vaccin a été mis sur le marché aux États-Unis (*RotaShield*, produit par Wyeth). Il a toutefois fini par être retiré du marché mondial, à commencer par les États-Unis, parce que des cas d'occlusions intestinales liées à ce médicament et ayant fait deux morts ont été relevés (« *Rotavirus vaccine* », Wikipédia)[57].

L'application de la règle morale *primum non nocere* (avant tout ne pas nuire), qu'on enseigne aux étudiants en médecine, a donc très probablement entraîné, indirectement, la mort de millions de bébés, hors des États-Unis, avant que d'autres vaccins ne soient mis au point dix ans plus tard et n'améliorent la situation. Le marché américain était le seul qui aurait permis au fabricant de financer la commercialisation d'un produit qui aurait pu être très utile à travers le monde.

On peut voir à travers cet exemple comment l'application de belles règles morales abstraites, absolues, par exemple le refus de la discrimination envers les habitants des pays pauvres qui ne doivent pas se voir relégués à utiliser des « sous-médicaments », entraîne de gros dégâts. Les règles morales absolues ne valent rien : il faut employer les règles de probabilité et essayer de limiter les impacts négatifs. Pour les pays pauvres, le choix entre les maux était évident.

Dans tout enseignement, il est nécessaire de limiter le recours à des éléments arbitraires, comme les « impératifs catégoriques » et toute la « jungle » des systèmes « moraux » qui parsèment l'histoire de la philosophie. Toutes les tentatives pour fonder « rigoureusement » des règles morales dans le marbre se sont soldées par des échecs patents. Ce n'est pas ici le lieu d'en tenir la liste. Il faut plutôt retenir une règle simple : *les fondements de la morale ne se trouvent pas en dehors de l'humanité et de son histoire. Les repères lointains, dieux ou impératifs catégoriques, sont des chimères.*

Le réel point d'appui de l'enseignement des règles de vie est l'examen des conséquences des violations des règles enseignées en utilisant des simulations, par exemple celles rendues possibles par *la théorie des jeux*.

> La théorie des jeux est un ensemble d'outils pour analyser les situations dans lesquelles on recherche ce qu'il est optimal de faire pour un agent (personne physique, entreprise, animal...) [...]. L'objectif de la théorie des jeux est de modéliser ces situations, de déterminer une stratégie optimale pour chacun des agents, de prédire l'équilibre du jeu et de trouver comment aboutir à une situation optimale.

C'est en s'appuyant sur ce genre de simulations, en examinant les conséquences des agressions, du mensonge, de la paresse..., à large échelle (et non en « moralisant »), en employant des exemples concrets et non légendaires, qu'il est possible de faire acquérir aux jeunes humains, plus rapidement que par la seule expérience, le sens de la vie en commun. C'est un enseignement nécessaire, mais délicat, pour lequel il n'existe pas de méthodologie reconnue à large échelle. En cas de doute, mieux vaut s'abstenir. Mal conçu, ce genre d'enseignement devient souvent un moyen pour l'enseignant de soulager sa conscience, plutôt que d'améliorer réellement le comportement ou les capacités réflexives des enseignés.

La priorité d'un enseignement moral, dans les pays développés, c'est l'encouragement à l'égoïsme intellectuel, à la nécessité de penser pour soi, de refuser parfois le jugement du groupe (au risque de s'isoler). Le second, c'est l'apprentissage de la vie sociale, l'impossibilité de la défense égoïste acharnée d'intérêts individuels au détriment du groupe. Nul individu n'est une île, ce qu'oublie vite un jeune enfant, même s'il se sent naturellement obligé de suivre l'opinion du groupe pour fixer, égoïstement, ses objectifs.

Dans la vie collective des humains, deux nécessités s'affrontent : celle de rechercher le bien-être des individus, et celle de créer ou de préserver les conditions de vie et de développement de ces mêmes humains sur le long terme. Cette difficulté est permanente. Faut-il offrir un logement à tous les membres d'un groupe, ou financer plutôt le pont qui permettra, dans plusieurs années, de développer le commerce avec le pays voisin, avec le risque que certains habitants n'aient plus de travail à cause des produits moins chers que ce pays va pouvoir vendre ou acheter ? Il n'y a pas de réponse simple à ces questions. L'équilibre entre le présent et le futur n'est pas facile à trouver. La règle de vie à adopter, c'est qu'il n'y a pas de « morale » en la matière, mais des compromis variables avec les époques. En règle générale, ce sont les solutions comportant le moins de contraintes pour les acteurs (à résultat probable égal) qu'il convient de favoriser.

Un autre domaine où l'enseignement de règles est hautement nécessaire est celui de la vie commune des partenaires sexuels. Non pas que l'établissement de règles soit aisé, mais au contraire parce que les risques de conflits et d'incompréhension sont très élevés, spécialement quand des individus issus d'origine géographique et/ou culturelle différente se rencontrent. Ce qui est difficile, ce n'est pas ce qui est dit entre eux, mais ce qui est évident pour l'un des partenaires, mais non pour l'autre, par exemple la part d'exagération implicite ou la qualité d'une promesse.

De manière plus générale, aucun domaine de comportement humain n'a été plus ravagé par de prétendues règles morales que la sexualité et la reproduction. La première tâche en la matière est de nettoyer les écuries d'Augias des règles de « morale », souvent d'origine religieuse, immensément variées, diverses et perverses. Il faut ensuite instituer une règle de base : aucune *pulsion* ou envie ne peut être condamnée ou interdite en soi. Les règles de vie communes obligent cependant l'humanité à contrôler, limiter, interdire des *pratiques* dangereuses pour les individus et les groupes.

Ce n'est qu'en examinant les conséquences dommageables d'actions fortement liées à ces envies que des pulsions peuvent alors être condamnées et limitées, avec le moins de dommage possible pour les porteurs de ces pulsions et les tiers. Il s'agit là d'un problème pratique, semblable au ramassage des ordures, qui doit être géré essentiellement par des spécialistes en cherchant des résultats concrets.

Les relations professionnelles à l'échelon mondial, et sur des lieux de travail « mondialisés », sont aussi un domaine où l'enseignement de « la différence » est utile, tant les occasions de conflits sont nombreuses dans des activités où les contacts sont en constante progression.

L'établissement de certaines règles de vie communes à l'humanité entière est donc à la fois nécessaire et compliqué. Cela rend indispensable une certaine limitation de la diversité des pratiques, mais en aucun cas leur réduction à un seul comportement commun. Pour gérer de manière acceptable la diversité résiduelle inévitable des « morales », il faut compter sur l'enseignement des différences de priorités entre groupes humains et prendre en considération la difficulté de les expliciter. Tâche délicate, tant elle repose sur un examen subtil des « évidences » vécues, mais pas forcément perçues, justement parce qu'elles sont « évidentes » pour le groupe humain lui-même.

Quelles règles morales ?

Il est relativement facile de répondre à la question : *Quelles sont les règles de la physique qui régissent le monde ?* Facile, dans le sens où ces règles ne souffrent que de peu d'ambiguïté, même si elles sont, parfois, difficiles à connaître et à comprendre. Par contre, répondre à la question : *Quelles sont les règles d'un bon comportement humain ?* est nettement plus difficile.

La raison fondamentale de cette différence est la relative facilité d'élimination des idées erronées en matière de description des lois de la nature, et la grande difficulté d'élimination de celles liées aux comportements humains. Il ne faut cependant pas en déduire que l'humanité ne fait aucun progrès : globalement, la violence interhumaine tend à baisser. La persistance de violences à grande échelle est liée, entre autres, à la difficulté de fonder la légitimité d'un pouvoir politique à l'échelle de la planète.

La légitimité plus « accessible » des pouvoirs locaux donne des impulsions à ceux-ci pour résoudre certains problèmes lancinants à l'échelle locale, en refusant une coopération à plus large échelle. Ces actions locales se révèlent souvent, en fin de compte, destructrices.

C'est la difficulté de coopérer sur une base volontaire entre groupes nationaux ou équivalents qui crée ces « accidents » tragiques. La coopération sur une base volontaire ne suffit souvent pas pour arbitrer. Il faut alors arbitrer sans légitimité claire, ce qui entraîne de nouveaux blocages. C'est la volonté de perpétuer des formes dépassées de validation de l'autorité des dirigeants locaux, de donner le « pouvoir au peuple », qui est à la racine de beaucoup de problèmes.

Les morales religieuses traditionnelles prétendent offrir des morales sans ambiguïté. Par exemple, une règle bien connue de la morale chrétienne dit : *tu ne tueras point*. Il suffirait donc de l'appliquer pour être dans le « bien ». La réalité des faits est aux antipodes de ce simplisme. Ce n'est pas par hasard si cette traduction, à partir de l'hébreu, de la règle des dix commandements « transmis par Dieu à Moïse » est biaisée. Une meilleure traduction serait : *tu n'assassineras pas* (André Chouraqui, *La Bible*, J.-C. Lattès, 1993). Les Hébreux, détenteurs d'un pouvoir étatique (ou paraétatique), ont choisi une formule interdisant à l'individu de tuer sans ordre de l'État, mais les chrétiens, éloignés, originellement, de l'organisation étatique ont choisi, eux, une formule moralisatrice, culpabilisante et intenable.

Il n'est pas possible à un État de n'exercer aucune violence et de ne tuer personne de manière absolue. Une telle attitude (tendre l'autre joue) serait l'amorce d'une disparition relativement rapide dans les poubelles de l'histoire. Il y aurait vite un prédateur pour sentir la faiblesse et écraser le pacifisme total.

L'impossibilité d'appliquer ce genre de règle absolue ne signifie pas qu'aucun progrès « moral » n'est possible, mais qu'il ne peut se faire au travers de l'application de règles simples. La diminution très significative de la violence au cours des siècles, et particulièrement de la violence étatique dans la majorité des pays développés après la Deuxième Guerre mondiale, avec la suppression, lente et complexe, de la peine de mort est un exemple de progrès possible. Si l'exigence avait été : suppression de toute violence pouvant entraîner la mort (et donc de toute armée), alors aucun progrès n'aurait été possible et aucun ne le serait encore aujourd'hui.

Il est donc impossible d'appliquer des règles simples, valables dans tous les contextes. Il faut accepter la relativité de toute règle et évaluer la réalité des progrès en termes qualitatifs. Cette difficulté n'est en général pas reconnue et de nombreux leaders d'opinion se réclament d'une « majorité morale » sous une forme ou une autre. Ils peuvent d'autant mieux le faire que ceux qui les écoutent n'ont en général que peu de mémoire et de faibles connaissances du sujet. Ce manque de « professionnalisme » les empêche d'évaluer correctement les discours, et cette absence d'évaluation sérieuse (comme celle effectuée par les pairs des scientifiques) est l'un des plus grands obstacles à tout progrès « moral ». Seule une évaluation « professionnelle » quantitative et qualitative des politiques proposées, à la bonne échelle géographique, permettrait une vraie progression par l'élimination des mauvaises solutions. La clé de ces évaluations est bien sûr la possibilité de tester, de falsifier les solutions proposées et mises en place. C'est également l'acceptation par les gestionnaires des actions étatiques, et surtout par le public, d'un droit, relatif, à l'erreur.

Un élément important de progression de l'humanité hors de l'« enfer » religieux est la lutte résolue contre la notion de péché. Cette notion est censée apporter aux humains un guide pour leurs actions en les détournant du « mal ». En réalité, il ne fait que leur procurer des tensions psychologiques sans fin et n'est pas, le plus souvent, un guide fiable pour l'action.

Quand un trafiquant de drogue, membre de la mafia sicilienne, livre sa marchandise à des clients, commet-il un péché ? Oui, si on écoute une partie de la hiérarchie catholique italienne. Mais s'il ne la livre pas, il va plonger ses associés (à qui il a prêté serment) et ses clients dans de grandes difficultés. Sa famille en pâtira et, comme il ne sait qu'être mafieux (c'est le seul apprentissage qu'il ait eu), sa famille finira dans la misère. Est-ce moral ? Est-ce un péché ? Question abstraite, car seule la destruction organisée des structures traditionnelles, sociales et familiales qui structurent les activités mafieuses peut mettre un terme à l'existence de ces organisations. Ce sont des questions qui nécessitent avant tout une approche rationnelle.

Comment définir la spiritualité ?

La définition de ce qu'est la spiritualité et la délimitation de ses frontières sont pour le moins difficiles, si l'on s'en tient aux acceptions courantes, par exemple celle de Wikipédia :

> *Elle se rattache conventionnellement, en Occident, à la religion dans la perspective de l'être humain en relation avec des êtres supérieurs (dieux, démons) et le salut de l'âme. Elle se rapporte, d'un point de vue philosophique, à l'opposition de la matière et de l'esprit ou encore de l'intériorité et de l'extériorité. [...] Elle peut également, et plus récemment, se comprendre comme dissociée de la religion ou de la foi en un Dieu, jusqu'à évoquer une « spiritualité sans religion » ou une « spiritualité sans dieu ».*

En bref, il est difficile de savoir ce qui *distingue* la « spiritualité » du simple exercice de la pensée sur la relation des humains avec le vaste univers. Ce flou est sans doute lié au fait qu'une définition claire de ses caractéristiques doit tenir compte de ses limitations, de ses défauts, et est donc rarement spontanément mise en avant.

Il y a une contradiction constante entre deux pôles du « domaine spirituel », l'intérieur et l'extérieur. Si la spiritualité est une activité centrée sur les mécanismes mentaux de l'être humain, cela délimite strictement son champ d'activité. Si la prétention est au contraire de se mettre en relation « directe » avec le vaste univers, il est nécessaire de considérer les moyens de la mise en route effective de cette relation. Dans tous les cas, il apparaît difficile de partager à large échelle, entre humains, au-delà des conseils et des enseignements, un lien direct entre l'individu et le vaste univers. Cela restreint intrinsèquement la portée sociale des activités spirituelles.

Nous proposons, afin de clarifier le sujet, une définition de la spiritualité qui permet de limiter les risques de confusion :

> *La spiritualité est une forme de pensée humaine portant sur des sujets de vaste ampleur, utilisant des outils mentaux non centrés sur des connaissances rationnelles et formalisées, tentant de relier « directement » l'humain à des entités le « dépassant », souvent sans passer par la voie de raisonnements explicites et accessibles à la critique.*

Un examen rapide des « réussites » mesurables liées aux activités à prétentions spirituelles du passé nous indique le peu d'efficacité apparente de ce mode de pensée en termes d'accroissement du savoir et de progression de l'humanité. Tout au plus peut-on remarquer que certains scientifiques ont considéré, dans leur biographie, leur « activité spirituelle » comme une source d'inspiration. On ne peut cependant refuser aux humains le droit à la libre utilisation d'outils qui leur procurent un bien-être personnel sous une forme quelconque, avec des effets délétères limités. Il ne doit évidemment pas exister une police des modes de pensée individuels.

Nous devons par contre fermement nous opposer à toute prétention des « spirituels » à vouloir améliorer dans la réalité mesurable le sort de l'humanité au travers du « progrès spirituel ». Il n'y a pas le moindre signe de réussites historiques allant dans ce sens, malgré des mobilisations de grande ampleur et des foules enthousiastes.

Sous les termes d'*autorité spirituelle*, de *dimension spirituelle* ou d'*autorité morale* se cachent simplement les prétentions de ceux qui s'enorgueillissent d'avoir un accès privilégié à des domaines de connaissances inaccessibles à la pure raison et au raisonnement scientifique. De telles prétentions doivent naturellement être traitées comme des affirmations sans fondements, qui n'ont de valeur que parce que des « acheteurs » se pressent pour écouter, parfois en masse, de telles « autorités » disposant de leur seule force marketing pour pontifier dans le vide (ou au bord du précipice). Le plus souvent, le terme *spirituel* ne sert en fait qu'à tenter d'empêcher tout examen rationnel, scientifique d'un prétendu domaine « spécial » de connaissance.

En définitive, il n'est sans doute pas impossible que certaines règles de « sagesse » soient utilement inspirées par des maîtres à leurs disciples et les aident à naviguer dans la « dimension spirituelle ». Les règles FARSIPP ne s'y appliquent sans doute pas complètement. Donc pas d'interférences inutiles dans ce sens, mais surtout, pas d'interférences dans l'autre sens. Pas d'influence des « spirituels » dans la réalité mesurable perçue par l'ensemble des humains, celle où les règles de la raison s'appliquent. L'esprit, en rêve, peut bouger les montagnes. Les humains doivent, eux, utiliser des bulldozers.

En bref, la pratique de la spiritualité doit être acceptée comme activité d'individus ou de petits groupes qui cherchent à améliorer leur bien-être personnel. À large échelle, elle ne peut être que le cache-sexe de mobilisations religieuses dont on connaît bien les redoutables dangers.

7

Les multiples facettes des religions

L'étude du phénomène religieux est une quête sans fin. Nous poursuivons notre examen de certains aspects de celui-ci, sans espoir de complétude. Nous examinons plus particulièrement les relations directes entre science et religion, alors que nous avons examiné précédemment l'affrontement de leurs méthodes de connaissance, l'aspect économique des religions, les possibilités et les problématiques de guérison de la pathologie. La prétendue lutte contre l'extrémisme et le terrorisme est interrogée et traitée comme tentative dérisoire d'éviter le débat sur la lutte contre la religion. Certains aspects des impacts économiques des croyances religieuses sont abordés. L'examen de cas concrets servira à illustrer des considérations plus générales.

La religion comme description « rationnelle » et esthétique du monde

Le besoin qu'ont les humains d'une compréhension rationnelle, ou plutôt qui apparaisse rationnelle, structurée, faisant sens, mais « abordable » du monde, est tel qu'ils sont parfois prêts à adopter la première venue, la plus simple à acquérir, celle porteuse du plus grand prestige, celle qui provoque le moins de frictions avec leur groupe d'humains local (tribu ou nation), et à la conserver.

La religion est une explication « rationnelle » du monde des humains, car elle propose en général des explications compréhensibles. Le bien, le mal, etc. À part quelques « détails » comme la création du monde, tout cela est simple et clair. Chacun peut s'y raccrocher, les motifs du créateur semblent

« compréhensibles ». Dommage que cela n'ait que peu de rapport avec la réalité. *Se non è vero, è ben trovato* (Si cela n'est pas vrai, c'est bien trouvé).

Un des avatars les plus courants des croyances irrationnelles voulant se soustraire à la première règle de l'épistémologie scientifique, à savoir la possibilité de falsification, est le complotisme.

> *La théorie du complot tend à se soustraire à la réfutation ; en effet, toute démonstration destinée à prouver qu'aucun complot n'est à l'œuvre sera interprétée comme une nouvelle tentative de tromper le complotiste qui – lui – continuera à chercher ce qui se passe dans l'ombre, et qu'on ne lui dit pas.*

La lutte contre les croyances diverses doit naturellement englober cette forme de pathologie intellectuelle, qui est l'une des pires formes de paresse intellectuelle. Elle voit de « simples » volontés humaines à l'œuvre derrière chaque problème. La réalité est plus complexe. Les complotistes et les sociologues des sciences devraient plutôt se fatiguer à comprendre l'ensemble des caractéristiques de situations historiques aux multiples tenants et aboutissants.

Le « péché d'orgueil » des humains est de croire que l'univers est fait pour eux (une formule courante est de dire que Dieu les fit à son image). Si cela était vrai, le bien et le mal seraient vraisemblablement les forces majeures en présence dans l'histoire. Pareille illusion doit être combattue énergiquement. Il n'y a, dans l'absolu, ni bien ni mal. Pas plus que de caractérisations non ambiguës de chaque comportement. Tout est affaire de circonstances. Il n'y a pas de voie miraculeuse pour définir un bien ou un mal. Hélas, parfois, un massacre permet la survie de la partie restante d'une population ; il a donc une « bonne » utilité. L'humanité est le produit d'une sélection évolutive, et c'est plutôt un « miracle » que nous n'ayons pas plus de tendance destructrice, que nous soyons capables de vivre au milieu de milliards d'individus sans nous entre-tuer chaque jour.

Il y a incompatibilité totale entre la vision d'un dieu proche des humains, demandeur de prières, superviseur de péchés, et sa fonction supposée de créateur de l'univers. Que signifient le bien et le mal pour le créateur d'un monde de 2 000 milliards de galaxies, chacune formée de 100 milliards d'étoiles ? Certainement rien qui soit intuitif pour un humain, et certainement pas ce qui est décrit dans les livres de morale religieuse.

Certaines croyances correspondent dans de nombreux cas à des nécessités pratiques. Tout ne peut être examiné scientifiquement en tout temps. Admettre l'utilité occasionnelle de la « paresse intellectuelle issue de la croyance » ne veut pas dire la valider en général.

Seule la science peut nous donner une compréhension (limitée et incomplète) du monde et de notre « nature ». Les contes de fées sont potentiellement dangereux et doivent être considérés pour ce qu'ils sont : de jolies histoires avec des pouvoirs explicatifs très limités, mais qui sont parfois des chefs-d'œuvre littéraires et doivent être reconnus comme tels.

La religion face à la science

La religion et la science sont dans la pratique en position antagoniste, parce qu'elles prétendent toutes deux décrire le monde dans lequel les humains vivent et proposent des moyens pour améliorer leur sort. Nous n'examinons plus ici les seules différences de méthodes de connaissance, mais plus particulièrement les oppositions de positions de pouvoir qu'elles amènent.

Pour ne pas être en compétition avec la science et réaliser vraiment les règles de NOMA, la religion devrait renoncer à toute cosmogonie (histoire de l'univers), à toute description de l'histoire de l'humanité et des groupes humains, et à toute explication des affaires humaines. En bref, rester dans l'évocation d'un sentiment de totalité, d'un dieu de l'harmonie cosmique à la façon dont Spinoza le pensait, inaccessible et sans substance véritable ou vérifiable.

Les religions réelles (celles qui ont des clients) ne peuvent pas accepter ces limitations de leur capacité à décrire le monde et à l'influencer. La science franchissant sans cesse de nouvelles frontières dans sa tentative, limitée, de description du monde, la place de la croyance religieuse se rétrécit naturellement comme peau de chagrin, d'où les réactions violentes des personnes atteintes de croyance fortes. La croyance a, dans toutes les sociétés, une attitude ambiguë par rapport à la science. Il est exceptionnel qu'elle refuse la science en bloc, mais elle prétend l'« encadrer ».

Pour prendre l'exemple le plus classique d'entre tous, l'affaire Galilée, il ne s'agissait pas pour les religieux catholiques italiens d'empêcher certains savoirs scientifiques d'exister dans un recoin sombre ; l'enjeu était de garder le monopole de la description publique du monde. L'Église catholique était demandeuse de savoirs astronomiques techniques, elles les valorisaient parmi les « siens ». Cela lui a servi à établir le *comput*, le calendrier des fêtes religieuses et le calendrier *grégorien* (correction du *julien*) par la même occasion. Le grégorien est, à ce jour, le meilleur calendrier du monde, la référence quasi universelle, utilisé partout (il ne nécessitera de corrections que dans 3000 ans) ; il a été mis en place par le pape Grégoire XIII en 1582. C'était une source de prestige et de pouvoir qui lui permettait de « civiliser les sauvages ». Par exemple, le savoir astronomique occidental a été utilisé par les jésuites quand ils tentèrent leur percée en Chine et s'affrontèrent aux lettrés de la cour impériale.

Il faut donc, aux yeux de la papauté de l'époque, empêcher que la vision d'un monde créé par l'autorité divine ne soit bouleversée par la science. Il faut défendre principalement la vision aristotélicienne d'un univers centré sur la planète Terre, qui est celle d'un monde compréhensible, dominé par Dieu et l'Église.

Quel est le sens d'un monde infini rempli de planètes semblables à la Terre ? Giordano Bruno a été exterminé pour avoir défendu cette vision briseuse d'illusions. La papauté demande donc à Galilée de faire comme si la

Terre tournait autour du soleil pour effectuer ses calculs, mais veut maintenir la vision aristotélicienne d'un monde séparé entre un monde sublunaire (la Terre soumise à la corruption) et une sphère céleste extérieure, éternelle, mais centrée sur cette Terre, au sein de laquelle règne l'harmonie divine. La volonté de Galilée de diffuser les nouvelles conceptions coperniciennes et ses propres découvertes à un large public (en italien et non en latin) précipite le conflit. Le mot d'ordre des religieux est toujours le même : *pas touche à ma clientèle et à ma vision du monde.*

Malheureusement, les craintes de l'Église catholique n'étaient que partiellement fondées. Si la vision du monde simpliste, avec la Terre au centre, a bien vite disparu, le caractère ridicule, risible, des croyances religieuses fondées sur un dieu terrestre par toutes ses racines, ses actions, ses préoccupations, mais dominant un univers immense qu'il est censé contrôler, n'est pas encore apparu à tous en pleine lumière.

Un autre exemple, moins connu, illustrera la tendance pathologique des croyances organisées à vouloir occuper l'espace social et même technique. Depuis des lustres, l'Église catholique organisait son *service météorologique spécial* :

> *The Catholic Church had a strong control over the territory, thanks to parish registers reporting weather injuries, mortality caused by natural hazards (famines, droughts, snow, floods, pestilences) and other relevant phenomena. The Church organization reached the same level of complexity of the State in economic, fiscal, institutional, judicial, educational and health matters. Clergy recorded liturgical services and rogation ceremonies commissioned by local communities or authorities in case of adverse weather conditions. "Pro pluvia" were the rogations i.e. religious rituals for rain to alleviate drought, while "Pro serenitate" were to stop precipitation in case of flood.*

TRAD. – L'Église catholique exerçait un fort contrôle sur les territoires, grâce à des registres paroissiaux enregistrant les dégâts météorologiques, la mortalité causée par les catastrophes naturelles (famines, sécheresses, neige, inondations, pestes) et d'autres phénomènes pertinents. L'organisation de l'Église atteignait le même niveau de complexité que l'État dans les affaires économiques, budgétaires, institutionnelles, judiciaires, éducatives et sanitaires. Le clergé consignait les services liturgiques et les cérémonies de rogations commandées par les communautés ou les autorités locales en cas de conditions météorologiques défavorables. Les « Pro pluvia » étaient des rogations, c'est-à-dire des rituels religieux pour la pluie, afin de soulager la sécheresse, tandis que les « Pro serenitate » devaient faire cesser les précipitations en cas d'inondation.

Dario Camuffo et al., « *500-year temperature reconstruction in the Mediterranean Basin by means of documentary data and instrumental observations* », Climatic Change, juillet 2010[58]

Une compétition honnête ?

Il n'est pas possible de demander à l'approche scientifique de l'univers d'entrer en compétition honnête, équitable, avec la croyance religieuse comme une marque de parfum entre en concurrence avec une autre marque. En fait, la science d'un point de vue « relation publique » est une catastrophe et ne peut simplement pas se mesurer à la croyance en matière de popularité. Elle n'est pas faite pour cela.

La méthode scientifique *en elle-même* n'a que peu de défenseurs, et ceux-ci sont plutôt amateurs. L'illusion d'une multitude de défenseurs de la science est cependant très répandue. C'est confondre les pratiquants et les promoteurs de *certaines* sciences avec les rares défenseurs professionnels d'une méthodologie. Chaque dimanche (ou samedi ou vendredi ou...), des vendeurs de religion pratiquent leur propagande sur des foules plus ou moins enthousiastes. Des cérémonies comparables n'existent pas pour célébrer l'approche scientifique de la connaissance de l'univers. Ce qui existe, ce sont les célébrations de certaines avancées, de certaines sciences, à telle ou telle occasion. Mais quel est l'équivalent « scientifique » des pèlerinages à Lourdes ou à La Mecque ? Quel est le professionnel en charge d'exposer chaque semaine la grandeur de la science aux jeunes élèves des écoles ? Il y a certes des professeurs de mathématiques, de physique ou de chimie, mais aucun d'eux n'est en charge de lutter contre la croyance et de défendre l'approche scientifique de la connaissance du monde. On admet cependant que le religieux du coin parle de la grandeur de la religion, de son importance pour maintenir la « morale » et de sa divinité favorite à des enfants.

Les professionnels qui s'occupent de science « en général » sont des universitaires préoccupés de développer une vision *critique* de la science, de son histoire, de son épistémologie, de la sociologie de ses acteurs. Tout cela est certes nécessaire et utile, mais cela ne place pas la science à égalité avec l'*épistémologie mythique*.

Si l'imitation de la célébration de saints n'est pas la bonne méthode, la valorisation publique du chemin accompli par la méthode scientifique devrait être au centre de l'activité des universitaires prenant les sciences comme sujet d'étude. La critique de cette activité est un outil nécessaire à cette célébration. Louons Newton et ses réalisations, mais voyons aussi ses limites et la réalité de son humanité. Les étudiants en théologie sont certes mis en contact avec certains plans de la critique des religions, mais sans rapport avec le niveau d'« agression » du post-modernisme envers la science. La *théologie pratique* est la formation professionnelle des prêtres chargés de « diffuser l'Évangile » parmi les « sauvages ». À quand une formation à l'évangélisation scientifique équivalente pour les étudiants des *Science Studies* ?

Pour que la compétition soit (relativement) honnête, il serait probablement nécessaire que les jeunes humains ne soient mis en contact avec les méthodes d'appréhension religieuse ou scientifique du monde en tant que telles qu'après le début de l'adolescence. En général, dans la période antérieure, seules des mises en contact ponctuelles avec les légendes religieuses et l'épistémologie scientifique devraient être admises.

Les résultats pratiques de l'approche scientifique du monde sont la raison majeure pour laquelle l'approche scientifique du monde a un tel impact aujourd'hui. Il est important de comprendre que l'attrait du cerveau humain pour la croyance et pour la connaissance scientifique n'est nullement symétrique. La croyance est le mode « normal », le mode de basse énergie, de gestion du monde que les humains tendent à adopter.

La connaissance scientifique est difficile à acquérir, compliquée et fragile. La croyance (de base) est, elle, vite acquise, réconfortante et aisée à partager. Si nous devions acquérir des connaissances scientifiques complètes sur l'ensemble de l'univers qui nous entoure, en commençant par la meilleure manière de préparer le petit-déjeuner et en allant jusqu'à l'assemblage des meubles livrés en kit, nous serions morts avant d'avoir vraiment commencé. La « paresse » intellectuelle, qui débouche sur la croyance, est une composante indispensable à notre survie quotidienne. Elle ne peut céder devant la science que lorsqu'un humain est capable d'acquérir, de structurer et de transmettre une connaissance dans un domaine particulier. Il ne faut donc pas chercher à tout prix à éradiquer la croyance en général, mais lui donner sa juste place comme outil humain imparfait, mais utile s'il est utilisé à un niveau personnel ou dans de petits groupes.

Dans la compétition qui oppose science et croyance à large échelle, le plus important est que les moyens de la « propagande » scientifique et religieuse soient comparables, avec une compensation pour la science en raison de la plus grande difficulté de son appréhension par les humains « normaux ».

Une nouvelle de février 2014 donne un éclairage intéressant sur l'impossibilité d'une compétition simple et « juste » :

Un quart des Américains ne savent pas que la Terre tourne autour du soleil.
« *One in four Americans unaware that Earth circles Sun* », Phys.org,
14 février 2014 [59]

Ce niveau d'ignorance pourrait sembler risible, mais il est très révélateur de la difficulté à diffuser sérieusement la connaissance scientifique même la plus élémentaire. Il est hautement probable que la grande majorité des élèves américains a reçu, au cours de sa scolarité, l'information selon laquelle la Terre tourne autour du soleil (même si l'on peut discourir à l'infini sur la relativité du mouvement). Il est donc hautement probable que ce quart des Américains l'ait oublié. Cet oubli a une raison fonctionnelle simple, même si les pédagogues insistent sur la qualité de la phase de l'apprentissage pour l'expliquer. Une amélioration de la phase d'apprentissage n'est évidemment pas inutile, mais il est hautement probable que ce ne soit pas la phase d'apprentissage qui soit la plus problématique, mais celle de sa conservation à long terme. Si une part significative des citoyens d'un pays évolué a oublié cette connaissance élémentaire, c'est simplement parce qu'ils n'en ont aucun usage.

La connaissance de la place relative de la Terre et du soleil n'est d'aucune utilité pratique immédiate pour une grande partie de l'humanité. De fait, même la Nasa doit souvent calculer ses trajectoires en partant de l'hypothèse que la Terre est au centre de l'univers (cela simplifie les calculs de trajectoires des satellites).

La seule manière de maintenir un niveau minimum de connaissances scientifiques est de les utiliser régulièrement. Les spécialistes de la santé physique ont réussi à faire passer l'idée que nous avons tous besoin d'exercices fréquents et réguliers pour maintenir notre santé corporelle à un niveau acceptable. Ils ont naturellement raison, mais la santé physique ne suffit pas. Il est nécessaire de maintenir, par des moyens à définir, la santé mentale des individus à niveau, et cela nécessite le même genre d'effort.

Il est hautement probable que les Américains ne disposant que d'une vague idée du mouvement relatif du soleil et de la Terre n'auront que des notions limitées sur la place des humains dans l'univers. Il est malheureusement également probable qu'ils entendent à longueur de journée, gratuitement et sans effort : *« Jésus est le sauveur. »* On mesure par cet exemple l'ampleur des moyens nécessaires pour rétablir l'équilibre. Il est possible de trouver des clients en professant *« l'amour du Seigneur »*, mais bien plus difficile de gagner sa vie en rappelant certaines vérités astronomiques élémentaires à ceux qui les ont oubliées.

La mise en avant des scientifiques les plus capables est un autre versant de cette valorisation. Par comparaison, l'humanité n'a nullement besoin de valoriser les exploits sportifs. Courir le 100 mètres en 10 secondes n'est pas un besoin fondamental pour les humains. Une moto va plus vite. La connaissance scientifique est, elle, réellement importante.

Une autre « tare » de la lutte contre la croyance est l'absence de valorisation de ses représentants. Qui peut citer le nom d'une marque de non-cigarettes ? Personne ne cotise pour le club des non-fumeurs (sinon marginalement). Le financement ne peut venir que d'une source étatique.

Il faut combiner le tout : la valorisation des scientifiques, y compris au niveau financier, et l'exercice intellectuel pour tous. Cela implique une forme de contrainte, ou au moins de forte pression sur les loisirs des individus. Si l'on peut les pousser à faire du sport, on peut aussi les pousser à exercer leur intellect, particulièrement dans le domaine scientifique. Une forme, plus ou moins ritualisée, de compétition scientifique serait une piste à suivre.

Il n'est pas nécessaire ni utile de réclamer la suppression de toute publicité pour les croyances religieuses. Les effets secondaires néfastes de ce genre d'interdiction seraient supérieurs aux gains (voir infra *L'athéisme, un autre phénomène religieux?*). Il faut évidemment éviter que la lutte contre les croyances, la défense de l'épistémologie scientifique soient mises au même niveau qu'une croyance religieuse ou identitaire. La propagande antialcoolique n'est pas considérée comme une marque de vins parmi d'autres.

La science doit-elle réfuter chaque discours religieux ?

Un grand nombre de croyants estiment qu'il appartient à la science de réfuter (ou non) leurs croyances portant sur l'origine du monde, les puissances invisibles qui l'habitent et ses règles de fonctionnement. Cette prétention est exorbitante et doit être fermement combattue.

La méthode scientifique, qui a pour cœur les règles FARSIPP, n'a pas pour but essentiel de combattre toutes les aberrations cognitives qui affligent les cerveaux enfiévrés des humains. Elle cherche au contraire la meilleure, ou la moins mauvaise, explication du fonctionnement de l'univers qui entoure les humains. Elle ne peut privilégier aucune école ni aucune doctrine : toutes ont droit de concourir pour la meilleure thèse.

Si, par exemple, pour expliquer les débuts de notre univers, une thèse affirme que l'ensemble de la future matière formant notre univers était concentré dans un espace ponctuel, d'une densité infinie, qui a très brusquement augmenté de volume dans une proportion difficile à imaginer, et qu'une autre thèse dit : « il y avait des ténèbres à la surface de l'abîme, et l'esprit de Dieu se mouvait au-dessus des eaux », la science doit simplement déclarer la première thèse infiniment supérieure en termes de falsifiabilité, simplicité, probabilité et prédictibilité. Il n'est nullement nécessaire que chaque affirmation religieuse soit examinée en détail pour en monter la fausseté. Le mot d'ordre pour toutes les thèses doit être : « à la queue comme tout le monde ».

Si, malgré tout, la méthode scientifique est utilisée pour examiner une affirmation religieuse, c'est dans un but pédagogique ou utilitaire. La charge principale de la réfutation des idées religieuses aberrantes doit reposer essentiellement sur les croyants eux-mêmes, ainsi que le propose John W. Loftus au travers de son *Outsider Test for Faith* (2013, op. cit.), appliquant aux croyants la règle suivante : « *Testez vos croyances comme si vous étiez un étranger à la foi que vous évaluez.* » Ce test est utile pour pousser à l'auto-examen des croyances, mais il ne doit pas pousser les croyants à s'exempter de l'obligation de participer à la « compétition » pour la meilleure explication de chaque phénomène. Il est clair que même si un croyant passait, par extraordinaire, cet autotest de validité de ses croyances, il n'y aurait aucune garantie qu'il passe premier pour la meilleure théorie. Le test ne comprend pas automatiquement la comparaison avec les autres croyances et modèles de l'Univers.

Science et croyance en opposition frontale comme mode d'appréhension du monde

Pour faire face à l'éternelle rengaine qui prétend que science et religions sont sur des plans différents, quoi de mieux qu'une étude empirique démontrant clairement le contraire? De récents travaux («+ de religion = – de science», *Note de recherche 2020-02*, CIRST) produits par Kristoff Talin et Yves Gingras donnent des résultats clairs dont le résumé est sans ambiguïté:

À partir d'analyses secondaires de données de sondages dans l'Union européenne (Eurobaromètres de 2005 et 2010) et aux États-Unis (Pew Research Center 2018), nous montrons, d'une part, que, quel que soit le pays considéré, plus les individus s'identifient à une religion et la pratiquent fortement, moins ils ont de compétence scientifique. D'autre part, c'est l'ensemble des représentations des sciences qui est affecté par l'univers religieux des individus. Plus les individus adhèrent à une religion, moins ils ont des attitudes positives envers les sciences. Les Européens et les Américains les moins religieux sont ceux dont les représentations des sciences et de leurs répercussions sociales sont les plus positives.

On ne saurait mieux dire: il y a une claire opposition entre une compréhension de l'univers basée sur la croyance et celle basée sur la méthode scientifique. Une compréhension du fonctionnement de l'univers basée sur la magie (certes sophistiquée) empêche de larges groupes humains de s'approprier une compréhension scientifique du monde dans lequel ils vivent. La religion doit donc être combattue sans ménagement, et considérée avant tout comme une pathologie.

Que serait une religion «scientifiquement correcte»?

Il n'est certes pas totalement impossible d'évoquer une religion qui serait scientifiquement correcte, non pathologique. Celle-ci pourrait accepter hypothétiquement la science comme méthode de connaissance et lui rajouter une «grande causalité mystérieuse» qu'il serait nécessaire de vénérer de loin. Pour cette hypothétique religion, la concentration des prières et des exhortations sur le sort des habitants de la Terre n'aurait pas de sens, ce serait du pur égoïsme. Soit on parle au chef de tribu du coin (surnommé *Dieu suprême* avec souvent le *chef suprême* local comme délégué), et alors le remercier pour la bonne nourriture reçue est normal, soit on parle au créateur de l'univers, et alors c'est l'ensemble de ses œuvres *universelles* qu'il faut célébrer.

Une prière «scientifiquement correcte» pourrait inclure ce genre de remerciements et de souhaits:

Puissance infinie qui règne sur notre univers,
Merci d'avoir séparé la matière de l'antimatière,
Merci d'avoir créé les règles d'exclusion de Pauli,
Merci d'avoir fixé notre distance au soleil à 150 millions de kilomètres,

Merci pour la valeur de la constante de structure fine que tu as fixée à 7,297 352 5698 x 10⁻³,

Merci pour le rendement exceptionnel de la photosynthèse et les liens hydrogène qui permettent la réplication de l'ADN.

Nous te prions humblement d'aider nos frères des planètes lointaines qui ne sont pas dans des conditions aussi merveilleuses que les nôtres. Il n'est donc pas nécessaire que tu t'occupes de nous.

Nous ne saurons rien du résultat de nos prières, ils n'en sauront rien non plus et le péché d'orgueil nous sera ainsi épargné.

Habituellement, les prières parlent de nourriture, de sexe et de pouvoir terrestre. Elles «insultent» Dieu en le ramenant au rôle de petit chef invisible de la tribu locale. Rien d'étonnant: il est à l'image (glorifiée) des hommes qui l'ont créé.

Sortons du paradoxe! Aucune religion ne peut être scientifiquement correcte. La présence d'une «force mystérieuse» rompt la règle d'Occam sur l'interdiction d'hypothèses non nécessaires. Cependant, on peut toujours essayer de vendre ce produit... si l'on trouve un marché!

Certains aspects économiques des religions

(Voir également, infra, *L'identité (religieuse), cache-sexe de la pauvreté et de l'inefficacité économique*)

L'analyse des effets économiques des religions a deux aspects significatifs: d'un côté, l'analyse de l'impact économique/historique/social au temps de leur création dans un lieu géographique donné; de l'autre, l'analyse de leur impact économique actuel sur les milieux humains touchés par leur existence.

Il n'est pas possible de réduire l'un à l'autre, ce qui serait plus pertinent si l'on analysait, par exemple, l'impact d'IBM dans le monde moderne. Il existe certainement une permanence de la «vision du monde» d'IBM dans le monde qui est portée par ses managers, partenaires et concurrents, mais il est douteux que si IBM disparaissait pour des raisons économiques, cet impact soit clairement visible des centaines d'années après la disparition des opportunités sociales et techniques qui ont entraîné sa création. Cette relation lointaine est cependant la règle dans le cas des religions, dont la création est à relier avec des racines économiques/sociales issues d'autres époques. Il faut considérer, à l'opposé des entreprises modernes, le coût élevé de création d'une légitimité religieuse (fondée en bonne partie sur l'ancienneté), qui empêche souvent la création de nouvelles religions immédiatement adaptées à de nouveaux contextes.

La conquête de l'Ouest américain a frayé la voie à la création de nouvelles religions. Une fois la conquête de l'Ouest terminée, la «fenêtre d'opportunité» s'est refermée, et seules certaines religions ont subsisté. Le mormonisme était porteur, la *Danse des Esprits* amérindienne un peu moins...

Pour qu'une religion se crée et persiste, il est nécessaire qu'elle soit pourvue d'avantages (au moins relatifs) pour ses « victimes ». L'avantage économique pour les gourous n'est jamais suffisant (même si cela aide). Les premiers chrétiens avaient un fonctionnement sectaire où tout devait se partager (même les femmes, dans certains cas). Ce fonctionnement ne permettait pas un large développement du « produit ». Ce n'est que par la création d'un large réseau d'évêques, bien réparti autour de la Méditerranée et au-delà, que le « produit » chrétien est devenu attractif pour les puissants, en l'occurrence l'empereur Constantin. Le contrôle et la cohérence sociale que le christianisme semblait offrir à un empire écrasé par les frais généraux, principalement administratifs et militaires, ont attiré les riches et les puissants, même si on leur promettait une entrée difficile au paradis.

L'Empire romain a fini écrasé par ces mêmes frais généraux, en bonne partie militaires (avec l'aide des « barbares »), mais le produit chrétien a persisté, survivant aux causes de sa création. Il a gagné, dans le vide d'un pouvoir central pendant le haut Moyen Âge, une autonomie qui a fini par en faire une menace pour les pouvoirs « temporels ». Les affrontements qui s'en sont suivis (dans le christianisme occidental) ont aussi marqué l'appareil et la doctrine « chrétienne ». Cette autonomie a favorisé la concurrence entre pouvoirs (religieux et séculiers), contraints à une compétition intellectuelle prodigieuse (probablement inconnue historiquement), qui a joué un rôle fondamental dans le développement intellectuel et économique de l'Occident. Ce développement a permis à son tour aux christianismes de s'étendre sur tous les continents (à des vitesses différentes). Cette large diffusion dans des milieux aussi hétérogènes oblige soit à disposer d'un produit dont la légitimité tient dans la centralisation (catholicisme), soit à l'adaptation aux marchés locaux (protestantisme).

L'étude de ce genre d'adaptation est le sujet d'un champ d'étude universitaire connu sous le nom d'*économie des religions*, qui semble pour l'essentiel une science descriptive et très peu prescriptive. Il y manque souvent la dimension épistémologique et une vue générale de la réalité de l'« effet croyance ». Ce manque est le fruit du refus des économistes de se prononcer sur l'existence d'une réalité de la croyance (ce qu'ils font, en fait, même sans le vouloir).

L'impact des croyances diverses et variées, comme le refus de l'avortement, du prêt à intérêt, de la recherche sur les embryons ou de l'histoire de l'univers, n'est pas à négliger. Un effet encore plus fort est lié à la structuration des rapports entre humains et leurs réelles priorités. Un économiste peut se prononcer sur l'impact de la cigarette et en faire un bilan global (négatif, ou, pourquoi pas, positif), il peut donc également se prononcer sur l'impact de la croyance (avec les nuances nécessaires), sinon il renonce à la connaissance scientifique.

De manière générale, beaucoup de champs d'études universitaires liés à la religion ont pour principal objectif le développement d'un regard très pointilliste sur leur domaine spécifique de connaissance. La médecine pourrait-elle se limiter à l'anatomie et ne pas parler de pathologie ni de thérapie ? Il est inutile de préciser que, quand on entre dans l'action, on risque de prendre des coups.

Les coûts directs des religions, le personnel spécialisé

Les effets économiques globaux des religions sur les sociétés sont abordés dans les paragraphes précédents, mais il faut encore tenir compte du coût direct des pratiques religieuses en tant que telles. Dans les pays développés, à l'exception des États-Unis, ce coût tend à baisser, en concordance avec la progression réjouissante de l'abandon relatif des croyances religieuses parmi les populations. Dans beaucoup de pays du « tiers-monde », le coût des pratiques religieuses continue de peser lourdement sur le revenu des individus et des sociétés. Il existe des organismes internationaux chargés d'aider les populations pauvres à lutter contre les maladies contagieuses qui les affectent particulièrement. Une même aide devrait être apportée pour lutter contre les croyances et leurs coûts directs et indirects.

Longtemps, la lutte contre le personnel religieux a tenu de substitut à la lutte contre la croyance. Il est plus facile de combattre des individus, surtout si ceux-ci sont privilégiés socialement, que de combattre les croyances présentes dans le cerveau du plus grand nombre. Or, le personnel religieux spécialisé n'est en rien un groupe homogène socialement. Il comprend des bénévoles dévoués accomplissant de bonnes œuvres et des gourous milliardaires s'engraissant aux dépens d'une masse de gens crédules. Il est aisé de dénoncer les profiteurs, mais il est peu probable que cela ait une grande efficacité. Le bon peuple aime souvent que ses « sauveurs » soient récompensés. Penser que les spécialistes religieux sont à la base de la croyance, c'est penser qu'il suffirait de mettre en place un « contre-personnel » antireligieux, ayant un rôle inverse, pour supprimer la croyance à court terme.

Lors de la mise en place de la prohibition (antialcoolique) aux États-Unis dans les années 1920, des lieux de consommation servant des boissons non alcoolisées ont été mis en place. Le succès n'a pas été au rendez-vous. Ce ne sont pas les tenanciers de bars qui sont la cause de l'addiction alcoolique, même s'ils en profitent. Le personnel spécialisé peut être profiteur ou victime des croyances ; ce n'est pas en l'écartant que les croyances vont disparaître.

Rien ne peut remplacer la lutte contre l'aberration cognitive de la croyance et, dans ce combat, il n'est pas sûr que le bénévole religieux dévoué soit moins dangereux que le gourou milliardaire.

La religion comme pathologie sociale et politique

Il ne servirait à rien de décrire les croyants comme des « fous ». Cette catégorisation est généralement inadéquate, mais il s'agit bien d'une pathologie.

Good people will do good things, and bad people will do bad things. But for good people to do bad things – that takes religion.

TRAD. – Les gens bons feront de bonnes choses et les gens mauvais feront de mauvaises choses. Mais pour que les gens bons fassent de mauvaises choses, la religion est nécessaire.

Steven Weinberg, 28 août 2000

Steven Weinberg aurait pu ajouter « l'identité forte » à la religion.

Comment caractériser cette pathologie ? Ce n'est pas simple. Il s'agit d'un type spécial qui combine pour le moins l'aberration cognitive et l'addiction. Autre caractéristique importante, cette pathologie est fortement héréditaire, mais les composantes génétiques ne sont pas claires. Il y a sans doute certaines typologies génétiques qui favorisent sa transmission, mais évidemment, l'essentiel des risques est lié aux effets des transmissions culturelles interpersonnelles.

Beaucoup de chercheurs s'essaient à étudier les liens entre religion et addiction (voir par exemple : Thomas Swan, « *Is Religion an Addiction ?* », Hubpages, 5 février 2020)[60]. Ces recherches sont utiles et nécessaires, mais il est important de ne pas esquiver les dimensions épistémologiques, sociales et politiques de la religion par rapport à des dimensions moins importantes (mais existantes) qui se retrouvent dans d'autres addictions. Ce qu'il y a de particulier, c'est la manière dont l'addiction individuelle se combine avec l'« utilité » sociale de la religion. Conséquence de la prise en compte de ces multiples dimensions : la nécessité d'une attaque du problème sur plusieurs fronts.

L'humanité ayant acquis, grâce à la science, une compréhension globale suffisante de l'univers dans lequel elle vit, le recours à des entités invisibles pour comprendre et influencer cet univers n'est plus acceptable si l'on considère les conséquences néfastes énormes qui y sont attachées.

La lutte contre les méfaits du tabac a nécessité des dizaines d'années pour devenir acceptable et acceptée. (Malheureusement, le premier gouvernement occidental à avoir vraiment lancé ce combat a été le gouvernement d'Hitler.) La difficulté principale pour convaincre de l'importance du danger était le manque d'effets clairs sur tous les individus fumeurs. Le doute pouvait donc subsister (avec un peu de mauvaise foi). Ce sont des études statistiques de grande ampleur, touchant des dizaines de milliers de personnes, comparant fumeurs et non-fumeurs, qui ont fini par emporter l'adhésion du monde médical et des gouvernements. Ces conclusions sont encore contestées par les cigarettiers, qui font l'hypothèse d'une fragilité génétique expliquant à la fois l'addiction au tabac et la propension aux cancers, mais cette thèse improbable devrait d'abord être mieux étayée avant de pouvoir être considérée comme falsifiable.

La religion est un produit de large consommation depuis plus longtemps que la cigarette. Elle n'existe que sous la forme de produit marketing mille fois amélioré, rendu plus attirant et donc dangereux. Ses effets sur les individus sont complexes. Le premier mouvement national (non religieusement sectaire) à la combattre à large échelle a été le gouvernement révolutionnaire issu de la Révolution française, qui a agi avec brutalité contre les croyants catholiques fidèles à Rome (et les curés refusant le serment d'allégeance) plus que réellement contre la croyance (plus difficile à débusquer) («Économie de la religion», Wikipédia).

La religion apparaît à première vue inoffensive et intouchable, car elle semble un produit «de pure croyance» (Philippe Simonnot, «Du monothéisme comme monopole», *Médium*, 2008/3-2), ce qui signifie pour l'essentiel que ses promesses ne peuvent être vérifiées. Aucun groupement religieux n'a mis sur pied un service après-vente pour les fidèles mécontents de la qualité de service au «paradis». Pourquoi se préoccuper d'un «service» si éthéré?

C'est seulement en examinant les effets de la croyance à large échelle et sur un temps long, en évaluant les avantages d'une absence de croyances religieuses dans la majorité de la population mondiale que l'importance d'une lutte résolue contre la croyance devient claire.

L'humanité est-elle inguérissable de la pathologie religieuse?

Le thème de l'absolue nécessité de la religion comme besoin irrépressible, comme composante indépassable du psychisme humain, est une rengaine très connue. Il est pourtant parfaitement clair que la dépendance des humains aux croyances religieuses, si elle est très générale et très répandue dans l'histoire, n'est ni absolue ni universelle, et qu'elle n'a pas de fondement biologique intangible.

La Suède est, d'après certaines sources, peuplée de 85 % de non-croyants, et les États-Unis de 15 %. Il est peu probable que la biologie des Suédois diffère significativement de celle des Américains. Par ailleurs, le taux de criminalité est faible en Suède. *Le Figaro* du 29 novembre 2013 pouvait annoncer: «La Suède ferme des prisons faute de détenus». Ce genre d'événement n'arrive pas aux États-Unis par les temps qui courent (même s'il y a une baisse tendancielle de la criminalité).

Il n'y a donc ni impossibilité «biologique» ni désintégration sociale liées à la baisse drastique de la croyance chez les humains. Cela ne signifie pas que cette guérison soit facile ni qu'elle puisse se passer sans heurts. La disparition de la recherche et de l'enseignement scientifique aurait par contre une influence désastreuse à court terme. Espérons qu'il ne soit pas nécessaire de démontrer ce fait évident par une expérience en grandeur nature! Une société moderne peut donc se passer de croyance religieuse, mais pas de science.

Il est clair que la simple évocation de la bonne épistémologie, de la bonne méthode pour comprendre le monde, ne va pas d'un seul coup libérer les populations victimes de croyances religieuses, surtout les plus rétives face au monde occidental, de l'adhésion à leurs croyances. Le premier mouvement est d'abord la généralisation de l'usage exclusif, à large échelle, de l'épistémologie scientifique par les populations des pays développés. On peut s'inspirer pour cela de l'usage généralisé des vaccins, qui a d'abord été mis en place en Occident.

Les croyances religieuses sont souvent utilisées comme instrument de reconnaissance politique, d'identités partagées, par beaucoup de politiciens (voir chapitre suivant: *Les identités pathologiques*). Les effets désastreux surviennent toujours sous une forme ou une autre. La tentation est tellement grande qu'il semble difficile de jeter la pierre. Le prix à payer pour se débarrasser de ces mauvaises habitudes sera certainement élevé. Les humains peuvent se débarrasser de ces mauvaises manières de penser, mais pas en gardant leur organisation politique actuelle, car elle favorise trop le simplisme et la démagogie. Il sera nécessaire de changer la perception, le lien des dirigeants avec les dirigés. Ces dirigeants ne devront plus être choisis sur la base habituelle d'une perception d'identification, mais de compétences techniques.

Affirmer qu'une grande partie de l'humanité ne peut se passer des croyances religieuses pour vivre revient à affirmer que le mensonge et la dictature sont des composantes inévitables de la vie politique de nombreuses populations du globe. Avant de parler des droits des personnes à conserver « leurs » croyances, il faut réfléchir aux effets systémiques, à la fragmentation de l'humanité qui résulte des croyances religieuses et identitaires, à la possibilité de vivre ensemble dans un monde très imbriqué dans lequel la majorité des interactions interhumaines ne reposent pas, de fait ou de droit, sur des règles formelles, mais plutôt sur des accords implicites.

Accepter le « libre » choix de chacun envers sa conception du monde issue de la croyance signifie se résigner à la fragmentation sans fin de l'humanité, et ce, d'autant plus que les individus croyants seront pleins de bonnes intentions. Les croyances religieuses sont comme des voitures sans frein, cela fonctionne seulement si le conducteur est très prudent.

L'humanité a cependant réussi à se débarrasser, pour l'essentiel, d'autres périls comme les gaz de combat, au travers d'accords internationaux soutenus par des contrôles drastiques. Un accord contre la propagande religieuse et identitaire appuyé par des outils de vérification musclés serait un outil des plus utiles aux habitants de la troisième planète. Reste à le mettre en place...

Il ne faut toutefois pas nier que l'éloignement de l'usage du tabac et des croyances provoque des douleurs, des difficultés, parfois importantes pour les humains qui doivent passer par ce chemin. Il faut en tenir compte et gérer ces souffrances, très réelles, comme toute épidémie, comme tout problème médical sérieux.

La « lutte contre l'extrémisme » comme paravent pour l'inaction et l'impuissance

La lutte contre *l'extrémisme religieux* – avec la radicalisation et le terrorisme, qui lui sont couramment associés – est un thème commun à beaucoup de gouvernements. Pourquoi lutter contre la foi religieuse ou la propagation de « valeurs morales » de type contes de fées, sujet difficile s'il en est, alors qu'il suffit de s'attaquer à l'extrémisme religieux, qui est perçu comme une menace dans le monde entier (ou presque) ?

En réalité, il est impossible de limiter son action à l'extrémisme religieux, parce qu'il n'est pas possible de délimiter un espace de pensée qui s'intitulerait « extrémisme religieux ». Aucun groupement humain ne désirant occuper officiellement ce terrain, il faudrait pouvoir le délimiter sur la base de critères objectifs, ce qui n'est possible que dans une faible mesure. Il faudrait également qu'une paroi intellectuelle étanche sépare les croyants religieux « normaux » de leurs voisins de palier extrémistes. Une telle cloison est impossible à mettre en place, à cause de la nature purement imaginaire et volatile des croyances religieuses.

Les gouvernements luttant contre l'« extrémisme », mais « respectueux des valeurs spirituelles », sont constamment dans une situation logique intenable. Soit une entité créatrice de l'univers de type super-humanoïde existe, et alors, logiquement, cette entité et ses fidèles n'ont pas à tenir compte des lois humaines, et c'est aux humains de se plier à ses volontés ; soit elle est hautement hypothétique, totalement improbable, et alors la loi des hommes doit s'appliquer et celle de « dieu » être remisée au placard. Comment justifier le fait qu'un gouvernement, un *Conseil de discernement* (Iran), ou même une majorité des citoyens puissent décider ou même interpréter la *volonté divine* ? Dieu fait ce qu'il lui plaît et ses partisans, d'autant plus « authentiques » qu'ils sont décidés et violents, ont également tous les droits...

En réalité, pour qu'un gouvernement puisse agir efficacement, il doit, de fait, empêcher toute prétendue loi divine de s'appliquer aux humains sans l'accord du gouvernement. Il doit donc proclamer, au moins implicitement ou, mieux, explicitement, la supériorité des lois humaines sur les pseudo-lois divines.

La différence de raffinement théologique entre le pape catholique et le chef de Boko Haram est évidente, mais il n'y a pas de différence de statut épistémologique entre leurs « dieux ». Si l'on admet la validité de l'un, si l'on refuse d'appliquer les stricts critères FARSIPP à toute prétention de décrire le monde, alors on admet tout et n'importe quoi, on admet le dieu, et finalement les pratiques, de Daesh.

Les croyances religieuses perçues comme « bénignes » sont à l'image de la cigarette et sont très susceptibles d'en amener de bien plus dangereuses :

> *Epidemiologist Denise Kandel at Columbia University, New York, reported back in 1975 that drug-using adolescents had tended to start with cigarettes, which contain the addictive substance nicotine, and alcohol before progressing to more illicit substances such as cocaine.*
>
> TRAD. – L'épidémiologiste Denise Kandel, de l'Université Columbia, à New York, a rapporté en 1975 que les adolescents toxicomanes avaient tendance à commencer avec des cigarettes, contenant de la nicotine, substance addictive, et l'alcool, avant de passer à des substances plus illicites comme la cocaïne.
>
> Virginia Gewin, «*Smoking stokes cocaine cravings*», Nature.com, 2 novembre 2011

L'enchaînement n'est évidemment pas inéluctable, ne se produit pas à chaque fois et pour tous. De fait, seule une minorité passe aux drogues dures et aux attentats, mais dans tous les cas, il vaut mieux couper le mal à la racine. Quant au supposé effet «protecteur» des croyances (hypothétiquement contre l'extrémisme), comparons *l'impact populaire* large de Daesh en Irak, avec son cortège local de croyances fortes sunnites et chiites, et celui d'Anders Breivik, loup solitaire réprouvé par une écrasante majorité d'incroyants en Norvège!

Plutôt que d'insister sur des actions ponctuelles (mais utiles) pour contrôler les jeunes hommes touchés par la propagande djihadiste, il est nécessaire de renforcer la résistance de l'ensemble de la société à *toutes* les croyances religieuses. C'est la base même de la médecine préventive. Un vaccin contre les croyances extrémistes est d'abord composé d'une bonne dose d'épistémologie scientifique et de l'explication du caractère néfaste et dangereux des croyances.

Il n'est actuellement pas possible, dans les pays démocratiques, sur la base des visions prévalentes de la laïcité, de s'attaquer à des individus djihadistes sur la seule base de leur idéologie personnelle, sous peine de tomber dans le délit d'opinion. Ce n'est que si l'on accepte de considérer *toutes* les croyances religieuses comme des pathologies qu'on doit combattre que l'on peut ensuite évaluer le degré de dangerosité de chacune d'entre elles. On peut alors repérer les cas les plus graves de croyances incendiaires *avant que cela ne débouche sur des activités terroristes directement caractérisées*, et lancer une action préventive et répressive efficace sans tomber dans l'arbitraire.

Actuellement, les gouvernements, et spécialement les services de police des pays démocratiques (et des autres), sont dans la quasi-impossibilité d'agir préventivement dans les milieux les plus touchés par l'extrémisme religieux, dont la figure la plus connue mondialement est le djihadisme. Une action qui se limiterait à une religion ou, pire, qui chercherait à favoriser une religion plutôt qu'une autre avancerait à cloche-pied. Dans les cas graves, la même règle vaut pour les alcooliques anonymes et pour les fous de dieu: il faut prôner et obtenir *l'abstinence totale*, ni alcool, ni croyances religieuses d'aucune sorte. Il n'est pas difficile de comprendre que la lutte intensive contre l'alcoolisation extrême (*binge drinking*) n'est pas compatible avec la promotion des foires aux vins. Sur certains sujets, les nuances subtiles sont inopérantes. Il faut choisir!

En définitive, lorsque des sociologues et des « spécialistes du religieux » s'attaquent aux racines du djihadisme, ils invoquent souvent la situation professionnelle et économique des jeunes gens touchés par le phénomène, le mépris dans lequel certaines populations sont tenues et d'autres facteurs sociaux, mais ils oublient l'essentiel : si la « protestation » de ces personnes prend la forme ultra-violente que revêt souvent le djihadisme, cela est bien dû à des causes religieuses, cela est bien dû à l'aberration épistémologique qui les empêche de comprendre le monde. Ce fait est une évidence tellement énorme qu'elle n'est jamais énoncée.

Un exemple particulier permet de comprendre les limites de l'action ponctuelle. Voici ce qu'écrit l'institut Soufan Group, parlant des djihadistes de retour de Syrie :

Pensez au problème de surveiller tout ce monde quand ils rentrent. [...] Ils vont être mis en prison. Mais la plupart sortiront dans les 48 heures, parce qu'ils n'ont commis aucun crime en France ou en Belgique. Ont-ils l'intention de commettre un crime ? Possible. Mais en démocratie, on ne garde pas des gens en prison parce qu'on les soupçonne d'avoir l'intention de commettre un crime.

« L'Occident restera vulnérable face à l'EI », *Tribune de Genève*, 11 décembre 2015[61]

Le choix est entre lutte résolue contre *toutes* les croyances religieuses, ou impuissance. Les actions ponctuelles ont une utilité limitée.

Les croyances religieuses ne sont évidemment pas la seule cause des comportements djihadistes, misogynes et harceleurs, mais leur ancrage « en dehors de la sphère de la falsifiabilité » rend difficile le traitement à large échelle de ces pathologies sociales, si l'on ne s'attaque pas aux fondements religieux qui leur servent d'ancrage.

Pour certaines populations minoritaires et marginalisées socialement, la croyance religieuse doit être présentée pour ce qu'elle est : un facteur aggravant la désinsertion économique et sociale. La croyance n'aide jamais à résoudre les problèmes sociaux. Seuls des programmes *massifs* de désintoxication des croyances religieuses pourront aider ces populations à améliorer leur sociabilité et leur employabilité, en particulier leur perception par l'ensemble des sociétés dans lesquels ils vivent. Attention toutefois aux promesses creuses de lendemains qui chantent.

L'insistance fréquente sur les droits de l'homme empêche souvent de mettre en avant la nécessité pour certaines populations minoritaires de défendre leurs droits en équilibre avec l'acceptation de règles de vie commune sans lesquelles la coexistence est impossible. Il faudrait dès lors parler de *droits et obligations des humains*. Cela signifie que les populations doivent admettre qu'elles doivent changer parfois profondément leurs modes de pensée avant d'être acceptées.

Les proclamations d'un imam salafiste habitant Cologne, en Allemagne, prononcées après les multiples agressions sexuelles dont ont été victimes de nombreuses femmes, en particulier dans la période du Nouvel An 2016, donnent un bon exemple de la nécessité d'une action déterminée. Cet imam, Sami Abu-Yusuf, a affirmé :

> [...] *les femmes sont responsabies des viols et agressions sexuelles qu'elles ont subis durant la nuit du Nouvel An parce qu'elles portent du parfum et ne sont pas habillées convenablement.*
>
> Diagola, « Cologne : "elles ont été violées parce qu'elles sont à moitié nues et mettent du parfum", dit l'imam Sami Abu-Yusuf », Blog Mediapart, 21 janvier 2016[62]

Il reste donc une alternative simple. Soit demander aux femmes habitant à Cologne et ailleurs de se plier aux desiderata de ce religieux, soit *détruire* les croyances religieuses portées par cet imam. L'illusion du « juste milieu » doit être écartée. Les croyances religieuses ne doivent pas être respectées, mais considérées comme circonstances aggravantes et éradiquées en tant que telles.

Du point de vue de certains religieux, sûrs de leur bon droit, les provocations de cet imam ne sont que « modérées » par rapport aux dires de son « confrère » égyptien qui, lui, appelle directement au viol par devoir national. Quand on s'appuie sur un pilier de « savoir » imaginaire, il n'y a pas de limites à la bêtise.

> *Nabih al-Wahsh, un conservateur éminent, a déclaré que les femmes portant des vêtements tels que des jeans déchirés devraient être punies. « [...] je dis que quand une fille marche comme ça, c'est un devoir patriotique de la harceler sexuellement et un devoir national de la violer ».*
>
> Vickiie Oliphant, « *Egyptian lawyer says it is national DUTY to harass and rape girls wearing ripped jeans* », Express, 1ᵉʳ novembre 2017[63]

L'interdiction du parti nazi fait partie du droit allemand. Il faut y ajouter les croyances religieuses dangereuses et ne pas se laisser impressionner par le statut de « culture authentique d'une population opprimée ».

Dans le cas particulier des personnes revenues des champs de bataille djihadistes, le traitement devrait être le même que pour les conducteurs alcooliques ayant provoqué des accidents : leur libération devrait être conditionnée à une suppression totale, vérifiée, de toute croyance religieuse (soit l'équivalent d'une abstention totale demandée aux conducteurs alcooliques).

La lutte des « croyants authentiques » modérés contre l'extrémisme religieux est un tonneau des Danaïdes. Ils sont souvent dans une situation de compétition, très défavorable pour eux, avec des discours religieux qui se présentent comme des descriptions claires et simples de la réalité et qui offrent en plus, apparemment, des issues pratiques aux situations d'oppression vécues. Ces discours religieux « extrémistes » sont impossibles à combattre efficacement sans s'appuyer sur des éléments de réalité empirique, testables, auxquels justement ces discours veulent échapper.

Ils sont parfois seuls à pouvoir encore exprimer une forme de révolte apparemment crédible, attirante, sans limites apparentes, puisque, à l'opposé, les discours « purement » politiques sont tenus, eux, de se plier, de près ou de loin, à une réalité mesurable. Ces discours sont l'issue de secours des désespérés, il est donc difficile de les bloquer, même si cela est absolument nécessaire.

Sans lutte résolue contre l'*épistémologie contes de fées*, contre la légitimité des croyances en général, il est impossible de combattre les discours de haine. Détruire la dépendance à une drogue, fût-elle intellectuelle, n'est pas chose facile, mais sans sevrage complet, point de salut.

L'extrémisme ne se limite pas aux bombes ni aux musulmans

Le Rwanda a connu bien des vicissitudes au cours de sa brève existence comme État indépendant. Les massacres de populations ont été plutôt la règle que l'exception. La forte densité de population, de l'ordre de 450 habitants au km^2, dans un pays resté fortement rural, est un problème énorme. Beaucoup d'exploitations agricoles ont une taille inférieure au demi-hectare (contre 55 hectares en moyenne en France) et il n'est pas difficile d'imaginer les conséquences de cette surpopulation sur la vie sociale, sur la compétition économique et politique entre groupes identitaires (plus ou moins imaginaires). Pour la majorité des Hutus, le Tutsi est souvent le « gros » propriétaire. La suite est facile à imaginer.

L'Église catholique a, depuis l'époque de la colonisation, une influence sociale énorme dans ce pays. Elle a donc une responsabilité écrasante dans les affrontements entre populations rwandaises, même si on ne peut pas la soupçonner de les avoir fomentés centralement comme institution.

Le Rwanda n'a pas été le théâtre d'un affrontement entre religions, puisque la majorité de la population, Hutus et Tutsis, est catholique. C'est donc bien la vision religieuse, l'*épistémologie mythique* elle-même qui est le danger. L'Église catholique, à commencer par les « bons pères » européens, a plus ou moins constamment soutenu, depuis l'indépendance du pays, les « pauvres » Hutus contre les « riches » Tutsis. En suivant cette logique, nombre de religieux ont été directement impliqués dans le lancement des massacres, et parfois jugés pour cela. Cet aspect est relativement bien connu, mais le plus grave sur le long terme n'est pas forcément là. La croissance incontrôlée de la population du Rwanda est un problème central :

> *Avec ses dix millions d'habitants pour 12 500 km^2, sa myriade de micro-exploitations vivrières qui se subdivisent à chaque génération et son taux d'accroissement de la population de 2,7 % par an en moyenne, le pays des Mille Collines détient le record africain de la densité : 375 habitants au km^2 – l'équivalent de celle des Pays-Bas, pour un PIB quatre cents fois inférieur. Une pression démographique « nettement excessive », selon le président Kagamé lui-même, qui juge sa régulation « excessivement délicate » à cause des « susceptibilités culturelles, spirituelles et communautaires » des Rwandais. Même si la baisse régulière de l'indice*

de fécondité (de 6 à 5 enfants par femme en dix ans) démontre que la politique de planning familial commence à produire quelques résultats, les projections demeurent inquiétantes : 22 millions d'habitants en 2050 selon le Fnuap, soit une densité de plus de 700 habitants au km² et une moyenne de 10 Rwandais par hectare de terre cultivée !

Cécile Sow, « Un milliard d'Africains : baby-boom, mode d'emploi », *Jeune Afrique*, 24 novembre 2009[64]

Lorsque l'évêque catholique rwandais Mgr Smaragde Mbonyintege dit, le 7 octobre 2014, qu'*« avec toutes les misères que nous connaissons, la croissance démographique élevée a attiré bien l'attention des planificateurs mondiaux de la population, le gouvernement rwandais est certainement sous la pression de toutes les théories modernes et nocives sur la limitation des naissances »*, est-il un extrémiste ? Si l'on considère les effets de la propagande désastreuse de l'Église catholique sur la croissance de la population, *certainement* ; si l'on considère le contenu *formel* de son discours, *certainement pas*. Il est des circonstances où donner de la valeur à des « valeurs » religieuses comme la prétendue *protection de la vie* équivaut à avoir une attitude génocidaire.

Une étude parallèle confirme indirectement le rôle décisif de la démographie dans le génocide : Thorsten Rogall and David Yanagizawa-Drott, « *The Legacy of Political Mass Killings : Evidence from the Rwandan Genocide* », Harvard Kennedy School EpoD, mars 2014.

L'*abstract* du document est clair :

Our results show that households in villages that experienced higher levels of violence induced by the broadcasts have higher living standards six years after the genocide.

TRAD. – Nos résultats montrent que les ménages dans les villages qui ont connu des niveaux plus élevés de violence induite par les émissions [de la radio génocidaire Mille Collines] ont des niveaux de vie plus élevés six ans après le génocide.

Dans un pays rural, où les ressources liées à la terre sont prépondérantes, il est vital de limiter la population. Le choix finit donc par se situer entre la régulation des naissances et les massacres à la machette.

La formation religieuse musulmane reçue par le jeune Mohammed Atta, le chef de l'équipe de ceux qui ont précipité les avions de ligne sur les Twin Towers le 11 septembre 2001, était très classique. L'expérience a montré que le simple fait de structurer son monde au moyen de catégories religieuses peut être un poison mortel.

Un autre cas a défrayé la presse le 5 avril 2015 (France 24) : l'un des assaillants de Garissa (Kénya) était un « brillant » étudiant en droit.

Un des membres du commando shebab ayant mené l'attaque contre l'université de Garissa, tuant 148 personnes, a été identifié. Il s'agit d'Abdirahim Abdullahi, un Kényan d'ethnie somalie, diplômé en droit et qualifié de « futur brillant juriste »[65].

Dans la majorité des cas de dérive « extrémiste » de ce type, les personnes proches des jeunes hommes (et femmes) entraînés dans ces mouvements décrivent ces personnes comme « normales » jusqu'au moment fatidique où il est trop tard. Le bon moment pour intervenir est naturellement bien en amont, au moment où la croyance religieuse elle-même se met en place. Il faut donc combattre *tout* type d'enseignement religieux à large échelle. Il faut créer une *résistance à la croyance*.

Il est impossible de distinguer les bons et les « mauvais » enseignements religieux sur la base de leur présentation formelle, par exemple en se demandant si ces enseignements incitent explicitement à la haine des autres ou non. Ce qui est le plus dangereux, ce sont les *espoirs de justice irrationnels*. Quelle croyance religieuse n'en contient pas ?

Il n'y a pas d'enseignement religieux (à large échelle) qui n'incite, sous une forme une autre, à la création d'une distinction entre les vrais croyants et les autres. Une action sérieuse pour lutter contre ces classifications remettra inévitablement en cause l'*épistémologie mythique*. Il en sera de même lorsque l'on voudra s'attaquer à l'extrémisme religieux des « défenseurs de la vie » qui veulent assassiner les défenseurs des droits des femmes à contrôler leur fécondité. La neutralité épistémologique n'existe pas.

La lutte contre l'*épistémologie mythique* doit être universelle et sans limites. Cela ne signifie pas qu'elle se déroule au même rythme partout. Il est possible d'évaluer, en fonction des conditions sociales, politiques, religieuses, le degré de dangerosité de telle ou telle croyance et de doser l'effort en fonction de cette dangerosité immédiate.

Il faut cependant rester attentif au fait que la condition d'une possible réussite de l'action contre les croyances les plus dangereuses est que cette action vise *toutes* les croyances, et non une minorité d'entre elles jugées plus toxiques. Si l'on effectue intensément des contrôles policiers d'alcoolémie à la sortie des boîtes de nuit, ce n'est pas parce que l'alcool est moins dangereux chez les personnes qui sortent plus tôt dans la soirée d'un petit restaurant isolé, mais parce que le danger est plus concentré à proximité de ces lieux « récréatifs ». Si l'on renonçait à punir également les personnes, repérées isolément, conduisant une voiture en ayant dépassé le taux d'alcool maximal toléré sous le prétexte qu'elles sont plus âgées, l'efficacité globale de la lutte contre l'alcool au volant en général serait immédiatement diminuée.

Le meilleur moyen de saisir les limites d'une action sélective contre l'« extrémisme religieux » est de faire son bilan. Il est très faible. Les groupes religieux se proclamant fondamentalistes se multiplient. L'exemple type de la campagne inefficace contre l'« extrémisme » est la menace de la *peine de mort* pour ceux qui commettraient des *attentats suicides*. Il ne manque alors plus que la délivrance gratuite d'un certificat de martyr pour compléter la panoplie. Ce genre d'action est l'exemple type du syndrome du lampadaire. La lutte contre les croyances religieuses est évidemment non consensuelle, mais c'est la seule qui puisse se révéler efficace sur le long terme.

Lutter contre l'extrémisme sans lutter contre toutes les croyances religieuses, c'est comme accepter l'usage de la cigarette pourvu qu'elle ait un filtre. Or, non seulement l'usage des cigarettes avec filtre ne protège en rien le fumeur, mais les filtres possèdent leurs propres dangers. De plus, même si les filtres protégeaient significativement les fumeurs qui les emploient, le seul usage généralisé de cigarettes avec filtre dans l'espace public représenterait inévitablement une validation de l'usage de la cigarette, y compris de la cigarette sans filtre. Cette validation encourage l'existence de locaux remplis de fumée produite par les fumeurs, avec et sans filtres.

L'illusion d'une protection apportée par les filtres à cigarette n'a pas duré des siècles. Il reste à espérer, et à lutter, pour que l'illusion de l'existence de religions intrinsèquement non extrémistes soit rapidement dissipée et que la lutte résolue que doit entreprendre tout gouvernement raisonnable contre toutes les croyances soit mise sur pied.

Les humains cherchent naturellement les solutions qui leur coûtent le moins en termes de changement de représentation. L'idée qu'il va falloir lutter contre toutes les religions est perçue comme inacceptable par beaucoup. Par exemple, un groupe de hauts fonctionnaires français a fait paraître, sous le pseudonyme *Le Plessis*, dans *Le Figaro* du 16 novembre 2015 (après les attentats de Paris, notamment contre le Bataclan), un manifeste portant sur la meilleure manière de combattre l'islamisme, dont le point saillant est :

> *À moins d'accepter l'islamisation de notre pays, cette option doit consister aussi à renforcer le christianisme pour équilibrer la situation et la résistance naturelle à l'islam, réactiver le fond éthico-philosophique qui fait le soubassement de nos valeurs républicaines et qui est profondément chrétien.*
>
> Groupe Plessis, « Islamisme : les propositions choc d'un groupe de hauts fonctionnaires », *Le Figaro*, 16 novembre 2015

Ce groupe *réactionnaire* a raison sur un point. Il n'est pas possible de combattre l'islamisme en défendant les seules libertés, la laïcité « simple ». Face à un groupe religieux conquérant, la neutralité n'a qu'un effet très limité. Il faut au contraire attaquer et détruire les croyances dangereuses. Pour le reste, ces thèses sont irresponsables parce que la mise en avant des valeurs chrétiennes ne ferait qu'accroître les confrontations internes et externes à la France. Ce n'est pas un hasard si ce groupe limite ses solutions au seul territoire hexagonal, alors que, visiblement, l'essentiel du problème n'est pas là.

Une semaine après les attaques meurtrières de Paris, l'hôtel Radisson de Bamako était attaqué à son tour. *Le Plessis* n'a évidemment pas de réponse pertinente à cet événement, à moins de vouloir *renforcer le christianisme* à Bamako ! Rappelons que le Mali, dont Bamako est la capitale, est un pays à majorité musulmane, ce qui ne l'empêche naturellement pas d'être la proie d'attentats islamistes. Il y a de très bonnes raisons pour ne pas laisser le pays être la victime facile des tentatives djihadistes, alors quelle solution pour Bamako de la part des défenseurs de la « tradition chrétienne » ?

Comme il est sans doute difficile de proposer d'envahir tout le Proche-Orient et l'Afrique pour y propager les *valeurs chrétiennes*, alors le groupe capitule dans les faits et s'agite, vainement. Il n'a pas non plus le plus petit début de réponse aux agressions, certes aujourd'hui purement verbales, de catholiques intégristes comme celle parue le 20 novembre 2015 dans *Riposte catholique* sous le titre « Les Aigles (déplumés) de la mort aiment le diable! », qui affirme :

> *Ces pauvres enfants de la génération bobo, en transe extatique, « jeunes, festifs, ouverts, cosmopolites » [...]. Mais ce sont des morts-vivants. Leurs assassins, ces zombis-haschishin, sont leurs frères siamois.*
>
> Hervé Benoît, « Les Aigles (déplumés) de la mort aiment le diable! », Riposte catholique, 20 novembre 2015 [66]

La lutte contre la croyance religieuse doit à l'évidence être mondiale, comme n'importe quel type de solution sérieuse au terrorisme. On ne parviendra à rien en respectant les croyances de tous. Il est nécessaire de n'en favoriser aucune et donc de n'en respecter aucune.

Guantanamo, lieu exemplaire des limites de la lutte contre l'« extrémisme »

La base de Guantanamo, « louée » par les États-Unis à Cuba, a été utilisée par ces mêmes États-Unis pour y enfermer des prisonniers cueillis lors des guerres d'Afghanistan et d'Irak. Certains prisonniers y sont enfermés, sans jugement, depuis de nombreuses années. Le président Obama a toujours cherché à fermer cette base en se débarrassant de plusieurs prisonniers encombrants, qui sont jugés dangereux par beaucoup, mais qui n'ont pas commis de crimes clairement caractérisés permettant leur inculpation par une cour de justice américaine.

Par comparaison, lors de la capitulation de l'Allemagne et du Japon à la fin de la Deuxième Guerre mondiale, les « extrémistes » militaires des pays vaincus étaient aussi en grand nombre. Cependant, à quelques exceptions près, la résistance militaire nazie aux occupations alliées (dans la partie occidentale de l'Europe et au Japon) s'est vite essoufflée. Cet essoufflement était naturellement lié à la situation géographique (domination totale des Alliés sur les régions concernées), mais aussi aux types d'extrémisme en jeu.

Les extrémistes nazis ont bien dû finir par reconnaître, après la capitulation étatique de l'Allemagne, que la lutte militaire contre l'armée américaine n'avait plus de sens. Une personne atteinte de croyances djihadistes musulmanes peut, elle, penser que son combat « pour dieu » n'a pas de fin, à part lors de sa propre mort « glorieuse ».

Les mesures « habituelles » qu'une armée victorieuse peut prendre contre ses ennemis militaires n'ont donc qu'une efficacité limitée dans un combat contre ce type de croyances. C'est de cette impuissance relative qu'est née Guantanamo. Dans cette base, les Américains ont tenté de neutraliser les risques liés à des individus atteints de croyance djihadiste, mais sans lutter à large échelle contre la croyance qui les soutient. Un échec, relatif, est inévitable, à l'échelle des individus comme à l'échelle des pays concernés par les conflits.

Les prisonniers de Guantanamo ont subi des traitements très durs de la part de leurs geôliers américains, mais il est à craindre que bien peu d'entre ceux qui étaient des partisans d'Al-Qaïda aient changé de direction et aient cessé leur combat destructeur. Ce n'est pas étonnant. Quand on a affaire à un extrémiste religieux, il faut s'en prendre sérieusement à ses convictions religieuses si l'on veut améliorer les choses. Or, c'est bien la seule chose que n'ont pas faite les responsables de Guantanamo. Ils auraient dû se débarrasser de leurs propres croyances pour pouvoir agir de manière crédible. N'étant pas équipés intellectuellement pour le faire, ils se sont donc condamnés à l'impuissance et au blocage continuel qui entoure cette base.

Si l'on veut être efficace, il faut refuser de considérer certaines choses comme sacrées. Les convictions religieuses en font partie. Les combattants d'Al-Qaïda et de Daesh sont les exemples les plus flagrants du caractère pathogène des croyances religieuses. Ce caractère pathogène étendu semblera probablement très difficile à accepter par bon nombre d'Américains, d'Européens et bien d'autres. Cependant, à la fin 2015, dans une Amérique nageant dans un océan d'illusions sur l'existence de bons et de mauvais croyants, *« le milliardaire américain Donald Trump, alors déjà en tête des sondages des primaires républicaines pour la Maison-Blanche, a proposé de ficher les musulmans présents aux États-Unis »* (DH Les Sports+, 20 novembre 2015)[67]. C'est évidemment une idée stupide et inacceptable, mais, paradoxalement, elle contient un germe d'idée correcte, à savoir qu'une croyance religieuse, une religion, peut être dangereuse par elle-même. Il ne restait plus au très savant M. Trump qu'à nous définir les critères de dangerosité d'une croyance religieuse. Il est plus simple de définir les croyances non dangereuses...

Tant que la puissance américaine ne comprendra pas qu'elle doit combattre la croyance religieuse partout, y compris d'abord sur son propre sol, elle sera contrainte à une relative impuissance.

8

Les identités pathologiques

Le danger religieux est fortement lié au danger identitaire « géographique ». Celui-ci est étudié pour lui-même, mais surtout dans ses liens avec la croyance. En particulier, nous examinerons les rôles de ce danger dans le domaine des lois, du renforcement des identités et, dans le cadre de « La compétition accrue entre organisations sociales... » (voir infra), de l'affaiblissement des capacités économiques des sociétés.

Un autre danger lié aux pathologies religieuses : le renforcement des identités géographiques

Le premier danger représenté par la croyance religieuse est l'aberration épistémologique à large échelle qu'elle introduit massivement dans l'intellect humain. Cette aberration occupe l'espace mental de nombre d'habitants de la planète. Elle est à l'origine de multiples maux, mais aussi de « satisfactions morales » parmi lesquelles le renforcement des identités de groupes. Dans l'identité religieuse en général, on s'imagine un monde créé pour les humains. Dans l'identité nationale, provinciale ou sectaire, on s'imagine que les puissances invisibles restreignent leur support terrestre à une fraction limitée de l'espèce humaine parce que la divinité se trouve satisfaite des actions et des pensées de ce seul groupe. Quelle tâche enthousiasmante pour une puissance céleste supra-galactique : assurer la protection d'une bande de racketteurs de quartier !

Les aberrations épistémologiques religieuses et identitaires relèvent globalement des mêmes mécanismes et se renforcent. Par souci de brièveté, nous ne répéterons pas les caractéristiques de l'*épistémologie contes de fées* décrite supra (*Y a-t-il une épistémologie religieuse?*).

On peut estimer que les groupes humains ont été « calibrés » par l'évolution pour une taille maximale d'environ 200 personnes. Au sein d'un tel groupe, tout le monde connaît tout le monde (en bien ou en mal). La brousse africaine, berceau de l'humanité, ne permet pas de nourrir simultanément de plus grands groupes sur un territoire limité.

La survie passe souvent par la lutte contre d'autres groupes de taille comparable et concurrents pour l'accès aux ressources de nourriture. Le livre de Diamond *The World until Yesterday* (2012, op. cit.) est un bon exposé de la vie de ce genre de tribu. Les sociétés sans État sont pratiquement toujours plus violentes, comptent toujours un pourcentage de morts violentes plus important que les sociétés avec État, même si l'on prend en compte les deux guerres mondiales (Steven Pinker, *The Better Angels of Our Nature*, 2011, op. cit.). La création des États est donc un progrès considérable, mais il s'accompagne de dangers qui lui sont propres en générant le besoin d'identification avec une structure plus grande (aujourd'hui, l'État-nation).

Exemple des dangers créés par le développement des États nationaux et de leurs identités religieuses : en 1972, vingt-quatre ans après l'indépendance de 1948, le Sri Lanka (Ceylan) *« adopte une nouvelle constitution qui proclame le bouddhisme "religion principale" »* (Adrien Le Gal, « Au Sri Lanka, le difficile effort de réconciliation », *Le Monde*, 24 février 2015)[68]. Les minorités hindouistes résidant dans l'île sont évidemment visées par cette mesure. Une guerre civile éclate en 1983, qui ne s'est terminée, au niveau militaire, que plusieurs années plus tard. Peu importe le contenu des enseignements bouddhistes : dès le moment où il y a proclamation de la valeur intrinsèque d'un enseignement, où l'on sort de la falsifiabilité de la connaissance scientifique, la violence frappe souvent.

Les croyances religieuses jouent un rôle significatif dans le renforcement des identités fortes et violentes, dans les sociétés « primitives » et dans les sociétés avec État. Le racisme en est l'expression la plus nuisible. Certaines formes d'identité sont porteuses de créativité et de saine compétition, mais, globalement, il est plutôt nécessaire de limiter/mitiger les identités que de les favoriser.

La croyance religieuse n'est certainement pas le seul élément de différenciation entre les humains à l'origine d'identités parfois meurtrières, mais elle est la pire de par sa persistance « naturelle ». Un bon exemple nous en est donné par l'ex-ministre de la justice israélienne, Tzipi Livni, qui a déclaré, après de nouveaux incidents à Jérusalem : *« Le conflit avec les Palestiniens devient religieux et de ce fait insoluble. »* (Marc Henry, « Jérusalem : l'Esplanade des mosquées épicentre de toutes les tensions », *Le Figaro*, 6 novembre 2014)[69]

Le fondement réel de l'attachement de beaucoup de populations à leur identité religieuse est leur attachement à leur identité nationale/sociale, et vice-versa. Ce type d'identité est très répandue parmi les groupes humains, mais contredit frontalement les prétentions des croyants à l'universalité de leurs croyances. Ils se définissent en fait par rapport à un ancêtre clanique qui, en plus d'être puissant et invisible, n'aime vraiment « qu'eux ».

Le premier défaut des identitaires est de ne pouvoir définir leur identité de manière claire. Définir les groupes humains par des caractéristiques vaseuses ou imprécises, dans le style « les amoureux de la liberté », n'est pas sérieux (nous ne connaissons pas de peuple « amoureux de la soumission »). La réalité est que les groupes humains se définissent de fait le plus souvent par des *défauts communs*. Parmi ces défauts figurent les croyances religieuses et des valeurs/priorités liées à ces croyances.

A contrario, un point est souvent négligé par ceux qui veulent combattre les dangers liés aux croyances identitaires : la croyance que les différences entre groupes humains seraient purement imaginaires et que rien ne les distingue en fait. Cette illusion part d'une donnée correcte, à savoir la grande homogénéité génétique et biologique de l'espèce humaine. Elle est fondamentalement conforme à la réalité, mais elle n'en décrit qu'une partie. Pour combattre l'identité forte et le racisme, il est nécessaire de mieux cerner la réalité des différences. Les groupes humains ne sont pas complètement semblables et gardent certaines caractéristiques et certains comportements sur plusieurs générations. À l'échelle de larges populations, l'inertie des comportements et des aberrations identitaires est plus importante que souvent imaginée. Cela n'induit naturellement pas de hiérarchie intangible entre groupes humains, mais cela empêche une égalité de fait immédiate, ou à court terme, dans de nombreux domaines. Cacher cette difficulté est contre-productif.

Une des conquêtes principales de la Révolution française est l'abolition, en tout cas formelle, des droits collectifs des groupes « homogènes ». Le député Stanislas de Clermont-Tonnerre proclama devant l'Assemblée nationale Française (1789) : « *Il faut tout refuser aux Juifs comme nation et tout accorder aux Juifs comme individus.* » L'application de cet universalisme à l'échelon mondial est un enjeu essentiel de productivité pour beaucoup de pays. L'appel à la croyance religieuse pour justifier les privilèges est presque une constante. Même en Occident, beaucoup de religions jouissent de statuts privilégiés.

L'abolition des « droits particuliers » est un combat universel. Il ne peut souffrir d'exception – en dehors d'une vision raciste, séparatiste, de l'humanité – que pour des groupes désirant s'exclure en grande partie de la modernité. Cela signifie de leur part l'acceptation du statut de *musée vivant*.

La croyance religieuse comme fondements des lois

Les choix de priorités qui sont au cœur des lois humaines ont été de tout temps difficiles à mettre en place et à défendre. Il n'existe pas de recette simple pour décider ce qu'est une bonne ou une mauvaise loi. La tentation est donc grande d'obtenir une « aide externe » d'origine divine.

L'invocation des règles divines a très souvent été utilisée par les dirigeants pour valider les lois et décisions qu'ils étaient amenés à instaurer. Cette solution de facilité a des revers évidents : elle ne permet pas de réelles discussions et évolutions sur les priorités et elle pousse à un conservatisme dangereux. Comment justifier le changement de position d'un dieu imaginaire ? La suppression de la justification divine des lois est une des étapes indispensables du progrès de l'humanité. C'est un des chemins sur lesquels les Grecs de l'Antiquité ont avancé, mais que l'humanité n'a pas fini de parcourir.

De nombreuses religions ont de tout temps tenté – et ont souvent réussi – à faire mettre en place des lois étatiques destinées à réguler la vie sociale des habitants d'une région et à protéger leurs croyances contre toute attaque directe ou indirecte. Les progrès scientifiques et sociaux de « l'Occident » n'ont été possibles que par la lutte résolue contre ces lois. Il reste à les liquider, et ce, à l'échelle mondiale. Elles n'ont pratiquement jamais été supprimées dans les pays actuellement plus développés, en suivant le sentiment de la majorité des populations locales, toujours dépendantes de leurs « drogues morales ». Il y a hélas ! peu de chance qu'il en soit autrement dans le reste du monde.

Aide dangereuse aux identités géographiques (nationales) et linguistiques

L'étendue géographique limitée d'un groupe humain lui permet d'utiliser une pratique sacrificielle ou culturelle partagée, issues d'une pratique commune, pour délimiter un territoire commun à ce groupe. Souvent, la cohésion n'est pas au rendez-vous, mais parfois, la présence d'un ennemi commun (le plus souvent un envahisseur ou un « voisin » encombrant) permet de gommer les différences « superficielles ». Le fondement de la nation est l'unification d'un territoire aux fins de limiter les frais généraux en matière de défense, militaire et commerciale, ainsi que les frais de régulation sociale, difficiles à gérer si le territoire et les populations sont trop grands et trop peu homogènes.

La création d'un marché unifié et réservé à « ceux de l'intérieur » est une des réalisations les plus importantes de la nation, par l'élargissement du marché (non strictement local) et l'abaissement des coûts de transactions internes, qui lui permet d'exister comme communauté au travers de la création de barrières, temporaires, contre les concurrents externes (les États-Unis ont longtemps été protectionnistes).

Comment mieux délimiter ses frontières « morales » qu'en employant l'adhésion commune à une croyance absurde (donc non susceptible d'être reprise facilement par les « autres ») comme critère d'appartenance ?

Justification pathologique de la séparation avec les autres groupes humains, spécialement les voisins, justification des guerres

L'utilisation de la technique de séparation « nationale » entre les humains entraîne inéluctablement deux conséquences : la lutte contre les ennemis de l'intérieur et la lutte contre les ennemis de l'extérieur. La religion est le plus souvent utilisée pour permettre la justification des guerres. Il est vrai que, dans de rares cas, une instance religieuse a pu freiner ou stopper une guerre entre deux États, mais dans l'immense majorité des cas, toutes les guerres sont déclarées « guerres justes » par les instances religieuses, et surtout par les croyants. En règle générale, aucun « spécialiste religieux » ne va mordre la main qui le nourrit. Étrangement, la même religion justifie simultanément la légitimité de l'action guerrière des deux côtés de la frontière. En 1914, les Églises catholiques nationales (*catholique* signifie *universel*) justifiaient séparément la guerre nationale du côté allemand et du côté français. Le pape Benoît XV, qui tenta de se poser comme promoteur d'une paix de compromis, a vu son action critiquée, entre autres, par la hiérarchie catholique française, y compris publiquement en chaire, et (indirectement) par son successeur Pie XII (pape de la Deuxième Guerre mondiale), qui a choisi un autre positionnement. Ceux qui critiquaient le pape n'ont pas été excommuniés, parce qu'ils soutenaient les guerres de leurs gouvernements, cela fait partie du « business » normal.

La religion est le plus souvent un instrument de justification de buts fixés indépendamment d'elle. Elle n'est pas vraiment à l'origine de ces buts, mais elle prend vite une autonomie dangereuse dans l'accomplissement de ceux-ci. La seule utilité de la religion est le « réconfort », et non la résolution des conflits. Bien peu de religieux, de croyants, aiment à rappeler que le seul moyen de « vraiment » atteindre une paix rapide, c'est la capitulation, c'est tendre l'autre joue.

L'identité religieuse, simple masque de l'identité de groupe ?

Dans un livre paru en 2010 aux États-Unis, *A World Without Islam* (Little, Brown and Company, op. cit.), Graham E. Fuller défend l'idée que l'appartenance religieuse est en elle-même de peu d'importance et que c'est l'opposition entre peuples de l'Est et de l'Ouest (Orient et Occident), ayant chacun une identité géographique et des traditions fortes, qui est déterminante. L'auteur fait remonter cette opposition géographique au moins à la scission de l'Empire romain, vers la fin de l'Antiquité. Cette époque vit la création de deux centres concurrents : Rome et Byzance. Les identités religieuses et culturelles, orthodoxes ou musulmanes, ne sont à ses yeux que des oripeaux destinés à cacher de vieux antagonismes ataviques entre populations.

Il y a un élément de vérité dans cette thèse : il est vrai que ce n'est pas l'antagonisme théologique sur le véritable sens de la Trinité et le rôle de tel ou tel prophète qui entraîne des conflits fréquents entre les pays orientaux et occidentaux. Déduire de cela que la croyance religieuse n'est qu'un simple déguisement des antagonismes réels est pourtant une contre-vérité flagrante.

Une comparaison avec un autre antagonisme nous permettra de saisir le non-sens de cette thèse. La Chine et l'Occident entretiennent depuis au moins le milieu du XIXe siècle une compétition ouverte pour la prééminence en Asie. Dans un épisode de cette confrontation, le Japon, au début du XXe siècle, a joué le rôle de « relais local » des Américains pour dominer la Corée et occuper une partie de la Chine. Il y a là trace d'une longue histoire et d'antagonismes sérieux, compliqués et profonds, entre les nations pour déterminer leurs rôles respectifs en Asie et dans le monde.

Après une période d'instabilité de plus d'un siècle, la Chine a fini par se « réveiller » et est devenue une grande puissance industrielle et politique (réformes de Deng Xiaoping à partir de 1979). Ce réveil a reçu, de fait, un appui massif des Occidentaux, et en particulier des Américains, qui investirent plus ou moins directement en Chine pour la transformer en *atelier du monde*.

Malgré ces investissements massifs et la création d'une économie interdépendante entre la Chine et de nombreux pays occidentaux, les antagonismes politiques, voire militaires, subsistent, spécialement en Asie du Sud-Est. Les considérations religieuses n'ont qu'un rôle mineur dans ces conflits. Il s'agit clairement d'une opposition d'intérêts « rationnels ».

L'équivalent (et bien plus) des sommes investies par l'Occident pour accélérer le développement de l'*atelier du monde* chinois a été largement englouti en pure perte au Proche-Orient pour essayer de stabiliser une situation en éruption permanente depuis, au moins, l'entrée de l'Empire ottoman dans le camp germanique au début de la Première Guerre mondiale. Pourtant, à aucun moment, les pays occidentaux n'ont sérieusement tenté, pour les stabiliser, de transformer les pays du Proche-Orient en *atelier du monde*. Cette non-préférence pour un « petit Poucet » politique est d'autant plus bizarre que la menace des pays musulmans sur la domination globale des États-Unis, par exemple, est moindre que celle de la Chine (cela n'est naturellement pas vrai à l'échelon local du Moyen-Orient).

Si cette transformation n'a pas été tentée, malgré l'intérêt politique évident qu'elle aurait eu pour l'Occident, cela s'explique clairement par la situation économique, politique, éducative, sociale et religieuse des pays du Proche-Orient.

LES IDENTITÉS PATHOLOGIQUES

Il n'est pas inutile d'étendre la comparaison à la Russie, qui s'est retrouvée récemment une vocation *orthodoxe* forte et une économie en situation très difficile (hors pétrole). Ces pays ont pour particularité d'avoir des économies dépendant, directement ou indirectement, de rentes de situation pétrolières ou gazières. L'apport économique de ces rentes est décisif. Ces rentes sont en fait un handicap pour ceux qui en « profitent », car elles empêchent le marché mondial de les forcer à changer leurs structures sociales (avec tous les bouleversements intellectuels que cela implique) afin de rester compétitifs. Georges Corm peut dire : « Le pétrole a fait le malheur du monde arabe » dans l'Atlas du Monde diplomatique 2009.

Ces rentes « gratuites » permettent de plus le renforcement des pays musulmans les plus rétrogrades culturellement et religieusement. En Russie, presque symétriquement, les popes trouvent une oreille attentive au sein du pouvoir et bénissent les avions militaires.

Une autre particularité de la région arabo-musulmane est l'extrême fragmentation religieuse et identitaire de ses populations. Plus que la force des antagonismes, malheureusement courants dans l'histoire mondiale, c'est la persistance de ceux-ci qui doit poser question. L'antagonisme catholiques-protestants est multiséculaire, mais il a trouvé des formes « civilisées » dans la majorité des cas (Irlande exclue). Celui qui oppose sunnites et chiites continue d'embraser la région et la zone musulmane en général (le Pakistan est aussi touché). Cela est probablement à mettre en relation avec la persistance des groupements tribaux et linguistiques associés à des identités religieuses fortes qui donnent en permanence du carburant à ces conflits.

Il est donc illusoire d'étudier le développement des antagonismes entre nations sans tenir compte de l'influence des facteurs religieux dans le développement social, économique et politique de chaque groupe de pays (voir également la comparaison des cas mexicain et palestinien, infra, sous le titre : *Zone arabo-musulmane*). Cette influence sera souvent décisive dans le développement de la relation, plus ou moins compétitive, avec les autres pays, et sur le développement de la perception d'une identité séparée qui est tout de même à la base des antagonismes nationaux et religieux.

Il est vrai que l'islam n'est pas seul en cause et que le reste de l'Afrique, largement chrétienne et animiste, n'est pas toujours logé à meilleure enseigne, mais il faut précisément étudier en quoi les croyances jouent un rôle décisif, en conjonction avec d'autres facteurs, dans la persistance de l'arriération sociale des pays concernés.

Un des boulets que traînent, à des degrés variables, les pays musulmans est l'énorme part qui est donnée à l'enseignement religieux, y compris celui de la langue arabe classique, dans l'éducation des enfants et des jeunes adultes. Cet énorme gaspillage de ressources et de temps de formation se fait naturellement au détriment de l'enseignement des disciplines utiles, et en premier lieu des disciplines scientifiques. Cette tare est comparable à celle qu'amènent les maladies contagieuses dans les pays africains. Le système de santé est insuffisant et le système éducatif aussi. Il y a une relation entre une faiblesse et l'autre.

L'aberration épistémologique religieuse est le plus souvent à la base de la forme et de la durée des antagonismes entre groupes humains. L'absence de falsifiabilité de la croyance est à la racine de la persistance extraordinaire de confrontations souvent mortifères.

Il est évident que la suppression pure et simple (miraculeuse...) d'une religion n'est pas la solution finale à tous les problèmes d'un groupe humain, mais se débarrasser d'un fardeau est toujours une bonne chose pour celui qui le porte depuis trop longtemps. L'effort est global et doit porter sur la désintégration des identités fortes en général, et de leurs aspects religieux en particulier.

Le droit à l'identité ?

Après la fin de l'époque coloniale et la défaite du nazisme, le droit de chaque humain et chaque groupe d'humain à posséder et préserver les diverses formes de son identité semblait aller de soi pour la plus grande partie de l'humanité. Malheureusement, les bons sentiments ne remplacent pas la réflexion. Une analyse des possibilités de préservation durable des identités est indispensable, tout comme l'examen concomitant de leurs coûts et de leurs conséquences.

Nous pouvons nous inspirer, dans cet examen des identités, d'une comparaison avec une autre conséquence des différences entre humains : les différences de richesse et de revenus. L'économiste français Thomas Piketty a écrit en 2013 un livre à succès, portant centralement sur la répartition des revenus et des richesses : *Le capital au XXIe siècle* (Seuil, 2013). Il nous rappelle que la déclaration des droits de l'homme et du citoyen de 1789 postule en son article premier : « *Les hommes naissent et demeurent libres et égaux en droits. Les distinctions sociales ne peuvent être fondées que sur l'utilité commune.* »

De cette règle, Piketty tire des conséquences sur les limites aux possibilités d'enrichissement qui sont posées par l'ampleur des dégâts que cette acquisition de richesses (distinctions sociales) fera subir à la collectivité (utilité commune). Par exemple, si un individu pouvait taxer arbitrairement l'air respiré par tous les humains (grâce à une astuce technique ou à une amélioration de la qualité de cet air), il deviendrait vite très riche. Mais même si cet air était significativement amélioré par rapport à celui communément respiré, il serait nécessaire que la collectivité, l'État, intervienne fortement pour limiter les possibilités d'enrichissement sans limites.

On peut légitimement se poser des questions quant à la manière de réguler les inégalités et tenir une balance différente de celle de Thomas Piketty entre la volonté d'égalité et celle de stimuler la croissance des technologies et de la production. Il est cependant clair qu'une certaine dose de limitation des possibilités d'action économique des individus (et surtout des entreprises) apparaît indispensable pour éviter des déséquilibres insupportables : c'est le sens des multiples lois anti-trust.

Les mêmes limitations doivent s'appliquer aux identités des groupes humains. La diversité humaine est une richesse, mais le développement et l'expression illimitée de ces richesses ont forcément une limite. Si l'on n'y prend garde, la limite posée par Piketty peut vite devenir totalitaire. Il serait nécessaire au « riche » de prouver à chaque instant l'utilité de son enrichissement pour avoir le droit de ne pas être saisi de la quasi-totalité de ses gains en faveur des besoins sociaux de la collectivité. C'est en gros la tragédie qui se passe dans certains pays sous-développés (et d'autres...), où la corruption et la redistribution sélective permettent de se dédouaner de l'enrichissement, freinent l'accumulation réelle de capital industriel, alimentent le clientélisme et font passer la productivité au deuxième plan.

Il est plus réaliste d'évaluer l'ampleur des dangers représentés par un enrichissement excessif et une tendance à la concentration des richesses excluant de vastes franges de la population de toute possibilité d'accumulation. Il devient ensuite possible et utile de limiter ces risques.

Pour revenir à notre sujet premier, il est donc aussi légitime d'admettre que la richesse apportée par la diversité des identités a également une limite, car elle peut atteindre gravement aux intérêts du reste (des non-appartenants au groupe) de l'humanité et même, surtout, à ceux des appartenants. On peut donc en conclure provisoirement que : *Les identités séparées ne sont tolérables que si elles permettent une vie commune soutenable et productive entre les humains.*

Peu de partisans de la liberté religieuse soutiendraient l'idée de « réparer », à n'importe quel prix, les dégâts de la première vague de colonisation européenne (celle des Amériques) en faisant ressurgir les pratiques religieuses anciennes les plus marquantes de l'Amérique du Sud, dont le thème identitaire central était les sacrifices humains à large échelle... Ce sont le plus souvent les groupes identitaires eux-mêmes qui sont les victimes de leurs croyances, mais les effets de leurs actions finissent par déborder sur leurs voisins proches ou lointains.

Il y a quelques années, les journaux se sont fait l'écho, dans certaines pétromonarchies arabes, de condamnation ou menaces de condamnation à des peines sévères pour *rapports sexuels hors mariage* de femmes possédant des passeports occidentaux qui avaient été victimes de viols. Nul doute que certains habitants de ces pays considèrent que vouloir changer ces lois et ces pratiques représente une atteinte grave à leur identité, mais, dans un monde unifié par le trafic aérien, de telles différences ne sont pas supportables. Il ne faut pas hésiter à détruire un système féodal/patriarcal qui contrôle un État entier.

Il n'est simplement pas possible à large échelle d'accepter un principe général de « droit à l'identité ». D'un point de vue du « système » humain, cela n'est pas tenable, et cela repose de fait sur de splendides illusions. Il faut cependant reconnaître l'existence, sur une durée variable, de *particularités* humaines, c'est-à-dire, en pratique, de défauts, de groupe de défauts qui caractérisent certains groupes humains. Les buveurs de bière obèses ont le droit de voir reconnaître leur particularité aussi longtemps qu'ils assument leurs défauts et qu'ils n'en tirent aucune supériorité intrinsèque (à part leur aptitude à descendre cul sec une chope de bière).

Il n'existe aucun remède miracle pour la résolution des problèmes identitaires, mais la première action de ceux qui veulent améliorer la situation de leur voisin et d'eux-mêmes est de montrer l'exemple et de renoncer à une « identité » forte avant de demander au voisin d'en faire de même.

Les langues, autres marqueurs forts et potentiellement dangereux de l'identité

Si l'on prend l'exemple de la langue, élément central des identités, on remarque que l'usage de langages minoritaires est souvent un handicap significatif pour certaines populations, car toutes les langues n'ont pas la taille critique pour survivre. Il est naïf et dangereux de penser que, par défaut, les langues sont naturellement en équilibre sur un territoire donné et peuvent subsister indéfiniment avec un peu de bonne volonté. Certaines modélisations de la compétition entre langues et de leurs disparitions existent (par exemple : Daniel M. Abrams, Steven H. Strogatz, *« Modelling the dynamics of language death »*, Nature, 21 août 2003)[70]. L'article nous rappelle également la fragilité des langues actuellement parlées :

> *Thousands of the world's languages are vanishing at an alarming rate, with 90 % of them being expected to disappear with the current generation.*
>
> TRAD. – Des milliers de langues parlées dans le monde disparaissent à un rythme alarmant, 90 % d'entre elles pourraient disparaître avec la génération actuelle.

Le Nigéria est un exemple de l'extrême difficulté qu'a tout pays pour faire coexister *529 langues [...]. Trois langues ont le statut de langues majeures : le haoussa, l'igbo et le yoruba. Elles sont enseignées dans le système scolaire [...]. 27 autres langues ont le statut de langues mineures.* Il est évidemment plus facile de se présenter comme le défenseur des identités que comme leur fossoyeur. Beaucoup de groupes humains s'imaginent pouvoir s'attacher au marqueur identitaire linguistique sans se poser de questions sur la taille critique nécessaire à leur préservation. L'étude citée montre qu'il est possible, *dans une certaine mesure*, de limiter la casse, mais rien ne dit que cela soit réalisable à large échelle (pour des milliers de langues) et sur *un temps long*.

La violence n'est pas loin quand les lois d'économie d'échelle empêchent la survie sur la longue durée de ces langues. Le multilinguisme est certainement une pratique utile, mais il ne peut être la solution de tous les problèmes.

L'Unesco, l'organisme onusien « en charge » de la culture, devrait en premier lieu s'atteler à trier entre les « bonnes » et les « mauvaises » cultures, et non prétendre tout sauver. Le souvenir des actions des propagateurs de la notion de « races inférieures » (sur les cendres à partir desquelles les institutions onusiennes ont été construites) empêche souvent de considérer la réalité des sociétés et des cultures. De peur de fâcher quiconque, l'Unesco est touchée par une forme de syllogomanie ou *syndrome de Diogène,* qui se traduit par une accumulation compulsive et sans limite d'objets très divers tels que des boîtes, journaux, aliments, détritus..., *cultures authentiques.*

Les coûts (c'est-à-dire le nombre minimum de personnes qui devraient s'y consacrer professionnellement) empêchent la survie de nombreuses cultures/sociétés. Tout risque de disparaître, et seule une sélection sévère en sauvera un nombre optimal, à la condition de faire ce tri auquel beaucoup se refusent. Une comparaison avec la taille régulière des rosiers peut être utile. La préservation de la diversité culturelle est un objectif trop important pour qu'on la laisse aux mains de gens qui ne comprennent pas (ou ne veulent pas comprendre) l'arithmétique.

Une des missions principales d'une l'Unesco renouvelée devrait certainement être de limiter les dégâts humains liés à la disparition inévitable de certaines formes de cultures et d'identités. Cela n'a rien de trivial. De nombreuses professions ont disparu du paysage économique. Cette évolution est indispensable, même si l'on cherche à préserver des savoirs historiques. Aucune profession n'est sacrée. Aucune culture ne l'est, aucune croyance religieuse ne doit être préservée à tout prix. La transformation/disparition des identités, religieuses ou non, doit être considérée comme une évolution normale de l'humanité.

Pour faciliter ces évolutions, il est nécessaire de développer une évaluation des effets économiques des identités. Pour être crédible, cette discipline ne doit pas seulement prendre en compte les coûts, mais aussi les gains liés aux identités. Le travail au sein d'un groupe homogène culturellement et linguistiquement n'a pas que des désavantages : il simplifie certaines relations, évite de devoir expliciter des règles qui sont évidentes pour tous et les rend rapidement plus efficaces. Parmi les coûts, outre ceux de maintenance de l'identité et du consensus, il faut compter avec la trop grande homogénéité/uniformité amenée par ce genre de milieux de travail.

L'acceptation de la disparition de certaines identités ne signifie pas que la mise en place d'une seule référence culturelle au niveau mondial, nord-américaine, par exemple, doive être considérée comme un fait inéluctable, au contraire. Pour éviter cette tendance à l'appauvrissement, une véritable coexistence entre cultures et identités doit être organisée. Cela devrait probablement prendre, entre autres, la forme d'une répartition des revenus financiers des activités culturelles en fonction d'une échelle de compensation favorisant proportionnellement l'appartenance à certaines cultures minoritaires. Cela suppose une gouvernance globale, seul moyen sérieux de limiter la pression des économies d'échelle qui poussent inéluctablement vers une limitation radicale de la diversité. Il s'agit parallèlement de refuser la balkanisation du monde où chaque groupe tente de se réfugier dans son illusoire pré carré.

Toutes les cultures sont destinées à changer et à disparaître. Pour limiter les effets sur les personnes de ces disparitions, un service de « voirie » doit être organisé. Seul le savoir scientifique, sous diverses formes, a vocation à subsister. Il n'existe plus d'individus ayant pour langue maternelle le grec ancien, ni d'esclaves qui triment pour que Platon puisse réfléchir librement. Le nombre de participants au culte de Zeus est faible, mais le théorème de Pythagore est toujours enseigné.

Il faut gérer la persistance/le développement de la culture, qui a toujours été « un luxe de riche », et préserver la multiplicité/diversité en obligeant toutes les populations disposant d'un niveau de vie et d'éducation avancée à vivre dans la multiculturalité (ce qui commence par l'apprentissage et l'usage soutenu, même élémentaire, des langues étrangères) en allouant des ressources à l'échelon global, non pour rafistoler des radeaux en perdition, mais pour permettre, lorsque cela est possible sur le long terme, la vie de cultures minoritaires aux côtés de cultures majoritaires.

L'expérimentation des meilleures formes de préservation de la diversité culturelle mérite d'être développée, et non laissée aux « spécialistes » défenseurs de l'identité à tout prix.

Le droit à l'autonomie politique ?

En partant des mêmes prémisses que celles liées à l'identité culturelle, de nombreux acteurs politiques prétendent défendre l'autonomie politique des populations, essentiellement concentrée dans le bien mal nommé *droit des peuples à disposer d'eux-mêmes*. La défense de ce beau principe a déjà causé la mort de millions de victimes, entraînées dans la course folle de la concurrence des identités et des possessions territoriales.

Le même piège attend les défenseurs de ce droit et ceux qui veulent l'autonomie culturelle à tout prix. Certaines différences de pratiques entre populations et territoires sont utiles et augmentent la résilience d'un système global. Encore faut-il que de réelles différences de comportement soient possibles. En réalité, le plus souvent, les petits tribuns populistes locaux imitent platement les bêtises de leurs voisins tout en prétendant agir de manière « autonome » et « adaptée à notre identité ».

L'autonomie politique n'est en rien un fétiche intouchable. Elle est souvent impossible pour de multiples raisons pratiques, avant tout parce que plusieurs populations veulent souvent être indépendantes sur le même territoire. En second lieu, parce que les effets systémiques des autonomies sont souvent catastrophiques. Quand Marine Le Pen affirme, en novembre 2015 :

> Le peuple a toujours raison même quand il a tort. Car s'il n'a pas raison, qui a raison pour lui ? L'oligarchie ? Eh bien non merci.
> Olivier F., « Le peuple a toujours raison même quand il a tort », *Le Temps*, 30 novembre 2015[71]

Soutient-elle également le doit de certaines populations irakiennes à former un califat et à lutter contre les *mécréants*, les *partisans de Chaytan* jusque dans les rues de Paris ? Elle énonça ces paroles pendant le déroulement de la Cop 21 qui devait avancer sur le sujet de la limitation planétaire du réchauffement climatique. C'est le problème type qui ne peut être réglé si chaque population locale veut garder sa souveraineté. Elle parle aussi après les attentats de Paris, notamment du Bataclan, qui a vu, selon les termes du *Monde* du 29 novembre 2015, « *l'antiterrorisme français en état de mort clinique* » à cause du manque de direction centralisée de la réponse aux actions terroristes, d'abord dû au manque de coordination interservices française, mais surtout au fait que :

> à droite comme à gauche, personne ne souhaite poser la seule question qui vaille, dans un espace de libre circulation des personnes : faut-il européaniser la lutte antiterroriste ? Hors de question de toucher à ce point de souveraineté nationale.
> Laurent Borredon et Simon Piel, « L'antiterrorisme français en état de mort clinique », *Le Monde*, 28 novembre 2015[72]

L'idée de souveraineté est, au sens propre du mot, réactionnaire parce qu'elle néglige les effets d'échelle au niveau de la planète, mais elle est facile à comprendre par le plus grand nombre, elle est vendeuse. La souveraineté est l'ennemie des populations, mais le coût intellectuel pour le comprendre est élevé. A contrario, l'autonomie dans l'action, si elle est déléguée intelligemment, peut-être une aide à la résolution de problèmes, parce qu'elle permet de tester plusieurs solutions en parallèle.

L'intervention d'un arbitre externe « tout-puissant » est le plus souvent indispensable pour régler les questions d'autonomie politique, non parce que les acteurs locaux manquent d'intelligence, mais parce que les solutions sont toujours des compromis arbitraires et que des décisions, arbitraires et incontestables elles aussi, sont nécessaires pour éviter les conflits permanents et mortifères.

La compétition accrue entre organisations sociales exacerbe le rôle de la croyance dans le maintien et l'affaiblissement des groupes humains

Les sociétés humaines sont en compétition pour l'accès aux ressources rares. Au XXIe siècle, cette compétition s'exerce surtout dans le domaine commercial, et donc celui de l'efficacité économique. C'est une banalité de dire que toutes les sociétés n'ont pas le même niveau de compétitivité. Ces différences sont au centre des conflits qui opposent les groupes humains.

La facilité de l'échange d'information (Internet) et surtout la multiplication des échanges de marchandises à large échelle grâce à l'usage d'énormes bateaux porte-conteneurs rapides (au total près de 500 millions de mouvements de containers par année, sans compter les vraquiers et pétroliers) introduit, à l'échelon de la planète, une pression concurrentielle énorme sur l'ensemble des acteurs des chaînes de production. Le rôle économique de chacun est remis en cause, même dans les plus lointaines contrées. La plus grande partie de la nourriture produite sert à la consommation locale, mais le prix à laquelle elle est vendue est, lui, en bonne partie, déterminé par les prix du marché mondial.

Il n'y a plus beaucoup de rentes de situation dues à l'isolement géographique ; il y a donc une grande incertitude parmi tous les habitants de la planète quant à leur rôle économique et social spécifique. Chacun est susceptible, plus ou moins, d'être mis en concurrence avec un autre producteur situé à l'autre bout de la Terre. La tentation est grande de compenser les faiblesses en productivité par des mesures de protection économique et politique. L'histoire de ces tentatives nous montre qu'elles n'ont jamais d'avenir à long terme et qu'elles ne peuvent servir que de marchepied, pas de plateforme stable pour le développement.

Les sociétés touchées par le musulmanisme figurent parmi les plus touchées par le manque (relatif) de compétitivité à l'échelon mondial. Il n'est pas étonnant que des sociétés qui placent la séparation des sexes au centre de leur identité spécifique aient des problèmes de compétitivité, les femmes jouant évidemment un rôle économique important dans les sociétés développées. Il est d'ailleurs à remarquer que la persistance de différences quant au taux d'accès des femmes aux fonctions dirigeantes dans les pays avancés est perçue comme un frein à l'augmentation du produit national brut, alors que les obstacles formels, légaux et éducatifs ont été pour l'essentiel supprimés. On comprend donc l'importance du chemin qui reste à parcourir pour toutes les sociétés traditionnelles, pétries de traditions dépassées sur les multiples justifications de la division du travail entre genres, religions, castes, nationalités... (« *A CEO's guide to gender equality* », McKinsey Quarterly, 1er novembre 2015)[73].

C'est en fait l'ensemble des relations sociales (et non seulement les relations hommes-femmes) qui sont en jeu dans la compétitivité. Les attentes, le plus souvent implicites, des individus par rapport à leur groupe d'appartenance, à leur entreprise, à leur protecteur étatique et politique, sont déterminantes.

Quelle place est donnée par la *vision du monde* d'une société (son échelle de valeurs relatives), à l'efficacité économique, au savoir scientifique et technique et à la productivité industrielle par rapport à la fidélité aux personnes, à la famille, au groupe social, national, religieux, sectaire ? À qui attribue-t-on un marché ? À celui qui est le plus efficace ou à celui dont on connaît bien la famille ? Dans les nuances de ce type de choix se jouent sur le long terme d'énormes enjeux économiques.

La valorisation des rôles sociaux est également essentielle : chaque société valorise plus ou moins le marchand, le négociateur, ou au contraire l'industriel, le savant. Quelle place pour la productive, pour l'inventivité, pour la connaissance scientifique, ou, à l'inverse, pour l'honneur et l'orgueil ?

Ce n'est pas la liste brute des priorités qui est décisive, mais l'ordre des priorités entre elles, deux à deux.

Dans un article de juillet 2007 intitulé « Islam et développement économique » (*Sociétal*)[74], François Facchini nous donne un bon exemple du type de liens complexes entre le développement économique et la croyance religieuse. La thèse essentielle de cet article est la suivante :

> *[...] tous ces pays [musulmans] ont en commun un héritage culturel lié à leur religion, héritage culturel qui valorise le guerrier et le fonctionnaire au détriment de l'entrepreneur. Ce qui explique leur retard économique.*

L'histoire de la religion musulmane est une histoire remplie de confrontations violentes dans lesquelles le vainqueur militaire devient le détenteur de la vérité religieuse. Ce n'est pas spécifique, et de loin, à cette religion, mais c'est spécialement marqué.

Pourquoi s'attacher ici centralement à la religion musulmane ? Beaucoup de pays africains sont victimes de tares d'organisation comparables des deux côtés du Sahara, mais le « modèle » musulman a une relative homogénéité et des prétentions mondialistes (que n'ont pas les pratiques tribales africaines). Il est dès lors légitime d'examiner cet impact religieux particulier, mais non unique, tout en évitant l'idée d'une surdétermination totale qui balaierait tous les autres modes explicatifs. Les pays musulmans sont divers et cette diversité se reflète aussi dans le degré avec lequel la croyance freine et contraint leur développement.

En examinant l'importance des limitations d'efficacité qui résultent du cadre social et étatique à la musulmane, favorisant le lien personnel avec le dirigeant plutôt que l'investissement économique et la productivité, on voit bien quel est le rôle pervers de la croyance religieuse. Si ces mauvaises habitudes étaient simplement liées à de vagues traditions non structurées, le changement serait plus facile. Elles semblent malheureusement liées à une manière de *penser le monde* islamique qui favorise le lien personnel et familial avec le dirigeant plutôt que l'indépendance de pensée et d'action. L'entreprise commerciale disposant de bons contacts, plutôt que celle qui est conquérante et innovante. En Occident, la gestion des priorités dans un sens favorable à la productivité (de manière relative et avec des nuances) est le fruit d'un long combat (inachevé) et d'une longue histoire (qui n'était pas écrite dans les Évangiles...).

La manière musulmane de penser le monde renvoie, en définitive, à une *épistémologie mythique* qui lie les inégalités sociales, les sentiments de justice et d'injustice à la simple lutte entre les bons et les méchants, entre les croyants et les mécréants. Les rôles de l'éducation, de la technique, de la productivité, de l'impartialité étatique, du savoir scientifique, de l'efficacité disparaissent et ne sont dès lors plus les problèmes centraux à gérer. Le patriarcat n'est plus l'obstacle à éliminer.

La vision du monde différentialiste (suivant les sexes) musulmane se retrouve clairement dans la législation des pays touchés. Un rapport de la Banque mondiale examine les discriminations légales dont sont victimes les femmes dans le monde. Par exemple, pour simplement obtenir une carte d'identité, les femmes sont l'objet de restrictions spécifiques dans les pays suivants : Arabie saoudite, Bénin, Cameroun, Maurice, Oman, Pakistan, République arabe d'Égypte, Sénégal et Togo. Est-il besoin d'être plus clair ? (*Les Femmes, l'Entreprise et le Droit*, 2013)[75]

Dans un autre domaine, un accident survenu à La Mecque donne un bon exemple des distorsions cognitives, du retard historique de la pensée, lié aux croyances musulmanes : le vendredi 11 septembre 2015, une chute de grue a touché la grande mosquée et fait 107 morts. Au lieu de chercher à comprendre les causes techniques et organisationnelles de cette catastrophe, un ingénieur local en charge du chantier a réagi de la manière suivante :

> [...] *il n'y avait pas eu de défaillance technique. La grue qui était là « depuis trois ou quatre ans était installée de manière professionnelle »* [...] *estimant que le drame relevait de la « volonté de dieu ».*
>
> « Chute d'une grue à La Mecque : des "négligences" ont-elles causé la mort de 107 fidèles ? », L'Express.fr, 12 septembre 2015[76]

Pour ceux qui ne comprendraient pas immédiatement ce que cette attitude a de décalé par rapport à une vision « occidentale » moderne, un examen de l'évolution des taux d'accident sur un autre chantier de grande taille est éclairant. Le canal de Panama a connu deux grandes phases de construction bien distinctes. Ce décalage dans le temps permet de saisir les changements dans les pratiques et les manières de gérer la sécurité des ouvriers. Lors du premier creusement du canal, au début du XXᵉ siècle, le nombre total de travailleurs décédés lors des travaux, sous responsabilité française puis américaine, peut être estimé à un peu moins de 30 000 (Wikipédia). Lors de son extension récente, d'une ampleur comparable, le nombre total de morts se chiffrera probablement autour de dix (José González Pinilla, « *Muere obrero en trabajos de la ampliación del Canal de Panamá* », *La Prensa*, 18 juin 2015)[77].

Last but not least, le retard scientifique et technique accumulé par les pays membres de l'OCI (Organisation de la Conférence islamique) est tristement impressionnant :

> *[...] il est permis d'établir que le total des publications [scientifiques] enregistrées pour les pays membres de l'OCI est de 110 294 ; soit, en tenant compte de la population considérée (1,677 milliard), 66 [publications/million d'habitants].*
>
> *Ces performances sont éloignées de celles des principaux pays producteurs de science dans le monde [...] ou encore les États-Unis [avec 998 publications/million d'habitants]*

Et le résultat global est que :

> « *Dans beaucoup de pays musulmans se met en place une spirale de crise, alimentée par des déficits en matière de connaissance, puis d'innovation, puis de croissance, puis de création d'emplois.* »

Nadji Safir, « La science, en marge des sociétés musulmanes », *Le Monde*, 20 janvier 2016[78]

Le mouvement de développement scientifique de l'Occident ne s'est pas déroulé « naturellement », facilement. Karl Marx, dans le *Manifeste du Parti communiste* (1848), n'annonce pas seulement l'hypothétique fin prochaine du capitalisme, il commence par un long plaidoyer vantant la nécessaire action destructrice des capitalistes européens envers les traditions féodales et leurs défenseurs donquichottesques, qui ont été largement broyés.

Nous devons en retenir que ce qui est le plus dangereux, en tout lieu, à l'époque comme aujourd'hui, ce n'est pas le retard de la pensée et des pratiques, c'est la valorisation de ce retard comme qualité essentielle à préserver. C'est par exemple la défense acharnée de la conservation du droit islamique, soi-disant transmis par Dieu, alors qu'il n'est en rien adapté aux temps modernes.

Le danger, c'est la valorisation de qualités « immesurables ». Que les habitants des États-Unis soient fiers de leur avance technologique ne pose pas d'énormes problèmes. Qu'ils pensent être porteurs d'un dessein spécial, mystérieusement dicté par une divinité, en pose un très sérieux. Seules les qualités mesurables, évaluables objectivement, doivent pouvoir être mises en avant.

La valorisation de l'ancien, de la tradition, a été, de fait, soutenue par les écoles de pensée anthropologiques occidentales, qui ont développé à tort et à travers le thème de la relativité des valeurs et de la non-supériorité de l'Occident sur le reste du monde. Dans l'absolu, en laboratoire, cette relativisation est correcte, mais cela ne signifie pas que toutes les listes de priorités soient équivalentes. L'Occident «chrétien» a dû combattre ses propres retards et «écraser l'infâme».

L'un des principaux griefs que l'on peut faire aux puissances coloniales est de n'avoir pas imposé une telle révolution dans les pays passés sous contrôle occidental à la fin du XIXe siècle. Cette absence d'action décisive contre les croyances religieuses n'est pas étonnante. Lors de la première colonisation, le christianisme avait pu être imposé de force à des populations presque sans défense, par des conquérants encore imprégnés de certitudes chrétiennes moyenâgeuses. Lors de la seconde, les populations étaient souvent mieux armées pour défendre leurs croyances, et les colonisateurs restaient désireux de disposer d'un différenciateur aisé avec les habitants des pays conquis, et surtout, ces colonisateurs n'étaient armés intellectuellement que d'un christianisme ayant perdu beaucoup de son venin. Seule une libération complète de toutes les croyances aurait pu avoir un effet libérateur durable. Remplacer la pipe par la cigarette n'est pas forcément attractif.

Aucune civilisation n'est, dans l'absolu, supérieure à une autre. Les aspirations des populations sont cependant souvent comparables. Les vendeurs n'insistent pas sur le prix à payer pour leur produit. Le capitalisme n'est pas gratuit, les morts se comptent par dizaines de millions, mais c'est lui qui a introduit l'eau chaude à tous les étages.

L'identité (religieuse), cache-sexe de la pauvreté et de l'inefficacité économique

La croyance sert souvent de substitut à la compréhension des tares de l'organisation sociale qui sont à la base de l'arriération du niveau de productivité/compétitivité. Beaucoup de groupes essaient systémiquement de remplacer par des actions guerrières les efforts de productivité nécessaires pour avoir une place significative dans le marché mondial; ils mènent des actions visant à s'assurer une rente de situation. Ces actions sont classiques et existaient avant même qu'Attila dirige les invasions de Huns, qui rançonnaient les restes de l'Empire romain, plutôt que d'assumer un rôle économique productif. Ces tentatives n'ont de sens que si les «riches» ne peuvent (absence de supériorité militaire suffisante) ou ne veulent (paralysie humanitaire) agir de manière décisive pour écraser dans l'œuf ces actions de piraterie.

Daesh en Irak et en Syrie n'est que l'énième avatar de ce type d'actions; les États-Unis ont déjà dû agir contre des rançonneurs libyens au début du XIXe siècle. Leurs proclamations du droit de recevoir des rentes sont claires pour ceux qui veulent comprendre: dans le premier numéro de leur revue *Dabiq* publié en juillet 2014, les services de propagande de Daesh affirment:

> *Bientôt, si Dieu veut [...] le jour viendra où le musulman marchera partout comme un maître, honoré, révéré, la tête haute et la dignité préservée. [...] Qui était inattentif doit être maintenant en alerte. Qui dormait doit se réveiller. Qui était choqué et stupéfait doit comprendre. Les musulmans possèdent aujourd'hui une voix forte, tonitruante, et portent de lourdes bottes.*
>
> Étienne Dubuis, «Les théoriciens de l'État islamique», *Le Temps*, 1ᵉʳ septembre 2014[79]

Il est très caractéristique de voir que le rôle réclamé par ces groupes n'est pas celui de partenaires/concurrents actifs et pugnaces du commerce international et du développement scientifique, comme la Chine a pu le devenir au cours des dernières décennies. Le rôle réclamé est ouvertement celui de parasite, de pirate, à qui il faut verser une commission pour assurer une «protection».

Actuellement, seules des nations avancées peuvent prétendre à un rôle particulier significatif dans la progression des sciences et des techniques et se flatter de ce fait. Les États-Unis comme centre de décision ont toujours une avance significative dans la conception, la fabrication et la vente des microprocesseurs qui trônent au centre des ordinateurs du monde entier. Les chrétiens comme groupe pourraient-ils revendiquer un pareil rôle? Aucunement! Un examen attentif montrerait que l'avance technique dans le domaine électronique est seulement possible grâce à une collaboration mondiale qui comprend de multiples acteurs de toutes les nations et appartenances religieuses.

Aucun groupe religieux ne peut réclamer un rôle indépendant significatif dans le monde moderne. Qui serait prêt à donner un rôle particulier aux témoins de Jéhovah dans la fabrication des matières plastiques? Ce qui est extraordinaire, c'est de voir les groupes religieux réclamer, avec assurance, des droits vis-à-vis de la collectivité mondiale alors qu'ils ne participent, comme groupe, dans leur immense majorité, à aucun développement significatif de la science et de la technique, dont ils veulent pourtant recevoir une «juste» part.

S'il est très important de donner à chaque humain sa chance de recevoir une éducation de qualité et de participer à l'avancée des sciences et des techniques, il est impossible et dangereux de donner un coupe-file à un groupe religieux, simplement parce qu'il crie plus fort et qu'il se sent incapable de participer réellement une quelconque compétition. Le fait que ces groupes puissent rallier une fraction faible, mais significative de la jeunesse à leurs opérations de piraterie est très significatif des limites de ces groupes et des difficultés d'intégration sociale liées à l'actuelle répartition mondiale (inégalitaire) des tâches productives.

Les groupes religieux et identitaires profitent souvent, dans leur propagande et dans leurs actions de soutien, des limites existantes de la connaissance scientifique dans les domaines de la sociologie et de l'économie pour se créer des marges de manœuvre intellectuelles et justifier leur attitude au sein même des pays développés.

Il est certain que la sociologie et l'économie n'ont pas atteint le niveau de la physique quant à la qualité des explications/modélisations des différences entre sociétés humaines, mais même avec leurs limites, les modélisations issues de ces sciences sont susceptibles d'être vérifiées/niées. Elles sont donc les moins mauvaises modélisations dont nous disposons, et nous devons apprendre à faire avec elles.

Il faut, en utilisant les bons outils, déjouer les propagandes fallacieuses des groupes de croyants qui, à large échelle, au niveau mondial, veulent se faire passer pour des victimes de discriminations injustes, alors que ces populations sont souvent, plutôt, victimes de leur mode de vie non adapté aux échanges à large échelle, ne serait-ce qu'à cause de la présence récurrente de «justiciers» qui sèment régulièrement la terreur au nom de Dieu.

Ces échanges internationaux sont pourtant indispensables dans un pays comme l'Égypte, qui ne pourrait se nourrir sans l'apport décisif de grosses quantités de nourritures importées, et particulièrement de l'aide américaine.

> *Grande consommatrice de blé et très instable sur le plan politique, l'Égypte est particulièrement attentive à ses approvisionnements en blé. Il suffit de voir ce que représente encore dans ce pays l'Autorité générale chargée des approvisionnements (GASC). Il est le plus grand acheteur public du monde et le premier acheteur de blé depuis maintenant plusieurs années.*
>
> «Le blé au cœur des enjeux géostratégiques mondiaux», *Hérodote*, 2015/1, n° 156, Cairn. info, 4 juin 2015[80]

L'autonomie alimentaire était un but de la révolution nassérienne des années 1950, mais elle a échoué, faute d'éliminer la croyance et l'arriération culturelle, avec leur corollaire, la non-maîtrise de la démographie. Un document du Club Demeter analyse les causes de cet échec[81] (p. 208) :

- La moindre scolarisation des jeunes filles : malgré des progrès remarquables, le taux d'analphabétisme des femmes avoisine seulement les 40 %.
- L'importation de références plus conservatrices par les immigrés égyptiens du Golfe, alors qu'au Maghreb, l'expérience des migrants en Europe a joué dans l'autre sens.
- Le faible accès des femmes au travail.
- Le maintien d'une certaine tradition patrilinéaire, patriarcale, voire endogame de la société, qui ne favorise pas la promotion féminine.
- La composition bicommunautaire du pays qui semble pousser à une certaine émulation des familles.
- L'infiltration des Frères musulmans dans les centres de planning familial.

Cette analyse (et la liste des raisons) est naturellement discutable. Sa valeur tient justement à ce qu'elle est falsifiable et critiquable. C'est le type même d'enseignements issus des sciences humaines, imparfaits et améliorables, dont ont besoin les populations les plus en retard économiquement.

Quand l'ordre des priorités sociales acceptées va à l'encontre de l'efficacité économique (valeur partagée, d'une manière ou d'une autre, par toutes les sociétés avancées), la seule justification du retard est le « complot », l'action des ennemis, la colère divine. Il est de la plus haute importance de désacraliser toute forme d'organisation humaine, de lui enlever le tampon *bénie de Dieu* ou *maudite par Dieu* et de la considérer comme ce qu'elle est : une structure imparfaite qui doit s'adapter et changer en permanence.

Pour lutter contre la piraterie, nous savons, depuis le général romain Pompée, qu'il est nécessaire de contrôler les territoires qui abritent les pirates et leurs familles. Cela signifie également la stabilisation sociale des populations qui vivent de la piraterie. Mais la condition de départ de ces actions est la destruction de l'appareil militaire – voire de l'existence physique, dans le pire des cas – de ceux qui veulent s'opposer à ce contrôle. Ces actions de conquête ne sont pas d'un apprentissage facile si l'on veut à la fois être efficace et éviter des massacres inutiles.

Les populations qui ont pris l'habitude de dépendre de ces ressources (comme celles vivant du racket mafieux) ne vont pas quitter facilement ces activités si le parallélogramme des forces n'est pas en faveur du changement. La « justice internationale » doit être mise au service de ces actions de nettoyage, et non des « droits des peuples » à conserver leurs (mauvaises) habitudes.

Cela, a contrario, ne signifie nullement un droit pour les pays développés de s'approprier les ressources des pays qui le sont moins, sous prétexte de « lutte contre la piraterie ». Le droit d'ingérence pour sécuriser des voies commerciales et les conditions d'un commerce mondial fonctionnel doit être contrebalancé par un niveau d'exigence élevé pour les pays développés quand ils interviennent dans les pays défavorisés. Il faut éviter à la fois les abus et la paralysie – un exercice difficile.

Traditionnellement, la vision dominante du monde, pour beaucoup d'intellectuels occidentaux (et d'autres), était de diviser le monde entre les opprimés et les oppresseurs. Cette vision a pu être d'une certaine utilité pour terminer l'épopée coloniale. Aujourd'hui, elle cache l'essentiel : ce qui est important pour une population, c'est son niveau de productivité, sa place dans la division mondiale du travail. L'exemple phare en la matière est Singapour. Espace sans grandes ressources locales, la ville-État a réussi, au prix d'efforts énormes, et en maintenant un cadre politique très oppressif, à s'imposer comme puissance économique significative. L'évolution de sa productivité compte bien plus que ses rapports historiques avec l'ancienne puissance coloniale britannique, sa position d'ancienne opprimée (ou d'oppresseuse).

Singapour ne peut servir d'exemple direct pour l'ensemble du « tiers-monde ». Son modèle n'est pas généralisable, parce que sa fonction économique dépend en bonne partie de sa taille et de sa position géographique, de son rôle commercial, mais son exemple peut être utilisé pour comprendre les déterminants du développement, qui dépendent en bonne partie de la capacité des habitants de régions encore peu développées à se débarrasser de quantité de traditions, de modes de vie et de croyances.

Un autre angle d'attaque permet de mieux comprendre les inégalités entre sociétés et nations. Daron Acemoglu et James A. Robinson sont les auteurs de *Why Nations Fail: The Origins of Power, Prosperity and Poverty* (traduit en français sous le titre de *Prospérité, puissance et pauvreté*, Markus Haller, 2015). Leur thèse centrale est que la prospérité économique d'un pays dépend essentiellement du cadre institutionnel étatique. Si celui-ci est inclusif et permet à tous, y compris aux plus handicapés socialement, de tenter leur chance, d'innover avec de nouveaux produits, dans un marché libre, alors le pays sera prospère.

Si les institutions sont au contraire extractives, centrées sur le prélèvement, par une oligarchie quelconque – despotes africains ou membres du Parti communiste chinois – d'un tribut sur l'économie, et que cette même oligarchie organise la société pour cela en rendant possibles et légales des confiscations abusives de propriété privée et publique à son profit, alors le pays ne connaîtra pas de développement durable et ira de crise en crise pour décider qui a droit à cette manne extractive. Avec le risque supplémentaire que celle-ci, si disputée, disparaisse tout simplement.

Les multiples exemples nationaux mis en avant par les auteurs servent leur démonstration. Il n'est pas certain cependant qu'ils aient réussi à décrire l'ensemble des mécanismes en jeu (ce qui est normal, l'économie étant un univers complexe à souhait). Bien qu'ils parlent, en passant, de la révolution scientifique anglaise et européenne, ni ce thème, ni le développement technologique ne sont au centre de leurs explications. Sans que cela ne soit un manque paralysant dans l'analyse, cela reste une faiblesse.

Il aurait été très intéressant et pertinent d'examiner en quoi le caractère inclusif (partiellement, au milieu de guerres civiles) des institutions anglaises du XVIIe siècle a permis l'apparition et le développement de talents et d'organisations comme la Royal Society (à financement privé, comme son nom ne l'indique pas), qui a été le moteur de la révolution scientifique de l'Angleterre et de l'Europe.

Les auteurs postulent que ce sont les différences institutionnelles, et non culturelles (et donc religieuses), qui sont aux racines de la prospérité. Ils citent l'exemple de Nogales (États-Unis, prospère) et Nogales (Mexique, beaucoup plus pauvre), divisées par une frontière politique et physique, pour argumenter de l'inefficience de l'explication culturelle (les populations respectives partageant une même culture) pour expliquer les différences de richesses. Cette comparaison est utile, mais faible : les deux Nogales sont régies par des lois et institutions différentes, celles des États-Unis et celles du Mexique, et c'est cela qui est décisif. Mais ces lois nationales sont issues de populations et d'histoires différentes entre les deux pays. Plus généralement, leur position explicative a certaines faiblesses, parce que parfois trop générale :

> L'hypothèse culturelle permet-elle de comprendre la raison des inégalités dans le monde ? Oui et non. Oui, dans la mesure où les normes sociales, liées à la culture, comptent beaucoup et sont souvent difficiles à changer ; de plus, elles sont au fondement des différences institutionnelles, dans lesquelles les auteurs du présent ouvrage voient la cause même des inégalités dans le monde. Non, dans la plupart des cas, car les aspects de la culture le plus souvent mis en avant – religion, ethnique nationale, valeurs africaines ou latines – ne comptent guère si l'on veut comprendre comment nous en sommes arrivés là et pourquoi les inégalités dans le monde persistent. D'autres aspects ont leur importance, comme la confiance entre individus ou le désir de collaborer, mais ils sont surtout une conséquence des institutions, et non une cause indépendante.
> Prospérité, puissance et pauvreté, op. cit., p. 84

En voulant éloigner l'hypothèse culturelle, et donc religieuse, Acemoglu et Robinson font perdre de sa force à leur thèse. Ils négligent la facette des épistémologies utilisées par les populations dans leur rapport au réel. Si la source des lois est « divine » – par exemple la charia – ou simplement une « tradition », la catastrophe menace. Il y a bien dans l'ensemble du monde une relation forte entre les aires culturelles, les formes d'organisations sociales et les niveaux de prospérité économique.

Nous devons cependant accorder aux auteurs que cette relation au culturel et au religieux n'est pas une loi d'airain. Un pays peut, dans certaines conditions, sortir du déterminisme culturel et social dans lequel il s'était enfoncé pour réaliser une percée économique, mais cela requiert de ses habitants qu'ils sortent de leurs schémas de pensée, et, donc, dans la majorité des cas, de leurs croyances, religieuses ou non, sur la nature des maux qui les affectent et sur les meilleurs moyens d'y remédier. Ils devront donc accepter le « règne » de la connaissance scientifique (et non divine) pour déterminer la forme de leurs institutions et de leurs rapports interhumains.

L'identité (religieuse), refuge de combats utopiques visant la suppression des inégalités

Depuis le néolithique (période du développement de l'agriculture par des populations fixées sur un territoire limité), l'espoir de la suppression des inégalités est un leitmotiv permanent. Le plus souvent, il s'agit pour une population particulière de trouver une meilleure place dans la division mondiale du travail. C'est, par exemple, le thème sous-jacent à la légendaire sortie d'Égypte des esclaves hébreux sous la direction de Moïse.

À l'époque moderne, le « socialisme scientifique » a incarné l'espoir de millions de personnes confinées à des tâches d'exécution dans le cadre étouffant (mais efficace) de la division du travail capitaliste. Après des dizaines d'années d'expérimentations plus ou moins sanglantes, l'essentiel des espoirs de suppression radicale de la division du travail entre capitalistes et prolétaires par l'écrasement du cadre étatique qui la soutient (abolition de l'État capitaliste et mise en place de la dictature du prolétariat) a rejoint, pour l'essentiel, les poubelles de l'histoire des idées.

Cela ne signifie en rien que la division du travail existante soit intangible, bien au contraire, mais que l'hypothétique prise de pouvoir politique par ceux qui sont au bas de l'échelle sociale n'est visiblement pas un moyen efficace pour améliorer cette organisation du travail.

Lorsque la réalité est trop difficile à accepter, il est toujours possible de se réfugier dans le rêve. À défaut de paradis socialiste, il reste le paradis divin, promis à ceux qui lutteront et mourront pour la « justice ».

Il n'existe pas de substitut à la transformation des sociétés qu'entraînent les mutations constantes de l'organisation de la production. La prochaine étape de cette transformation sera probablement l'introduction massive de robots de forme plus ou moins humanoïdes dans l'appareil de production mondialisé. La présence de croyances eschatologiques (portant sur les derniers temps, l'ultime destinée de l'humanité) est un obstacle significatif à l'amélioration du sort des humains, dont la destinée va être bouleversée par ces transformations profondes.

Actions cruelles, démonstratives et vaines pour soutenir les revendications des pauvres et des opprimés

Il arrive souvent que des mouvements religieux se fassent les chantres de revendications égalitaires et s'agitent contre l'oppression et la corruption dont sont fréquemment victimes les populations les plus déshéritées du globe. Un des prêcheurs le plus connus dans ce domaine est Savonarole, qui, en 1495, s'impose face au peuple comme le chef politique de la cité de Florence où il exerce une dictature théocratique proclamant Jésus-Christ « roi du peuple florentin ».

Il serait erroné de refuser une revendication sociale seulement parce qu'elle émane d'un mouvement religieux, mais il faut retenir que les mouvements ayant ce genre de pratique sont, en général, les plus sectaires et dangereux de la sphère croyante. Ce ne sont pas non plus ceux qui vont vraiment pousser au développement économique des régions et populations touchées par la misère et l'oppression.

Il n'est pas possible de donner une recette infaillible pour lutter contre l'influence des « justiciers ». Dans certains cas, les revendications ont un sens, et doivent être soutenues ; dans d'autres, le modèle économique dans lequel voudraient vivre ces populations n'a pas d'avenir. Les populations doivent parfois changer de mode de vie ou disparaître ; cacher cette réalité est la spécialité des bonimenteurs. Ce n'est pas la voie qui doit être suivie par ceux qui veulent libérer ces mêmes populations de la croyance et de l'oppression.

Pour limiter les dégâts liés aux mouvements socio-religieux, il importe avant tout de mettre en avant un fait simple : aucun mouvement d'inspiration essentiellement religieuse (et il y en a eu un grand nombre) n'a abouti à l'instauration d'un ordre social plus juste ou même différend, pas plus Savonarole qu'un autre. Les révolutions anglaises du XVIIe ont abouti à un changement de l'organisation *politique et religieuse* du pays qui a eu des effets importants, mais les *niveleurs* n'ont pas aboli la féodalité. Cette absence de bouleversement social n'est pas étonnante. Quelles que soient les critiques que l'on puisse faire aux mouvements communistes du XXe siècle, on ne peut nier qu'un ordre *social* différent – et inefficace – ait été instauré dans les pays où ils ont pris le pouvoir.

Il n'y a pas d'exemple semblable pour les mouvements religieux : ce sont au mieux les individus ou les groupes détenteurs du pouvoir économique et politique qui ont changé. Là encore, pas d'étonnement. Il n'y a pas de changement social possible sans projet révolutionnaire clair, au moins dans la tête de certains des dirigeants de ces révolutions. Or, ce n'est pratiquement jamais le cas des mouvements religieux. On peut facilement appeler Dieu à l'aide pour *trouver la voie*, mais la centrale téléphonique est souvent surchargée...

Quelques exemples des effets néfastes des croyances religieuses dans le monde contemporain

Quelques exemples permettent d'illustrer, mieux que de longues explications, les dangers des croyances religieuses souvent associées à des identités nationales.

Zone arabo-musulmane
L'actualité est constamment occupée par la lutte entre chiites et sunnites, qui a joué et joue encore un rôle significatif dans l'opposition des gouvernements et des populations plus ou moins majoritaires de l'Iran et de la Syrie avec ceux d'Irak et d'Arabie saoudite, entre autres. Ce combat est typiquement celui d'une compétition « commerciale » dans un marché délimité (majoritairement les personnes déjà influencées historiquement par la croyance musulmane). Cette opposition a déjà été un facteur majeur du conflit Iran-Irak (un million de morts) et a déjà dévasté plusieurs pays. Rien ne garantit qu'en absence de croyance religieuse, ces pays ne seraient pas en confrontation, mais la durée et l'ampleur des combats doivent beaucoup à la croyance.

Est-il besoin de revenir sur les conséquences du conflit israélo-arabe ? On peut souligner que l'exacerbation, la durée de ce conflit ont d'évidentes causes religieuses. Sinon, quelle population ne souhaiterait pas disposer d'un voisin évolué technologiquement, inséré dans le marché mondial et prêt à employer ses travailleurs (même si c'est pour des tâches non qualifiées, au début du moins) ?

Comme point de comparaison avec le cas de la Palestine, nous pouvons examiner une autre inégalité nationale, économique et sociale flagrante : celle du Mexique, qui a été envahi et dépossédé d'immenses territoires (entre autres la Californie et le Texas) sur sa frontière nord par les États-Unis au XIXe siècle. Actuellement, les États-Unis utilisent les populations vivant au nord du Mexique actuel comme main-d'œuvre bon marché. Les réseaux de trafiquants de drogues destinées aux États-Unis ravagent la zone frontalière mexicaine. Les personnes venant du sud qui franchissent illégalement la frontière Mexique-USA sont pourchassées par des meutes humaines et canines. Les griefs entre voisins sont donc énormes.

Il devrait s'ensuivre, en bonne logique religieuse, que si les Mexicains adoptaient la même attitude guerrière que les Palestiniens à cause de la manière dont ils peuvent s'estimer maltraités (avec quelques arguments), ils devraient mener une guerre à outrance contre les États-Unis et leur envoyer des missiles (artisanaux) sur la tête tous les matins.

L'antagonisme est certes significatif entre les États-Unis et le Mexique pour ajuster la place des deux nations dans la division internationale du travail, mais il n'y a pas d'affrontement militaire sérieux, car les Mexicains, et en premier lieu leur gouvernement, savent ce qu'ils ont à gagner avec les États-Unis. Les nombreuses morts du côté mexicain qui sont liées à cette frontière dépendent des différences criantes de développement économique et social entre les deux nations (voir Acemoglu, supra). S'ils n'étaient pas aveuglés par leurs croyances musulmanes, les Palestiniens et leurs supporters auraient adopté également une même attitude pragmatique, au niveau politique et militaire, qui ne les empêcherait nullement de lutter pour la défense d'intérêts légitimes.

À titre de comparaison, il est utile de rappeler que les territoires de la Cisjordanie, objets de batailles féroces entre Israéliens et Palestiniens, ont une surface de l'ordre de 6 000 km², alors que les territoires pris par les États-Unis au Mexique lors de la guerre de 1846-1848 sont de l'ordre de 1 300 000 km². Ce rapport de plus de 200 entre les surfaces acquises ne tient pas compte de la densité des populations respectives de l'époque, mais la valeur économique intrinsèque des territoires contestés en Cisjordanie est faible, sans pétrole ni ressources particulières. C'est donc bien les valeurs symboliques, religieuses, les vieilles pierres et le prestige qui y est lié, qui sont en jeu et qui plombent la solution du problème.

Les populations arabes palestiniennes sont dans une situation de blocage. Les populations juives n'ont pas de solutions pérennes non plus. Les coûts engendrés, directs et indirects, sont démesurés. La neutralisation des identités fortes (et donc des croyances religieuses) dans la zone semble être la seule voie possible.

Contrôle de la contraception et avortement

S'il est une priorité pour l'humanité en général, et pour les femmes en particulier, c'est bien celle du contrôle des naissances, même si aucun miracle n'est à attendre de ce contrôle. La prospérité, récente, de la Chine doit beaucoup à la détermination de ses dirigeants à limiter drastiquement le taux de naissance et, par là même, à maîtriser les coûts engendrés par l'éducation et à améliorer la qualité de la mise sur le marché du travail des jeunes.

L'âme de l'embryon est un ectoplasme typique de la croyance religieuse. Thomas d'Aquin, pour nous limiter au cas du catholicisme, affirmait vers 1266 que l'âme ne surgissait dans l'embryon qu'après quarante jours de grossesse. Les besoins de la « supervision/culpabilisation » des femmes par l'Église ont changé un peu la donne et, depuis le XIXe siècle, l'embryon catholique reçoit son âme (immesurable) dès le début de la « vie ». On oublie les pauvres spermatozoïdes agiles et vivants. Pourquoi n'auraient-ils pas une âme, eux aussi, à l'image des mâles qui les portent sans assumer le plus gros du support du développement du futur humain ?

Ces ectoplasmes, ces « âmes » évanescentes sont vraiment très pratiques : nul besoin de test en laboratoire ! Une petite relecture des écritures, une réinterprétation des connaissances scientifiques actuelles, et voilà. Au nom de ces croyances absurdes, toutes les minutes au moins, une femme meurt dans le monde des complications de la grossesse, lors d'un accouchement non désiré ou bien lors d'un avortement clandestin raté. Certes, toutes ces pertes ne sont pas liées à la croyance, mais, pour donner la priorité à la régulation des naissances et à l'information/éducation, il faut se débarrasser de ces croyances absurdes liées à la religion. C'est un problème de santé publique mondial.

Acceptation de l'euthanasie active

L'interdiction du crime est la base de toute société organisée. La préservation de cette règle est importante, mais ne doit pas être un chiffon rouge qui empêcher de penser. Quand la durée de vie moyenne des humains était de trente-cinq ans, la fin de vie organisée n'était pas un problème urgent. À l'époque contemporaine, avec des millions de personnes dans un état plus ou moins végétatif, sans perspectives de guérison et traînant dans des institutions spécialisées coûteuses pour la collectivité, la question de l'organisation de la fin de vie se pose. Elle doit se poser en termes de rapport qualité (de vie)/prix (du soutien social/médical). La croyance dans l'ectoplasme de l'âme immortelle (qui bloque toute réflexion/action) coûte cher et rapporte peu. En refusant toute évaluation empirique coût/bénéfice, certains médecins apparaissent parfois comme des athées très catholiques...

Les conséquences de l'allongement de la durée de vie moyenne est un sujet ouvert. Une position raisonnable à ce sujet a été exprimée par Ezekiel J. Emanuel dans un article de *The Atlantic* (octobre 2014) intitulé de manière explicite « Why I Hope to Die at 75 »[82]. On peut être en accord ou en désaccord avec l'auteur. Ce qui est important, c'est d'éliminer les blocages religieux qui rendent impossible la réflexion.

Nationalisme asiatique

L'occupation/domination américano-soviétique au sortir de la Deuxième Guerre mondiale a calmé l'essentiel des ardeurs nationalistes/révisionnistes des populations européennes. L'Asie n'ayant pas « profité » aussi globalement de cette domination sans appel est restée divisée et terrassée par des guerres (Corée, Vietnam…). Elle reste divisée et menacée par les possibles affrontements militaires entre nations n'ayant pas réglé leurs contentieux historiques. La manière la plus simple de limiter les dégâts est l'emploi d'un dominateur universel faisant taire les roquets orgueilleux.

La religion joue un rôle significatif dans ces affrontements. L'exemple paradigmatique est celui de l'ex-empire des Indes, qui a été séparé par les croyances religieuses. Ces croyances ont trouvé un terrain d'expression dans une lutte de libération contre la puissance coloniale britannique menée au nom d'une identité perçue et affichée, de fait, comme hindoue/hindouiste par Gandhi. L'opposition avec les musulmans était inévitable, malgré les efforts répétés de Gandhi pour éviter les conflits intercommunautaires directs. Il y a eu, par exemple, de nombreuses grèves de la faim de Gandhi après des émeutes sanglantes entre populations hindoues et musulmanes. Mais rappelons, par exemple, que le mouvement *Quit India* promulgué par Gandhi pendant la Seconde Guerre mondiale n'était pas soutenu par la population musulmane, qui craignait le départ des Anglais et la domination de la majorité hindoue qui s'ensuivrait.

L'adversaire le plus tenace du progrès humain pour les Indiens n'était pas les colons anglais, mais les *séparations endogamiques* en Inde (l'interdiction des mariages mixtes entre personnes de groupes sociaux et religieux différents), qui est le signe caractéristique typique d'une société d'*ancien régime*. Gandhi s'est attelé à démanteler, très partiellement, ce monument d'arriération entre castes, mais pas entre groupes religieux.

Le résultat était prévisible : la création d'un État séparé de l'Inde, le Pakistan, avec un million de morts à la clé lors de la partition. L'ennemi principal des habitants de ce sous-continent n'était pas la puissance coloniale (malgré le massacre d'Amritsar), déjà affaiblie, mais les identités fortes et divisées des habitants. La seule attitude rationnelle de ceux qui voulaient le développement de l'Inde n'était pas de demander le départ rapide des Anglais, mais au contraire de les supplier de garder provisoirement le contrôle du pays à certaines conditions permettant son développement. Le départ définitif des Anglais aurait dû être conditionné à l'atténuation drastique des identités fortes à l'intérieur du sous-continent.

Gandhi n'est pas le seul à avoir lancé une mécanique folle. Plus récemment, la dirigeante et prix Nobel de la paix Aung San Suu Kyi, qui a mené, en s'appuyant sur les traditions bouddhistes largement répandues de la population, une lutte courageuse contre la junte militaire locale, s'est retournée contre les Rohingyas, musulmans. Mêmes causes, mêmes effets.

Ce n'est pas le seul exemple d'une décolonisation bâclée, le Congo belge en est un autre. Des guerres ravagent le pays depuis le départ précipité (en six mois) des colonisateurs belges. La lutte pour la « liberté » et l'« indépendance » immédiate s'est révélée tragiquement comme un effet de mode. Aucun peuple n'a évidemment vocation à être éternellement dominé politiquement par un autre, mais cela ne signifie pas que le passage à l'indépendance politique soit aisément accessible en tout temps. Avant de se débarrasser d'un « infâme oppresseur », il faut d'abord être en mesure de le remplacer.

Le résultat du départ précipité des Anglais du sous-continent est un conflit sans fin entre le Pakistan et l'Inde. La réunification du sous-continent passe par l'abandon des « identités » particulières et par la lutte contre les croyances, dévastatrices d'un côté comme de l'autre, tant au niveau militaire, politique qu'économique. La région contestée du Cachemire concentre les oppositions entre les deux pays. Certains analystes ont suggéré que le nombre de soldats indiens stationnés en permanence au Cachemire est proche de 600 000. Le reste du monde souffre de cette opposition. Le destin de l'Afghanistan y est lié. Le 11-Septembre en est issu, au travers des actions pakistanaises de support à certaines fractions afghanes. Ce soutien continue à exister sans faille.

> *[...] le Pakistan n'a aucun intérêt à aider les États-Unis à stabiliser l'Afghanistan qu'il ne souhaite pas voir se rapprocher de l'Inde. Le Pakistan a pour seul intérêt de faire de l'Afghanistan un État client. C'est pourquoi il va continuer à utiliser le terrorisme, la guerre par procuration et tous les moyens à sa disposition pour intimider, terroriser et soumettre l'Afghanistan.*
>
> Stéphane Bussard, « Islamabad continue de soutenir les talibans malgré l'aide financière des États-Unis », *Le Temps*, 21 octobre 2015 [83]

Le monde entier est impacté par ce soutien et doit participer à l'effort d'éradication. Les effets de cette partition irréfléchie se font sentir chaque jour, en Inde et encore plus au Pakistan, car quand on commence à se séparer des « impurs », on n'en finit plus. Les luttes de groupes religieux/ethniques à l'intérieur du Pakistan font des milliers de morts chaque année, à tel point que le leader d'un de ces groupes a fini par comprendre, partiellement, d'où venait l'erreur.

> *Altaf Hussain's [...] In his eagerness to impress the hosts, he said that the partition of India and Pakistan was the biggest blunder of human history and requested Indian government to take back the immigrants ("Muhajirs") if Pakistani establishment continue its policies against them.*

TRAD. – Altaf Hussain [le leader du Pakistan's Muttahida Qaumi Movement (MQM)], [...] dans son empressement à impressionner les hôtes, a déclaré que la partition de l'Inde et du Pakistan était la plus grande bévue de l'histoire humaine et a demandé au gouvernement indien de reprendre les immigrés (« Muhajirs ») si l'establishment pakistanais poursuit sa politique à leur encontre.

Kashif Aziz, *« Altaf Hussain thinks 1947 partition was biggest blunder, wants India to take the Muhajirs back »*, Oye! Times, 23 juillet 2011 [84]

Guerres africaines
Plus que d'autres continents, l'Afrique, du nord au sud, est touchée par des guerres. Il ne faut pas nier cependant les progrès de certains États africains qui ont pu, partiellement, s'extraire de la stagnation, mais on ne peut malheureusement pas dire que le continent soit sorti d'affaire.

Le premier responsable de la persistance des conflits est la force des identités tribales, durement mises à mal par le marché mondial. Le sentiment religieux est là aussi un renforçateur puissant de ces identités, voire son élément essentiel comme au Nigéria. Comment accélérer la transition démographique, la modernisation de l'économie, le contrôle des naissances et la mutation de l'agriculture dans un cadre de compétitions identitaires? Comment les États africains peuvent-ils réellement exister si de multiples identités, tribales, familiales, religieuses ne sont pas contrôlées, réduites, voire détruites?

Oppression des femmes
Le rôle des religions dans le renforcement de l'oppression des femmes est un fait d'évidence. Tout recours à la divinité pour assigner des rôles prédestinés aux humains, femmes, noirs, enfants... est une escroquerie à vaste échelle. Cette escroquerie est si bien montée que, souvent, ses victimes s'y identifient, intériorisent les rôles qui leur sont assignés, et se font les défenseuses/gardiennes de l'identité de groupe qui y est associée.

Cela ne signifie pas, a contrario, que tous les humains et toutes les fonctions soient strictement interchangeables à large échelle, mais que fixer des limites dans le marbre (ou, pire, le parchemin sacré) est simplement un gigantesque abus de pouvoir.

Les ruses de l'histoire font que, dans certaines circonstances, certains groupes de femmes utilisent la croyance religieuse pour défendre leurs droits sociaux. Il ne faut naturellement cracher sur rien, mais pas pour autant en déduire qu'il y ait un rôle positif dans la croyance. La cigarette a aussi des avantages en termes de socialisation. Faut-il l'encourager pour cela?

Violences religieuses dans le monde, la vision américaine et la réalité
Le département d'État américain publie régulièrement un rapport sur l'état des libertés religieuses dans le monde. Le rapport 2013, publié en 2014, était

alarmant : « *Millions displaced by religious violence last year, Kerry says.* »[85] Ce qu'il s'est bien gardé d'ajouter, c'est que, pour que le niveau des violences inter-religieuses baisse, il est nécessaire de faire baisser l'impact des croyances dans le monde, ce qui passe également par une action dans ce sens aux États-Unis.

Quand le président Obama, en août 2014, proclame que l'État islamique, Daesh (Syrie, Irak), est un cancer, qu'« *aucune religion ne dit de massacrer des innocents. Leur idéologie est creuse* »[86], de quelle autorité religieuse peut-il se réclamer ? Bien sûr, il trouvera certains croyants musulmans pour le soutenir, mais aussi un grand nombre qui le critiqueront. Quel critère emploie-t-il pour décider ce qui est « religieusement correct » ? Est-ce le nombre de croyants ? Le nombre de fatwas ?

Un « expert local » en la matière a démenti la vision d'Obama. Dans *Le Monde* du 18 août 2014, cette figure de la communauté catholique chaldéenne d'Irak, le père Gabriel Toma, le dit clairement : « *Pour beaucoup d'Arabes, ici, l'État islamique n'est pas un mouvement terroriste.* » Un sondage en Arabie saoudite (2014) renforce ce point de vue :

> *This comes after the results of an opinion poll of Saudis were released on social networking sites, claiming that 92 % of the target group believes that "IS [Daesh] conforms to the values of Islam and Islamic law".*
>
> TRAD. — Cette annonce intervient à la suite d'un sondage d'opinion effectué auprès des Saoudiens et diffusé sur les sites des réseaux sociaux, qui affirme que 92 % des personnes du groupe cible estiment qu'« EI [Daesh] se conforme aux valeurs de l'islam et à la loi islamique ».
>
> « *Saudi poll to reveal public's level of sympathy for IS* », Al-Monitor, 22 juillet 2014[87]

Ces deux sources démentent le message politiquement correct du président américain. Évidemment, le père Toma ne s'en prend pas à la croyance religieuse en général, mais un peu de logique est suffisante pour comprendre que la neutralisation des racines de l'EI nécessite que les parents, dans la zone affectée, arrêtent massivement d'enseigner à leurs enfants que *Dieu est grand*. Ceci implique, par ricochet, que d'autres parents s'arrêtent d'affirmer que *Jésus est le sauveur*.

Il est évident que c'est une approche rationnelle qui permet au président américain de décider ce qui est bon ou mauvais dans l'activité des croyants. De fait, il proclame la supériorité de l'approche rationnelle et occidentale sur ces sujets. C'est indispensable et nécessaire, mais il faut l'affirmer ouvertement. Pourquoi les Saoudiens mâles ne pourraient-ils pas interdire à leurs femmes de quitter le pays sans autorisation si les Texans peuvent persécuter les femmes désirant avorter ? Si le président américain avait été un tant soit peu cohérent, il aurait dû affirmer que les pétromonarchies plus ou moins wahhabites de la péninsule arabique pratiquant un wahhabisme/salafisme militant, à commencer par l'Arabie saoudite, *n'ont pas leur place au XXI*[e] *siècle*.

La grande différence entre les habitants des États-Unis et les habitants de régions moins développées économiquement (cette différence n'est pas due au hasard, ni sans relation avec le type particulier de « religion » américaine) est que, en pratique, les Américains ne font jamais confiance à « dieu » pour résoudre leurs problèmes importants. Personne aux États-Unis n'a sérieusement suggéré de faire appel à « dieu » pour éloigner la récession de 1929 ou terminer la guerre du Vietnam. Dans le domaine de l'éducation, si les incursions des croyances sont nombreuses, le critère central des étudiants pour choisir une université est la valeur des salaires offerts aux élèves qui en sortent diplômés, pas la réputation de la part religieuse de l'enseignement. Cela n'empêche pas certains Américains de proclamer toutes les cinq minutes « *God bless you* », mais cela n'est qu'une mauvaise habitude, le plus souvent sans réelles conséquences pratiques en tant que telle.

Beaucoup d'Américains se fient à « dieu » pour guider leur attitude envers la sexualité ou leur position envers la peine de mort, mais leur attachement à l'efficacité économique limite fortement l'impact de la religion sur leur vie. La compétition économique est trop vive pour se permettre de grandes variations de pratiques entre communautés sur une base religieuse. Beaucoup de personnes croyantes peuvent penser que *la place des femmes est à la maison, auprès des enfants*, mais peu de personnes appliquent ce genre de « remèdes », parce que deux salaires sont nécessaires et que cela coûterait une fortune en cas de divorce...

Ce n'est pas un hasard si Saïd Qotb, penseur des Frères musulmans égyptiens dans les années 1950, jugeait très sévèrement les États-Unis (qu'il avait visités à l'époque), un pays où la religion est d'abord un *service à la personne* ou au groupe, et où un prédicateur a souvent peur de froisser ses « clients » par ses actions ou ses positions. Un pasteur pouvait, par exemple, refuser l'entrée d'un noir dans son église parce que ses « fidèles », en fait ses clients, seraient mécontents.

Les « services religieux » sont considérés comme des biens exportables par l'Organisation mondiale du Commerce (WTO class 9591, Subclass 95910), ce qui reflète bien la vision américaine du produit. Mais qui supervise l'impact et définit la dangerosité potentielle de ce « service » ? Le département d'État finira peut-être par comprendre que ce n'est que si les habitants de la planète cessent de faire dépendre leur sort collectif d'un « dieu » identitaire qu'ils tendront à cesser de combattre les « gêneurs » (leurs voisins) qui freinent le développement de leur foi collective et « unanime ».

9

Combattre le risque religieux

Dans cette dernière partie, nous aborderons spécifiquement la question du traitement des risques liés aux croyances religieuses. Les risques liés aux identités fortes, nationales et autres, seront traités seulement dans leurs relations avec le risque religieux. La remédiation des risques identitaires en général est un domaine trop vaste pour être sérieusement abordé ici. Un examen des tentatives ratées de lutter contre la croyance religieuse est effectué. La mesure du problème et l'ampleur des moyens nécessaires, en regard de ceux à disposition des croyants, sont esquissées. La nécessité de la création d'une nouvelle discipline est mise en avant.

L'athéisme, un autre phénomène religieux ?

Certains adversaires des religions ont tellement valorisé la lutte contre les croyances religieuses qu'ils prennent le risque d'imiter celles-ci. L'affirmation habituelle de la croyance religieuse quant à son rôle central dans la vie des hommes et la perfection de leur destin ne doit pas trouver de symétrie chez ceux qui cherchent à guérir les humains de ce vilain défaut.

Il est naturellement important d'arrêter de fumer, le tabac est un mal global, les effets sont graves à large échelle. Cela implique-t-il que celui qui arrête de fumer est « sauvé », différent de ses frères humains, meilleur ? Très probablement non. Il est juste libéré d'une lourde charge qui freinait son développement personnel. Certains fumeurs peuvent ne pas ressentir d'effet délétère pour eux-mêmes (Winston Churchill). Cela n'implique en rien l'innocuité du tabac, mais cela veut dire que tous les problèmes de l'humanité ne seront pas résolus le jour où l'addiction religieuse sera en forte régression. L'humanité vivra mieux, mais pas au « paradis ».

Rien n'est pire que l'idée de pureté. Il ne s'agit pas d'atteindre un quelconque état de propreté mentale, mais d'améliorer la condition humaine sur la planète. Une amélioration qui s'adresse à la grande majorité des humains, pas obligatoirement à tous. Il n'est pas indispensable (mais souhaitable) que tous les humains soient non-fumeurs et non-croyants.

Les régimes « communistes » ont cherché à éliminer les vieilles religions pour mettre en avant une idéalisation des progrès de l'humanité qui seraient liés à l'« internationalisme prolétarien ». Quelles que soient les nuances que l'on peut apporter sur le bilan de la planification économique centralisée, il est indéniable qu'il ne s'agit pas de la panacée délivrant les hommes du « mal ». Les tentatives de « religioser » durablement le marxisme-léninisme ont en bonne partie échoué sur le long terme, et ce n'est pas faute d'avoir essayé. À la mort de Lénine, Staline proclama : « *En nous quittant, le camarade Lénine nous a recommandé de tenir haut et de garder dans sa pureté le glorieux titre de membre du Parti. Nous te jurons, camarade Lénine, d'accomplir avec honneur ta volonté !* »

Les pseudo-« religions laïques » ont cependant un énorme avantage sur les autres : elles peuvent être mises à l'épreuve (certes difficilement). Le « communisme » soviétique a échoué de telle manière que Gorbatchev n'a pas eu d'autre choix rationnel que d'en finir avec l'économie planifiée. Si les utilisateurs pouvaient « tester » le paradis divin, nous en aurions vite fini avec les croyances.

Comment ne pas combattre les religions

L'humanité a déjà accumulé une certaine expérience dans la lutte contre la croyance religieuse. Malheureusement, cette expérience est surtout négative. La croyance religieuse étant difficile à débusquer et à combattre, ceux qui perçoivent les dangers qui y sont liés (ou qui veulent accroître leur pouvoir de contrôle sur les humains) se simplifient la tâche en combattant les croyants, et surtout les « spécialistes » religieux divers et variés qui soutiennent ces croyances.

La répression antireligieuse a été essayée sous les régimes « communistes » divers qui ont tenté l'expérience du « pouvoir prolétarien » au cours du XXe siècle. Globalement, ces tentatives ont été des ratages tragiques. Asséner le slogan *« la religion est l'opium du peuple »* et critiquer l'alliance du sabre, tsariste, et du goupillon, orthodoxe, n'est visiblement pas suffisant pour fournir un palliatif à l'ensemble des fonctions du religieux. Il faut se fatiguer un peu plus les méninges.

Une autre expérience de ratage tragique est la tentative américaine de lutte frontale contre l'alcoolisme, l'instauration de la prohibition, l'interdiction totale de l'alcool. La coïncidence des époques (années 1920) est-elle un hasard ? Dans les deux cas, l'échec vient du fait que les personnes touchées par ces maux y sont fortement attachées et ne peuvent s'en affranchir aisément ; que le partage de l'alcool et de la religion « fait société » entre les hommes et n'est pas si facile à remplacer. Raser les vignes ou les églises ne supprime pas le besoin de spiritueux ou de spirituel. Après des efforts énormes toutefois, la perception des méfaits de l'alcool est devenue généralisée. La perception des dangers de la religion est un combat contre une vieille hydre encore plus perverse et complexe.

Cela ne signifie pas que rien ne peut être fait, mais que cela requiert intelligence et méthode. Ce n'est que dans les cas graves que la coercition peut s'avérer nécessaire. Par exemple, si un groupe national/religieux persécute un autre groupe, ou si des groupes se combattent férocement entre eux, des mesures drastiques peuvent être prises, mais elles ne sont pas un substitut à l'action systématique et organisée pour combattre le « mal ». Admettre que le tabac est un fléau universel n'empêche pas la gradation des jugements sur les personnes dépendantes. Elle n'empêche surtout pas de séparer le fumeur de la personne en général.

Certains États, particulièrement la France, veulent séparer le bon grain de l'ivraie. À l'instar des vins français, qui doivent répondre à une réglementation stricte, les religions devraient se faire « homologuer » virtuellement pour être considérées comme non dangereuses, « républicaines », pour rester légales. Cette démarche a pu donner des résultats limités avec le catholicisme (un siècle de combat), mais elle ne résout pas le problème, qui se pose à l'échelle mondiale, de la lutte contre la croyance. Dès le moment où on légitime d'une certaine manière une religion quelconque, on légitime une approche épistémologique douteuse et dangereuse. Cette reconnaissance a des conséquences dommageables à l'échelon global. C'est donc un oreiller de paresse plutôt qu'une solution.

Un croyant peut être une personne plus équilibrée mentalement qu'un non-croyant : cela dépend des parcours de vie individuels. C'est l'effet global de la croyance qui justifie la lutte contre elle, et non un jugement sur chaque personne atteinte. Traiter de fous tous les croyants n'a rien de scientifique. Traiter la croyance de folie humaine a beaucoup plus de sens si l'on en comprend le contexte. L'attaque personnelle sur la folie des croyants n'est donc pas efficace en soi.

Un État peut-il être encore passivement laïque ?

Un des problèmes centraux de tout État développé est la légitimité de son existence et de son action. La défense de la laïcité (ou de formes équivalentes de non-confessionnalisme de l'État) est un thème important dans la recherche de reconnaissance populaire par de nombreux chefs de gouvernements. Cette défense de la neutralité confessionnelle semble, dans certains pays, être le garant de la neutralité de l'État, garant aussi d'une paix religieuse plus ou moins précaire. Elle est ressentie comme particulièrement importante dans les États ayant récemment vécu des luttes interreligieuses violentes.

Derrière l'idée de laïcité, il y a l'idée de séparation, de délimitation. Séparation de l'Église et de l'État, séparation de l'enseignement religieux et laïque. On suppose que si la séparation est effective, s'il n'y a pas d'incursion, alors la coexistence entre les croyants des diverses confessions entre eux et avec les non-croyants peut bien se dérouler.

L'expérience récente montre la fragilité de ces raisonnements. Ils supposent une frontière stable entre des domaines de connaissances et de compétences séparés. Ils supposent que les dirigeants politiques ne soient pas constamment en recherche de légitimité par tous les moyens.

Une prise de position publique du Premier ministre anglais David Cameron, le 9 avril 2014, est l'exemple type d'une action de propagande d'un gouvernement en mal de légitimité et qui fait feu de tout bois. Il n'a pas hésité à déclarer : *« Je suis fier que nous soyons un pays chrétien. »* Avant d'ajouter : *« Notre religion est la plus persécutée de toutes aujourd'hui. »* Ce brave homme donne par là une dose de légitimité, involontaire bien sûr, aux divisions religieuses du Royaume-Uni, où l'affrontement entre catholique et protestants en Irlande n'est pas encore passé aux oubliettes. Rappelons que la reine d'Angleterre est *gouverneur suprême de l'Église d'Angleterre* (anglicane). Les djihadistes de tout poil peuvent aussi lui dire merci pour la valorisation de leur combat contre les « croisés ».

La laïcité passive ressemble à un hypothétique accord qui aurait été passé entre l'URSS et les États-Unis à l'époque de la guerre froide : *les États-Unis s'abstiennent de critiquer le communisme et l'URSS s'abstient de critiquer le capitalisme.* Autrement dit : *chacun chez soi.* Un tel accord États-Unis–URSS était invraisemblable, il n'aurait rien changé à la dynamique de l'affrontement politique, militaire, et surtout économique. En outre, le danger principal de ce genre d'accord est qu'il paralyse l'action de ceux qui veulent défendre la rationalité scientifique, et laisse le champ libre aux partisans des croyances religieuses qui ne se sentent en rien concernés par le « compromis ».

La loi interdit à tous les habitants de tous les pays la pratique de l'esclavage comme mode de relation sociale légalement reconnu et il n'est pas question de revenir sur cette interdiction. L'État doit-il alors forcer les individus à se libérer des chaînes de croyances absurdes ?

On ne peut pas comparer simplement l'esclavage et la religion, les considérer comme des pratiques prohibées équivalentes. La valorisation de certaines pratiques ou croyances doit être cependant considérée comme relevant des goûts personnels et non comme base des comportements d'une population. Les croyants peuvent donc croire ce qu'ils veulent (dans certaines limites et en acceptant que l'État cherche à les sevrer), mais ils ne doivent pas interférer dans le champ politique et social. S'ils veulent lutter contre le « péché », cela ne doit pas influencer l'action publique.

La croyance ne connaît pas de borne naturelle. Les délimitations historiques cèdent vite devant les transformations. Par exemple : changement des domaines de compétence de la science, qui acquiert des capacités d'explication de plus en plus pointues sur « l'âme », c'est-à-dire le cerveau humain, sur le « libre arbitre », domaine traditionnel de la croyance religieuse ; changement de situation géopolitique, avec l'arrivée massive de populations d'origine africaine dans les pays développés ; changement de pratique marketing de certaines Églises chrétiennes...

Il n'est pas possible de définir, sans autres complications, un cadre normatif de laïcité fonctionnelle, basé sur des considérations légales, et de demander à chacun, à titre individuel, de s'y conformer. C'est une évidence pour l'islam. Cela « coince », il n'est qu'à écouter les penseurs musulmans eux-mêmes pour comprendre l'impossibilité de la neutralité religieuse de l'État pour une au moins des « grandes » religions. Hani Ramadan, directeur du *Centre islamique de Genève*, l'affirme :

> *Disons-le sans détour : il faut aller encore plus loin pour se rendre compte que la grande civilisation de l'islam, dans son essence même, n'est doctrinalement pas soluble dans la laïcité.*

Hani Ramadan, « Islam et laïcité, entre doctrines et vivre-ensemble », *Le Temps*, 14 février 2016 [88]

Cette position de refus aurait été celle de l'Église catholique au milieu du XIXe siècle. Aucune religion ne considère spontanément qu'elle puisse être « normalisée ». Le christianisme, du fait de sa position historique (séparation organisationnelle avec l'État depuis la fin de l'Empire romain en Occident), a pu survivre au passage dans un État laïc – il y aurait beaucoup à dire sur son acceptation incomplète de cette position. Il n'est pas sûr que l'islam puisse rentrer dans ce cadre à son tour sans que l'on doive le désagréger d'une manière ou d'une autre.

En fait, seule une minorité de religions sont doctrinalement prêtes à accepter une position éloignée du pouvoir étatique et de son droit de régulation sociale. Comment justifier, si l'on est un croyant sincère, que la loi des hommes soit supérieure à la loin de dieu ? Cela est possible ou non selon des critères arbitraires qui peuvent changer.

Si l'on considère qu'il existe peu ou prou dix mille religions constituées à la surface de la Terre, on voit bien qu'il est impossible de concilier un État se voulant laïque avec les revendications de chacune de ces croyances. Ce fait a pu être masqué par la prééminence, relative et momentanée, en Europe, de certaines formes de la religion chrétienne qui ont réussi à trouver une position d'équilibre relatif et temporaire, mais le retour sur la scène mondiale de l'islam, en attendant d'autres acteurs, vient bouleverser ces équilibres. La stabilité est impossible ; pour simplement maintenir une position acceptable, les États doivent mener une action forte contre toutes les croyances religieuses.

Une vraie neutralité religieuse ne peut pas être seulement défensive, en se contentant de limiter l'incursion du religieux sur l'ensemble du champ social. Elle doit s'accompagner d'une défense active, offensive, de l'épistémologie scientifique à tous les niveaux parce que celle-ci n'a pas de défenseurs professionnels, alors que la foi religieuse dispose d'un personnel nombreux et motivé.

Le numéro 66 (mars 2016) de la revue française *Prochoix* avait pour titre : « Crise à l'Observatoire de la laïcité ». Il examinait les multiples atteintes à la laïcité qui sont le quotidien de la France contemporaine. Un rapport paru en 2018 et commandé par le ministère de l'Intérieur au préfet Gilles Clavreul, intitulé « Laïcité, valeurs de la République et exigences minimales de la vie en société », est venu appuyer le constat de *Prochoix*.

La liste de ces atteintes est longue, ce sont des confirmations d'un fait qui devrait être évident : la défense de la laïcité ne peut se contenter d'être défensive (lutte *contre* les atteintes à la laïcité). Pour être efficace, elle doit être *offensive* et lutter activement *contre toutes les croyances religieuses*. La meilleure défense, c'est l'attaque.

Il sera cependant difficile de faire comprendre ce fait « évident » à tous ceux qui chérissent les acquis de telle loi (séparation de l'Église et de l'État) et de telle pratique (laïque) qui ont donné de bons résultats dans le passé. Ce changement ne pourra se faire en quelques jours.

Une des craintes les plus fréquemment ressenties par certains défenseurs de la laïcité est celle de se retrouver de fait dans la posture de promoteur d'une pratique religieuse singulière, chrétienne par exemple. Cette crainte est basée sur l'évolution des formes de la croyance dans les pays développés. Celles-ci ont dû trouver des présentations compatibles (plus ou moins) avec la modernité, alors que ce travail a moins été accompli dans les pays moins développés. Promouvoir les « formes » compatibles reviendrait alors hypothétiquement à promouvoir une religion contre une autre.

Faudrait-il alors, avec la même logique, ne pas transférer le savoir médical « occidental » dans les pays moins développés sous prétexte de refus de la « domination occidentale » ? Un malade habitant l'un de ces pays va-t-il faire cette demande ? Le caractère plus subtil et diffus des effets pathogènes des croyances peut brouiller la vision, mais pas la ligne d'action générale sur les pathologies religieuses.

Les persécutions religieuses prennent de l'ampleur. *Le Figaro* du 22 octobre 2014 pouvait titrer de manière crédible « 150 à 200 millions de chrétiens persécutés dans le monde ». L'exemple du Liban nous montre la fragilité d'un État « non confessionnel », mais basé sur un équilibre religieux. Il n'y a pas de substitut à un État luttant activement contre la croyance religieuse, contre toutes les croyances religieuses, et pas seulement les « mauvaises ».

Pour ne pas devenir le promoteur d'une forme religieuse contre une autre, il convient d'être attentif à l'angle d'attaque contre la croyance. Si cette attaque est basée sur une « morale » typée culturellement, elle sera peu efficace et pas du tout universelle. La mise en avant de l'approche épistémologique est le mieux à même de garnir une approche large et non sélective, universaliste. Cela ne signifie pas qu'elle soit facile à promouvoir.

Il n'y a donc pas de défense de la laïcité, telle que conçue par ses « créateurs », sans action offensive étatique, à l'échelon mondial, contre l'*épistémologie mythique*.

La première action de défense active de l'épistémologie scientifique est une éducation généralisée aux critères FARSIPP. Le travail est énorme. Les connaissances minimales n'existent pas. Une étude américaine récente le montre clairement. L'étude *Asking the gatekeepers: a national survey of judges on judging expert evidence in a post-Daubert world* cherchait, entre autres, à évaluer la capacité de juges professionnels à comprendre les termes « falsifiabilité » et « taux d'erreur ». Dans les deux cas, les résultats sont déplorables.

Judges had the most difficulty operationalizing falsifiability and error rate, with only 5 % of the respondents demonstrating a clear understanding of falsifiability and only 4 % demonstrating a clear understanding of error rate.

TRAD. – Les juges ont eu de grandes difficultés à comprendre, de manière opérationnelle, le sens de « falsifiabilité » et « taux d'erreur », avec seulement 5 % des répondants démontrant une compréhension claire de la falsifiabilité et seulement 4 % démontrant une compréhension claire d'un taux d'erreur.

S. I. Gatowski et al., «*Asking the gatekeepers: a national survey of judges on judging expert evidence in a post-Daubert world*», Pub-Med, 25 octobre 2001 [89]

La lutte contre toutes les croyances comme seule alternative au racisme de masse

Les réactions virulentes de certaines populations occidentales, habituellement plus tranquilles, contre la présence d'autres populations atteintes (ou censées être atteintes) de croyances religieuses différentes des leurs ne sont pas un phénomène nouveau, mais leur retour est une mauvaise nouvelle.

Le mouvement de masse Pegida, antimusulman, en Allemagne (suivi par l'élection de députés de l'AFD au Bundestag), est un exemple symptomatique de cette tendance.

La figure la plus notoirement connue en Europe de cette menace est Anders Breivik, auteur du massacre de l'île d'Utøya (meurtre de masse de jeunes travaillistes « tolérant » l'islam). Les risques de discriminations raciales sont sérieux, mais pour le moment sous contrôle. La persistance ou la renaissance de tels mouvements intervient en réponse à l'impuissance relative du pouvoir politique des pays avancés à freiner le développement de pratiques religieuses, réelles ou supposées, qui irritent fortement les populations – parfois pour de mauvaises raisons, liées à des fantasmes, mais dans certains cas à juste titre.

Autre exemple, parmi des milliers : la prise de position, début janvier 2015, du conseiller national suisse (parlementaire UDC, populiste) Walter Wobmann. Selon *LesObservateurs.ch* (9 janvier 2015), l'élu exige que les demandeurs d'asile musulmans provenant d'Irak ou de Syrie ne soient plus acceptés en Suisse. Pour lui, l'arrivée de ces populations entraînerait un risque significatif que la Suisse soit touchée par un attentat. Plus récemment, les initiatives du président américain Trump sont allées dans le même sens, à une autre échelle.

Si l'on défend la liberté religieuse absolue et sans contraintes de toute personne qui ne franchit pas les limites formelles des lois, alors le pouvoir est réduit à l'impuissance devant le retour de certains comportements, comme la promotion du terrorisme, la discrimination sexuelle envers les femmes, l'endogamie imposée ou le maintien de « lois », même non complètement mises en application, qui interdisent le changement de religion ou prônent la discrimination contre des groupes humains.

Il est très difficile à un gouvernement de lutter contre des tendances lourdes au sein de certaines communautés sans être accusé de discrimination spécifique envers cette communauté. La seule possibilité, c'est de lutter contre toutes les croyances et pratiques religieuses dans tous les segments de la population d'un pays, et au niveau mondial.

La règle générale à appliquer lorsqu'un groupe de population a une attitude non acceptable, c'est de considérer qu'un lien de ces comportements avec la religion n'est pas une circonstance *atténuante*, mais au contraire une circonstance *aggravante*, comme l'est la consommation d'alcool au volant. Il ne faut pas hésiter à condamner les *conduites discriminatoires et criminelles sous l'influence de croyances religieuses.*

Le simple fait de reconnaître une valeur quelconque aux croyances religieuses, en employant des thèmes comme « la valorisation des forces spirituelles », représente une validation, implicite mais forte, des croyances religieuses. Cela signifie, pour beaucoup de croyants, que toutes les religions ne sont pas à mettre sur le même pied, que l'appartenance à telle religion est porteuse de significations, que les populations se distinguent essentiellement par leur appartenance religieuse, que s'il y a une guerre, c'est d'abord la confrontation entre religions qui doit être mise en avant pour en comprendre les raisons. Cela signifie la validation, implicite et parfois involontaire, d'une vision dans laquelle les alliés chassant Saddam Hussein du Koweït (qu'il vient d'envahir) sont avant tout des chrétiens luttant contre l'islam, que la misère des populations défavorisées dans les pays sous-développés et développés est d'abord liée à une discrimination contre leur foi religieuse et non à l'état de leur développement culturel, à leur niveau de productivité et à leur positionnement sur le marché mondial.

Valider l'existence de valeurs religieuses, de religions englobantes, équivaut à valider la notion de races en défendant la « race blanche » contre les autres, et, même si l'on proclame que « toutes les races sont égales », le mal est fait. Les religions et les races existent alors vraiment, ailleurs que dans la tête des croyants.

De nombreux combattants religieux, comme les djihadistes, sont peu sensibles aux évolutions de la base théologique dont ils se réclament. Il est peu utile de produire des analyses raffinées des « convergences spirituelles » reliant les religions. Il faut, pour être efficace, tailler dans le vif et supprimer tout lien étatique à une quelconque préférence religieuse. Cela ne supprimera naturellement pas le besoin de révolte ni la perception d'injustice, mais cela permettra de les traiter avec un début de rationalité et sera susceptible de diminuer significativement la violence liée aux revendications, en supprimant une justification « morale », une validation suprahumaine, pour celle-ci.

Il est possible de comparer rationnellement la productivité de deux populations différentes sur la base de chiffres. Il n'est pas possible de comparer rationnellement leur mérite devant un dieu. C'est une grave erreur de penser que l'usage de la comparaison n'a, sur le long terme, pas d'importance. Le passage par des comparaisons rationnelles est le seul outil disponible pour éviter la confrontation sur le seul terrain militaire.

Défendre l'Occident au nom du christianisme ?

Il existe une tendance largement répandue à vouloir défendre (de manière explicite ou implicite) les pays occidentaux (ou les Philippines) *au nom du christianisme* contre l'extrémisme musulman. Une même tendance existe dans les populations bouddhistes de certains pays asiatiques. Cette sorte d'action ne peut déboucher que sur des résultats extrêmement limités, en plus d'être dangereux et inefficaces.

Comment lutter contre le fondamentalisme/extrémisme musulman au nom de la défense de la chrétienté/bouddhisme ? Tentons d'examiner quelques approches :

- Comme il est impossible de distinguer les vrais fondamentalistes des faux, il devient nécessaire de convertir (au christianisme?) ou de massacrer tous les musulmans dans les pays occidentaux. Heureusement, c'est peu réaliste.
- Dans les pays à majorité musulmane, il deviendrait nécessaire de mener des croisades pour convertir ou massacrer la population. Approche, heureusement peu réaliste, qui signifie accepter qu'une grande partie du monde devienne hostile à l'« Occident ».
- Les seules actions « réalistes » sont les limitations arbitraires de droit d'entrée pour les ressortissants de quelques pays supposés à risque et la valorisation (implicite) d'un racisme dirigé contre les personnes d'apparence musulmane au sein des pays développés. Les identitaires rajoutent volontiers quelques mesurettes discriminatoires de refus d'adaptation à certaines pratiques cultuelles musulmanes, sans autres effets que d'augmenter le sentiment de discrimination.

Au total, les effets de ces actions sont une augmentation des discriminations arbitraires, des tensions interconfessionnelles, et une inefficacité globale. Elles n'ont pas la moindre chance d'empêcher, à court ou long terme, le moindre attentat ou une quelconque radicalisation. Quel est alors leur sens? Elles permettent de rassembler les couches conservatrices des sociétés occidentales/orientales, de les rassurer quant aux intentions des politiciens au pouvoir, et surtout de ne pas heurter les croyants locaux dont les sentiments religieux sortent renforcés de ce genre de confrontations.

Seule une action massive contre *toutes* les croyances est susceptible d'avoir un effet sur les pratiques des différents groupes de populations en Occident et ailleurs. Mais, outre le fait que les résultats à court terme ne sont pas garantis, l'impopularité immédiate est, elle, pratiquement certaine.

L'antiracisme et l'anticolonialisme, vaches sacrées et impuissantes

Depuis au moins la fin de la Seconde Guerre mondiale et la victoire des Alliés sur les puissances de l'Axe, l'immense majorité des intellectuels se réclament de la lutte contre le racisme et le colonialisme. Il faut naturellement se féliciter de cette tendance globale, mais il faut également s'inquiéter de l'envahissement de la pensée par l'extension sans limites de la tendance à vouloir transformer la lutte contre les séquelles du colonialisme et du racisme en un combat global pour repenser le monde. Dans l'histoire de l'après-colonisation, on constate que c'est la capacité propre des sociétés à atteindre un état de développement avancé qui compte, et non les séquelles du colonialisme en tant que tel.

L'arrivée de colonisateurs occidentaux dans des pays auparavant indépendants politiquement (ou n'existant pas comme entités constituées) a eu pour effet d'introduire, à des degrés divers, la pensée scientifique moderne et la rationalité capitaliste dans des parties du monde qui n'avaient pas été en contact prolongé avec ces approches. Vouloir déduire de ces faits historiques que le destin des peuples libérés est de retourner à leur vision ancestrale du monde, c'est confondre l'histoire avec un conte de fées. C'est comme si les paysans d'Europe demandaient le retour des bûchers de sorcières « volés » par la rationalité occidentale. La question de savoir par qui et comment cette rationalité a été introduite est au final secondaire ; ce qui est important est de développer et fortifier son emprise et d'éliminer les scories des croyances passées.

Beaucoup d'intellectuels « littéraires » considèrent que s'attaquer aux croyances religieuses des populations anciennement colonisées, dans les anciennes colonies ou dans les pays d'émigration, c'est poursuivre la colonisation, c'est se lier à une action impérialiste. Cette vision est aussi absurde que si l'on cherchait à supprimer le sérum contre la peste produit par Yersin sous prétexte que la lutte contre la peste faisait partie d'une rationalité de domination « impérialiste ». Ceux qui ont en charge la formation *technique* des jeunes issus de la colonisation, quelle que soit la latitude concernée, ne s'essaient pas à une pseudo-formation qui « refuserait la domination coloniale ». Il suffit de s'inspirer de leur exemple.

Si le mode de pensée occidental a triomphé, par les armes et dans les têtes, c'est parce qu'il représente un état supérieur du développement intellectuel de l'humanité, non dans l'absolu bien sûr, mais du point de vue de la productivité humaine, qui est, dans les faits, la jauge permettant la comparaison des cultures humaines.

Il n'y a, à ce jour, aucune tentative d'éloignement du mode de pensée occidental, à large échelle, qui n'ait été soit une farce, soit une tragédie. Les proclamations de respect des anciens modes de pensée, en particulier religieux, sont au mieux du paternalisme, au pire de la complicité avec des forces réactionnaires, dangereuses au niveau mondial pour l'avenir de la planète.

Dans les faits, presque aucune population n'a pu vraiment se soustraire à l'avancée que représente le mode de pensée scientifique occidental, et les multiples tentatives dans ce sens ne sont que des comédies identitaires qui finissent toujours mal. L'épistémologie scientifique est la plus adaptée au niveau de développement économique qui accompagne l'accession à un mode de vie occidental. Pour s'y soustraire vraiment, il faudrait accepter une régression drastique du niveau de vie et de la taille de la population, à laquelle bien peu de peuples sont prêts.

Il faut aller au bout de la collision des mondes introduite par le colonialisme et finir de séparer les populations, y compris occidentales, des scories d'un Ancien Monde gouverné par des forces magiques. Il faut, sur ce point, finir le travail bâclé de la colonisation et assurer la domination pratique, sur toute la planète, au niveau étatique pour le moins, du mode d'examen de la réalité hypothético-déductif, non religieux, qui est seul à même de permettre – mais non de garantir – la progression de l'humanité.

Stabilité inter-religieuse et définition « correcte » du blasphème

De nombreux pays ont atteint une certaine forme de stabilité religieuse, dans le sens de pacification des conflits inter-religieux, au prix d'arrangements plus ou moins boiteux avec les croyances et entre les croyances. La stabilité religieuse de la France passe par la surveillance, de fait, du contenu des enseignements religieux et du subventionnement, indirect, des activités religieuses « pacifiées ». On parle par exemple depuis belle lurette d'un « islam de France » qui s'insérerait, hypothétiquement, au côté d'un « catholicisme de France ».

Pour les États-Unis, la stabilité est atteinte par le libre jeu de la concurrence. Une communauté qui n'offrirait pas un soutien efficace à ses membres ou qui les marginaliserait socialement se verrait éliminée d'un domaine très concurrentiel, même si, en apparence, elle se pliait aux préjugés de ses « fidèles ». Ce n'est pas par hasard si le thème central de l'Église de scientologie est le développement personnel et la réussite économique individuelle (avec des tarifs ajustés en conséquence...).

Le réflexe naturel de nombreux dirigeants est de reproduire à l'échelon mondial les équilibres nationaux. Cela suppose cependant que les croyances et leurs défenseurs soient plus ou moins satisfaits par leur position actuelle sur le marché, ce qui n'est largement pas le cas. Cela suppose également que les équilibres subtils à l'intérieur de chaque pays ne se télescopent pas. Et cela suppose, plus fondamentalement, que les croyants de chaque groupe n'essaient pas d'améliorer leur position concurrentielle à l'échelon mondial en s'appuyant sur la « légitimité » qu'est censée leur apporter une religion reconnue.

Il est donc illusoire de chercher le « respect » entre les croyances à large échelle. Ceux qui se plaignent aujourd'hui du mépris de leur religion dans la presse ou au Proche-Orient demanderont demain, si on satisfaisait leurs désirs, que les enseignements universitaires soient modifiés et que d'autres parties du monde leur soient attribuées.

Il faut donc refuser toute forme de respect formel pour une quelconque croyance en elle-même et n'accorder, éventuellement, de droits qu'à des individus ou des communautés humaines, tout en expliquant aux intéressés que leurs croyances sont pour eux une tare lourde dont ils devraient se débarrasser, et non un atout, et que c'est cette tare qui est, entre autres, responsable de leur retard de développement.

Beaucoup de religieux essaient de vendre l'idée que la croyance religieuse aurait des droits spéciaux et que la critique ou la moquerie à son égard, le blasphème, devrait être punissable pénalement. Il est facile de comprendre l'impossibilité de la mise en place de telles interdictions à l'échelon mondial, où les menaces de plaintes, les plaintes et les procès empêcheraient le monde de fonctionner. Chaque pratique d'un groupe peut être interprétée comme blasphématoire par un autre groupe. Il ne s'agit pas de théorie : une chrétienne pakistanaise, Asia Bibi, a été jetée en prison et menacée de mort, sous le prétexte qu'elle aurait apporté de l'eau à des femmes musulmanes qui rejetèrent celle-ci.

Il faut donc clairement affirmer qu'il n'est pas possible à un État d'offrir une quelconque forme de protection «spéciale» aux croyances irrationnelles et sans fondements empiriques testables, sinon c'est la porte ouverte à n'importe quoi, et donc au pire. Au contraire, tout État doit combattre ces croyances par tous les moyens «raisonnables». Céder sur l'interdiction du blasphème religieux aurait d'autant moins d'intérêt que cette revendication est typiquement celle d'une action militante : un «succès» en amènerait un autre. Aucune loi nationale sur le blasphème, adaptée au contexte local, ne doit être tolérée, ce serait une loi pousse-au-crime.

Il faut repartir de l'origine du problème, de l'analyse des sources des agressions. Depuis la fin de l'Union soviétique et du règne de Mao en Chine, seuls quelques petits pays comme la Corée du Nord pratiquent une répression *spécifique* contre les croyants plutôt que contre des opposants politiques ou nationaux comme les Ouïghours chinois – qui peuvent se trouver être des croyants. L'immense majorité des agressions liées à la religion provient des croyants, et ce sont bien les risques liés à ces agressions qu'il faut traiter à large échelle.

La définition classique du blasphème religieux est : *un discours jugé irrévérencieux à l'égard de ce qui est vénéré par les religions ou de ce qui est considéré comme sacré*. Il s'agit donc d'un blasphème contre une croyance. À l'heure du village global, lorsqu'Internet transmet tout ou presque, la définition religieuse du blasphème n'est plus tenable. Il faut au contraire faire cesser les empiétements incessants des croyants dans la sphère publique mondiale. La définition du blasphème, de l'interdit, doit donc être transformée dans le sens suivant :

> *Un discours méprisant à l'égard de l'humanité, au travers de la mise en avant de règles ou de valeurs offensantes pour l'intelligence humaine par leurs origines arbitraires, invérifiables, identitaires, et irrationnelles.*

Le blasphème doit donc être pensé comme une *offense à l'intelligence humaine*. Cette acception est la seule qui puisse être utilisée à large échelle par l'ensemble des pays de la planète. L'atteinte aux sentiments religieux ne peut être prise en considération, car elle est sans fondements et potentiellement sans limites. Ce qui compte, c'est l'atteinte aux sentiments d'effroi des non-religieux face aux croyances. Il conviendra naturellement de faire preuve de discernement dans son application et de ne pas réclamer la peine de mort à chaque violation...

Il n'est pas nécessaire d'être non-croyant pour adhérer à cette vision. On peut simplement reconnaître que les affirmations fortes de piété religieuse ont, du fait de la multiplication des formes de cultes, de grandes chances d'être dirigées vers la mauvaise divinité ou sous la mauvaise forme. Autrement dit : dans le doute, mieux vaut s'abstenir.

Guerre perpétuelle ou gestion des conflits interhumains

Emmanuel Kant a publié en 1795 un ouvrage dont le titre français est *Vers la paix perpétuelle*, proposant des principes destinés à créer les conditions d'une « paix perpétuelle ». Mais Kant omet de citer la lutte résolue contre toutes les croyances religieuses.

Les oppositions entre groupes humains ne vont pas disparaître du jour au lendemain. La présence de croyances religieuses « pacifistes » n'est pas, comme le supposent nombre d'observateurs naïfs, une chance pour la paix, mais au contraire une garantie, par effet systémique, par absence d'autre mécanisme de mise en compétition rationnelle, de *guerre perpétuelle* entre les humains.

Une des conditions d'une gestion raisonnable des conflits interhumains est la lutte universelle contre les croyances non soumises à la critique des faits.

Une réponse à la mesure de l'enjeu

Dans un article de *La Vie* du 9 décembre 2014 titré « Le wahhabisme aux sources de l'"État islamique" »[90], nous apprenons que :

> *Dans les écoles des territoires contrôlés par l'État islamique, les professeurs enseignent le combat contre les chiites, dénoncent la théorie de l'évolution et rejettent les arts et la musique. Leurs programmes scolaires sont calqués sur les manuels scolaires saoudiens.*

D'un autre côté, certaines sources indiquent que :

> *Over more than two decades, Saudi Arabia has lavished around $100 billion or more on the worldwide promotion of the violent, intolerant and crudely puritanical Wahhabist sect of Islam that the ruling royal family espouses.*

TRAD. – Depuis plus de deux décennies, l'Arabie saoudite a dépensé environ 100 milliards de dollars ou plus pour la promotion dans le monde entier de la secte islamique wahhabite, violente, intolérante et grossièrement puritaine à laquelle adhère la famille royale régnante.

Brian T. Lynch, « *The Dark Side of Saudi Petro-dollars* », Data Driven Viewpoints, 24 septembre 2013[91]

Les liens idéologiques entre wahhabites et Daesh n'empêchent pas des luttes parfois sanglantes entre groupes de personnes victimes de croyances obscurantistes musulmanes sur des points tactiques (par exemple, les rapports avec les États-Unis), mais il y a, au final, unité de doctrine et danger clairement repérable.

Du côté opposé, la charte de la laïcité en France, récemment promue, affirme que :

> *1) La France est une République indivisible, laïque, démocratique et sociale. Elle assure l'égalité devant la loi, sur l'ensemble de son territoire, de tous les citoyens. Elle respecte toutes les croyances.*

2) La République laïque organise la séparation des religions et de l'État. L'État est neutre à l'égard des convictions religieuses ou spirituelles. Il n'y a pas de religion d'État.
3) La laïcité garantit la liberté de conscience à tous. Chacun est libre de croire ou de ne pas croire. Elle permet la libre expression de ses convictions, dans le respect de celles d'autrui et dans les limites de l'ordre public.

L'idée de *neutralité* à l'égard des religions n'avait d'intérêt historique que pour stopper la persécution des minorités religieuses. Sur le fond, elle est absurde. Aucun État n'est jamais neutre vis-à-vis de la théorie de la Terre plate, de la malédiction des chiites, des droits des femmes, de la date de création de notre univers. Il n'est donc pas neutre épistémologiquement, et conséquemment pas neutre vis-à-vis des croyances religieuses.

Cette neutralité hypothétique suppose en fait, et surtout dans le cas français, que les religions auxquelles s'adresse ledit État soient passées à la moulinette du politiquement correct et limitent leur rôle à l'«accompagnement spirituel» du citoyen et restant *dans les limites de l'ordre public*. Elle présuppose que les Églises des différentes confessions renoncent, de fait, à de grandes manifestations publiques régulières comme les processions et ne se permettent que des conseils discrets en manière d'habillement des femmes et de séparation des sexes. Ces attitudes ont été forgées par une histoire particulière.

Ce type de laïcité présuppose également, sans que cela soit clairement explicité, que les relations avec les divinités pratiquées par les religions soient considérées comme inefficaces et, en fait, inexistantes. A contrario, si certaines religions avaient de réels pouvoirs d'intercession auprès de divinités agissantes, l'État devrait inévitablement en tenir compte. Cependant, la moindre reconnaissance officielle de l'efficacité d'une quelconque action effectuée par une religion particulière détruirait tout l'édifice de la neutralité religieuse. Une laïcité réelle présuppose donc de fait la reconnaissance implicite de l'inefficacité, du caractère imaginaire, des croyances religieuses – à part, évidemment, pour leurs effets sur le « bien-être spirituel » de leurs victimes ou les actions sociales qui en résultent.

Une position de séparation apaisée a pu ne pas être complètement dénuée de sens, mais elle ne répond plus aux défis de la mondialisation du combat d'idées et à l'ampleur des moyens déployés par les tenants mondiaux de *l'ancien régime* (aristocratique et théocratique), bien qu'ils aient été vaincus localement, temporairement, dans l'Occident, par la Révolution française et ses suites.

Tous les États démocratiques du monde connaissent une forme ou une autre de laïcité. Au minimum, les fonctions de direction de l'État ne sont pas attribuées par la loi exclusivement à un membre d'une religion particulière. Il y a donc une certaine indépendance entre l'État et les croyances. Si cette indépendance n'existe pas, cet État ne peut pas être qualifié de pleinement démocratique. Cette forme de neutralité, relative et variable suivant les États, a été longue et difficile à mettre en place. Peu de politiciens souhaitent en changer les composantes essentielles.

Les partisans de cette laïcité classique considèrent naturellement l'ampleur des efforts qui ont été nécessaires à sa mise en place et à son maintien. Ils se disent qu'il ne faut surtout pas la remettre en cause. Or, dans les faits, même pour conserver un équilibre, il n'est pas suffisant, sur la durée, de maintenir les choses en l'état ; il faut parfois remettre en question toute une architecture politique pour simplement stabiliser une situation.

L'intervention de nouveaux acteurs, de nouvelles croyances qui n'ont pas été parties prenantes des anciens combats, ne peut souvent pas se faire dans le cadre existant. Même si l'on est « conservateur », il faut admettre que, a minima *« pour que tout reste comme avant, il faut que tout change »* (*Le Guépard*, Giuseppe Tomasi di Lampedusa, Seuil, 1959).

Les combats qui ont amené en France à la loi de séparation de l'Église et de l'État de 1905 opposaient deux camps assez clairs : le camp catholique et les laïques, qui voulaient rompre tout lien organique entre la religion majoritaire et l'État, spécialement dans l'enseignement public.

Avec la montée de l'islam, le combat change de visage. L'islam n'est pas majoritaire et ne peut le devenir à court terme, mais il promet aux croyants de s'emparer du pouvoir à l'échelon mondial. Cette poussée s'accompagne naturellement de contre-poussées identitaires chrétiennes et nationalistes.

Centrer le combat des non-croyants sur la neutralité de l'État devient alors un peu dérisoire. Il ne s'agit pas de lutter contre un État et une école qui se feraient les relais de la religion dominante, mais bien de contrer la montée en puissance d'une religion, dangereuse comme toutes les religions, qui cherche à gagner à elle une fraction significative de la population.

Il n'est pas possible de demander aux nouveaux acteurs de se conformer à des équilibres longuement mûris par une histoire passée. De même, les besoins en matière d'éducation scientifique, de lutte contre les croyances bizarres et dangereuses nécessitent une éducation systématique contre un certain type de « connaissances » douteuses véhiculées par l'Internet. Il n'y a donc pas d'alternative à une lutte résolue et *explicite* contre les croyances et pour la défense résolue de la seule épistémologie scientifique.

Les combats pour la laïcité, et souvent ceux se réclamant officiellement de l'athéisme, ont, le plus souvent, été des luttes de pouvoir. Lutte pour diminuer l'influence des religions et des religieux sur le pouvoir étatique, et lutte de l'État pour accroître son pouvoir sur les appareils et les manifestations religieuses. Le vrai combat actuel est celui qui vise à s'attaquer à la racine même de la croyance religieuse : la validité des dogmes, l'existence d'entités « surnaturelles ».

Il est évident qu'il y a déséquilibre des moyens et des efforts entre les partisans de l'*épistémologie mythique* et ceux de l'épistémologie scientifique.

Les promoteurs de la neutralité de l'État se retrouvent à défendre un nain qui doit affronter un géant en moyens financiers et organisationnels (mais pas en moyens intellectuels). Comment serait-il possible de défendre une version de la laïcité en se positionnant à l'échelon purement national contre des offensives entreprises à l'échelon mondial ? Si les promoteurs des croyances religieuses islamiques font des efforts massifs de propagande, ils ne sont pas les seuls : certains chrétiens offensifs se hissent à des niveaux d'efforts comparables, et les hindouistes ne restent pas non plus les bras croisés en Inde. La réponse à ces offensives ne peut pas se limiter à la mise en avant de la neutralité de l'État et de la liberté de promotion de toutes les religions sur un pied d'égalité.

L'effort d'éradication des croyances doit être entrepris à l'échelon global, en commençant, pour son financement, par l'instauration d'une taxe sur les croyances. Exemple flagrant de ce besoin de rééquilibrage financier : la défense des savoirs scientifiques multiples contre les créationnistes de tout poil qui les attaquent. La lutte contre ces croyances dangereuses ne peut être considérée comme une tâche à accomplir une fois pour toutes. En cela, elle est semblable à la lutte contre les épidémies. Une structure et des financements permanents sont nécessaires pour un combat de longue durée.

La tentation est grande, pour limiter les affrontements, de décréter que les critères épistémologiques et le rôle de l'État doivent être décidés selon des critères locaux correspondant aux sensibilités locales. Joli slogan, mais cela ne peut fonctionner.

À l'automne 2014, une énième épidémie d'Ebola a ravagé l'Afrique de l'Ouest. Malgré leur réticence, les pays développés ont dû intervenir en urgence pour combattre cette épidémie désastreuse qui menaçait potentiellement l'ensemble de la planète. Cela a exigé, sous le contrôle de l'OMS, l'imposition de normes sanitaires aux populations locales touchées, en particulier dans le domaine des pratiques d'inhumation. Ce bouleversement des normes a été mal ressenti.

On ne peut plus toucher le corps donc il ne recevra pas la dernière toilette rituelle. Il n'y aura pas non plus de linceul. Or, c'est tout cela qui est recommandé par la religion musulmane.

Abdramane Cissé, « Les rites funéraires à l'épreuve d'Ebola », Deutsche Welle, 28 août 2014[92]

Peu de commentateurs ont critiqué cette immixtion brutale dans des traditions séculaires. L'imposition de normes épistémologiques à l'échelon mondial ne s'impose pas moins que celle des normes sanitaires. Une OMS des croyances religieuses est donc également nécessaire. Son intervention sera aussi indispensable que mal perçue.

Comment combattre les religions

Tout État moderne doit adopter une position épistémologique claire : il doit défendre et soutenir l'épistémologie scientifique et combattre celle qui fait la promotion des *contes de fées*. Cela entraîne la renonciation à une attitude de pseudo-neutralité religieuse, pour adopter une attitude de lutte active contre *toutes* les croyances religieuses.

Cette position doit devenir une évidence pour tous les gouvernements humains de la planète. Elle est indépendante de la perception des habitants de tout pays et de la sensibilité de ses dirigeants. Il ne s'agit pas d'interdire à quiconque l'usage des mythes dans sa perception personnelle, mais il faut lutter activement pour que l'épistémologie scientifique soit considérée comme la seule acceptable pour l'usage collectif. Cette activité ne peut être contemplative et seulement défensive. Il faut en permanence lutter contre le « bon sens » des habitants, contre leurs besoins de reconnaissance et de justice qui mène souvent à la catastrophe, à la régression totale. Doit-on accepter sans broncher qu'un dirigeant de Boko Haram décrète que *« le modèle de la Terre plate est le seul islamiquement acceptable »* (Joe Boyle, « *Nigeria's 'Taliban' enigma* », BBC News, 31 juillet 2009)[93] ?

Une des principales difficultés auxquelles nous devons faire face est la suivante : beaucoup de ceux qui observent les dégâts liés aux croyances religieuses veulent les combattre, mais ils partent d'un point de vue biaisé en mettant en avant la « bonne » religion (la leur, naturellement). Et ceux qui comprennent l'absurdité de la croyance (ou de certaines croyances) religieuse(s) du point de vue épistémologique (soit la majorité des scientifiques) cherchent en général à esquiver le problème en demandant simplement à ce « qu'on les laisse faire leur boulot », sans se préoccuper des conséquences pour le destin de l'humanité de l'existence des croyances religieuses à large échelle.

Il est temps que les scientifiques reprennent une place prépondérante dans le débat social et politique lorsque, comme souvent, le clair exposé des faits n'est pas évident. Le corollaire de cela est la diminution de surface médiatique de certains adversaires du développement technique, et également de certains spécialistes des sciences humaines dont les prétentions n'ont d'égale que leur incompréhension du monde dans lequel ils vivent.

Qui peut penser qu'un État doive adopter une position épistémologique neutre ? C'est une absurdité. Il n'est pas important de prendre en considération la perception des populations vis-à-vis de la science de type occidentale pour décider de soutenir une direction épistémologique plutôt qu'une autre. Les populations doivent être mises en face des conséquences pratiques de leurs fantasmes qui touchent parfois au délire. Il n'est utile de prendre en considération ces perceptions que pour décider quels sont les meilleurs moyens de les combattre.

Tout État doit constamment défendre, avec de grands moyens, la seule épistémologie qui permette la vie commune des habitants d'un pays et de la planète (une tribu vraiment isolée du monde peut toutefois suivre d'autres règles). Certaines règles communes sont indispensables à large échelle. Un pays ne peut pas rouler à gauche la semaine et à droite le week-end.

Ce combat implique d'abord l'usage de la seule épistémologie rationnelle et universelle connue, l'épistémologie scientifique, dont l'acronyme FARSIPP doit devenir le symbole. Pour les scientifiques défenseurs de la rationalité, il n'est pas possible de dialoguer à large échelle sur un quelconque sujet sans accord préalable sur les critères de vérité.

Cette attitude n'est pas incompatible avec une neutralité religieuse, une forme de laïcité. Elle signifie simplement que l'État ne choisit pas entre les mythes auxquels croient ses citoyens, mais qu'il les combat tous. Défendre la sobriété ne signifie pas exterminer les buveurs, sauf s'ils exigent, les armes à la main, que tous soient ivres en même temps qu'eux.

Si certains habitants de la planète vénèrent l'amanite phalloïde pour les hallucinations qu'elle procure et en font un élément central de leur vie sociale, cela ne signifie pas que l'État qui supervise le territoire où ceux-ci habitent doive soutenir cette pratique. Ce soutien peut provenir d'une tribu ou d'un petit groupement local, mais pas d'un État moderne.

En matière de religion, la neutralité est impossible. Même si une fraction significative de personnes victimes de croyances religieuses est plutôt passive, il y a forcément une fraction militante, dotée, par nature, de puissants moyens de mobilisation en personnels et en ressources. Il est donc nécessaire de constamment lutter contre toutes les croyances.

Un exemple typique de la nécessité de cette lutte générale et constante est la découverte de l'action de certains musulmans en Angleterre : « Le noyautage d'écoles publiques à Birmingham par des islamistes provoque un scandale politique » (Marc Roche, *Le Monde*, 10 juin 2014). L'attitude de défense au cas par cas est contre-productive. Il faut attaquer en permanence la croyance, défendre l'épistémologie scientifique et soigner les victimes. La position officielle du gouvernement anglais, *défendre les valeurs fondamentales britanniques de démocratie, de tolérance et de respect mutuel*, ne fait visiblement pas le poids. Une action simultanée, permanente, contre les croyances chrétiennes et islamiques doit être menée de manière soutenue dans le pays, indépendamment des dégâts immédiats entraînés par chacune des croyances et de l'attachement qu'elles procurent à certaines personnes âgées. On n'attend pas un accident de la circulation pour lutter contre l'alcool au volant en s'indignant de l'attitude d'un restaurateur particulier.

Le Britannique Tony Blair, du haut de sa position actuelle, indépendante du gouvernement, a pris une autre position, tout aussi nuisible : « *La poussée de l'islam constitue une menace majeure pour la sécurité internationale au*

XXIe siècle » (*Le Monde*, 11 juin 2014). Il poursuit en prônant, dans un discours prononcé mercredi 23 avril à Londres, « *un rapprochement avec la Russie, malgré l'affaire ukrainienne, pour contrer les extrémistes musulmans* ». Ce genre de positionnement est une formidable justification, une formidable aide aux islamistes de tout poil. Elle valide l'idée qu'il y a affrontement, au fond, entre le christianisme et l'islam. Or, la confrontation se situe entre des pays qui se sont *libérés* en grande partie de l'emprise tentaculaire de la religion chrétienne, et ceux dont la population et l'État n'ont pas eu la chance d'être séparés de l'influence de la croyance locale.

Le christianisme en Occident, sous une forme généralement édulcorée, est encore perçu comme l'un des principaux marqueurs identitaires. Alors que le vrai marqueur de la modernité est plutôt : *débarrassés de la croyance et aidant les autres à y parvenir.*

Pour éviter la confrontation avec les siens et avec ses propres croyances, Blair est prêt à ranimer les guerres de religion, alors que, au Royaume-Uni, la division de l'Irlande entre populations dont les identités sont fortement liées aux croyances religieuses n'est pas pacifiée. Des murs anti-balles séparent les croyants à Bagdad et à Londonderry. Il n'y a pas de religion de paix. Le nœud du problème est clair : pour lutter contre l'islamisme, il faut aussi s'en prendre à l'anglicanisme (et au catholicisme dans le cas de Blair). On comprend que le cheval bute sur l'obstacle, mais c'est le signe que la solution est là et qu'elle dérange.

Le traitement de la croyance est possible à deux niveaux complémentaires : individuel et collectif. Un médecin peut aider un patient à se libérer de son addiction au tabac. Un spécialiste peut aider un croyant à se libérer de sa dépendance à la croyance. Cette réponse individuelle ne suffit pas ; c'est l'ensemble des sociétés qui doivent être traitées.

L'ensemble des États de la planète doivent répondre à des critères minimums pour avoir le droit d'appartenir à l'ONU. Le Vatican ne peut y appartenir pour des raisons d'organisation politique. Le non-soutien à une croyance religieuse, la défense de la seule épistémologie scientifique comme méthode de connaissance, doivent devenir les critères minimums d'appartenance à la communauté internationale.

Certains pays se sont groupés depuis longtemps pour défendre un type de croyance particulière depuis des siècles. Plus récemment et plus formellement a été créée la Sainte Ligue (1571) contre l'Empire ottoman et, au XIXe siècle, la Sainte Alliance a été fondée par des puissances européennes à la fin de l'ère napoléonienne. Ces groupements ont disparu (Dieu soit loué...), mais un regroupement des pays victimes de la croyance musulmane et sortis de la domination coloniale s'est mis en place dans l'après-guerre. Le monde n'a pas besoin de regroupement des pays producteurs de tabac, mais d'une OMS qui combatte le tabagisme.

Le phénomène religieux doit être traité comme un cas spécial d'addiction. Nous avons vu quels « avantages » étaient procurés par la croyance et la difficulté de son éradication. L'expérience de la lutte contre les autres addictions doit être utilisée pour développer des méthodes spécifiques de lutte contre la croyance religieuse. Pour que celles-ci aient une quelconque efficacité, il faut qu'une partie significative de l'humanité comprenne que la religion n'est pas *la solution*, mais une partie du *problème*.

Il n'est pas tolérable que des sommes énormes soient dépensées pour la diffusion des croyances religieuses, particulièrement par les « diffuseurs » étatiques, sans frein ni contreparties. L'exigence minimale est que, pour chaque euro dépensé pour propager la pathologie, deux euros (ou dix euros) soient dépensés pour la combattre. On ne demande pas aux non-fumeurs d'assurer le financement de la lutte anti-tabac. Ce sont les consommateurs et les producteurs de tabac qui doivent en assumer l'essentiel.

Pour agir, il n'existe aucune obligation intrinsèque de faire appel aux seuls instruments étatiques, les propositions privées ont tout leur sens. S'il est possible de créer un business model de la sortie de la croyance pour un maximum d'individus et de le faire de manière profitable, tant mieux. Il est cependant important de garder en tête que la profitabilité de l'organisation de la sortie d'une dépendance est intrinsèquement moins grande que celle de son entrée. Les vendeurs d'alcool gagnent plus d'argent que les Alcooliques anonymes. Une correction financière est donc nécessaire.

Lors de la Coupe du monde de football de 2014, Jonathan Gornall, dans le *British Medical Journal*[94], a expliqué que le grand gagnant devrait être... l'industrie de l'alcool, car la Fifa a forcé le gouvernement brésilien à admettre l'alcool dans les stades, ce qui permet à ses sponsors d'influencer la jeunesse, cible privilégiée des alcooliers. C'est un exemple typique d'impuissance d'un gouvernement, pourtant important au niveau mondial, face aux bénéficiaires d'une dépendance rémunératrice.

Le standard de résistance aux croyances doit donc être international. Il doit permettre d'empêcher que le pape catholique ait droit à une publicité TV gratuite deux ou trois fois par année sans contrepartie. Une campagne d'explication passant par les mêmes canaux doit contrebalancer, avec toutes les difficultés d'une telle entreprise, le « message d'amour ». Même chose pour les grandes fêtes religieuses dans le monde.

Les obstacles évidents, une nouvelle discipline

Si la croyance religieuse était simplement une description formelle erronée du monde, elle serait facile à combattre. Nous avons insisté précédemment sur le caractère addictif des croyances religieuses. Il est donc évident qu'une simple argumentation rationnelle ne suffit pas à la guérison. Il faut créer une méthodologie, une pratique, une discipline pour y parvenir. Cette discipline doit s'adresser aux individus, mais aussi au collectif. La religion est une addiction sociale. Elle n'a de sens que pour un groupe d'individus.

> *La tabacologie est la discipline qui s'intéresse aux mécanismes d'installation et d'entretien de la dépendance à la consommation de tabac ou dépendance tabagique. Elle étudie les conséquences de cette dépendance et les moyens permettant d'aider à la réduction de la consommation et à la cessation durable du tabagisme.*

Il reste à créer une discipline comparable à la tabacologie, et les institutions correspondantes, pour les problèmes liés aux croyances religieuses. On peut même envisager de créer une transdiscipline comparable à celle proposée pour faire face aux épidémies post-Covid[95]. Une telle transdiscipline devrait, pour lutter efficacement contre les croyances religieuses, englober un grand nombre de domaines de savoirs : épistémologie, histoire des religions, économie...

Les moyens nécessaires à l'action éradicatrice doivent être importants, bien plus que ceux dont dispose la croyance. La raison de cette asymétrie se trouve dans une loi récemment énoncée, le principe d'*asymétrie des idioties*, ou loi de Brandolini : « La quantité d'énergie nécessaire pour réfuter des idioties est supérieure d'un ordre de grandeur à celle nécessaire pour les produire ».

Il serait erroné de supposer que n'importe quel scientifique peut « naturellement » s'investir dans cette fonction. La formation de base d'un scientifique lui donne la capacité de répondre à son collègue qui conteste la méthode d'analyse employée dans son dernier article. Cela ne prépare pas automatiquement à se défendre contre des croyances absurdes qui ont des fondements épistémologiques tellement éloignés de la science que le scientifique moyen est en perte de repères.

Les facultés universitaires proposant cette nouvelle discipline remplaceront avantageusement, le cas échéant, les facultés de théologie, qui doivent devenir, pour l'enseignement de la partie « pratique » (la formation des prêcheurs professionnels) des facultés privées sous financements privés, mais sous étroit contrôle public. Les facultés d'astronomie n'enseignent plus l'astrologie, qui manque à l'évidence de bases rationnelles, même si de larges fractions de la population sont « acheteuses ». L'université doit étudier l'histoire et la structure des religions, mais ne doit pas diffuser un « savoir » sans fondements scientifiques.

Conclusion

Les containers de transport standardisés, déplacés en masse à travers le monde, et Internet ont accéléré drastiquement l'unification de la troisième planète comme marché unique de marchandises et d'idées.

L'échange généralisé suppose implicitement des différences de capacités, de compétences, entre les différentes parties du monde. C'est la base même de la théorie de *l'avantage comparatif*. Pas de commerce si tous les Terriens vendent au même prix du charbon et du vin.

Pour échanger, pour circuler, pour commercer, il faut partager certaines règles, certains comportements. Il faut pouvoir comprendre le fonctionnement de l'autre. Ne pas le considérer comme « impur » ou « maudit ».

En parallèle, la croissance de la compétition économique implique l'investissement massif dans la « recherche et développement » partout dans le monde. Il n'est pas possible que des pans entiers de cette action de recherche et développement soient escamotés dans de grandes parties du monde sous des prétextes d'observance des règles « sacrées » ou de bouleversement des habitudes de pensée.

La croyance religieuse est globalement un frein significatif au développement de la connaissance humaine et à la pacification du monde. Dans ce monde « unifié », si la diversité est nécessaire, les fractures « existentielles » sont, elles, ingérables. Le développement des échanges suppose une unification partielle – mais non une homogénéisation – du monde autour des valeurs portées par l'épistémologie scientifique.

Toutes les identités fortes seront en révolte contre cette exigence, mais toutes les responsabilités devront s'y atteler.

Annexes

DES PISTES POUR L'ACTION

Les mesures proposées ci-après figurent en annexe, parce que l'examen de leur pertinence est plus problématique que l'étude des pathologies religieuses. Les repères sont maigres et les obstacles nombreux. Il s'agit d'un terrain à défricher où les certitudes sont faibles, à part les certitudes négatives comme celle-ci : la persécution des croyants n'entraîne pas la disparition des croyances ; il est difficile de mettre une croyance dans un camp de rééducation.

Beaucoup des mesures proposées sont des mesures actives, offensives. Or, il est tactiquement plus facile de rallier les volontés à la défense qu'à l'attaque. C'est cependant une illusion de penser que la défense serait suffisante à l'échelon mondial. Sur le terrain des croyances dangereuses, la meilleure des défenses, c'est l'attaque.

Les voies proposées le sont à titre d'exemples. Ce sont des guides pour l'action d'un gouvernement désirant lutter efficacement contre les croyances religieuses. L'étude des moyens organisationnels et politiques nécessaires pour que cette action soit décidée n'est pas traitée ici.

La première priorité est l'affirmation claire d'un principe : pour qu'un État soit non confessionnel, véritablement laïque, il ne peut être neutre ou passif en matière religieuse. S'il n'agit pas constamment pour lutter contre les croyances, il risque fort de sombrer du côté d'une croyance particulière.

Cette liste, un peu hétéroclite, de pistes d'action pour combattre la croyance ne remplace pas un plan d'action mondial et la mise en place d'une organisation, d'une discipline nouvelle, structurée à cette fin. Elle ne peut en être que la première esquisse.

Mesures organisationnelles

- Changement de perspective des organismes étatiques : ils ne doivent plus viser, en premier lieu, la structuration organisationnelle des croyances pour diminuer leur dangerosité et assurer une cohabitation fonctionnelle de celles-ci avec les instances gouvernementales, mais l'éradication des croyances religieuses au travers du développement de la compréhension et de l'utilisation systématique de la méthode scientifique d'acquisition des connaissances par la grande majorité des habitants de la planète.
- Séparation complète entre les États, d'un côté, et les organisations et croyances religieuses, de l'autre.
- Non-participation des représentants de l'État à toute célébration qui donnerait de la légitimité à une quelconque organisation centrée sur la propagation d'une croyance. (Célébrer une messe catholique pour les victimes d'un attentat terroriste islamiste, c'est comme offrir un vin chaud après un décès dû à un excès de vodka.)
- Mise en place d'une offre étatique ou paraétatique pour des célébrations valorisantes des étapes importantes de la vie.
- Création de structures paraétatiques organisant la lutte contre les croyances religieuses au niveau étatique, humanitaire, social, associatif, sportif, syndical, éducatif, journalistique, et aidant les individus éprouvant des difficultés à s'affranchir de cette dépendance. Un but central de ces structures doit être d'agir de telle sorte que le discours religieux soit largement perçu comme une vision délirante de l'univers, même s'il est souvent porté par des personnes essentiellement saines d'esprit.
- Mise en place d'organisations paraétatiques professionnelles de défense de la méthode scientifique en tant que telle, chargées de la soutenir et de la promouvoir comme méthode de connaissance de référence, et plus généralement de donner à la science une visibilité publique au moins égale à celle du sport actuellement. Cette défense de la méthode scientifique devra comprendre une part critique importante et devra donc s'attaquer aux autres méthodes de connaissances qui ne contiennent pas intrinsèquement une part d'autocritique, sous peine d'être en situation d'infériorité constante.
- Suppression de toute aide financière au fonctionnement des organisations religieuses en tant que telles.
- Transformation des études de théologie en formations destinées au combat contre les croyances.
- Éducation généralisée, modulée en fonction de l'âge, pour tous les habitants d'un pays, à la résistance aux croyances et à la promotion de la science comme seule méthode de connaissances efficace et commune aux humains.
- Neutralisation des individus et organisations qui prétendent expliquer le

fonctionnement du monde, notamment son fonctionnement économique et social, d'abord par l'effet de volontés humaines individuelles, d'actions politiques, de complots ou de recherches égoïstes d'intérêts personnels. À l'opposé, insistance sur l'obligation de comprendre les fondamentaux *fonctionnels* d'une situation avant de parler d'action.

- Lutte contre les espoirs infondés, dont celui de «justice» est le plus pernicieux. Les espoirs humains ont un sens quand un nombre limité de démarches rationnelles permettent d'atteindre un but fixé. Ils deviennent délirants si la réalisation de ces espoirs repose sur des actions miraculeuses à chaque pas et visent, de fait, un résultat inatteignable. Exemple d'espoir impossible et dangereux, car inatteignable : *un même revenu pour tous les habitants de la planète.*

- Création, dans le cadre de la discipline à créer pour traiter des croyances religieuses, d'une échelle de dangerosité, indépendante de la dénomination de la croyance, qui permettrait, sans discrimination liée à l'origine historique et géographique de la croyance, de se protéger contre les agressions des individus ou groupes atteints de croyances religieuses/identitaires avant même qu'ils ne passent à l'acte. Cette échelle irait, schématiquement, du contemplatif à la Spinoza au djihadiste exterminateur. L'échelle ne doit pas simplement se contenter d'estimer la dangerosité à l'échelon militaire (risques de purification ethnique), mais prendre en compte les dangers liés à l'interventionnisme possible dans les domaines politiques, médicaux (par ex., médecines alternatives/religieuses), sociaux, familiaux, économiques et scientifiques. Les risques de propagation à des populations nombreuses sont aussi à prendre en compte. Au niveau des individus, les éléments premiers de cette norme devraient évaluer leur respect des droits fondamentaux tels que pratiqués dans les pays développés : supériorité pratique des lois humaines sur les lois révélées, structure non confessionnelle de l'État, égalité des sexes, non-séparation des sexes, suppression de toute règle d'endogamie, liberté d'orientation sexuelle, acceptation du droit illimité aux changements de croyances et de non-croyances, refus du racisme, acceptation des normes médicales de l'OMS, acceptation du suivi du traitement éventuel contre les croyances religieuses.

- Détermination d'une norme de tolérance pour la dangerosité des personnes et des groupes de croyants. Cette norme doit déterminer un danger pratique, effectif, basé sur l'expérience, pour un endroit donné, tout en refusant le pur délit d'opinion. Elle doit être comparable avec celle appliquée à l'évaluation de l'alcoolémie. En cas de degré de dangerosité trop élevé et de refus de traitement, on pourra envisager des mesures d'internement ou d'expulsion. Les dangers potentiels de l'intégrisme religieux sont comparables à ceux de l'imprégnation alcoolique : ceux qui ont un degré d'imprégnation trop élevé doivent être mis hors d'état de nuire, mais les dangers liés à aux croyances ne se limitent pas à des excès ponctuels.

- Mise en place d'une obligation, pour tous les organismes, organisations, groupements, s'occupant de jeunes gens (y compris les organisations sportives), de mettre en place des programmes de lutte contre les croyances religieuses. Lutte résolue contre le prosélytisme religieux suivant des schémas comparables

à la lutte contre la pédophilie. Seuls des organismes formés exclusivement d'adultes doivent pouvoir se réclamer d'une appartenance religieuse.
- Création, sur le modèle des professeurs de sport en chargés de la santé physique des élèves, de postes de « maîtres de santé mentale » chargés de promouvoir la méthode scientifique et de lutter contre toutes les épistémologies parasites.
- Combat contre la propagande religieuse ; la propagande religieuse combattante doit être interdite (lutte contre le contenu et les individus).
- Responsabilité des entreprises, sur le modèle de la lutte contre l'alcoolisme, de mesures structurées de luttes contre la croyance.
- Transfert des ressources financières du soutien aux croyances vers la suppression des croyances. Des programmes spécifiques doivent être envisagés pour chaque famille de croyances, afin d'aider les croyants individuels et les spécialistes religieux à passer de la croyance religieuse à une perception rationnelle du monde en limitant les souffrances occasionnées.
- Mise en place de mesures d'organisation semblables à celles utilisées contre les autres dépendances ; par exemple, mise en place de numéros téléphoniques gratuits pour des consultations individuelles.
- Reconnaissance des troubles mentaux liés aux croyances comme troubles reconnus médicalement, par exemple dans le manuel de référence DSM. Cela ne signifie pas qu'un traitement soit obligatoire pour tous les croyants, mais cela ouvre la possibilité de suivre de tels traitements lorsque cela est utile et demandé.
- Formation obligatoire de tous les adolescents et étudiants, en premier lieu les futurs acteurs de la science et de la technique, aux bases de l'épistémologie scientifique et aux dangers liés aux autres épistémologies.
- Distinction claire dans les médias entre les thèses qui suivent globalement la méthodologie FARSIPP et les approches « intuitives » diverses et variées. Cela ne doit en aucun cas amener à une censure et cela suppose de gros moyens d'investigation pour l'approche scientifique, mais il faut trouver une façon de séparer le bon grain de l'ivraie.
- Détermination d'une tâche pour les médias qui doit être le combat contre les croyances, et non leur « adaptation au monde moderne ». Les médias doivent sérieusement donner la parole aux scientifiques, c'est-à-dire leur donner l'occasion non seulement de présenter leurs résultats, mais également la possibilité de parler de leur démarche et de leurs difficultés. Actuellement, les difficultés dont on parle dans les médias sont celles des entraîneurs de sport. Cela doit être remplacé par l'exposé clair des difficultés des directeurs de laboratoires, non avec leurs chercheurs, mais avec la réalité. Cela implique une complète redéfinition des activités de relations publiques des organismes scientifiques.
- Expositions variées d'histoire des religions sur le thème : *Et les hommes dirent : créons Dieu à notre image*.
- Exposition claire des difficultés et des limites de la compréhension de l'histoire de l'univers par le grand public. S'il ne comprend pas les « détails » de fonctionnement d'une centrale nucléaire, pourquoi devrait-il comprendre et évaluer ceux du big bang ?
- Lutte contre la sacralisation des identités/cultures. Gestion « rationnelle » de la

diversité culturelle. L'examen des problèmes d'économie d'échelle n'est certes pas le thème le plus enthousiasmant à exposer (la défense des « droits » passe beaucoup mieux), mais *qui ne peut, ne peut*. Une manière d'aborder ce thème : examiner le nombre d'humains (et donc le coût) nécessaire à cette action de préservation des identités, des cultures. C'est un thème qui peut faire réfléchir ceux qui doivent payer pour la préservation du « patrimoine » matériel. Le patrimoine « spirituel » est soumis aux mêmes aléas.

- Lutte contre l'organisation sociale tribale des populations ne désirant pas se couper du progrès technique occidental. Le plus souvent, le maintien du fonctionnement tribal est un obstacle majeur à l'« occidentalisation » des populations. Il l'est d'autant plus qu'il permet souvent d'offrir une protection apparente face au marché mondial qui n'offre que des opportunités limitées aux individus habitant des zones à faible développement économique. Il se crée alors un cercle vicieux où le fonctionnement tribal protecteur empêche l'introduction du capitalisme et la mise à niveau des populations. Ni les grands chefs terrestres, ni les grands chefs célestes ne peuvent supprimer le prix à payer en changements individuels et collectifs pour exister dans ce marché globalisé. Cependant, peu de populations désirent s'abstraire de ce marché (que ceux qui ne veulent pas de téléphone portable lèvent la main !). Le rideau de fumée des croyances ne fait qu'embrouiller les choses.

Mesures légales

- Définition des croyances religieuses comme un danger global à l'échelle planétaire. De la même manière qu'une épidémie ne peut être circonscrite à un seul lieu, l'action des croyances religieuses ne peut être limitée facilement et doit faire l'objet d'un traitement d'ensemble.
- Application d'une règle légale simple : toutes les croyances se répandant comme des épidémies doivent être combattues. Toutes les croyances incendiaires doivent être interdites.
- Interdiction de tout parti politique qui se réclame (ouvertement ou non) d'une appartenance religieuse ; pas de mélange des genres. Une Église doit pouvoir se présenter à certaines élections sous certaines conditions, mais elle doit alors prendre à sa charge tous les risques politiques que cela comporte et ne pas se réfugier derrière un paravent.
- Mise en place d'une règle : en matière politique, militaire et légale, seule l'abstinence complète de croyances doit être acceptable. Il en est de même pour la conduite de véhicules professionnels.
- Interdiction de toute influence des religions et des croyances dans l'élaboration des lois et dans les structures de réflexion officielles.
- Instauration de taxes et d'impôts sur les croyances sous une forme comparable à celle des taxes sur l'alcool et le tabac. Ces taxes doivent d'abord toucher les croyances majoritaires et les sectes avides d'argent, mais ne pas empêcher l'existence de courants religieux minoritaires. Pas de « martyrs » de l'impôt.
- Clarification sur le sens de la liberté de croyance, qui ne doit être considérée que comme la liberté d'avoir certaines croyances (si elles ne sont pas immédiatement

dangereuses), surtout si elles sont minoritaires. Cette liberté est destinée à éviter l'oppression d'une croyance par une autre, ainsi que l'obligation de croyance pour les non-croyants. Elle ne doit en aucun cas empêcher l'État de combattre l'ensemble des croyances religieuses, condition de la paix mondiale.

- Limitation du droit de prescription sociale et médicale aux disciplines respectant les règles FARSIPP. Une tolérance plus ou moins prononcée peut exister pour des médecines empiriques, mais pas pour des doctrines sans fondements scientifiques, sans tests discriminants dans la réalité.
- Mise en place d'un cadre juridique de protection des mineurs contre les croyances religieuses à l'image de celles déjà en vigueur contre l'alcool et le tabac.
- Affirmation claire d'un fait : les citoyens d'un pays ne peuvent pas décider, démocratiquement ou non, quel est le « vrai » dieu, pas plus qu'on ne peut voter sur la valeur du nombre pi (cf. projet de loi pi de l'Indiana n° 246 qui faillit être adoptée en 1897). L'existence d'une entité créatrice suprême est un fait, ou plutôt un non-fait, et non une décision libre sur laquelle on peut voter. Le rôle d'un État est d'empêcher une décision sur un fait en l'absence de preuve adaptée.
- Opposition à la pratique institutionnelle qui fait du souverain anglais, par exemple, le *défenseur de la foi*. Tous les chefs d'État et leurs gouvernements doivent se proclamer défenseurs de la seule épistémologie scientifique, indépendamment de l'opinion des populations concernées.
- Suppression de toute obligation légale ou économique de faire appel aux services des structures ou des personnels religieux dans quelque domaine que ce soit. Une exception doit exister pour des services purement religieux et demandés sur une base réellement volontaire.
- Supervision constante, avec droit d'investigation poussé, de tous les services religieux pour contrôler leurs pratiques éducatives, économiques et sociales. Dénonciation systématique et régulière des abus pratiqués. Soutien des victimes désirant se protéger de ces abus.
- Mise en place d'une règle simple : aucune règle légale ou « morale » ne peut se faire au nom d'un quelconque dieu sans preuves directes que cette entité a bien proclamé cette règle. Les preuves indirectes comme les textes « sacrés » ne peuvent être prises en considération.
- Traitement des allégations religieuses sans preuves comme de la *publicité mensongère*. L'Union européenne a interdit nombre d'allégations « santé » qui étaient mises en avant sans preuves suffisantes par des producteurs d'aliments industriels. Il faut pratiquer de même avec les prétentions religieuses. Il est interdit de se réclamer d'une *loi de dieu* sans apporter une preuve directe (la signature *certifiée* du dieu lui-même) à l'appui de ces thèses. Les témoignages indirects sont sans valeur.
- Lutte contre toute influence régulatrice des religions dans le domaine législatif. Les religions doivent être considérées comme faisant partie, le plus souvent, principalement, de l'industrie du sexe, car elles interviennent essentiellement sur ce sujet sans apporter de services réellement professionnels. C'est cependant le principal domaine où elles se permettent d'être directement régulatrices

(règles sur le mariage, le divorce, la procréation...). Elles interviennent directement dans d'autres domaines comme les règles bancaires (prêt sans intérêt) ou la santé. Dans chaque domaine, les prescripteurs doivent être responsabilisés. Comme le reste des intervenants de ces industries, elles doivent être régulées, et non régulatrices.

- Combat explicite, à large échelle, contre tous les pseudo-« enseignements » religieux sur le sexe et la reproduction en supplément de celui portant sur la régulation générale des religions. C'est principalement dans ce domaine que les dégâts sont les plus significatifs. Beaucoup de femmes n'emploient pas de contraception efficace à cause des balivernes religieuses sur ces sujets.
- Lutte contre les pratiques matrimoniales, mariages forcés (700 millions dans le monde selon l'Unicef) et autres actions comme les mutilations sexuelles fortement liées aux croyances religieuses et au respect des traditions, aux « lois divines ». Toutes les identités et les coutumes ne doivent pas survivre ; si celles-ci disparaissent, bon débarras et tant pis pour les *effets collatéraux*. Cela n'implique pas de refuser l'aide de croyants qui s'opposent à ces rites barbares perpétués au nom de leurs croyances, mais il ne faut pas exonérer l'influence des mythes religieux dans leur persistance. (Voir Babatunde Osotimehin, « Vive la Saint-Valentin, à bas le mariage forcé ! », *Le Monde*, 13 février 2015)[96]
- Exigence constante que la délivrance de tous les services proposés par des instances religieuses (y compris l'éducation, les mariages et les enterrements) puisse être offerte avec une qualité au moins équivalente et un meilleur prix par une instance civile (privée ou publique).
- Insistance sur le refus du sacré, des justifications religieuses, des droits différenciés, sauf si ces prétentions s'appuient sur des données objectives évidentes.
- Insistance sur la nécessité d'interdire au niveau mondial le recours à des entités invisibles, non mesurables scientifiquement, pour argumenter politiquement et fonder des législations. L'absence de mesurabilité empêche la discussion et le recours à ces entités invisibles ne peut être, au pire, que privé.
- Mise en place d'un système de lutte contre le conseil sexuel « amateur » issu de religieux sans diplômes valables, en complément de la lutte contre la pratique illégale de la médecine.
- Refus absolu de droits séparés pour les personnes atteintes de croyances religieuses particulières. Mise en place de programmes de luttes contre les identités fortes.

Mesures pédagogiques

- Élaboration de slogans généraux simples, comparables à *fumer tue* comme :
  - *It's bad to believe*
  - La religion n'est pas une solution, c'est un problème
  - Avec la religion, il y a tout à perdre et rien à gagner
  - Il y a des centaines de dieux uniques
  - Le péché, c'est de croire au péché
  - Pas de subventions pour le tabac et les croyances
  - Taxons les drogues morales

- Appui fort au refus d'un dialogue entre les croyants et les scientifiques qui ne serait pas basé sur les règles FARSIPP. Il est impossible de faire un concours sans règlement : c'est un dialogue de sourds. Il est cependant important que les croyants s'expriment, mais ils ne peuvent pas faire usage de terrorisme intellectuel en demandant le « respect » de leurs croyances sans conditions. La science ne demande qu'à être jugée sur pièces, sans « respect » pour ses théories.
- Rappel constant des dangers des croyances, qui jouent un rôle prépondérant dans les conflits divisant gravement l'humanité. *Le XXIe siècle sera sans religions d'État ou ne sera pas.*
- Insistance sur l'impossibilité de lutter efficacement contre les « extrémistes » religieux sans lutter contre les racines des croyances. La fin des luttes religieuses en Europe a nécessité la création d'États laïques et la réduction drastique des croyances religieuses. Rien d'important ne nécessite vraiment l'usage des croyances religieuses. Beaucoup de mauvaises choses y sont liées. L'humanité doit apprendre à s'en passer.
- Instauration de formes, plus ou moins ritualisées, de compétitions scientifiques comparables aux compétitions sportives, basées sur la qualité et la profondeur de la compréhension, y compris et surtout pour les non-scientifiques, avec des prix importants à la clé. Refuser de trop « simplifier » les enjeux scientifiques.
- Affirmation de l'absence de lien entre le nombre de prières, d'actes cultuels, dans un pays et l'état d'un pays. Tous ceux qui peuvent accepter l'idée que leur dieu ne va pas souffrir de l'absence de prières peuvent aussi accepter l'idée que les humains doivent s'abstenir de toute manifestation cultuelle, de toute prière, car cela évite les frictions, les divisions entre les humains. Il n'y a aucune preuve que ce comportement serait mal perçu par un quelconque dieu infiniment grand et bon. *Dans le doute, abstiens-toi.*
- Insistance sur l'approche épistémologique, sur la supériorité de la science comme méthode de connaissance employant les règles FARSIPP, présentées dans une forme pédagogique attrayante. Par exemple en utilisant des formules comme : *la science est vraie parce qu'elle peut être fausse, la religion est fausse parce qu'elle ne peut être fausse ; un évêque orthodoxe est intronisé en répétant servilement les erreurs de ses ancêtres, un jeune scientifique passe sa licence en corrigeant les erreurs et en complétant les connaissances de ses professeurs.* Cela ne signifie pas que la racine du « mal » religieux soit principalement une simple erreur épistémologique, mais que l'approche épistémologique est un bon outil pour clarifier les rapports des humains entre eux et envers l'univers.
- Exigence d'un changement radical d'attitude des praticiens des sciences humaines envers les croyances religieuses. Leur responsabilité d'enseignants, d'analystes et d'acteurs n'est pas de relativiser, de décrire et de protéger l'existant, mais de critiquer et de détruire des croyances qui sont à l'évidence en opposition complète de méthode avec leurs activités scientifiques. Les seules exceptions acceptables sont relatives à certaines cultures minoritaires en danger dans des lieux isolés. Tous les enseignants doivent combattre les préjugés racistes, sexistes et religieux de leurs élèves. Ils doivent défendre avec force l'épistémologie scientifique FARSIPP, qui est la base même de leurs enseignements. Ils doivent se réjouir du fait qu'un enseignement efficace passe souvent

par la destruction des préjugés de leurs élèves. Un rosier ne peut croître correctement s'il n'est pas taillé.
- Mise en avant constante de la supériorité de la science comme méthode de connaissance utilisable dans la majorité des affaires humaines, et non uniquement comme une suite de descriptions détaillées du réel.
- Insistance sur l'impossibilité pratique d'utiliser l'approche scientifique dans tous les aspects de la vie humaine (utopique), mais, à l'opposé, sur la nécessité de le faire lorsque l'on veut traiter les problèmes de larges groupes d'humains.
- Dénonciation vigoureuse et systématique du caractère incantatoire des thèmes religieux. Par exemple, *« Jésus t'aime »* ne signifie rien : comment être « aimé » parmi cent milliards d'individus ayant vécu sur Terre (sans compter les autres singes supérieurs) ? *« Allah le miséricordieux »* n'a de signification que si l'on admet – en fait si l'on crée – l'idée de péché...
- Insistance sur un fait simple : prier et célébrer Dieu régulièrement, c'est remettre en question le statut de la divinité comme entité omnisciente et omnipotente. Un homme a besoin d'être prié, une divinité, qui sait tout et peut tout, n'est pas distraite ni orgueilleuse, elle n'a nul besoin qu'on l'apostrophe régulièrement, au contraire d'un chef de tribu imbu de sa personne.
- Mise en avant du fait que les tares les plus visibles des religions sont largement partagées par l'ensemble des grands groupes religieux de la planète. Il n'est pas possible de combattre les insupportables actions des extrémistes de l'autre groupe et de passer comme chat sur braise sur les exactions du groupe auquel on croit appartenir. Le combat contre Boko Haram ne peut se faire au nom de la charité chrétienne, car celle-ci est également à la base des actions de l'Armée de résistance du Seigneur (LRA) dont les actions ne sont pas moins sinistres, même si la majorité des partisans de l'islam et du christianisme condamnent ces pratiques. Le point de vue efficace pour s'attaquer à ces tares est la lutte contre la croyance, et non la défense d'une hypothétique et introuvable « vraie religion ».
- Mise en avant d'un fait historique simple : aucun État théocratique n'a été porteur de progrès technique et humain dans les derniers siècles. Ces progrès se sont concentrés dans des États non dominés politiquement par la religion en Europe et en Amérique, puis plus récemment dans d'autres États également non dominés politiquement par une croyance religieuse. La productivité intellectuelle de la croyance est très basse. Aucun philosophe d'envergure se réclamant de ce type de pensée n'émerge dans l'histoire intellectuelle récente de l'humanité.
- Exposition simple (certes difficile à réaliser) de la vie de l'univers, de l'aventure de la vie et de celle de l'humanité ; exposition claire des limites de la connaissance.
- Insistance sur le « point de vue de Sirius » dans l'examen de la vraisemblance des affirmations religieuses : quelle est la probabilité de trouver une civilisation extra-terrestre qui reconnaisse tel ou tel sauveur terrestre comme représentant du Dieu créateur de l'univers ?
- Insistance sur l'improbabilité de l'existence de multiples dieux (des milliers), dont certains « uniques » (des centaines probablement), pour diriger la vie des hommes, voir l'univers entier... À ceux qui affirment que cette diversité de vues cache une profonde « unité des forces spirituelles », proposer l'examen

de l'intérêt d'un dieu « fusionné » en dehors des salles de colloques interreligieux. Si un tel dieu n'existe pas *dans la nature*, ce n'est pas un hasard : il a encore moins de puissance explicative et, surtout, un tel dieu fourre-tout n'aurait qu'un impact marketing limité (Qui voudrait vendre un tel produit ?). La religion doit répondre à de multiples demandes humaines complexes pour exister comme mème. Un tel Dieu est un ectoplasme encore plus éthéré que ses confrères créés par des groupes humains limités. *S'il n'y a pas de croyant, il n'y a pas de croyance. Mais s'il n'y a pas de physiciens, les lois de la physique existent quand même.*

- Insistance sur l'extrême diversité des croyances, sur leur caractère simplement humain. Comment expliquer la variété énorme des croyances sur une petite planète par la diversité des dieux locaux (un dieu pour les Américains, un dieu pour les Japonais...) ? Si beaucoup veulent un dieu unique, c'est toujours le leur et il leur ressemble étrangement ! Si l'ensemble des habitants humains de la planète ne sont pas d'accord sur le nom et la forme de la divinité, quelle chance y a-t-il qu'un extra-terrestre y adhère ? S'il ne peut y adhérer, alors la divinité est une créature, imaginaire, terrestre, locale, et rien d'autre.

- Insistance sur deux thèmes : 1) Un dieu non imaginaire s'occuperait de milliards de milliards d'étoiles, il ne serait pas un obsédé sexuel terrien, ce sont ses inventeurs, les hommes, qui le sont ! 2) Il y a dix mille cultes, comment savoir lequel est le bon ? Il ne suffit pas de crier plus fort !

- Examen historique présenté sous une forme pédagogique pour illustrer l'absence de progrès dû à la diffusion de croyances religieuses. Cela ne signifie pas que des croyants poussés par leurs convictions n'aient pas pu agir pour le bien de l'humanité, mais que leurs croyances religieuses n'étaient pas déterminantes par elle-même dans leurs actions. *Les bonobos n'ont pas besoin de la religion pour être civilisés, nous non plus.*

- Exposé des diverses atteintes à la santé de la population mondiale liées aux croyances religieuses. On peut aller du refus des vaccins de certains musulmans nigériens jusqu'au refus de la régulation des naissances, qui est un thème marketing commun à beaucoup de croyances. Ceux qui ont en charge la santé au niveau mondial auraient beaucoup à dire sur le sujet.

- Examen approfondi et nuancé des tares sociales/économiques entraînées/encouragées/soutenues par le fait religieux et ses conséquences. Actuellement, ce sont les populations victimes de la croyance musulmane qui sont les plus mises en avant dans cette problématique, mais il faut insister sur le fait que cela n'a pas toujours été le cas. Le monde entier est concerné. La guérison ne peut survenir dans un seul segment de l'humanité, tout le monde doit faire un effort et il ne faut pas attendre que son voisin fasse le premier pas.

- Insistance sur la faible probabilité qu'il existe un dieu avec un caractère vengeur, des manières humaines, qui veuille « juger » des humains qu'il a « créés » et qu'il laisse ceux-ci s'entre-tuer parce qu'il est « timide » et refuse de se montrer. À cela, il faut ajouter la probabilité de la date retardée de son action explicite sur Terre (depuis le néolithique).

- Demande d'explication au sujet de la « timidité » du (ou des) dieu(x). L'absence de dieu visible est incompréhensible. Il n'existe pas d'avantage plausible

à l'invisibilité divine. L'explication la plus vraisemblable, et de loin, est la non-existence des divinités.
- Particulièrement pour les personnes atteintes de versions monothéistes de la croyance, demander des explications sur l'importance de la proclamation de ce monopole. Qui concerne-t-il ? La divinité ou les croyants ? Que pourrait craindre la divinité ? C'est bien le monopole commercial des croyants qui est en jeu, et rien d'autre.
- Insistance sur le non-exceptionnalisme de l'humain. Utilisation d'exemples mis en avant par les primatologues (comme Frans de Waal) pour démonter l'inanité d'un « essentialisme » humain. Cela ne signifie pas que rien ne sépare les humains des autres animaux.
- Insistance sur la multiplicité des croyances, et sur leur caractère seulement humain. Beaucoup de chrétiens affirmaient/affirment qu'une seule religion peut être vraie, et donc que toutes les autres religions, ou variantes de la leur, jugées non orthodoxes, sont fausses et dangereuses. Affirmation reprise par beaucoup de musulmans. C'est presque vrai : des milliers de religions sont fausses ! Et même toutes... et il n'existe aucun moyen sérieux de les départager.
- Rappel insistant : pour lutter contre la barbarie religieuse des autres, il faut au préalable enlever les racines épistémologiques de toutes les croyances. Pour reprendre un thème connu : *Ne fais pas attention à la paille qui est dans l'œil du voisin, regarde d'abord la poutre qui est dans le tien.* De nombreuses populations sentent bien quelle barbarie recèlent les croyances religieuses... mais seulement celles des autres. Il n'est pas efficace, pour combattre cette barbarie, d'affirmer que sa propre religion est amour, compassion, miséricorde, etc. L'important est d'être prêt à se passer de cette béquille mentale pour pouvoir montrer aux autres, par l'exemple, comment marcher librement.
- Rappel d'une règle simple des probabilités : la force de la démonstration et des évidences doit être proportionnelle à l'improbabilité de la chose à prouver. Cette règle basique n'est pas respectée, par exemple, par nombre d'historiens qui acceptent facilement l'existence historique de Jésus-Christ ou de Mahomet, sous le prétexte que les sources décrivant leurs actions ne sont pas plus maigres que celles de personnages comme Jules César. Ils ont peut-être raison en ce qui concerne la qualité des sources, mais ils oublient la probabilité. Il faut comparer l'intérêt (la probabilité) des « héritiers » à inventer un personnage, ou à modifier complètement son action dans les cas de Jésus et de César, pour que la comparaison ait un sens. Les différences de probabilité sont énormes.
Autre exemple d'utilisation des probabilités : est-il probable que « Dieu », créateur de l'univers, soit à la fois timide et obsédé sexuel ? Quelle raison (crédible) aurait le créateur de l'univers pour ne pas apparaître explicitement aux yeux des humains ? Pourquoi son attention devrait-elle se concentrer sur la planète Terre ? (Pas de prière pour les Martiens ?) Pourquoi serait-il essentiellement obsédé par les problèmes de la sexualité humaine ? L'explication la plus probable est que « Dieu » n'est pas le créateur de l'univers, mais la créature des humains bien terrestres qui l'ont inventé. La preuve, il leur ressemble tellement !
- Démonstration de l'impossibilité de lutter contre le « mal » et pour défendre « la morale ». Ce type d'invocation suppose que le problème posé (Où est le

mal, où est le bien ?) soit déjà résolu, ce qui est tout sauf évident. Les massacres des Tutsis par les Hutus au Rwanda en 1994 (et à bien d'autres moments) ont été précédés d'appels au « bien » contre les « cafards » tutsis, y compris et très clairement par des membres d'« autorités spirituelles », catholiques principalement. Rien ne remplace l'effort de l'intelligence. Les qualités « morales » sont vaines sans réflexion, du moins dans les actions complexes.

- Lutte contre la vision d'un corps séparé de l'« âme ». On a constaté que certaines affections mentales sont résolues par des antibiotiques qui guérissent les dérèglements du microbiote intestinal. Cela semble difficilement compatible avec une âme séparée du corps. Plus couramment, comment une âme immatérielle pourrait-elle être sensible aux médicaments antidépresseurs et aux électrochocs ?
- Insistance sur une description de la religion comme tricherie universelle des humains. Les pires menteurs sont ceux qui croient à leurs mensonges.

BIBLIOGRAPHIE SÉLECTIVE PAR AUTEUR

TITRE	AUTEUR(S)	ÉDITEUR	ANNÉE
Prospérité, puissance et pauvreté : Pourquoi certains pays réussissent mieux que d'autres	Daron Acemoglu, James A. Robinson, Philippe Aghion, Patrick Hersant	Markus Haller	2015
La Fatiha et la culture de la haine : Interprétation du 7ᵉ verset à travers les siècles	Sami A. Aldeeb Abu-Sahlieh	CreateSpace Independent Publishing Platform	2014
The Clash of Fundamentalisms : Crusades, Jihads and Modernity	Tariq Ali	Verso	2003
Why We Believe in Gods : A Concise Guide to the Science of Faith	J. Anderson Thomson, Clare Aukofer, Richard Dawkins	Pitchstone LLC	2011
The Indian Ideology	Perry Anderson	Verso Books	2013
Pour un monde sans islam	Aquila	Tatamis Éditions	2016
Sciences et technologies émergentes : Pourquoi tant de promesses ?	Marc Audetat	Hermann	2015
Inside the Human Genome : A Case for Non-Intelligent Design	John C. Avise	OUP USA	2010
Jésus lave plus blanc : Ou comment l'Église catholique a inventé le marketing	Bruno Ballardini, Jérôme Prieur, Jean-Luc Defromont	Liana Levi	2006
De la vérité dans les sciences	Aurélien Barrau	Dunod	2016
Israël-Palestine : une guerre de religion ?	Élie Barnavi	Bayard Jeunesse	2006
Tuez-les tous !	Élie Barnavi, Anthony Rowley	Tempus Perrin	2006
« Relativism, Rationalism and the Sociology of Knowledge », in M. Hollis and S. Lukes, eds, *Rationality and Relativism*	Barnes and D. Bloor	Oxford : Blackwell	1982

TITRE	AUTEUR(S)	ÉDITEUR	ANNÉE
In God's Name: Genocide and Religion in the Twentieth Century	Omer Bartov, Phyllis Mack	Berghahn Books, Incorporated	2001
Radical, Religious, and Violent – The New Economics of Terrorism	Eli Berman	MIT Press	2009
Comment sortir de la religion	Abdennour Bidar	La Découverte	2012
Un silence religieux. La gauche face au djihadisme	Jean Birnbaum	Le Seuil	2016
«Égypte: entre insécurités alimentaires et inconnues géopolitiques», in Club Déméter (Paris), *Déméter 2015: économie et stratégies agricoles*, pp. 193-249.	Pierre Blanc, Sébastien Abis	Club Déméter	2014
La peur du savoir: Sur le relativisme et le constructivisme de la connaissance	Paul Boghossian, Jean-Jacques Rosat, Ophelia Deroy	Agone	2009
A Manual for Creating Atheists	Peter G. Boghossian, Michael Shermer	Pitchstone Publishing	2013
Une invention nommée Jésus: L'existence de Jésus est une invention de foi et non d'histoire	Nicolas Bourgeois	CreateSpace Independent Publishing Platform	2015
Et l'homme créa les dieux: Comment expliquer la religion	Pascal Boyer, Claude-Christine Farny	Robert Laffont	2001
Science and Religion: Some Historical Perspectives	John Hedley Brooke	Cambridge University Press	1991
L'islamisme en face	François Burgat	La Découverte	1995
J'accuse l'Église	Jean Cardonnel	Calmann-Lévy	1996
On the Historicity of Jesus: Why We Might Have Reason for Doubt	Richard Carrier	Sheffield Phoenix Press	2014
Lettres aux escrocs de l'islamophobie qui font le jeu des racistes	Charb	Les Échappés	2015
L'Islam et la Raison: Le combat des idées	Malek Chebel	Librairie académique Perrin	2005
Le sabre et la virgule	Chérif Choubachy, Ahmed Youssef	L'Archipel	2007
La Bible	André Chouraqui	J.-C. Lattès	1993
Religions et violences: Sources et interactions	Collectif	Éditions universitaires Fribourg Suisse	2000

BIBLIOGRAPHIE SÉLECTIVE

TITRE	AUTEUR(S)	ÉDITEUR	ANNÉE
Prochoix N° 66, « Crise à l'Observatoire de la laïcité », Printemps 2016	Collectif	Prochoix	2016
L'esprit de l'athéisme : Introduction à une spiritualité sans Dieu	André Comte-Sponville	Albin Michel	2006
Avec Dieu, on ne discute pas !	Pierre Conesa	Robert Laffont	2020
Guide du paradis : Publicité comparée des Au-delà	Pierre Conesa	Nouvelles éditions de l'Aube	2011
Atlas du *Monde diplomatique* 2009	George Corm	Le Monde diplomatique SA	2009
La Folle histoire des idées folles en psychiatrie	Philippe Courtet (dir.), Boris Cyrulnik, Patrick Lemoine	Odile Jacob	2016
Faith Versus Fact: Why Science and Religion are Incompatible	Jerry A. Coyne	Penguin	2015
Psychothérapie de Dieu	Boris Cyrulnik	Odile Jacob	2017
The God Delusion	Richard Dawkins	Houghton Mifflin Harcourt	2006
The Bonobo and the Atheist – In Search of Humanism Among the Primates	Frans de Waal	W. W. Norton & Company	2013
Allons aux faits : Croyances historiques, réalités religieuses	Régis Debray	Gallimard	2016
Un mythe contemporain : le dialogue des civilisations	Régis Debray	CNRS	2007
Science and Religion: Are They Compatible?	Daniel C. Dennett, Alvin Plantinga	OUP USA	2011
Guns, Germs & Steel – The Fates of Human Societies	Jared Diamond	W. W. Norton & Company	1999
Collapse: How Societies Choose to Fail or Succeed	Jared Diamond	Viking	2004
The World until Yesterday: What Can We Learn from Traditional Societies?	Jared Diamond	Viking	2012
Bas les voiles !	Chahdortt Djavann	Gallimard	2003
L'Église doit-elle mourir ?	Eugen Drewermann, Felizitas von Schönborn	Stock	1994
L'invention de Jésus	Bernard Dubourg, Claude Martin	Gallimard	1988
L'invention de Jésus, Tome 2	Bernard Dubourg	Gallimard	1989

TITRE	AUTEUR(S)	ÉDITEUR	ANNÉE
Theologians Under Hitler: Gerhard Kittel, Paul Althaus, and Emanuel Hirsch	Robert P. Ericksen	New Haven, Yale University Press	1985
Science and Religion: A Historical Introduction	Gary B. Ferngren	Johns Hopkins University Press	2017
L'Arabie à l'origine de l'islamisme: Les réseaux fanatiques formés et financés par le royaume des Saoud	Claude Feuillet	Favre	2001
Contre la méthode – Esquisse d'une théorie anarchiste de la connaissance	Paul Feyerabend	Seuil	1988
Science in a Free Society	Paul Feyerabend	Verso	1982
The Forgotten Kingdom: The Archaeology and History of Northern Israel	Israel Finkelstein	Society of Biblical Literature	2013
La fin du courage	Cynthia Fleury	Fayard	2010
La tentation obscurantiste	Caroline Fourest	Grasset & Fasquelle	2005
Tirs croisés: La laïcité à l'épreuve des intégrismes juif, chrétien et musulman	Caroline Fourest, Fiammetta Venner	Le Livre de Poche	2005
La Tentation obscurantiste	Caroline Fourest	Le Livre de Poche	2009
The Crusades and the Expansion of Catholic Christendom, 1000-1714	John France	Routledge	2005
A World Without Islam	Graham E. Fuller	Back Bay Books	2012
Et Dieu dit: « Que Darwin soit!»	Stephen Jay Gould	Seuil	2013
Rocks Of Ages	Stephen Jay Gould	Jonathan Cape Ltd	2001
Sainte mafia: Église et 'ndrangheta: une histoire de pouvoir, de silence et d'absolution	Nicola Gratteri, Antonio Nicaso, Thérèse Pistilli	Éditions de la Martinière	2014
Les Religions, la Parole et la Violence	Claude Hagège	Odile Jacob	2017
A little history of religion	Richard Holloway	Yale University Press	2017
The Improbability Principle: Why Coincidences, Miracles, and Rare Events Happen Every Day	David J. Hand	Scientific American	2014
Islam and the Future of Tolerance – A Dialogue	Sam Harris, Maajid Nawaz	Harvard University Press	2015
Y a-t-il un grand architecte dans l'univers?	Stephen Hawking, Leonard Mlodinow, Marcel Filoche	Odile Jacob	2011
Histoire religieuse des États-Unis	Lauric Henneton	Flammarion	2012

BIBLIOGRAPHIE SÉLECTIVE

TITRE	AUTEUR(S)	ÉDITEUR	ANNÉE
The Longest August : The Unflinching Rivalry Between India and Pakistan	Dilip Hiro	Nation Books	2015
Traité de la nature humaine	David Hume	Flamarion	1999
God Is Not Great : How Religion Poisons Everything	Christopher Hitchens	Twelve	2007
Dieu n'est pas grand : Comment la religion empoisonne tout	Christopher Hitchens, Ana Nessun	Belfond	2009
Einstein and Religion : Physics and Theology	Max Jammer	Princeton University Press	1999
La foi d'un incroyant	F. Jeanson	Seuil	1963
Dieu vous interpelle ? Moi il m'évite...	Robert Joly	EPO	2003
Pourquoi nous ne sommes pas chrétiens	Alain Jugnon	Max Milo Éditions	2009
L'Empereur Frédéric II	Ernst Kantorowicz	Éditions Gallimard	1987
Le Pape et Mussolini	David Kertzer	Les Arènes	2016
Discours sur l'origine de l'univers	Étienne Klein et Claudia Roden	Flammarion	2016
Galilée et les Indiens	Étienne Klein	Flammarion	2008
La Structure des révolutions scientifiques	Thomas Kuhn	Flammarion	2008
Pour quoi serions-nous encore prêts à mourir ? Pour un réarmement intellectuel et moral face au djihadisme	Alexandra Laignel-Lavastine	Cerf	2017
Quand les religions doutent de la science	Dominique Lambert, Jean-Marc Balhan, Olivier Perru, François Euvé, Benoît Bourgine	Lumen Vitae	2014
Richesse et pauvreté des nations	David S. Landes	Albin Michel	2000
Foi et Business Model : L'économie de la religion	Jacques Lecaillon	Salvator	2008
À contre Coran	Jack-Alain Léger	Hors Commerce	2004
La conception matérialiste de la question juive	A. Léon	EDI	1968
La Biodiversité amoureuse : Sexe et évolution	Thierry Lodé	Odile Jacob	2011
The Outsider Test for Faith : How to Know Which Religion Is True	John W. Loftus	Prometheus Books	2013
Cours accéléré d'athéisme	Antonio Lopez Campillo, Juan Ignacio Ferreras	Tribord	2004

TITRE	AUTEUR(S)	ÉDITEUR	ANNÉE
The House of Wisdom: How the Arabs Transformed Western Civilization	Jonathan Lyons	Bloomsbury Publishing PLC	2009
L'horreur religieuse	Joseph Macé-Scaron	Plon	2016
Mahomet: Contre-enquête	René Marchand	Éditions de l'Échiquier	2006
Le Vatican mis à nu	Marinelli	Robert Laffont	2000
Manifeste du Parti communiste	Karl Marx et Friedrich Engels	Garnier Flammarion	1999
Post-Truth	Lee McIntyre	MIT Press	2018
Dieu, une biographie	Jack Miles, Pierre-Emmanuel Dauzat	Robert Laffont	1999
De la barbarie en général et de l'intégrisme en particulier	Rachid Mimouni	POCKET	1993
Une histoire de la biologie...	Michel Morange	Seuil	2016
De la crucifixion considérée comme un accident du travail	Gérard Mordillat, Jérôme Prieur	Éditions Demopolis	2008
Quand la raison démasque Dieu	Jean Isidore Nkondog	APARIS	2010
Edwin Hubble. L'inventeur du Big Bang	Igor Novikov, Alexander Sharov	Flammarion	1998
Pourquoi nous ne pouvons pas être chrétiens	Piergiogio Odifreddi	Boite à Pandore	2013
Traité d'athéologie: Physique de la métaphysique	Michel Onfray	Grasset & Fasquelle	2005
Un requiem athée	Michel Onfray	Éditions Galilée	2013
Why Trust Science?	Naomi Oreskes	Princeton University Press	2019
La vie, la mort, la vie: Pasteur	Erik Orsenna	Fayard	2015
Le raisonnement sociologique. L'espace non-popperien du raisonnement naturel	J.-C. Passeron	Nathan	1991
Introduction aux Science Studies	Dominique Pestre	La Découverte	2006
Irreligion: A Mathematician Explains Why the Arguments for God Just Don't Add Up	John Allen Paulos	Hill & Wang Inc., U.S.	2009
Qu'est-ce que la laïcité?	Henri Pena-Ruiz	Folio	2017
The Better Angels of Our Nature	Steven Pinker	Allen Lane	2011
Ibn Khaldûn au prisme de l'Occident	Krzysztof Pomian	Gallimard	2006
La logique de la découverte scientifique	Karl Popper	Payot	2017

BIBLIOGRAPHIE SÉLECTIVE

TITRE	AUTEUR(S)	ÉDITEUR	ANNÉE
An Encyclopedia of Claims, Frauds, and Hoaxes of the Occult and Supernatural : James Randi's Decidedly Skeptical Definitions of Alternate Realities	James Randi	St Martin's Press	1997
L'Invention de Dieu	Thomas Römer	Le Seuil	2014
Moïse en version originale	Thomas Römer	Bayard Culture	2015
Pourquoi je ne suis pas chrétien	B. Russell	La Guilde du Livre	1957
Les métamorphoses du divin. Essai de théographie	Xavier de Schutter	Espace de Libertés	2002
L'Islam contre l'Islam : L'interminable guerre des sunnites et des chiites	Antoine Sfeir	Grasset	2013
Faut-il croire à ce que dit la Bible ?	Yaacov Shavit, Mireille Hadas-Lebel, Véra Lasry, Samuel Lasry	Albin Michel	2009
How We Believe: The Search for God in an Age of Science	Michael Shermer	W.H.Freeman & Co Ltd	2000
Challenging Nature: The Clash of Science and Spirituality at the New Frontiers of Life	Lee M. Silver	Ecco	2006
Le marché de Dieu : Économie du judaïsme, du christianisme et de l'islam	Philippe Simonnot	Denoël	2008
Atheists: The Origin of the Species	Nick Spencer	Continuum International Publishing Group Ltd.	2014
The Politically Incorrect Guide to Islam and the Crusades	Robert Spencer	Regnery Publishing Inc.	2005
Religious Hostility: A Global Assessment of Hatred and Terror	Rodney Stark, Katie E. Corcoran	Isr Books	2014
Dieu, l'hypothèse erronée : Comment la science prouve que Dieu n'existe pas	Victor J. Stenger, Véronique Dassas, Colette St-Hilaire	H&O	2009
L'Islam en question	Wafa Sultan, Alina Levris	H&O	2011
Religion and the Decline of Magic: Studies in Popular Beliefs in Sixteenth and Seventeenth-Century England	Keith Thomas	Penguin	2003
Religions as Brands: New Perspectives on the Marketization of Religion and Spirituality	Jean-Claude Usunier, Jörg Stolz	Routledge	2013

CONSIDÉRATIONS SUR LES PATHOLOGIES RELIGIEUSES

TITRE	AUTEUR(S)	ÉDITEUR	ANNÉE
Petit lexique des idées fausses sur les religions	Odon Vallet	Albin Michel	2002
Le radicalisme dans les mosquées suisses : Islamisation, djihad culturel et concessions sans fin	Mireille Vallette	Xenia Éditions	2017
La Résistance au christianisme. Les Hérésies, des origines au XVIIIe siècle	Raoul Vaneigem	Fayard	1996
Rien n'est sacré, tout peut se dire : Réflexions sur la liberté d'expression	Raoul Vaneigem, Robert Ménard	La Découverte	2003
L'Univers, les Dieux, les Hommes : Récits grecs des origines	Jean-Pierre Vernant	Seuil	1999
Pourquoi je ne suis pas musulman	Ibn Warraq et al.	L'Âge d'Homme	1999
Mortelle religion : Du caractère pathogène de la doctrine chrétienne	Wendell Watters, Marion Przetak	H&O	2011
Newton, 1642-1727	Richard Westfall	Flammarion	1998
Galileo – Watcher of the Skies	David Wootton	Yale University Press	2010
The Invention of Science : A New History of the Scientific Revolution	David Wootton	Allen Lane	2015
L'islamisme, vrai visage de l'islam	Hamid Zanaz	Les Éditions de Paris – Max Chaleil	2012

INDEX

A

Abdallah 220, 221
Abdelaziz 220
Abdullahi 271
Aberration épistémologique 16, 18, 20, 21, 29, 155, 268, 277, 284
Académie 32, 132, 156, 191, 196
Accumulation 43, 50, 77, 79, 98, 107, 111, 134, 150, 175, 285, 287
Accumulation des savoirs 28
Acemoglu 298, 299, 302
ADN 260
Adversaire 32, 63, 93, 128, 133, 151, 156, 172, 186, 221, 222, 240, 304, 309, 326
AFD 316
Afrique 90, 127, 181, 236, 271, 274, 283, 306, 325
Agnostique 64, 70, 71, 161
Al-Ahram 35
Albigeois 170
Albinos 90
Alcool 42, 93, 196, 214, 215, 221, 229, 234, 243, 257, 272, 311, 316, 327, 329, 337, 338
Allah 154, 155, 196, 341
Al-Qaïda 275
Alternative 31, 34, 43, 44, 104, 123, 126, 135, 136, 137, 143, 145, 146, 149, 153, 168, 186, 211, 225, 237, 269, 315, 324, 335
Américain 19, 24, 25, 35, 52, 66, 93, 101, 135, 161, 162, 168, 188, 195, 196, 197, 200, 201, 203, 214, 225, 236, 238, 239, 244, 256, 257, 259, 260, 264, 274, 275, 282, 287, 293, 296, 306, 307, 308, 311, 315, 316, 342
Ancien 25, 32, 34, 46, 47, 48, 52, 53, 54, 55, 70, 80, 82, 85, 87, 92, 110, 120, 122, 128, 133, 135, 136, 140, 152, 153, 155, 174, 219, 221, 224, 232, 236, 260, 285, 288, 293, 297, 304, 319, 323, 324
Andromède 142
Angleterre 42, 97, 140, 298, 312, 327
Anthropique 24, 66, 166, 173
Anticléricaux 25
Anti-tabac 26, 329
Aquila 188
Arabe 85, 155, 221, 283, 285, 292, 301, 302, 307
Arabie saoudite 197, 220, 221, 292, 301, 307, 322
Arbitraire 36, 40, 42, 48, 75, 81, 83, 86, 90, 91, 92, 95, 96, 99, 100, 101, 105, 110, 117, 120, 125, 146, 172, 173, 179, 184, 187, 205, 228, 236, 241, 244, 267, 284, 289, 313, 318, 321
Argument 23, 24, 29, 30, 36, 41, 56, 59, 84, 98, 103, 124, 128, 134, 135, 142, 186, 193, 215, 225, 241, 298, 302, 330, 339
Aristote 50, 59, 106, 140, 209, 223
Aristotélicien 33, 126, 152, 253, 254
Aruspices 104
Asal 92
Assomption 57
Astronome 47, 100, 128, 209, 236
Astronomia Nova 58
Astronomie 48, 51, 72, 78, 128, 141, 148, 151, 164, 330
Athée 25, 89, 159, 167, 192, 195, 196, 230, 231, 303
Atome 41, 42, 57, 58, 91, 96, 116, 119, 132, 133, 144, 199
Atomique 41, 45, 80, 96, 132, 133, 161
Atta 271
Attila 294
Auxiliaire 46, 78, 79, 81, 108, 145
Avogadro 133

B

Bach 205
Barrau 22
Basophiles 63
Bataclan 273, 289
Becher 51
Becquerel 80
Bellarmin 58
Benveniste 63
Bibi 321
Biologie 66, 68, 79, 106, 107, 138, 157, 158, 159, 160, 171, 177, 191, 195, 198, 204, 209, 264
Biologique 28, 94, 101, 105, 107, 119, 194, 223, 264 279
Birnbaum 155
Blair 327, 328
Blanche Neige 195
Blasphème 320, 321
Boghossian 24, 25, 40
Boko Haram 266, 326, 341
Bonheur 28, 115
Bonne croyance 16, 26, 203
Bonobos 16, 194, 239, 342
Boson 103, 105, 108, 129
Bouddhistes 233, 278, 305, 317
Bouffeur de curés 25

Bourreaux 25
Bourse 62, 76, 187, 190
Boyer (Pascal) 227
Brahe 58, 78, 128
Brandolini 330

Breivik 267, 316
Broglie 52
Brown 93, 281
Bruno 142, 156, 159, 170, 172, 253
Byzance 282

C

Cacahuètes 48
Cachemire 305
Califat 232, 289
Cameron 312
Cancérologue 23, 204
Causalité 21, 44, 62, 96, 101, 124, 125, 168, 184, 259
Céphéides 141, 142
Cercle de Vienne 22, 116, 117, 119
Chaleur 79, 80, 130, 214
Cham 86
Charlemagne 54
Chercheur 45, 60, 82, 91, 92, 93, 94, 103, 108, 119, 121, 124, 130, 131, 132, 134, 137, 140, 158, 159, 160, 167, 174, 176, 187, 191, 192, 206, 211, 226, 243, 263, 336
Chevreul 157
Chimie 35, 51, 57, 63, 106, 107, 119, 144, 157, 177, 191, 220, 255
Chine 174, 253, 282, 295, 303, 321
Chouraqui 247
Chrétien 28, 33, 34, 54, 55, 56, 79, 87, 155, 168, 169, 170, 181, 195, 197, 203, 204, 214, 218, 221, 227, 233, 239, 242, 247, 261, 273, 274, 283, 294, 295, 312, 313, 314, 315, 317, 320, 324, 325, 327, 328, 341, 343
Chûjô 195
Cigarette 26, 217, 235, 236, 257, 261, 264, 266, 267, 273, 294, 306
Cigarettiers 155, 217, 218, 243, 263
Circulaire 58, 78, 119
Claims 61
Classe dominante 95, 127
Clavius 128
Clérical 25
Clermont-Tonnerre 279
Climategate 165
Cognitif 28, 35, 88, 154, 168, 202, 237, 258, 262, 263, 292
Cohen 105
Collins 161
Cologne 154, 268, 269
Colonisation 27, 123, 137, 139, 155, 173, 184, 227, 236, 270, 284, 285, 294, 297, 304, 305, 318, 319, 328
Communauté scientifique 31, 45, 47, 81, 112, 172, 173, 175, 188, 224
Complot 35, 73, 91, 252, 297, 335
Compréhension 16, 19, 20, 24, 25, 29, 33, 35, 39, 40, 48, 51, 53, 66, 73, 91, 92, 95, 106, 109, 110, 116, 121, 122, 126, 130, 132, 136, 138, 146, 147, 152, 155, 158, 159, 160, 161, 162, 165, 166, 167, 171, 178, 181, 186, 192, 202, 223, 228, 234, 243, 251, 252, 259, 263, 294, 315, 334, 336, 340
Concept 18, 39, 50, 51, 54, 55, 74, 92, 97, 108, 121, 122, 140, 146, 163, 177, 207, 209, 214, 216, 237, 244, 254, 265, 295
Conciliationnisme 24, 167, 171, 185
Conflit 13, 15, 22, 27, 34, 36, 37, 54, 84, 92, 102, 162, 168, 195, 223, 230, 231, 232, 236, 240, 246, 254, 275, 278, 281, 282, 283, 289, 290, 301, 304, 305, 306, 320, 322, 340
Congo 86, 305
Conquête 36, 152, 228, 260, 279, 297

Conseil de discernement 266
Constantin 54, 165, 221, 261
Construction sociale 48, 131, 132, 133
Contes 53
Conte de fées 32, 33, 55, 83, 86, 90, 110, 169, 195, 206, 208, 219, 252, 266, 270, 278, 319, 326
Contexte de découverte 103
Contexte de justification 103
Controverse 44, 155, 164, 166, 167, 228
Copernic 58
Corbeau 116, 117
Corbeille à papier 77, 232
Corée 282, 304, 321
Coriolis 129
Corm 283
Corrélation 124
Coulomb 120
Courant religieux 16, 69, 337
Courtet 101
Coyne 24, 53
Créateur 21, 28, 64, 66, 109, 117, 151, 194, 205, 251, 252, 259, 341, 343
Création 26, 64, 65, 66, 67, 68, 70, 71, 97, 113, 117, 126, 134, 138, 164, 180, 195, 212, 240, 242, 251, 260, 261, 272, 278, 280, 282, 293, 304, 309, 323, 334, 335, 336, 340
Créationniste 22, 29, 172, 194, 197, 203, 212, 325
Critère de validation 21, 27, 33, 74, 84, 130, 209
Critère de validité 31, 74
Critique 14, 18, 24, 25, 28, 29, 31, 44, 87, 93, 94, 100, 103, 105, 106, 111, 112, 113, 115, 116, 122, 134, 135, 136, 137, 138, 139, 140, 144, 145, 146, 149, 152, 165, 166, 167, 171, 178, 186, 197, 201, 203, 205, 206, 207, 218, 228, 239, 249, 255, 286, 301, 307, 310, 312, 320, 322, 334, 340
Croyance religieuse 13, 14, 15, 16, 17, 18, 20, 21, 24, 25, 26, 27, 28, 29, 30, 31, 33, 36, 39, 40, 42, 49, 53, 54, 56, 83, 85, 88, 89, 90, 102, 113, 115, 130, 135, 136, 152, 154, 155, 171, 181, 182, 183, 184, 190, 192, 194, 195, 197, 201, 204, 207, 212, 214, 218, 219, 220, 226, 228, 229, 230, 231, 232, 234, 235, 236, 237, 239, 240, 241, 242, 243, 251, 253, 254, 255, 257, 258, 262, 264, 265, 266, 267, 268, 269, 272, 273, 274, 275, 277, 278, 279, 280, 282, 287, 291, 292, 294, 301, 302, 303, 304, 306, 307, 309, 310, 312, 313, 314, 315, 316, 319, 320, 322, 323, 324, 325, 326, 327, 328, 329, 330, 331, 333, 334, 335, 336, 337, 338, 339, 340, 341, 342, 343
Crucifixion 55
Curie 58, 80
Cyrulnik 20, 101

INDEX

D

Dabiq 294
Daesh 86, 266, 267, 275, 294, 307, 322
Danaïdes 269
Danse des Esprits 260
Daoud 154, 155
Davies 40
Davisson 52
Dawkins 24, 25, 207, 208
De Vries 158
Débauche 28
Decety 218, 238
Déconstruction 22, 115, 116, 139
Définition 18, 19, 26, 32, 34, 37, 39, 40, 42, 43, 49, 54, 74, 83, 87, 91, 97, 101, 102, 118, 126, 136, 176, 188, 209, 225, 230, 249, 320, 321, 337
Déméter 130
Demi-vie 96
Dés 61
Descartes 48, 59, 170
Dessein intelligent 203

Déterministe 71, 72, 99, 299
Deutéronome 55, 87
Deutsche Physik 165
Dialogue 36, 91, 188, 193, 220, 327, 340
Diamond 17, 227, 241, 278
Diderot 25
Diététique 68
Diogène 287
Dixie 86
Dogme 29, 33, 49, 50, 53, 83, 85, 133, 168, 169, 170, 171, 203, 204, 218, 220, 226, 324
Dostoïevski 13
Down 200
Droit 13, 20, 22, 35, 36, 44, 56, 66, 93, 128, 147, 183, 187, 188, 200, 213, 219, 228, 229, 231, 232, 233, 238, 240, 248, 249, 258, 265, 266, 268, 269, 271, 272, 279, 284, 285, 286, 288, 292, 293, 294, 295, 297, 298, 306, 313, 318, 320, 323, 328, 329, 335, 337, 338, 339
DSM-5 101

E

Ebola 181, 325
Éclipse 47
Écliptique 130
Économique 21, 23, 24, 29, 36, 88, 94, 113, 132, 136, 138, 139, 145, 153, 155, 174, 184, 188, 199, 231, 234, 251, 254, 260, 261, 262, 268, 270, 277, 282, 283, 285, 287, 290, 291, 294, 296, 297, 298, 299, 300, 301, 302, 305, 308, 310, 312, 319, 320, 331, 335, 337, 338, 342
Eddington 47
Égypte 292, 296, 299
Einstein 44, 45, 52, 60, 73, 74, 141, 165, 177, 194, 203, 206
Électron 23, 41, 45, 52, 53, 58, 95, 119, 120, 124, 127, 138, 141, 144
Elliptique 58, 59, 119
Emanuel 242, 303
Emerson 40
Empire ottoman 282, 328
Empire romain 221, 261, 282, 294, 313
Empiricus 137, 206
Empirisme 43, 44, 48, 116, 119, 132, 180
Empirisme logique 116, 119
Endogamie 296, 316, 335
Entité 33, 40, 42, 54, 64, 65, 66, 67, 68, 69, 70, 71, 82, 84, 88, 98, 101, 108, 118, 138, 143, 155, 194, 197, 198, 201, 204, 207, 229, 249, 263, 266, 318, 324, 338, 339, 341
Épistémologie mythique 32, 57, 83, 198, 255, 270, 272, 292, 315, 324
Équations 34, 110, 204
Éradication 25, 29, 88, 89, 305, 325, 329, 334

Eschatologique 37, 300
Esclavage 86, 240, 312, 313
Esclaves 86, 139, 288, 299
Espoir 16, 47, 96, 98, 251, 272, 299, 300, 335
État 26, 33, 36, 92, 217, 222, 228, 229, 230, 231, 232, 241, 247, 254, 270, 278, 284, 285, 297, 300, 304, 306, 311, 312, 313, 314, 315, 321, 323, 324, 325, 326, 327, 328, 333, 334, 335, 338, 340, 341
États-Unis 35, 45, 86, 123, 195, 196, 220, 225, 244, 259, 262, 264, 274, 275, 280, 281, 282, 293, 294, 295, 298, 302, 305, 307, 308, 312, 320, 322
Étoile 47, 59, 66, 78, 141, 142, 211, 252, 342
Eucaryotes 95
Euclide 77, 103
Europe 15, 27, 113, 128, 140, 180, 233, 236, 274, 296, 298, 314, 316, 319, 340, 341
Expérience 20, 26, 43, 44, 45, 46, 48, 49, 50, 51, 52, 55, 56, 57, 61, 63, 72, 73, 75, 96, 104, 105, 108, 117, 120, 124, 127, 129, 132, 151, 156, 157, 158, 160, 164, 173, 177, 179, 203, 211, 245, 264, 271, 296, 310, 311, 312, 329, 335
Expérimental 22, 23, 25, 30, 45, 47, 49, 51, 52, 54, 56, 61, 72, 76, 77, 79, 93, 95, 96, 103, 104, 116, 117, 120, 121, 133, 138, 140, 145, 149, 151, 159, 160, 165, 207, 217, 288, 300
Explication ultime 126, 130
Exploits sportifs 257
Extra-terrestre 70, 227, 341, 342
Extrême-Orient 15

F

Facchini 291
Facette 17, 31, 52, 185, 208, 251, 299
Falsification 22, 26, 28, 30, 39, 40, 41, 43, 44, 45, 46, 47, 48, 49, 50, 51, 52, 53, 54, 55, 56, 57, 61, 62, 63, 64, 72, 73, 78, 87, 92, 93, 95, 96, 98, 99, 103, 110, 111, 117, 122, 129, 132, 133, 134, 136, 146, 157, 160, 163, 165, 168, 174, 176, 177, 178, 179, 210, 212, 214, 215, 239, 248, 252, 258, 264, 268, 278, 284, 296, 315
Fama 76

FARSIPP 6, 26, 29, 36, 39, 41, 43, 51, 52, 70, 73, 74, 75, 76, 77, 78, 81, 82, 83, 86, 91, 92, 94, 96, 98, 99, 100, 101, 103, 112, 118, 120, 121, 124, 127, 128, 133, 150, 159, 163, 173, 174, 175, 176, 178, 179, 204, 206, 210, 217, 250, 258, 266, 315, 327, 336, 338, 340
Femme 13, 62, 86, 87, 92, 130, 136, 152, 153, 172, 205, 244, 261, 269, 271, 272, 285, 290, 291, 292, 296, 303, 306, 307, 308, 316, 321, 323, 339
Ferngren 167, 191

Feyerabend 22, 136, 146, 147, 148, 149, 150, 151, 152, 153, 154
Feynman 162
Fifa 329
Figaro 86, 200, 264, 273, 278, 315
Filioque 54, 85
Fluide 80, 136
Foi 24, 25, 34, 36, 40, 41, 42, 51, 70, 84, 85, 86, 112, 135, 148, 166, 169, 186, 192, 199, 215, 217, 220, 222, 226, 227, 231, 249, 258, 263, 266, 308, 314, 317, 338
Fondement 13, 16, 17, 22, 31, 33, 34, 36, 37, 39, 44, 46, 47, 74, 75, 83, 87, 90, 93, 96, 100, 101, 102, 118, 122, 126, 133, 137, 138, 142, 147, 162, 180, 183, 191, 194, 195, 196, 210, 216, 230, 235, 237, 240, 242, 245, 250, 264, 268, 278, 280, 299, 321, 330, 338
Football 190, 191, 329
Force 22, 23, 28, 32, 33, 35, 39, 40, 49, 50, 51, 52, 55, 59, 60, 61, 62, 63, 75, 77, 82, 84, 91, 100, 106, 107, 108, 113, 120, 121, 122, 124, 127, 129, 133, 136, 140, 152, 157, 158, 165, 172, 176, 188, 198, 202, 211, 229, 230, 232, 233, 250, 252, 260, 283, 294, 297, 299, 306, 312, 316, 319, 340, 341, 343
Foucault 51, 129
Fourier 79
France 138, 163, 212, 231, 268, 270, 271, 273, 311, 314, 320, 322, 324
François 135, 222, 291
Frans de Waal 16, 17, 194, 343
Fresnel 52
Front National 92
Fuller 281
Fumeur 29, 204, 217, 234, 257, 263, 273, 309, 310, 311, 329

G

Galaxie 66, 142, 252
Galilée 58, 59, 60, 128, 143, 150, 151, 152, 160, 169, 223, 224, 236, 253, 254
Gandhi 304, 305
Gauchet 170
Gautama 69
Gay-Lussac 157
Genève 46, 268, 313
Géocentrique 58, 128
Germer 53
Giec 104, 165, 186
Gingras 259
Global 17, 18, 20, 21, 22, 23, 28, 29, 61, 62, 64, 80, 82, 85, 87, 90, 93, 97, 104, 106, 108, 111, 118, 121, 137, 149, 150, 159, 166, 167, 169, 170, 171, 178, 179, 188, 203, 204, 208, 210, 211, 217, 218, 219, 223, 261, 262, 263, 272, 282, 284, 288, 293, 309, 311, 318, 321, 325, 337
Globalisation chaotique 24
Globe 16, 80, 82, 265, 300
Goncourt 98
Gornall 329
Gould 136, 193, 194, 195, 196, 197, 198, 199, 200, 201, 230
Gourou 101, 261, 262
Gravitation 34, 56, 59, 60, 146, 151, 174, 208, 232
Grèce 33
Greene 237
Grégoire 253
Grégorien 128, 253
Groves 161
Guantanamo 274, 275
Guerre de religion 83, 229, 235, 328

H

Hadès 130
Hanbal 170
Harpers Ferry 93
Harvard 142, 171, 271
Hautement improbable 51, 61, 63, 64, 65, 160
Hawking 199
Hégéliano-Marxistes 97
Hellénistique 33
Hempel 116
Héréditaire 263
Hewitt 158
Hiérarchie 99, 143, 144, 146, 153, 169, 227, 248, 279, 281
Higgs 103, 105, 108, 129
Hindouiste 234, 278, 304, 325
Hiroshima 161, 162
Histoire des sciences 18, 49, 74, 75, 78, 123, 138, 141, 142, 149, 150, 151, 152, 154, 155, 156, 158, 159, 160, 161, 162, 163, 164, 167, 171
Hitler 238, 242, 263
Hobbes 104
Holisme 107
Holloway 219
Homosexuel 53, 182, 206, 223
Hubble 142
Hume 25, 124
Hussain 305, 306
Hussein 317
Hutus 270
Huygens 52, 53
Hydrogène 144, 260
Hypatie 170
Hypothèse 28, 35, 43, 44, 45, 48, 55, 56, 57, 58, 60, 61, 62, 63, 64, 65, 67, 68, 70, 71, 74, 76, 79, 81, 93, 95, 98, 100, 105, 132, 133, 140, 149, 160, 163, 169, 186, 199, 211, 214, 257, 260, 263, 299
Hypothético-déductive 44, 180

I

IBM 260
Identitaire 14, 19, 25, 27, 29, 35, 115, 147, 173, 201, 233, 258, 265, 270, 277, 279, 283, 285, 286, 295, 306, 308, 309, 318, 319, 321, 324, 328, 335
Identités pathologiques 31, 265, 277
Imaginaire 39, 54, 70, 71, 84, 88, 108, 146, 167, 196, 197, 199, 208, 217, 219, 229, 236, 266, 269, 270, 279, 280, 323, 342
Immaculée Conception 214
Immeuble 216
Immortalité 123

INDEX

Improbabilité 61, 62, 63, 64, 65, 67, 68, 69, 70, 71, 341, 343
Indiana 338
Indice 47, 68, 109, 122, 138, 183, 218, 270
Inhofe 225
Institutionnel 29, 113, 168, 169, 186, 190, 192, 208, 254, 298, 299, 338
Insuline 144
Intangible 85, 138, 227, 264, 279, 300
Intelligence 28, 98, 289, 311, 321
Interaction faible 124
Interdiction 26, 47, 53, 257, 260, 269, 303, 304, 311, 312, 320, 321, 337
Intrinsèque 14, 17, 21, 22, 25, 26, 31, 36, 39, 58, 84, 85, 87, 89, 95, 97, 109, 112, 115, 116, 119, 128, 135, 145, 156, 160, 167, 172, 178, 213, 216, 220, 222, 232, 240, 249, 273, 278, 286, 302, 329, 334
Invalider 45, 46, 48, 51, 52, 53, 56, 95, 97, 105, 118, 123, 146, 177, 228
Invisible 32, 40, 69, 84, 85, 88, 101, 121, 201, 204, 207, 243, 258, 260, 263, 277, 279, 339
Irak 86, 267, 274, 294, 301, 307, 316
Irigaray 145
Irlande 283, 312, 328
Islam 16, 27, 85, 92, 231, 273, 281, 283, 291, 307, 313, 314, 316, 317, 320, 322, 324, 327, 328, 341
Islamophobie 27, 92, 234

J

Jaguar 130
Japon 123, 161, 274, 282
Jared Diamond 17
Jéhovah 73, 175, 295
Jésus 28, 54, 69, 85, 139, 214, 218, 226, 235, 257, 300, 307, 341, 343
Jupiter 128

K

Kabat-Zinn 235
Kamis 121
Kandel 267
Kant 70, 322
Kelvin 79, 80, 81
Kepler 58, 59, 60, 79, 129
Klein 126, 224
Kogis 153
Kolmogorov 96
Koweït 317
Kuhn 119, 120

L

Laïcité 26, 197, 213, 228, 229, 230, 231, 232, 267, 273, 310, 312, 313, 314, 315, 322, 323, 324, 325, 327, 333, 340
Lamarck 158
Lampedusa 324
Larousse 29, 157
Latour 156, 158, 159, 172
Lavoisier 50, 51
Le Monde 31, 35, 48, 57, 92, 97, 103, 105, 188, 220, 223, 225, 239, 278, 289, 293, 305, 307, 327, 328, 339, 342
Le Plessis 273
Leavitt 141
Légende 32, 130, 148, 171, 194, 256
Lemoine 101
Liebig 157
Lisbonne 170, 180
Loftus 258
Logique formelle 116, 209
Loi 29, 33, 34, 42, 43, 48, 53, 55, 56, 58, 59, 60, 65, 66, 67, 78, 79, 83, 84, 85, 91, 96, 97, 99, 100, 102, 107, 117, 118, 126, 131, 132, 133, 136, 137, 142, 143, 144, 145, 151, 153, 156, 158, 161, 163, 169, 171, 174, 188, 191, 195, 197, 208, 211, 214, 219, 224, 225, 226, 230, 231, 240, 245, 247, 257, 259, 260, 266, 270, 277, 280, 285, 287, 290, 291, 298, 299, 307, 312, 313, 314, 316, 321, 322, 323, 324, 330, 335, 337, 338, 339, 342, 343
Longueur d'onde 45
Los Alamos 161, 162
Loterie 61, 70
Louis 52, 156, 157
Lourdes 94, 255, 295, 316
LRA 86, 341
Lumières 137, 170
Lyssenko 160

M

Mach 132
Machine à vapeur 97, 184
Maffesoli 92
Magistères séparés 26, 202
Mahomet 28, 55, 203, 226, 343
Maleficarum 153
Marcionite 54
Marcuse 154
Market Garden 117
Marketing 16, 33, 34, 53, 54, 55, 182, 186, 222, 228, 235, 250, 264, 313, 342
Mars 17, 19, 40, 58, 59, 102, 180, 221, 222, 223, 241, 271, 314
Marx 25, 136, 212, 293
Masculin 142, 144, 207
Massacre 87, 196, 197, 252, 270, 271, 297, 304, 307, 316, 318
Matière 16, 22, 25, 26, 29, 44, 55, 76, 85, 94, 97, 101, 133, 139, 140, 142, 145, 148, 156, 157, 159, 167, 171, 194, 216, 218, 242, 245, 246, 247, 249, 255, 258, 259, 280, 293, 295, 297, 307, 324, 327, 333, 337
Mauritanie 15
Mauvaises croyances 26
Maxence 221
Maxwell 120, 127, 211
Mclaughlin 222
Mécanique quantique 43, 59, 72, 106, 120, 127, 144, 174, 188, 224
Mecque 255, 292
Melbourne 56

Même 21, 42, 84, 88, 110, 207, 208, 231, 342
Mendel 160
Mendeleïev 57, 80
Mercure 17, 47, 156, 158
Mérite 94, 135, 141, 153, 158, 232, 242, 288, 317
Mesure 31, 41, 46, 50, 53, 55, 58, 59, 60, 74, 79, 80, 81, 94, 97, 98, 106, 108, 109, 121, 123, 124, 129, 133, 134, 141, 142, 148, 155, 159, 160, 177, 189, 192, 199, 200, 204, 217, 224, 236, 257, 266, 275, 278, 286, 290, 299, 305, 309, 311, 322, 333, 334, 335, 336, 337, 339
Mesures palliatives 31
Métaphysique 43, 109, 134, 208, 210, 237
Méthode 13, 14, 15, 18, 19, 22, 23, 24, 25, 26, 27, 28, 29, 30, 31, 32, 33, 34, 36, 39, 41, 42, 43, 44, 45, 48, 51, 52, 55, 72, 73, 75, 76, 77, 85, 87, 90, 99, 102, 105, 106, 108, 112, 115, 118, 122, 124, 127, 129, 131, 135, 136, 137, 146, 148, 149, 150, 153, 154, 157, 163, 164, 165, 167, 168, 169, 172, 173, 174, 175, 176, 178, 179, 180, 183, 184, 185, 190, 191, 193, 201, 202, 207, 209, 210, 211, 216, 217, 218, 223, 228, 232, 235, 251, 253, 255, 258, 259, 265, 311, 328, 329, 330, 334, 336, 340, 341
Méthode de connaissance 13, 14, 23, 26, 27, 29, 31, 33, 34, 44, 112, 115, 136, 150, 154, 172, 173, 179, 180, 184, 193, 202, 217, 228, 251, 253, 259, 328, 334, 340, 341
Méthode scientifique 14, 18, 22, 23, 24, 28, 30, 31, 32, 34, 36, 39, 43, 44, 45, 72, 73, 90, 99, 105, 115, 122, 131, 135, 137, 148, 150, 164, 168, 173, 174, 175, 176, 180, 183, 185, 190, 191, 201, 202, 207, 216, 218, 228, 232, 255, 258, 259, 334, 336

Mexique 220, 298, 302
Millikan 45, 52
Milvius 221
Mines 79, 97
Modélisation 44, 49, 50, 52, 53, 56, 58, 60, 61, 64, 72, 73, 78, 81, 91, 94, 97, 99, 100, 103, 107, 108, 109, 110, 112, 117, 121, 122, 124, 125, 127, 128, 129, 132, 133, 141, 145, 160, 173, 176, 177, 178, 179, 180, 181, 182, 184, 188, 209, 211, 212, 216, 218, 221, 224, 228
Mode de pensée 28, 32, 192, 219, 249, 268, 319
Moïse 28, 33, 85, 203, 247, 299
Mole 133
Monopole 29, 182, 253, 264, 343
Montagne 69, 146
Moral 13, 16, 31, 35, 40, 136, 158, 161, 175, 191, 194, 196, 198, 200, 201, 202, 218, 231, 237, 238, 239, 240, 241, 242, 243, 244, 245, 246, 247, 248, 250, 252, 255, 266, 277, 280, 281, 315, 317, 338, 339, 343
Morange 138
Moraux 25, 237, 245
Morgan 160
Mormon 85
Moyen Âge 28, 58, 66, 113, 121, 134, 169, 177, 209, 261
Moyen-Orient 15, 155, 282
Multiplicateur 71
Musulman 16, 28, 30, 55, 86, 92, 155, 170, 196, 197, 231, 233, 234, 270, 271, 274, 275, 282, 283, 290, 291, 292, 293, 295, 296, 301, 302, 304, 305, 307, 308, 313, 316, 317, 318, 321, 322, 325, 327, 328, 342, 343

N

Naomi Oreskes 171, 172, 175
Nasa 78, 257
Nature 23, 25, 41, 43, 44, 46, 48, 50, 52, 54, 55, 59, 63, 65, 73, 80, 84, 91, 92, 96, 108, 111, 117, 118, 121, 126, 132, 139, 142, 144, 147, 148, 159, 163, 170, 178, 180, 188, 192, 194, 206, 209, 213, 214, 219, 220, 223, 225, 230, 236, 242, 247, 252, 264, 266, 267, 278, 286, 299, 327, 342
Néolithique 69, 210, 227, 299, 342
Neptune 72

Neutron 45, 57, 58, 91, 124, 127, 139
New England 48
Newton 44, 52, 53, 59, 60, 129, 177, 204, 205, 255
New York 15, 166, 267
Nicée 54
Nigéria 286, 306
No respect 93, 232
Nobel 45, 122, 153, 176, 190, 227, 305
NOMA 24, 102, 193, 194, 196, 197, 200, 201, 238, 253

O

Obama 225, 274, 307
Objectif 19, 29, 34, 37, 86, 89, 123, 147, 168, 193, 232, 245, 261, 266, 287
Occam 57, 58, 59, 61, 100, 260
Occident 33, 134, 139, 140, 165, 170, 183, 196, 197, 203, 216, 220, 229, 249, 261, 265, 268, 279, 280, 281, 282, 292, 293, 294, 313, 317, 318, 323, 328
OCI 293
Offray 25
OGM 201

Olson 190
OMS 217, 325, 328, 335
Onfray 24
Opium 58, 310
Oppenheimer 161, 162
Organisation mondiale du commerce 308
Origine 18, 24, 28, 31, 40, 43, 47, 64, 70, 92, 110, 111, 112, 120, 125, 130, 135, 139, 157, 159, 163, 166, 181, 184, 200, 209, 219, 231, 236, 239, 242, 246, 247, 258, 277, 278, 280, 281, 313, 321, 335

P

Pakistan 15, 220, 283, 292, 304, 305, 306
Panama 292
Papier journal 50
Papouasie 227
Paquebot 106
Paradigme 78, 111, 120, 121, 122, 123, 177, 191
Paradis 34, 57, 102, 105, 233, 261, 264, 300, 310
Parallaxe 59, 78
Parti communiste chinois 298
Partis socialistes européens 29

Passeron 95
Pasteur 156, 157, 158, 159, 160, 308
Paternalisme 137, 319
Pathologie 17, 18, 26, 27, 31, 42, 82, 87, 88, 89, 90, 102, 159, 201, 215, 218, 230, 236, 251, 252, 259, 262, 263, 264, 267, 268, 277, 315, 329, 333
Pauli 122, 259
Péché 21, 28, 55, 73, 102, 171, 181, 182, 196, 200, 206, 248, 252, 260, 313, 339, 341
Pegida 316

INDEX

Peintres 139
Pénicilline 106
Perception 13, 14, 16, 28, 32, 54, 106, 115, 123, 138, 140, 151, 172, 187, 194, 202, 204, 214, 215, 216, 219, 223, 224, 226, 233, 239, 265, 268, 283, 311, 317, 326, 336
Père 54, 128, 207, 215, 230, 231, 270, 307
Périhélie 47
Perry 80, 81
Personnel 17, 18, 32, 44, 81, 84, 123, 132, 144, 145, 167, 178, 182, 183, 187, 192, 204, 205, 216, 234, 235, 249, 250, 256, 262, 267, 291, 292, 309, 311, 313, 314, 320, 326, 327, 335, 338
Pertinence 101, 125, 333
Pestre 161
Pew 259
Phase 19, 25, 60, 69, 76, 81, 103, 120, 128, 256, 257, 292
Philosophie 18, 22, 28, 33, 39, 41, 42, 43, 54, 59, 70, 74, 85, 108, 112, 116, 117, 119, 122, 125, 132, 146, 147, 148, 149, 158, 180, 192, 206, 208, 209, 210, 212, 215, 238, 245, 249, 273, 341
Phlogistique 50, 51
Photoélectrique 45, 52
Photons 45, 47
Physicien 33, 40, 47, 50, 52, 53, 72, 79, 80, 81, 86, 91, 103, 119, 120, 132, 133, 136, 145, 146, 161, 162, 174, 178, 208, 209, 210, 223, 342
Physique 33, 35, 42, 43, 45, 47, 50, 53, 57, 60, 63, 65, 67, 75, 76, 80, 89, 90, 94, 95, 96, 97, 99, 100, 103, 104, 107, 109, 116, 117, 118, 122, 126, 127, 131, 132, 133, 137, 143, 144, 145, 146, 148, 152, 162, 173, 174, 175, 176, 177, 191, 204, 207, 208, 213, 216, 223, 224, 227, 232, 238, 245, 247, 255, 257, 296, 297, 298, 336, 342
Pie 281
Piketty 284, 285
Pinker 278
Planète 15, 16, 17, 30, 35, 36, 47, 48, 55, 58, 59, 60, 65, 66, 67, 69, 72, 80, 85, 100, 102, 119, 128, 129, 154, 160, 164, 181, 184, 201, 209, 215, 220, 231, 247, 253, 260, 265, 277, 289, 290, 308, 310, 319, 321, 325, 326, 327, 328, 331, 334, 335, 341, 342, 343
Plantinga 214, 215
Plaque 80, 85, 142, 181, 201, 202, 218
Platon 209, 215, 288
Plotkin 244
Poincaré 72
Point de vue 17, 18, 22, 23, 24, 51, 71, 83, 95, 106, 108, 111, 115, 120, 122, 125, 126, 135, 140, 141, 142, 144, 145, 146, 147, 157, 158, 162, 167, 170, 171, 176, 199, 210, 243, 249, 255, 269, 286, 307, 319, 326, 341

Poisson 52, 155
Politique 15, 17, 19, 20, 21, 22, 23, 24, 25, 27, 28, 29, 33, 35, 36, 43, 53, 56, 74, 84, 88, 89, 93, 104, 113, 120, 127, 136, 139, 141, 155, 160, 161, 162, 169, 178, 184, 186, 187, 189, 192, 199, 204, 211, 212, 217, 221, 223, 226, 230, 231, 232, 235, 247, 248, 263, 265, 270, 271, 272, 282, 283, 288, 289, 290, 291, 296, 297, 298, 300, 301, 302, 305, 306, 312, 313, 316, 318, 321, 324, 326, 327, 328, 333, 335, 337, 339, 341
Politiquement correct 29, 196, 307, 323
Polygamie 182
Popper 22, 44, 118, 209, 211
Populaire 25, 69, 93, 267, 312
Porteurs sains 89
Positivisme 43, 44, 132, 183
Pouchet 156, 157, 158, 160
Pouvoir 25, 32, 33, 39, 40, 43, 47, 49, 50, 59, 60, 61, 62, 65, 71, 72, 73, 74, 79, 84, 95, 99, 103, 116, 123, 128, 138, 139, 142, 147, 157, 161, 166, 169, 170, 179, 184, 186, 189, 191, 193, 194, 205, 207, 215, 224, 225, 226, 230, 231, 233, 245, 247, 252, 253, 260, 261, 264, 266, 269, 275, 279, 283, 286, 293, 300, 301, 306, 310, 313, 316, 318, 323, 324, 331, 336, 337, 343
Prédictibilité 26, 28, 43, 71, 72, 73, 99, 100, 103, 110, 177, 189, 212, 215, 258
Prédictif 71, 72, 73, 184, 224
Prétention 16, 41, 63, 85, 110, 111, 118, 127, 131, 136, 145, 155, 180, 185, 186, 187, 190, 201, 207, 213, 216, 217, 229, 232, 237, 238, 242, 249, 250, 258, 266, 279, 291, 326, 338, 339
Principia 59, 60
Probabilité 26, 28, 43, 51, 58, 59, 61, 62, 64, 65, 66, 67, 68, 69, 70, 73, 100, 103, 110, 123, 124, 143, 157, 177, 179, 212, 215, 244, 258, 341, 342, 343
Proche-Orient 274, 282, 320
Prochoix 314
Professionnaliser 25, 27
Propriétés émergentes 119
Protagoras 135, 238
Proton 124
Psychiatrie 101
Psychologie 16, 20, 29, 59, 71, 81, 94, 105, 107, 171, 234, 235, 237, 238, 248
Psychopathes 238
Public Relations 135, 186
Puissance explicative 31, 50, 51, 59, 60, 77, 100, 106, 118, 123, 134, 184, 342
Pythagore 223, 288

Q

Quantique 43, 53, 59, 72, 96, 106, 107, 120, 121, 127, 144, 145, 146, 149, 162, 174, 188, 224

Quine 107

R

Raccourcis 75, 76, 118, 158, 160
Racisme 92, 93, 137, 147, 233, 278, 279, 315, 318, 335, 340
Radioactivité 80
Radisson 273
Raisonnement 43, 44, 95, 97, 109, 117, 212, 215, 242, 249, 250, 312
Rationalisme 43
Rationaliste 33, 170, 215
Raynaud 95

Réchauffement climatique 24, 129, 165, 166, 186, 216, 289
Récit 29, 32, 33, 34, 50, 54, 66, 83, 85, 109, 121, 122, 142, 162, 163, 164, 167, 177, 195, 210, 213, 218, 225
Réductionnisme 57, 59, 116
Régularités 19, 41, 43, 97, 98, 99, 122, 125, 157, 211
Relativisation 28, 52, 105, 115, 128, 293
Relativisme 92, 120, 122, 126, 135, 138, 167, 170, 172, 241

CONSIDÉRATIONS SUR LES PATHOLOGIES RELIGIEUSES

Relativité 31, 43, 46, 47, 60, 73, 74, 75, 78, 106, 120, 121, 123, 127, 130, 131, 141, 151, 165, 174, 175, 176, 177, 244, 248, 256, 293
Remède 30, 37, 48, 226, 234, 286, 308
Renaissance 102, 168, 316
Répétabilité 26, 45, 51, 56, 57, 103, 212, 215
Répétition 17, 51, 56, 57, 97, 181
Réplication 28, 45, 260
Révélation 22, 26, 30, 35, 36, 40, 44, 46, 49, 50, 68, 69, 84, 110, 111, 124, 165, 203, 214, 230
Révisionnistes 22, 304
Révolution scientifique 77, 78, 113, 119, 139, 152, 170, 183, 298

Robinson 68, 298, 299
Rogall 271
Rogations 201, 254
Romains 104, 221
Roosevelt 161
Rotavirus 244
Royal Society 142, 298
Royaume-Uni 312, 328
Russe 25, 35
Russell 25
Russie 283, 328
Rutherford 80, 81
Rwanda 270

S

Sainte Ligue 197, 328
San Suu Kyi 305
Sapere aude 170
Sarajevo 233
Savonarole 300, 301
Schlick 116
Schrödinger 144
Science Studies 122, 131, 135, 137, 138, 139, 161, 163, 164, 255
Sciences humaines 39, 77, 90, 91, 92, 93, 94, 95, 96, 97, 98, 99, 100, 101, 104, 105, 115, 130, 134, 137, 139, 143, 144, 154, 183, 187, 225, 296, 326, 340
Scientologie 320
Semmelweis 164
Sensus divinitatis 214
Séparations endogamiques 304
Sexualité 68, 246, 308, 343
Sida 127, 182
Sinaï 33, 35
Singapour 297
Singe 16, 168, 237, 238, 341
Sirius 341
Sissi 35
Smaragde 271
Smith 85
Social 16, 20, 21, 26, 29, 32, 35, 48, 88, 90, 92, 93, 100, 113, 119, 120, 127, 131, 132, 133, 135, 136, 137, 138, 139, 140, 141, 144, 145, 151, 155, 158, 161, 169, 170, 172, 173, 174, 175, 178, 182, 184, 190, 194, 199, 204, 213, 218, 223, 227, 234, 239, 240, 245, 249, 254, 260, 261, 263, 264, 268, 270, 278, 280, 282, 283, 290, 291, 294, 295, 297, 299, 300, 301, 302, 303, 307, 312, 313, 314, 322, 326, 327, 330, 334, 335, 337, 338
Sociologie 31, 43, 92, 95, 96, 98, 99, 100, 131, 135, 137, 138, 139, 141, 142, 143, 144, 145, 146, 154, 160, 161, 162, 171, 172, 174, 175, 176, 255, 295, 296
Sociologie des réseaux 95
Socrate 117, 134, 238
Soleil 17, 41, 44, 47, 58, 59, 78, 79, 80, 107, 119, 121, 125, 128, 130, 142, 254, 256, 257, 259
Sorcier 23, 90, 119, 120, 121, 137, 153, 170, 185, 319
Spécialiste 15, 17, 24, 39, 42, 44, 50, 61, 73, 75, 79, 81, 94, 99, 103, 110, 122, 142, 151, 167, 183, 187, 188, 191, 212, 225, 227, 246, 257, 268, 281, 288, 310, 326, 328
Spécialistes religieux 25, 198, 262, 336
Spinoza 53, 253, 335
Sri Lanka 278
Stahl 51
Staline 160, 310
Stelluti 151
Stockholm 56
Stolz 34
Stroud 124
Suède 218, 240, 264
Sunday 42
Surnaturel 32, 67, 68, 207, 227, 324
Syllogismes 117
Sylvestre 165
Syrie 86, 268, 294, 301, 307, 316

T

Tabac 26, 93, 207, 217, 228, 234, 263, 264, 265, 309, 310, 311, 328, 329, 330, 337, 338, 339
Tableau comparatif 110
Talin 259
Tam-tam 146
Tectonique 218
Templeton 167, 218, 239
Tendance 22, 31, 59, 62, 73, 79, 91, 143, 150, 154, 162, 167, 169, 186, 190, 196, 206, 214, 229, 240, 243, 244, 252, 254, 267, 285, 287, 316, 317, 318
Terre 16, 20, 51, 58, 59, 65, 66, 70, 73, 78, 79, 80, 81, 118, 124, 125, 128, 129, 130, 141, 151, 164, 180, 181, 182, 197, 201, 224, 253, 254, 256, 257, 259, 271, 290, 314, 323, 326, 341, 342, 343
Terre plate 323, 326
Tertullien 215
Test 22, 34, 41, 44, 45, 47, 48, 49, 51, 52, 54, 57, 61, 62, 63, 64, 72, 73, 76, 78, 81, 84, 95, 96, 99, 103, 105, 110, 111, 112, 117, 124, 129, 132, 140, 156, 160, 165, 179, 186, 193, 196, 200, 214, 217, 227, 258, 303, 338
Thalidomide 106
Thénard 157
Théologie 33, 43, 53, 54, 70, 83, 86, 87, 117, 203, 227, 242, 253, 330, 334
Théorie standard des particules 108, 129
Théorie 18, 22, 23, 35, 43, 44, 45, 46, 47, 48, 49, 50, 51, 52, 53, 57, 58, 61, 62, 63, 69, 71, 72, 73, 74, 75, 77, 78, 80, 81, 82, 87, 93, 96, 99, 100, 103, 104, 106, 108, 109, 111, 116, 117, 120, 121, 122, 127, 129, 132, 133, 136, 139, 140, 141, 142, 145, 148, 149, 150, 156, 157, 158, 159, 160, 162, 167, 170, 171, 173, 174, 175, 176, 177, 178, 179, 195, 201, 204, 205, 212, 218, 222, 223, 232, 238, 245, 252, 258, 271, 320, 322, 323, 331, 340
Thermodynamique 62, 79, 106, 163, 184, 211
Thora 106
Tolérance religieuse 36

INDEX

Toma 307
Toutankhamon 142
Traité de la nature humaine 25
Traité des trois imposteurs 28
Trajectoire 58, 59, 60, 72, 78, 79, 119, 160, 164, 257
Transistor 94, 191, 227
Transmutation 96
Travailleurs de la preuve 186, 202

Trenberth 166
Trinité 54, 55, 282
Troisième planète 17, 30, 65, 67, 85, 102, 215, 265, 331
Trou de ver 124
Trou noir 124, 175
Trump 19, 172, 275, 316
Tsunami 170, 181, 182
Tutsi 270

U

Ultime 26, 52, 59, 71, 85, 109, 112, 118, 124, 126, 127, 130, 134, 178, 194, 199, 300
Unesco 287
Unicef 339
UNIL 187
Union européenne 259, 338
Union soviétique 160, 321
Univers 15, 18, 21, 24, 26, 28, 40, 43, 44, 49, 55, 58, 62, 64, 65, 66, 67, 68, 69, 71, 74, 83, 84, 85, 87, 102, 107, 109, 116, 117, 119, 120, 121, 124, 125, 126, 128, 129, 131, 132, 142, 143, 146, 152, 157, 169, 170, 171, 174, 175, 177, 178, 180, 192, 194, 195, 197, 199, 202, 204, 206, 213, 216, 223, 224, 227, 228, 230, 249, 252, 253, 254, 255, 256, 257, 258, 259, 261, 263, 266, 298, 323, 334, 336, 340, 341, 343
Université 53, 75, 95, 113, 142, 152, 165, 171, 187, 214, 223, 238, 267, 271, 308, 330
Uranium 80, 96, 161
URSS 123, 160, 312
Usunier 34

V

Validation 19, 21, 22, 26, 27, 28, 31, 33, 34, 43, 44, 48, 49, 50, 51, 52, 54, 55, 56, 59, 64, 69, 72, 73, 74, 75, 76, 78, 81, 83, 84, 85, 95, 97, 98, 99, 103, 104, 105, 106, 107, 110, 111, 112, 115, 117, 118, 130, 132, 133, 134, 140, 142, 145, 149, 150, 165, 166, 168, 173, 174, 177, 179, 195, 196, 203, 206, 209, 210, 211, 212, 213, 214, 215, 228, 235, 236, 247, 252, 258, 266, 273, 280, 316, 317, 324, 328
Valla 165
Vatican 105, 192, 199, 222, 328
Vavilov 160
Vénération 40, 227
Vérité 21, 22, 23, 26, 33, 43, 44, 46, 52, 53, 108, 111, 115, 118, 122, 123, 124, 125, 126, 127, 128, 129, 130, 133, 135, 138, 143, 144, 150, 172, 173, 175, 178, 179, 180, 185, 189, 196, 199, 210, 211, 214, 215, 225, 244, 257, 282, 291, 327
Vertu 58, 87, 94, 198, 217
Victime 25, 28, 30, 35, 53, 87, 89, 92, 93, 154, 158, 170, 182, 189, 221, 222, 232, 234, 235, 236, 244, 261, 262, 265, 268, 274, 285, 288, 291, 292, 296, 300, 306, 322, 323, 327, 328, 334, 338, 342
Vierge 55, 57, 207
Vietnam 304, 308
Virchow 157
Vitaliste 157
Vogt 25
Volcanique 15, 56, 186
Voltaire 13, 239
Vos Savant 61

W

Wahhabisme 92, 206, 221, 307, 322
Wahsh 269
Wegener 80, 218
Weinberg 263
Wesley 180

Wigner 178
Wikipédia 32, 39, 40, 42, 43, 44, 49, 52, 54, 124, 145, 153, 165, 183, 190, 206, 244, 249, 264, 293
Wobmann 316
Wootton 140, 151

Y

Yanagizawa-Drott 271
Yersin 319

Yoruba 91, 159, 286
Yusuf 269

Z

Zeus 33, 130, 288

NOTES AVEC LIENS HTML

1. « Jihadism : Tracking a month of deadly attacks », BBC, 11 décembre 2014
https://www.bbc.com/news/world-30080914

2. *Mapping Practising Christians* (HOPE)
https://talkingjesus.org/mapping-practising-christians

3. « Les médias égyptiens et la théorie du "complot" », *Le Matin*, 10 novembre 2015
https://www.lematin.ch/story/les-medias-egyptiens-et-la-theorie-du-complot-608919209836

4. Damien Leloup, Grégor Brandy, « QAnon : aux racines de la théorie conspirationniste qui contamine l'Amérique », *Le Monde*, 14 octobre 2020
https://www.lemonde.fr/pixels/article/2020/10/14/qanon-aux-racines-de-la-theorie-conspirationniste-qui-contamine-l-amerique_6055921_4408996.html

5. « Les arachides remède aux allergies aux... arachides », *Le Monde*, 24 février 2015
https://www.lemonde.fr/sante/article/2015/02/24/les-arachides-remede-aux-allergies-aux-arachides_4581952_1651302.html

6. « Tache de Fresnel », Wikipédia
https://fr.wikipedia.org/wiki/Tache_de_Fresnel

7. Jerry Coyne, « *Emperor Has No Clothes Award* », Freedom from Religion Foundation, discours, Hartford (Connecticut), 8 octobre 2011
https://ffrf.org/outreach/awards/emperor-has-no-clothes-award/item/12000-2011-jerry-coyne-evolutionary-biologist

8. « Les traditions grecque et latine concernant la procession du Saint-Esprit », Testimonia.fr
https://testimonia.fr/les-traditions-grecque-et-latine-concernant-la-procession-du-saint-esprit/

9. Zachary Crockett, « The Time Everyone "Corrected" the World's Smartest Woman », *Priceonomics*, 19 février 2015
https://priceonomics.com/the-time-everyone-corrected-the-worlds-smartest/#:~:text=In%20September%201990%2C%20Marilyn%20vos,%2C%20behind%20the%20others%2C%20goats.

10. B.A. Robinson, « *Which, if any, of the world's 10,000 religions is the true one?* », *Religious Tolerance*, 20 décembre 2005
http://www.religioustolerance.org/reltrue.htm

11. Marianne Grosjean, « Il perd 254'000 francs en les confiant à des "multiplicateurs de billets" », *Tribune de Genève*, 12 juin 2013
http://www.tdg.ch/geneve/france-voisine/Il-perd-254-000-francs-en-les-confiant-a-des-multiplicateurs-de-billets/story/24198624

12. Philip C. England, Peter Moinar et Frank M. Richter, « *Kelvin, Perry and the Age of the Earth* », *American Scientist*, vol. 95, juillet-août 2007)
https://websites.pmc.ucsc.edu/~rcoe/eart206/England_Kelvin-Perry_AmSci07.pdf

13. Pauline Verduzier, « *Comment l'État islamique justifie l'esclavage des femmes yazidies* », Le Figaro Madame, 3 octobre 2014
https://madame.lefigaro.fr/societe/comment-letat-islamique-justifie-lesclavage-femmes-yazidies-031014-984521

NOTES

14. « Malawi : la police promet d'ouvrir le feu contre les auteurs des crimes contre les albinos », *VOA*, 6 avril 2015
https://www.voaafrique.com/a/malawi-la-police-promet-d-ouvrir-le-feu-contre-les-auteurs-des-crimes-les-albinos/2708408.html

15. Manuel Quinon et Arnaud Saint-Martin, « Monsieur Maffesoli, la sociologie est bien une science ! », *Le Monde*, 1ᵉʳ avril 2015
http://www.lemonde.fr/idees/article/2015/04/01/monsieur-maffesoli-la-sociologie-est-bien-une-science_4607250_3232.html

16. Houda Asal, « Islamophobie : la fabrique d'un nouveau concept. État des lieux de la recherche », *Sociologie*, PUF, 2014
https://www.cairn.info/revue-sociologie-2014-1-page-13.htm

17. Dominique Raynaud, « Le raisonnement expérimental en physique et en sociologie », *HAL*, 20 novembre 2005
https://halshs.archives-ouvertes.fr/halshs-00005915

18. David Robson, *« Why are people so incredibly gullible ? »*, *BBC Future*, 24 mars 2016
http://www.bbc.com/future/story/20160323-why-are-people-so-incredibly-gullible

19. Jacob Cohen, « *The earth is round (p < .05)* », *American Psychologist*, vol. 49, décembre 1994
https://pdfs.semanticscholar.org/fa63/cbf9b514a9bc4991a0ef48542b689e2fa08d.pdf?_ga=2.163474175.294867322.1602686286-1117580196.1602686286

20. Pierre Barthélémy, « Une étude ébranle un pan de la méthode scientifique », *Le Monde*, 13 novembre 2013)
https://www.lemonde.fr/passeurdesciences/article/2013/11/13/une-etude-ebranle-un-pan-de-la-methode-scientifique_5998973_5470970.html

21. Étienne Klein, « Faut-il croire la science ? », *Études*, 2013/1, tome 418, pp. 19 à 29
https://www.cairn.info/revue-etudes-2013-1-page-19.html

22. Jean-François Boyer, « Le relativisme de Protagoras aux Post-modernes », Sophia-Cholet, 13 juin 2013
http://sophia-cholet.over-blog.com/le-relativisme-de-protagoras-aux-postmodernes-par-jean-fran%C3%A7ois-boyer

23. Louis Pinto, « Les livres du mois », *Le Monde diplomatique*, mai 2009, p. 29
https://www.monde-diplomatique.fr/2009/05/PINTO/17099

24. « Luce Irigaray », Wikipédia
https://fr.wikipedia.org/wiki/Luce_Irigaray

25. « Kogi people », Wikipédia
https://en.wikipedia.org/wiki/Kogi_people

26. Nicolas Chevassus-au-Louis, « Génération spontanée : cherchez l'erreur », *La Recherche*, décembre 2017
https://www.larecherche.fr/g%C3%A9n%C3%A9ration-spontan%C3%A9e-cherchez-lerreur

27. Bruno Latour, « Pasteur et Pouchet : hétérogenèse de l'histoire des sciences », in Michel Serres, dir., *Éléments d'histoire des sciences*, Bordas, 1989, pp. 423 à 445
http://www.bruno-latour.fr/sites/default/fi es/38-POUCHET-FR.pdf

28. « Chimie organique », Larousse
https://www.larousse.fr/ENCYCLOPEDIE/DIVERS/CHIMIE_ORGANIQUE/75264

29. « path integral », nLab
https://ncatlab.org/nlab/show/path+integral

30. Andrew C. Revkin, *« Hacked E-Mail Is New Fodder for Climate Dispute »*, *The New York Times*, 20 novembre 2009)
http://www.nytimes.com/2009/11/21/science/earth/21climate.html?_r=0

31. Charles Wesley, « *The Cause and Cure of Earthquakes* », OSS Ministry, 1750.
http://www.osshaiti.org/index.php?option=com_content&view=article&id=40&Itemid=8

32. Bimal Kanti Paul, MD Nadiruzzaman, « Religious Interpretations for the Causes of the Indian Ocean Tsunami », Asian Profile, Vol. 41, N. 1, février 2013

http://icccad.net/wp-content/uploads/2014/05/religious_interpretations_for_the_causes_of_the_indian_ocean_tsunami_1.pdf

33. Joel Baden et Candida Moss, « Ebola Is Not God's Wrath », *Slate*, 20 août 2014
https://slate.com/technology/2014/08/ebola-is-not-gods-wrath-religious-leaders-say-disease-is-caused-by-sin-and-cured-by-god.html

34. Qwerty12345, *1000 years of growth from 1000 to 2000 Data MIT and United Nations*, CC BY-SA 3.0 (Wikipédia)
https://fr.wikipedia.org/wiki/Croissance_%C3%A9conomique

35. « Séisme de L'Aquila : les scientifiques condamnés à six ans de prison », *Le Monde*, 22 octobre 2012
https://www.lemonde.fr/planete/article/2012/10/22/seisme-de-l-aquila-derniere-audience-du-proces-des-scientifiques_1779033_3244.html

36. « Logique de l'action collective », Wikipédia
https://fr.wikipedia.org/wiki/Logique_de_l%27action_collective

37. Albert Einstein, « Le but », *Œuvres choisies*, vol. 5, p. 166
http://www.xl6.com/articles/extraits-2/9782755000108.pdf

38. Abduldaem Al-Kaheel, « Il n'existe rien qui ne célèbre Sa gloire et Ses louanges », Kaheel7
https://kaheel7.net/?p=16737&lang=fr

39. « *Saudi cleric rejects that Earth revolves around the Sun* », *Al Arabiya News*, 16 février 2015
https://english.alarabiya.net/en/variety/2015/02/16/Saudi-cleric-Sun-revolves-around-stationary-Earth

40. « Colorado : 42 % d'avortements en moins », *Le Figaro*, 9 juillet 2015
https://www.lefigaro.fr/flash-actu/2015/07/09/97001-20150709FILWWW00092-colorado-42-d-avortements-en-moins.php

41. « Cinq points communs entre science et bouddhisme », Mouvement bouddhiste Soka
https://www.soka-bouddhisme.fr/perspectives/reflexions/855-cinq-points-communs-entre-science-et-bouddhisme

42. Jean Gayon, « De Popper à la biologie de l'évolution : la question de l'essentialisme », *Philonsorbonne*, 15 juillet 2012
https://journals.openedition.org/philonsorbonne/401

43. Stéphanie Le Bars, « Pourquoi l'Arabie saoudite investit dans le dialogue interreligieux », *Le Monde*, 27 novembre 2012
https://www.lemonde.fr/religions/article/2012/11/27/pourquoi-l-arabie-saoudite-investit-dans-le-dialogue-interreligieux_5989838_1653130.html

44. A.-B. H., « Le grand mufti d'Arabie saoudite souhaite la destruction de "toutes les églises" dans la péninsule arabique », *La Croix*, 29 septembre 2013
https://www.la-croix.com/religion/actualite/le-grand-mufti-d-arabie-saoudite-souhaite-la-destruction-de-toutes-les-eglises-dans-la-peninsule-arabique-2013-09-29-1028282

45. Michel Danthe, « Le pape François, après avoir condamné la procréation "comme des lapins", fait marche arrière », *Le Temps*, 19 février 2015
http://www.letemps.ch/page/uuid/1b0039b8-b809-11e4-b703-7833333027ee/le_pape_fran%c3%a7ois_apr%c3%a8s_avoir_condamn%c3%a9_la_procr%c3%a9ation_comme_des_lapins_fait_marche_arri%c3%a8re.

46. Corine Lesnes, « Exécuter les homosexuels de "balles dans la tête", la proposition d'un avocat californien », *Le Monde*, 25 mars 2015
https://www.lemonde.fr/ameriques/article/2015/03/25/des-balles-dans-la-tete-la-proposition-d-un-avocat-de-californie-contre-les-gays_4600520_3222.html#kryikrh69idbsph1.99

47. Stéphane Foucart, « Comment le Parti républicain a censuré Barack Obama sur le climat », *Le Monde*, 22 janvier 2015
https://www.lemonde.fr/climat/article/2015/01/23/comment-le-parti-republicain-a-censure-barack-obama-sur-le-climat_4562131_1652612.html#ww7himotduh7ydqk.99

48. « Charles Darwin », Wikiquote
https://en.wikiquote.org/wiki/Charles_Darwin

NOTES

49. « Nous respectons la liberté pour chacun de croire », Athéisme – L'Homme debout
http://atheisme.free.fr/

50. Carl Thoresen et al., « *Religious Involvement and Mortality: A Meta-Analytic Review* », Health Psychology, 2000, vol. 19, n° 3
http://local.psy.miami.edu/ehblab/Religion%20Papers/rel_mort_meta.pdf

51. B. Leurent et al., « *Spiritual and religious beliefs as risk factors for the onset of major depression: An international cohort study* », Psychological Medicine, 43, janvier 2013
https://www.researchgate.net/publication/235381969_Spiritual_and_religious_beliefs_as_risk_factors_for_the_onset_of_major_depression_An_international_cohort_study

52. Valère Gogniat, « Ici et maintenant, avec Jon Kabat-Zinn », *Le Temps*, 13 juillet 2015
https://www.letemps.ch/societe/jon-kabatzinn

53. Greene, J. D., « *The Cognitive Neuroscience of Moral Judgment* », in M. S. Gazzaniga et al. (Eds.), *The Cognitive Neurosciences* (p. 987-999), Massachusetts Institute of Technology
http://www.antoniocasella.eu/dnlaw/Greene_2009.pdf

54. « Socrate : Nul n'est méchant volontairement », La-Philo
https://la-philosophie.com/nul-est-mechant-volontairement

55. Hervé Morin, « Les enfants non religieux sont plus altruistes que ceux élevés dans une famille de croyants (ou pas) », *Le Monde*, 4 novembre 2015
https://www.lemonde.fr/sciences/article/2015/11/05/les-enfants-d-athees-sont-plus-altruistes-que-ceux-eleves-dans-une-famille-religieuse_4804217_1650684.html

56. « *No change in sex trade numbers despite new law* », Sveriges Radio, 13 mars 2015
http://sverigesradio.se/sida/artikel.aspx?programid=2054&artikel=6115961

57. « Rotavirus vaccine », Wikipédia
https://en.wikipedia.org/wiki/rotavirus_vaccine

58. Dario Camuffo et al., « *500-year temperature reconstruction in the Mediterranean Basin by means of documentary data and instrumental observations* », Climatic Change, 101, juillet 2010
https://www.researchgate.net/publication/226612013_500-year_temperature_reconstruction_in_the_mediterranean_basin_by_means_of_documentary_data_and_instrumental_observations

59. « *One in four Americans unaware that Earth circles Sun* », Phys.org, 14 février 2014
https://phys.org/news/2014-02-americans-unaware-earth-circles-sun.html

60. Thomas Swan, « *Is Religion an Addiction?* », Hubpages, 5 février 2020
http://hubpages.com/hub/Is-Religion-An-Addiction

61. « L'Occident restera vulnérable face à l'EI », *Tribune de Genève*, 11 décembre 2015
http://www.tdg.ch/monde/occident-restera-vulnerable-face-lei/story/20746774

62. Diagola, « Cologne : "elles ont été violées parce qu'elles sont à moitié nues et mettent du parfum", dit l'imam Sami Abu-Yusuf », Blog Mediapart, 21 janvier 2016
https://blogs.mediapart.fr/diagola/blog/210116/cologne-elles-ont-ete-violees-parce-qu-elles-sont-moitie-nues-et-mettent-du-parfum-dit-l-imam-sami-abu

63. Vickiie Oliphant, « *Egyptian lawyer says it is national DUTY to harass and rape girls wearing ripped jeans* », Express, 1er novembre 2017
http://www.express.co.uk/news/world/874012/national-duty-sexual-assault-harassment-rape-ripped-jeans-revealing-clothes-Egypt-lawyer

64. Cécile Sow, « Un milliard d'Africains : baby-boom, mode d'emploi », *Jeune Afrique*, 24 novembre 2009
https://www.jeuneafrique.com/199833/societe/un-milliard-d-africains-baby-boom-mode-d-emploi/#:~:text=5%20Comment%20le%20Rwanda%20peut,d%C3%A9samorcer%20sa%20%C2%AB%20bombe%20d%C3%A9mographique%20%C2%BB%20%3F&text=Une%20pression%20d%C3%A9mographique%20%C2%AB%20nettement%20excessive,spirituelles%20et%20communautaires%20%C2%BB%20des%20Rwandais.

65. « L'un des assaillants de Garissa était un "brillant" étudiant en droit », France 24, 5 avril 2015
http://www.france24.com/fr/20150405-kenya-attaque-universite-garissa-shebab-abdirahim-abdullahi-somali/

66. Hervé Benoît, « Les Aigles (déplumés) de la mort aiment le diable ! », Riposte catholique, 20 novembre 2015
https://www.riposte-catholique.fr/archives/114503

67. « Fichage des musulmans, exil sur une île, décapitation : quand les politiques dérapent après les attentats », DH Les Sports+, 20 novembre 2015
http://www.dhnet.be/actu/monde/fichage-des-musulmans-exil-sur-une-ile-decapitation-quand-les-politiques-derapent-apres-les-attentats-564f30153570ca6ff90b92e4

68. Adrien Le Gal, « Au Sri Lanka, le difficile effort de réconciliation », *Le Monde*, 24 février 2015
www.lemonde.fr/asie-pacifique/article/2015/02/24/au-sri-lanka-le-difficile-effort-de-reconciliation_4582618_3216.html#beZvGFgE57p9GGmB.99

69. Marc Henry, « Jérusalem : l'Esplanade des mosquées épicentre de toutes les tensions », *Le Figaro*, 6 novembre 2014
http://www.lefigaro.fr/international/2014/11/06/01003-20141106ARTFIG00399-israel-l-esplanade-des-mosquees-epicentre-de-toutes-les-tensions.php

70. Daniel M. Abrams, Steven H. Strogatz, « *Modelling the dynamics of language death* », *Nature*, vol. 424, 21 août 2003
http://www.math.uh.edu/~zpkilpat/teaching/math4309/project/nature03_abrams.pdf

71. Olivier F., « Le peuple a toujours raison même quand il a tort », *Le Temps*, 30 novembre 2015
http://www.letemps.ch/monde/2015/11/30/peuple-toujours-raison-meme-tort

72. Laurent Borredon et Simon Piel, « L'antiterrorisme français en état de mort clinique », *Le Monde*, 28 novembre 2015
www.lemonde.fr/attaques-a-paris/article/2015/11/28/l-antiterrorisme-francais-en-etat-de-mort-clinique_4819683_4809495.html#rjT1EQxYBcjz7Jce.99

73. « *A CEO's guide to gender equality* », *McKinsey Quarterly*, 1er novembre 2015
http://www.mckinsey.com/insights/leading_in_the_21st_century/a_ceos_guide_to_gender_equality?cid=mckwomen-eml-alt-mkq-mck-oth-1511

74. François Facchini, « Islam et développement économique », *Sociétal*, n° 57, 3e trimestre 2007
http://archives.institut-entreprise.fr/sites/default/files/article_de_revue/docs/documents_internes/societal-57-17-facchini-dossier.pdf

75. *Les Femmes, l'Entreprise et le Droit*, wbl.worldbank.org, Bloomsbury, 2013
http://pubdocs.worldbank.org/en/851531519930689473/WBL2014-KeyFindings-FR.pdf

76. « Chute d'une grue à La Mecque : des "négligences" ont-elles causé la mort de 107 fidèles ? », L'Express.fr, 12 septembre 2015
http://www.lexpress.fr/actualite/monde/proche-moyen-orient/chute-d-une-grue-a-la-mecque-des-vents-violents-et-des-negligences-en-cause_1715133.html

77. José González Pinilla, « *Muere obrero en trabajos de la ampliación del Canal de Panamá* », *La Prensa*, 18 juin 2015
https://www.prensa.com/judiciales/Muere-trabajos-ampliacion-Canal-Panama_0_4234826652.html

78. Nadji Safir, « La science, en marge des sociétés musulmanes », *Le Monde*, 20 janvier 2016
https://www.lemonde.fr/sciences/article/2016/01/25/la-science-en-marge-des-societes-musulmanes_4853325_1650684.html

79. Étienne Dubuis, « Les théoriciens de l'État islamique », *Le Temps*, 1er septembre 2014
https://www.letemps.ch/monde/theoriciens-letat-islamique

80. « Le blé au cœur des enjeux géostratégiques mondiaux », *Hérodote*, 2015/1, n° 156, Cairn.info, 4 juin 2015
https://www.cairn.info/revue-herodote-2015-1-page-125.htm

81. Pierre Blanc, Sébastien Abis (2014), « Égypte : entre insécurités alimentaires et inconnues géopolitiques », in Club Déméter (Paris), *Déméter 2015 : économie et stratégies agricoles*, Paris, Club Déméter, pp. 193-249.
https://cdn.ca.yapla.com/company/CPYeQ23lLcPYvZ9GTj339cZ7/asset/files/egypte_entre_insecurites_alimentaires_et_inconnues_geopolitiques.pdf

NOTES

82. Ezekiel J. Emanuel, «*Why I Hope to Die at 75*», *The Atlantic*, octobre 2014
http://www.theatlantic.com/magazine/archive/2014/10/why-i-hope-to-die-at-75/379329/

83. Stéphane Bussard, «Islamabad continue de soutenir les talibans malgré l'aide financière des États-Unis», *Le Temps*, 21 octobre 2015
http://www.letemps.ch/monde/2015/10/21/islamabad-continue-soutenir-talibans-malgre-aide-financiere-etats-unis

84. Kashif Aziz, «*Altaf Hussain thinks 1947 partition was biggest blunder, wants India to take the Muhajirs back*», Oye! Times, 23 juillet 2011
https://www.oyetimes.com/news/asia/12720-altaf-hussain-thinks-1947-partition-was-biggest-blunder-wants-india-to-take-the-muhajirs-back

85. «*Millions displaced by religious violence last year, Kerry says*», CBS News, 28 juillet 2014
https://www.cbsnews.com/news/millions-displaced-by-religious-violence-last-year-kerry-says/

86. «Obama appelle à éradiquer l'État islamique, "ce cancer"», *L'Obs*, 20 août 2014
https://www.nouvelobs.com/monde/20140820.OBS6754/obama-appelle-a-eradiquer-l-etat-islamique-ce-cancer.html

87. «*Saudi poll to reveal public's level of sympathy for IS*», Al-Monitor, 22 juillet 2014
http://www.al-monitor.com/pulse/politics/2014/07/saudi-families-refuse-condolences-isis-position.html#

88. Hani Ramadan, «Islam et laïcité, entre doctrines et vivre-ensemble», *Le Temps*, 14 février 2016
http://www.letemps.ch/opinions/2016/02/14/islam-laicite-entre-doctrines-vivre-ensemble

89. S. I. Gatowski et al., «*Asking the gatekeepers: a national survey of judges on judging expert evidence in a post-Daubert world*», Pub-Med, 25 octobre 2001
http://www.ncbi.nlm.nih.gov/pubmed/11688367

90. Anne Guion, «Le wahhabisme aux sources de l'"État islamique"», *La Vie*, 9 décembre 2014
https://www.lavie.fr/actualite/geopolitique/le-wahhabisme-aux-sources-de-lrsquoquoteacutetat-islamiquequot-13508.php

91. Brian T. Lynch, «*The Dark Side of Saudi Petro-dollars*», Data Driven Viewpoints
https://datadrivenviewpoints.com/2013/09/24/the-dark-side-of-saudi-petro-dollars/

92. Abdramane Cissé, «Les rites funéraires à l'épreuve d'Ebola», Deutsche Welle, 28 août 2014.
http://www.dw.de/les-rites-fun%C3%A9raires-%C3%A0-l%C3%A9preuve-debola/a-17886467.

93. Joe Boyle, «*Nigeria's 'Taliban' enigma*», BBC News, 31 juillet 2009
http://news.bbc.co.uk/2/hi/8172270.stm

94. Jonathan Gornall, «*World Cup 2014: festival of football or alcohol?*», The BMJ, 10 juin 2014
https://www.bmj.com/content/348/bmj.g3772

95. Didier Wernli, Marcel Tanner, Ilona Kickbusch, Gérard Escher, Fred Paccaud, Antoine Flahault, *Journal of Global Health*, 6 juin 2016
https://www.ncbi.nlm.nih.gov/pmc/articles/PMC4766794/

96. Babatunde Osotimehin, «Vive la Saint-Valentin, à bas le mariage forcé!», *Le Monde*, 13 février 2015
http://www.lemonde.fr/idees/article/2015/02/13/vive-la-saint-valentin-a-bas-le-mariage-force_4576178_3232.html?xtmc=vive_la_saint_valentin&xtcr=1

Structures éditoriales du groupe L'Harmattan

L'Harmattan Italie
Via degli Artisti, 15
10124 Torino
harmattan.italia@gmail.com

L'Harmattan Hongrie
Kossuth l. u. 14-16.
1053 Budapest
harmattan@harmattan.hu

L'Harmattan Sénégal
10 VDN en face Mermoz
BP 45034 Dakar-Fann
senharmattan@gmail.com

L'Harmattan Congo
67, boulevard Denis-Sassou-N'Guesso
BP 2874 Brazzaville
harmattan.congo@yahoo.fr

L'Harmattan Cameroun
TSINGA/FECAFOOT
BP 11486 Yaoundé
inkoukam@gmail.com

L'Harmattan Mali
ACI 2000 - Immeuble Mgr Jean Marie Cisse
Bureau 10
BP 145 Bamako-Mali
mali@harmattan.fr

L'Harmattan Burkina Faso
Achille Somé – tengnule@hotmail.fr

L'Harmattan Togo
Djidjole – Lomé
Maison Amela
face EPP BATOME
ddamela@aol.com

L'Harmattan Guinée
Almamya, rue KA 028 OKB Agency
BP 3470 Conakry
harmattanguinee@yahoo.fr

L'Harmattan RDC
185, avenue Nyangwe
Commune de Lingwala – Kinshasa
matangilamusadila@yahoo.fr

L'Harmattan Côte d'Ivoire
Résidence Karl – Cité des Arts
Abidjan-Cocody
03 BP 1588 Abidjan
espace_harmattan.ci@hotmail.fr

Nos librairies en France

Librairie internationale
16, rue des Écoles
75005 Paris
librairie.internationale@harmattan.fr
01 40 46 79 11
www.librairieharmattan.com

Librairie des savoirs
21, rue des Écoles
75005 Paris
librairie.sh@harmattan.fr
01 46 34 13 71
www.librairieharmattansh.com

Librairie Le Lucernaire
53, rue Notre-Dame-des-Champs
75006 Paris
librairie@lucernaire.fr
01 42 22 67 13